Paul Ricoeur
O Si-Mesmo como Outro

Tradução
IVONE C. BENEDETTI

Esta obra foi publicada originalmente em francês com o título
SOI-MÊME COMME UN AUTRE
Por Éditions du Seuil, Paris
Copyright © Éditions du Seuil, 1990
Todos os direitos reservados

Cet ouvrage a bénéficié du soutien des Programmes d'aide à la publication de l'Institut français.
Este livro contou com a ajuda dos Programas de apoio à publicação do Institut français.

Copyright © 2014, Editora WMF Martins Fontes Ltda.,
São Paulo, para a presente edição.

1ª edição 2014
3ª tiragem 2024

Tradução
IVONE C. BENEDETTI

Acompanhamento editorial
Luzia Aparecida dos Santos
Revisões
Ana Maria de O. M. Barbosa
Maria Regina Ribeiro Machado
Edição de arte
Katia Harumi Terasaka
Produção gráfica
Geraldo Alves
Paginação
Studio 3 Desenvolvimento Editorial
Capa
Katia Harumi Terasaka Aniya

Dados Internacionais de Catalogação na Publicação (CIP)
(Câmara Brasileira do Livro, SP, Brasil)

Ricoeur, Paul
  O si-mesmo como outro / Paul Ricoeur ; tradução Ivone C. Benedetti. – 1ª ed. – São Paulo : Editora WMF Martins Fontes, 2014.

  Título original: Soi-meme comme un autre.
  ISBN 978-85-7827-897-7

  1. Ética 2. Filosofia 3. Identidade (Psicologia) I. Título.

14-09489   CDD-100

Índices para catálogo sistemático:
1. Filosofia   100

Todos os direitos desta edição reservados à
Editora WMF Martins Fontes Ltda.
Rua Prof. Laerte Ramos de Carvalho, 133 01325.030 São Paulo SP Brasil
Tel. (11) 3293.8150 e-mail: info@wmfmartinsfontes.com.br
http://www.wmfmartinsfontes.com.br

ÍNDICE

Agradecimentos IX
Prefácio XI
  A questão da ipseidade XI
  1. O *Cogito* se põe XVI
  2. O *Cogito* quebrado XXIV
  3. Rumo a uma hermenêutica do si-mesmo. XXX

PRIMEIRO ESTUDO A "pessoa" e a referência identificadora – Abordagem semântica 1
  1. Indivíduo e individualização 1
  2. A pessoa como particular básico 6
  3. Os corpos e as pessoas 9
  4. O conceito primitivo de pessoa 12

SEGUNDO ESTUDO A enunciação e o sujeito falante Abordagem pragmática 19
  1. Enunciação e atos de discurso (*speech acts*) 20
  2. O sujeito da enunciação 25
  3. A conjunção das duas vias da filosofia da linguagem. 34

TERCEIRO ESTUDO Uma semântica da ação sem agente. 39
  1. O esquema conceitual da ação e a pergunta quem? 41
  2. Dois universos de discurso: ação contra acontecimento, motivo contra causa 45
  3. Análise conceitual da intenção 53
  4. Semântica da ação e ontologia do acontecimento 61

QUARTO ESTUDO Da ação ao agente.............. 79
   1. Um problema antigo e um problema novo............... 80
   2. Aporias da adscrição.................... 89

QUINTO ESTUDO Identidade pessoal e identidade narrativa........................ 111
   1. O problema da identidade pessoal............ 114
   2. Paradoxos da identidade pessoal................ 126

SEXTO ESTUDO O si e a identidade narrativa.............. 145
   1. Identidade narrativa e dialética entre ipseidade e mesmidade................ 145
   2. Entre descrever e prescrever: narrar.......... 160
   3. Implicações éticas da narrativa................ 174

SÉTIMO ESTUDO O si e a visada ética........... 183
   1. Visar à "vida boa"....................... 186
   2. ...com e para o outro............... 197

OITAVO ESTUDO O si-mesmo e a norma moral........... 227
   1. Visada da "vida boa" e obrigação............. 228
   2. Solicitude e norma.................. 246
   3. Do senso de justiça aos "princípios de justiça"........ 257

NONO ESTUDO O si-mesmo e a sabedoria prática: A convicção............. 275

INTERLÚDIO O trágico da ação............ 277
   1. Instituição e conflito................ 287
   2. Respeito e conflito................ 303
   3. Autonomia e conflito................ 318

DÉCIMO ESTUDO Rumo a qual ontologia?.......... 349
   1. O compromisso ontológico da atestação............ 351
   2. Ipseidade e ontologia................. 356
   3. Ipseidade e alteridade.................. 374

Obras citadas.................. 423
Índice onomástico................ 435

A FRANÇOIS WAHL
como penhor de reconhecimento e amizade

AGRADECIMENTOS

Meus primeiros agradecimentos são para a universidade de Edimburgo na pessoa de seu chanceler, que me deu a honra de me possibilitar proferir em 1986 as *Gifford Lectures* com o título *On Selfhood, the Question of Personal Identity*. Dessas conferências originaram-se os estudos aqui publicados.

Expresso também minha gratidão ao professor Spaemann da universidade de Munique, que me permitiu dar no mesmo ano uma segunda versão das conferências iniciais no âmbito da *Schelling Vorlesungen*.

Além disso, agradeço ao professor Bianco da universidade de Roma "La Sapienza", que me deu a oportunidade de desenvolver a parte ética de minha obra, no âmbito das aulas que ele confiou à minha pessoa em 1987.

Sou grato a meus amigos Jean Greisch e Richard Keamey, por me terem possibilitado esboçar as considerações ontológicas com as quais se conclui o meu trabalho, no âmbito da "década de Cerisy" que eles organizaram e presidiram durante o verão de 1988.

Por fim, quero expressar a François Wahl, das Éditions du Seuil, minha profunda gratidão pela ajuda que me deu na composição e na redação deste livro. Este, assim como as obras anteriores editadas por ele, devem muito, além do que consigo exprimir, a seu espírito de rigor e à sua devoção à escrita.

PREFÁCIO
A QUESTÃO DA IPSEIDADE

Com o título *O si-mesmo como outro,* quis designar o ponto de convergência entre as três intenções filosóficas principais que nortearam a elaboração dos estudos que compõem esta obra.

A primeira intenção é marcar o primado da mediação reflexiva sobre a posição imediata do sujeito, expressa esta na primeira pessoa do singular: "eu penso", "eu sou". Essa primeira intenção encontra apoio na gramática das línguas naturais quando esta permite opor "si" a "eu". Esse apoio assume formas diferentes de acordo com as particularidades gramaticais próprias de cada língua. Além da correlação global entre o francês *soi,* o inglês *self,* o alemão *Selbst,* o italiano *se,* o espanhol *simismo,* as gramáticas divergem. Mas as próprias divergências são instrutivas, uma vez que cada particularidade gramatical esclarece uma parte do sentido fundamental buscado. No que se refere ao francês, *"soi"* é definido já de saída como pronome *reflexivo.* É verdade que o uso filosófico feito ao longo desses estudos infringe uma restrição ressaltada pelos gramáticos, a saber, que *"soi"* é um pronome reflexivo da *terceira pessoa* (ele, ela, eles). Essa restrição, porém, cai quando aproximamos o termo *"soi"* do termo *"se",* que por sua vez se refere a verbos no modo infinitivo – diz-se: *"se présenter"* [apresentar-se], *"se nommer"* [chamar-se]. Esse uso, exemplar para nós, confirma um dos ensinamentos do linguista G. Guillaume[1], segundo o qual é no infinitivo, e até certo ponto no particípio, que o verbo expressa a plenitude de seu significado, antes de se distribuir entre os tempos verbais e as pessoas gramaticais; o "se" designa então o reflexivo de *todos* os pronomes pessoais e até mesmo de pronomes impessoais, tais como *"chacun"* [cada um], *"quiconque"* [quem, quem quer que], *"on"**, aos quais faremos frequentes alusões ao longo de nossas investigações. Esse desvio pelo "se" não é vão, uma vez que o pronome reflexivo *"soi"* [si] também alcança a mesma amplitude onitemporal quando completa o "se" associado ao modo infinitivo: *"se désigner soi--même"* [designar-se a si mesmo] (deixo provisoriamente de lado o significado vinculado a "mesmo" na expressão "si-mesmo"). É neste último uso – incontestavelmente presente no "bom uso" da língua francesa! – que se apoia nosso emprego constante do termo *"soi"* [si, si-mesmo], em contexto filosófico, como pronome reflexivo de todas as pessoas gramaticais, sem esquecermos as expressões impessoais citadas um pouco acima. Por sua vez, é esse valor de reflexivo onipessoal que está preservado no emprego do *"soi"* na função de complemento nominal: *"le souci de soi"* [o cuidado de si/consigo] – segundo o magnífico título de Michel Foucault. Essa locução nada tem de surpreendente, uma vez que os substantivos que admitem o *"soi"* num caso indireto também são infinitivos nominalizados, conforme demonstra a equivalência das duas expressões: *"se soucier de soi-(même)"* [cuidar de si (mesmo)] e *"le souci de soi"* [cuidado de si]. O deslizamento de uma expressão à outra é abonada pela permissão gramatical de que qualquer elemento da linguagem pode ser nominalizado: acaso

---

1. G. Guillaume, *Temps et Verbe*, Paris, Champion, 1965.

* *On* é um pronome pessoal de terceira pessoa que expressa a ideia de ser animado e humano, funcionando sempre como sujeito. Como não há correspondente em português, considero *on* intraduzível fora de contexto. Em alguns casos pode ser traduzido por *se* como *partícula apassivadora* ou como *partícula indeterminadora* do sujeito. Também em termos de indeterminação do sujeito, pode ser traduzido pela 3ª pessoa do plural, como no exemplo *roubaram minha carteira*, em casos nos quais se desconhece o autor do ato. Também pode conter a ideia de *nós, alguém* etc. Por isso, sempre que *on* for indicado pelo autor como exemplo, a forma francesa ficará explicitada na tradução. [N. da T.]

não se diz *"le boire"* [o beber], *"le beau"* [o belo], *"le bel aujourd'hui"* [o belo (dia de) hoje]*? Em virtude dessa permissão gramatical pode-se dizer *"le soi"* [o si(-mesmo)], alinhando assim essa expressão com as formas também nominalizadas dos pronomes pessoais na posição de sujeito gramatical: "o eu", "o tu", "o nós" etc. Essa nominalização, menos tolerada em francês do que em alemão ou em inglês, não será abusiva se nos lembrarmos da filiação gramatical a partir do caso indireto consignado na expressão "designação de si mesmo", por sua vez derivada por primeira nominalização do infinito reflexivo: "designar-se a si mesmo". É essa forma que consideraremos a partir de agora como canônica.

A segunda intenção filosófica, implicitamente inscrita no título desta obra por meio do termo "mesmo", é dissociar dois significados importantes de identidade (de cuja relação com o termo "mesmo" falaremos em breve), segundo entendamos como idêntico o equivalente a *idem* ou a *ipse* em latim. A equivocidade do termo "idêntico" estará no cerne de nossas reflexões sobre a identidade pessoal e a identidade narrativa, em relação com um caráter importante do *si*, a saber, sua temporalidade. A identidade, no sentido de *idem,* por sua vez, apresenta uma hierarquia de significados que explicitaremos no momento oportuno (quinto e sexto estudos), e cujo grau mais elevado constitui a *permanência no tempo*; a ele se opõe o diferente, no sentido de mutável, variável. Nossa tese constante será a de que a identidade no sentido de *ipse* não implica nenhuma asserção referente ao pretenso núcleo não mutável da personalidade. Isso mesmo que a ipseidade contenha modalidades próprias de identidade, conforme demonstrará a análise da promessa. Ora, a equivocidade da identidade diz respeito a nosso título através da sinonímia parcial, pelo menos em francês, entre "mesmo" e "idêntico". Em suas acepções variadas[2],

---

* [Citação de um verso de Mallarmé: *"le vierge, le vivace et le bel ajourd'hui"*]. [N. da T.]

2. O dicionário *Robert* apresenta como primeira significação do adjetivo *"même"* [mesmo, mesma] a identidade absoluta (a mesma pessoa, uma, única e mesma coisa), a simultaneidade (no mesmo momento), a semelhança (que faz de mesmo sinônimo de análogo, igual, semelhante, similar, tal como), a igualdade (mesma quantidade de).

em francês, *"même"* [mesmo] é empregado no âmbito da *comparação;* seus contrários são: outro, contrário, distinto, diverso, desigual, inverso. O peso desse uso comparativo do termo "mesmo" pareceu-me tão grande que a partir de agora considerarei a mesmidade como sinônimo de *identidade-idem* e lhe oporei a ipseidade em referência à *identidade-ipse*. Até que ponto a equivocidade do termo "mesmo" se reflete em nosso título *Soi-même comme un autre* [o si-mesmo como outro]? Apenas indiretamente, uma vez que *"soi-même"* [si-mesmo] não passa de forma reforçada de *"soi"* [si], em que a expressão *"même"* [mesmo] serve para indicar que se trata exatamente do ser ou da coisa em questão (eis por que não há quase diferença entre *"le souci de soi"* [o cuidado de si] e *"le souci de soi-même"* [o cuidado de si mesmo] a não ser o efeito de reforço de que acabamos de falar). No entanto, o tênue fio que prende *"même"* [mesmo], colocado após *"soi"* [si] ao adjetivo *"même"* [mesmo], no sentido de idêntico ou de semelhante, não foi rompido. Reforçar também é marcar uma identidade. Não é o que ocorre em inglês, em que *same* não pode ser confundido com *self*, ou em alemão, em que *der die, das selbe* ou *gleich* não pode ser confundido com *Selbst,* a não ser em filosofias que derivem expressamente *selfhood* ou *Selbstheit* da mesmidade resultante de uma comparação. Nesse caso, o inglês e o alemão dão menos origem a ambiguidades que o francês.

A terceira intenção filosófica, implicitamente incluída em nosso título, encadeia-se com a anterior, no sentido de que a *identidade-ipse* põe em jogo uma dialética complementar à dialética entre ipseidade e mesmidade, a saber, a dialética entre o *si* e *o outro que não o si*. Enquanto se permanecer nos círculos da identidade-mesmidade, a alteridade do outro que não o *si* não apresentará nada de original: "outro", como foi possível observar de passagem, figura na lista dos antônimos de "mesmo", ao lado de "contrário", "distinto", "diverso" etc. Não ocorrerá o mesmo se usarmos o par alteridade e ipseidade. Uma alteridade que não é – ou não é apenas – comparação é sugerida por nosso título, alteridade que possa ser constitutiva da própria ipseidade. *O si-mesmo como outro* sugere logo de saída que a ipseidade do si-mesmo implica a alteridade num grau tão íntimo que uma não pode ser pensada sem a outra, uma passa para dentro da outra, como se diria em linguagem hegeliana. Ao "como" gostaríamos de atribuir o significado forte, não só de comparação – si-mesmo semelhante a outro –, mas sim de implicação: si-mesmo na qualidade de... outro.

Da primeira à terceira consideração, simplesmente nos apoiamos nas sugestões da gramática; mas também guiados pelo questionamento filosófico identificamos as formas canônicas que sustentam a análise conceitual em nossa própria língua. Impõe-se a partir daí a tarefa de propiciar à expressão "o si--mesmo como outro" os desenvolvimentos filosóficos que, mesmo sem perder de vista as injunções e sugestões da gramática, transcendam os idiotismos de nossa própria língua.

Pareceu-me que um rápido confronto com a dupla herança – positiva e negativa – das *filosofias do sujeito* poderia constituir um prefácio apropriado para levar a compreender por que a querela do *Cogito* será posteriormente considerada ultrapassada. Por esse motivo prefiro falar aqui de prefácio em vez de introdução. Sem dúvida, ao longo desta trajetória serão propostos outros debates nos quais a dialética entre *identidade--ipse* e *identidade-idem*, entre o si e seu outro, desempenharam os papéis principais. Mas as polêmicas nas quais enveredaremos se situarão além do ponto em que nossa problemática se separar da problemática das filosofias do sujeito.

Considero aqui como paradigmático das filosofias do sujeito o fato de este ser formulado em primeira pessoa – *ego cogito* –, quer o "eu" se defina como empírico ou como transcendental, quer seja posto de modo absoluto, ou seja, sem confronto com o outro, ou relativo, quando a egologia exige o complemento intrínseco da intersubjetividade. Em todos esses casos, o sujeito é "eu". Eis por que a expressão *filosofias do sujeito* é aqui considerada como equivalente a *filosofias do Cogito*. Eis por que a querela do *Cogito*, na qual o "eu" está ora em posição de força, ora em posição de fraqueza, pareceu-me a mais capaz de ressaltar já de saída o jogo da problemática do *si*, com a ressalva de que nossas investigações ulteriores confirmem a pretensão que formulamos aqui, ou seja, de que a hermenêutica do si se encontra a igual distância da apologia do *Cogito* e de sua destituição. O estilo específico da hermenêutica do si compreende-se melhor quando se dimensionam previamente as espantosas oscilações que as filosofias do si parecem apresentar, como se o *Cogito* da qual elas se originaram estivesse inelutavelmente submetido a um ritmo alternado de superestimação e de subestimação. Do *"eu"* dessas filosofias caberia dizer, como dizem alguns a respeito do pai, que não está o suficiente ou está de mais?

1. O *Cogito* se põe

O *Cogito* não terá nenhum significado filosófico forte se, ao se pôr, não houver uma ambição de fundamentação derradeira, última. Ora, essa ambição é responsável pela enorme oscilação sob cujo efeito o "eu" do "eu penso" parece ora exaltado excessivamente à categoria de primeira verdade, ora rebaixado à categoria de grande ilusão. Embora seja verdade que essa ambição de fundamentação última se radicalizou de Descartes a Kant e, depois, de Kant a Fichte e por fim no Husserl das *Meditações cartesianas,* pareceu-nos suficiente apontá-la no seu lugar de nascimento, no próprio Descartes, cuja filosofia demonstra que a crise do *Cogito* é contemporânea da *formulação* do *Cogito*[3].

A ambição fundamental ligada ao *Cogito* cartesiano é reconhecível desde o começo no caráter *hiperbólico* da dúvida que abre o espaço de investigação das *Meditações.* O radicalismo do projeto[4] está assim à altura da dúvida que não excetua do regime da '"opinião" nem o senso comum, nem as ciências – tanto as matemáticas quanto as físicas –, nem a tradição filosófica. Mais precisamente, esse radicalismo está ligado à natureza de uma dúvida sem nenhuma equivalência com a dúvi-

---

3. R. Descartes, *Méditations métaphysiques,* Paris, Garnier-Flammarion, 1979. Os números entre parênteses remetem à paginação de Adam-Tannery (AT).

4. "... eu precisava pensar seriamente, uma vez na vida, em desfazer-me de todas as opiniões a que dera crédito até então e começar tudo de novo desde os fundamentos, se quisesse estabelecer algo de firme e constante nas ciências" (*Première Méditation,* AT, t. IX, p. 13).

PREFÁCIO

da que se pode exercer no interior dos três campos supracitados. A hipótese do engodo total provém de uma dúvida que Descartes chama de "metafísica" para deixar clara a sua desproporção em relação a qualquer dúvida interna a um espaço particular de certeza. É para dramatizar essa dúvida que Descartes, como se sabe, forja a hipótese fabulosa de um grande enganador ou gênio maligno, imagem invertida de um Deus veraz, sendo este reduzido à posição de simples opinião[5]. Se o *Cogito* pode proceder dessa condição extrema de dúvida, é porque alguém conduz a dúvida[6].

De fato, esse sujeito de dúvida está radicalmente desancorado a partir do momento em que o corpo próprio é arrastado para o desastre dos corpos, mas ainda resta alguém para dizer: "... envido todos os esforços a me enganar a mim mesmo fingindo que todos esses pensamentos são falsos e imaginários". Mesmo a hipótese do gênio maligno é uma ficção que crio. Mas esse "eu" que duvida, assim desancorado em relação a todos os referenciais espaçotemporais associados ao corpo, o que é ele? Deslocado em relação ao sujeito autobiográfico do *Discurso do método* – cujo vestígio subsiste nas primeiras linhas das *Meditações*[7] –, o "eu" que conduz a dúvida e se reflete no *Cogito* é tão metafísico e hiperbólico quanto o é a própria dúvida em relação a todos os seus conteúdos. Na verdade não é ninguém[8].

O que resta dizer desse "eu" desancorado? Que, com sua obstinação em querer duvidar, dá mostras de uma vontade de certeza e verdade – não faremos distinção entre essas duas expressões neste estágio –, que confere à própria dúvida uma

---

5. "Pode ser que ele tenha desejado que eu me engane todas as vezes em que faça a soma de dois mais três" (*ibid.*, AT, t. IX, p. 16).
6. "... eu me aplicarei com seriedade e liberdade a destruir de modo geral todas as minhas antigas opiniões" (*ibid.*, AT, t. IX, p. 13).
7. "Faz já algum tempo que percebi que desde meus primeiros anos aceitei grande quantidade de falsas opiniões como verdadeiras..." (*ibid.*).
8. Por isso o "quem" da dúvida não carece de nenhum outrem porque, ao perder a ancoragem, ele saiu das condições de interlocução do diálogo. Não se pode sequer dizer que está monologando, uma vez que o monólogo marca um recuo em relação a um diálogo que ele pressupõe ao interrompê-lo.

espécie de oriente: nesse sentido, a dúvida cartesiana não é o desespero kierkegaardiano. Ao contrário, o que a motiva é a vontade de encontrar; e o que eu quero encontrar é a verdade da coisa. Duvido de que as coisas sejam tais e quais parecem ser. Nesse aspecto, não é indiferente que a hipótese do gênio maligno seja a hipótese de um grande trapaceiro. A trapaça consiste precisamente em fazer o parecer ser considerado como o "ser verdadeiro". Por meio da dúvida, "convenço-me de que nada jamais foi"; mas o que quero encontrar é "uma coisa que seja certa e verdadeira".

Esta última observação é capital para compreender a transformação da dúvida em certeza do *Cogito* na *Segunda Meditação:* em conformidade com a visada ontológica da dúvida, a primeira certeza que dela deriva é a certeza de minha existência, implicada no próprio exercício de pensamento em que consiste a hipótese do grande enganador: "Portanto não há dúvida de que sou porque ele me engana; e por mais que ele me engane, nunca poderá fazer que eu seja nada, enquanto eu pensar ser alguma coisa" (AT, t. IX, p. 19). Eis aí uma proposição existencial: o verbo "ser" é tomado de modo absoluto e não como cópula: "sou, existo"⁹.

A pergunta *quem?*, ligada inicialmente à pergunta *quem duvida?*, ganha novos contornos ao ligar-se à pergunta *quem pensa?* e, mais radicalmente à pergunta *quem existe?.* A indeterminação extrema da resposta – indeterminação herdada do caráter inicialmente hiperbólico da dúvida – explica por certo

---

9. O leitor acostumado ao *Discurso do método* pode surpreender-se por não encontrar aqui a famosa fórmula: *Cogito ergo sum*. No entanto, ela está implícita na fórmula: "duvido, sou". De várias maneiras: em primeiro lugar, duvidar é pensar; em segundo, o "sou" está ligado à dúvida por um "portanto", reforçado por todas as razões de duvidar, de tal modo que se deve ler: "Para duvidar, é preciso ser". Por fim, a primeira certeza não é da ordem do sentimento, é uma proposição: "De maneira que, depois de ter pensado bem e examinado cuidadosamente todas as coisas, é preciso finalmente concluir e considerar como constante que a proposição: *sou, existo* é necessariamente verdadeira todas as vezes que a pronuncio ou que a concebo em meu espírito" (*Segunda Meditação.* AT, t. IX, p. 19). Deixemos de lado por ora a restrição: "todas as vezes que a pronuncio..."; ela desempenhará papel decisivo naquilo que chamarei adiante de crise do *Cogito*.

o fato de Descartes, para desenvolver a certeza adquirida, ser obrigado a somar-lhe uma nova pergunta, ou seja, a de saber *o que* eu sou[10]. A resposta a essa pergunta leva à fórmula desenvolvida do *Cogito:* "Portanto, para falar com precisão, nada mais sou do que uma coisa que pensa, ou seja, um espírito, um entendimento ou uma razão, que são termos cuja significação me era antes desconhecida" (AT, t. IX, p. 21). Com a pergunta *o quê?*, fomos arrastados para uma pesquisa predicativa, referente àquilo que "pertence a esse conhecimento que tenho de mim mesmo" (AT, t. IX, p. 22) ou, mais nitidamente ainda, "o que pertence à minha natureza"[11]. Nesse ponto, o "eu" perde definitivamente toda e qualquer determinação singular ao se tornar pensamento, ou seja, entendimento. É verdade que essa tendência que se pode chamar de epistemologizante (reforçada pelo famoso desenvolvimento da *Segunda Meditação,* conhecido com o nome de "pedaço de cera") é temperada por uma tendência "fenomenologizante", expressa na enumeração que preserva a real variedade íntima do ato de pensar: "O que é uma coisa que pensa? Ou seja, uma coisa que duvida, concebe, afirma, nega, quer, não quer, imagina também e sente" (*ibid.*). Essa enumeração formula a indagação sobre a identidade do sujeito, mas em sentido totalmente diferente da identidade narrativa de uma pessoa concreta. Só pode tratar-se da identidade de algum modo pontual, anistórica, do "eu" na diversidade de suas operações; essa identidade é a identidade de um *mesmo* que escapa à alternativa entre permanência e modificação no tempo, pois o *Cogito* é instantâneo[12].

---

10. "Mas ainda não sei com suficiente clareza o que sou, eu que estou certo de que sou" (*ibid.*). E também: "reconheci que era e busco saber quem sou, eu que reconheci ser" (*ibid.* AT, t. IX, p. 21). Esse trecho da pergunta *quem?* até a pergunta *o quê?* é preparado por um uso do verbo ser que oscila entre o uso absoluto "Sou, existo" e o uso predicativo, "Sou algo". Algo, mas o quê?

11. Aqui se recomeça a passar opiniões pelo crivo da dúvida metódica, crivo paralelo ao da *Primeira Meditação*, mas que põe em jogo a lista dos predicados atribuíveis àquele "eu" certo de existir na nudez do "eu sou".

12. Neste caso, vale reproduzir o argumento: "Pois é por si evidente que sou eu que duvido, entendo e desejo, que não há aqui necessidade de acrescentar nada para explicá-lo" (AT, t. IX, p. 22). A evidência, no caso, está na impossibilidade de dissociar qualquer desses modos de conhecimento que tenho de mim mesmo, portanto de minha verdadeira natureza.

No fim da *Segunda Meditação*, o estatuto do sujeito meditante aparece sem nenhuma equivalência com aquilo que, na sequência de nossas investigações, chamaremos de *locutor, agente, personagem da narração, sujeito de imputação moral* etc. A subjetividade que se põe por reflexão sobre sua própria dúvida, dúvida radicalizada pela fábula do grande enganador, é uma subjetividade desancorada, que Descartes, conservando o vocabulário substancialista das filosofias com as quais acredita ter rompido, ainda pode chamar de *alma*. Mas o que ele quer dizer é o inverso: aquilo que a tradição chama de alma é na verdade *sujeito*, e esse sujeito se reduz ao ato mais simples e mais despojado, o ato de pensar. Esse ato de pensar, ainda sem objeto determinado, basta para vencer a dúvida, porque a dúvida já o contém. E, como a dúvida é voluntária e livre, o pensamento se põe pondo a dúvida. É nesse sentido que o "existo pensando" é uma primeira verdade, ou seja, uma verdade que não é precedida por nada.

Ora, a questão é saber se, no próprio Descartes, o "existo pensando" se sustenta nessa posição de primeira verdade imediatamente conhecida por reflexão sobre a dúvida. Isso ocorreria se, na ordem das razões, todas as outras verdades procedessem da certeza do *Cogito*. Ora, a objeção formulada por Martial Gueroult em *Descartes selon l'ordre des raisons*[13] continua a parecer-me irrefutável. A certeza do *Cogito* dá sobre a verdade uma versão apenas subjetiva; o reinado do gênio maligno continua, quanto a saber se a certeza tem valor objetivo; que minha alma é pura inteligência é coisa certa, mas é apenas uma necessidade interna da ciência: "Todavia, embora seja tão certa quanto o *Cogito* para meu entendimento, essa ciência só tem certeza no interior dele, ou seja, para meu eu fechado nele mesmo" (*op. cit.*, p. 87). Em vista da dificuldade que acabamos de citar, fica claro que em Descartes só a "demonstração de Deus possibilitará resolver a questão" (*ibid.*, p. 137). Ora, essa demonstração, da forma como é conduzida na *Terceira Meditação*, inverte a ordem da descoberta, ou *ordo cognoscendi*, que

---

13. M. Gueroult, *Descartes selon l'ordre des raisons*, 2 vols., Paris, Aubier-Montaigne, 1953.

por si só, caso o *Cogito* fosse verdade primeira em todos os aspectos, deveria conduzir o eu a Deus, depois às essências matemáticas, depois às coisas sensíveis e aos corpos; e ela a inverte em benefício de outra ordem, a da "verdade da coisa", ou *ordo essendi:* ordem sintética segundo a qual Deus, simples elo na primeira ordem, torna-se a primeira argola. O *Cogito* seria realmente absoluto, em todos os aspectos, caso se pudesse mostrar que só há uma ordem, aquela na qual ele é efetivamente primeiro, e que a outra ordem, que o faz regredir para segunda categoria, deriva da primeira. Ora, parece realmente que a *Terceira Meditação* inverte a ordem, colocando a certeza do *Cogito* em posição subordinada em relação à sua veracidade divina, que é primeira segundo a "verdade da coisa"[14].

Qual é o resultado para o próprio *Cogito*? Por uma espécie de contrachoque da nova certeza, a saber, a da existência de Deus, sobre a certeza do *Cogito,* a ideia de mim mesmo aparece profundamente transformada simplesmente pelo fato do

---

14. Não é de duvidar que para Descartes não houve sofisma nem círculo. Mas o preço a pagar é considerável. O argumento baseia-se na distinção de dois estatutos de ideias: quanto ao "ser formal" delas – ou seja, na medida em que estão presentes em mim, abstração feita de seu valor representativo –, elas estão simplesmente em mim, todas no mesmo nível, porque igualmente pensadas por mim. Quanto ao valor representativo delas, chamado de "ser objetivo", representa graus variáveis de perfeição: iguais na medida em que são pensadas, as ideias deixam de sê-lo quanto àquilo que elas representam. Conhece-se a consequência: a ideia de perfeição, considerada como sinônimo da ideia filosófica de Deus, mostra-se dotada de um conteúdo representativo desproporcional ao meu interior, que é o interior de um ser imperfeito, porque condenado a chegar à verdade pelo penoso caminho da dúvida. Essa é a surpreendente situação: um conteúdo maior que seu continente. Surge então a questão da causa dessa ideia: sobre todas as outras ideias eu poderia afirmar que sou a causa, pois elas têm tanto ser quanto eu. Da ideia de Deus eu não sou a causa "capaz". Resta a hipótese de que ela tenha sido posta em mim pelo próprio ser que ela representa. Não discuto aqui as inúmeras dificuldades vinculadas a cada um dos momentos do argumento: direito de distinguir o ser objetivo das ideias de seu ser formal, direito de considerar os graus de perfeição da ideia como proporcionais aos seres assim representados, direito de considerar Deus como a causa da presença de sua própria ideia em nós. Vou diretamente às consequências que dizem respeito ao próprio *Cogito*, assim excedido por essa ideia de infinito ou de perfeição incomensurável com sua condição de ser finito.

reconhecimento desse Outro que causa em mim a presença de sua própria representação. O *Cogito* desliza para o segundo plano ontológico. Descartes não hesita em escrever: "de algum modo, tenho em mim primeiro a noção do infinito e depois a do finito, ou seja, de Deus antes de mim" (*Terceira Meditação*. AT, t. IX, p. 36). Portanto, é preciso chegar a dizer que, se Deus é *ratio essendi* de mim mesmo, por essa razão ele se torna *ratio cognoscendi* de mim mesmo, uma vez que sou um ser imperfeito, um ser de carência; pois a imperfeição vinculada à dúvida só é conhecida à luz da ideia de perfeição; na *Segunda Meditação,* eu me conhecia como existente e pensante, mas não ainda como natureza finita e limitada. Essa fragilidade do *Cogito* vai muito longe: não está apenas vinculada à imperfeição da dúvida, mas à própria precariedade da certeza que venceu a dúvida, essencialmente à sua ausência de duração; entregue a si mesmo, o eu do *Cogito* é o Sísifo condenado a subir novamente, a cada instante, o rochedo de sua certeza ao arrepio da dúvida. Em contrapartida, Deus, por me conservar, confere à certeza de mim mesmo a permanência que esta não tem por si só. Essa estrita contemporaneidade entre a ideia de Deus e a ideia de mim, tomada pelo ângulo do poder de produzir ideias, leva-me a dizer que "assim como a ideia de mim mesmo, [a ideia de Deus] nasceu e produziu-se comigo assim que fui criado" (AT, t. IX, p. 41). Ou melhor: a ideia de Deus está em mim como a própria marca do autor sobre sua obra, marca que garante a semelhança de um com outro. Cabe-me então confessar que "concebo essa semelhança (...) com a mesma faculdade com que me concebo a mim mesmo" (*ibid.*).

Quase não é possível levar mais longe a fusão entre a ideia de mim mesmo e a ideia de Deus. Mas qual é o resultado para a ordem das razões? O resultado é que ela já não se apresenta como uma cadeia linear, mas como um círculo; dessa projeção ao inverso do ponto de chegada para o ponto de partida, Descartes só percebe o benefício, ou seja, a eliminação da hipótese insidiosa do Deus mentiroso que alimentava a dúvida mais hiperbólica; a Imagem fabulosa do grande enganador é vencida em mim a partir do momento em que o Outro realmente existente e inteiramente verídico ocupou o seu lugar. Mas, para nós, assim como para os primeiros contraditores de Descartes, a questão está em saber se, ao conferir a forma do círculo à ordem das razões, Descartes não terá transformado num gigantesco círculo vicioso a ação de arrancar o *Cogito*, portanto o "eu", à sua solidão inicial.

Parece então criada uma alternativa: ou o *Cogito* tem valor de fundamento, mas é uma verdade estéril à qual não é possível dar uma sequência sem ruptura da ordem das razões; ou então a ideia de perfeito o fundamenta em sua condição de ser finito, e a primeira verdade perde a auréola de primeiro fundamento.

Essa alternativa foi transformada em dilema pela posteridade de Descartes: por um lado Malebranche e mais ainda Espinosa, extraindo as consequências da inversão realizada pela *Terceira Meditação*, viram no *Cogito* nada mais que uma verdade abstrata, truncada, despojada de prestígio. Nesse sentido Espinosa é o mais coerente: para *a Ética*, apenas o discurso da substância infinita tem valor de fundamento; o *Cogito* não só regride para segundo plano, como também perde sua formulação em primeira pessoa; lê-se assim no livro II da *Ética*, sob o título de axioma II: "O homem pensa."[15] Um axioma precede essa fórmula lapidar – axioma 1 – que ressalta um pouco mais o caráter subordinado do segundo: "A essência do homem não implica a existência necessária, ou seja, pode tanto ocorrer, segundo a ordem da natureza, que este homem ou aquele exista, quanto pode ocorrer que ele não exista."[16] A problemática do si afasta-se do horizonte filosófico. Por outro lado, para toda a corrente do idealismo, através de Kant, Fichte e Husserl (pelo menos o das *Meditações cartesianas*), a única leitura coerente do *Cogito* é aquela para a qual a alegada certeza da existência de Deus tem o mesmo cunho de subjetividade da certeza de minha própria existência; a garantia da garantia constituída pela veracidade divina constitui então apenas um anexo da primeira certeza. Em sendo assim, o *Cogito* não é uma primeira verdade que seria seguida por uma segunda, uma terceira etc.,

---

15. Spinoza, *Éthique*, livro II, texto e trad. fr. C. Appuhn, Paris, Vrin, 1977.
16. *Ibidem*.

mas sim o fundamento que se autofundamenta, incomensurável a todas as proposições, não só empíricas, mas também transcendentais. Para evitar cair no idealismo subjetivista, o "eu penso" deve despojar-se de toda ressonância psicológica e, com mais razão, de toda referência autobiográfica. Deve tornar-se o "eu penso" kantiano, que, conforme diz a *Dedução transcendental*, "deve poder acompanhar todas as minhas representações". Disso, a problemática do si resulta, em certo sentido, amplificada, mas à custa da perda de sua relação com a pessoa de que se fala, com o *eu-tu* da interlocução, com a identidade de uma pessoa histórica, com o si da responsabilidade. A exaltação do *Cogito* deve ter esse preço? A modernidade deve a Descartes pelo menos o fato de ter sido posta diante de uma alternativa tão temível.

2. O *Cogito* quebrado

O *Cogito* quebrado: esse poderia ser o título emblemático de uma tradição, decerto menos contínua que a do *Cogito*, mas cuja virulência culmina com Nietzsche, o que faz deste o contraposto privilegiado de Descartes.

Para compreender o ataque travado por Nietzsche contra o *Cogito* cartesiano, em especial nos fragmentos do último período, não é inútil remontar a alguns escritos contemporâneos de *Nascimento da tragédia*, em que o arrazoado contra a retórica visa subverter a pretensão da filosofia a erigir-se como ciência, no sentido forte de disciplina do fundamento[17].

O ataque contra a pretensão fundacional da filosofia respalda-se no processo da linguagem no qual a filosofia é expres-

---

17. Nesse sentido, dois textos merecem nossa atenção: o primeiro pertence a um *Curso de retórica* proferido em Basileia durante o trimestre de inverno 1872-1873 (t. V da ed. Kröner-Musarion, trad. fr. e apresentação de P. Lacoue-Labarthe e J.-L. Nancy in *Poétique*, n. 5, 1971, e trad. ing. de C. Blair in *Philosophy and Rhetoric*, 1983, pp. 94-129). O segundo texto, intitulado *Introdução teórica: sobre a verdade e a mentira no sentido extramoral*, destinava-se a figurar numa obra que teria sido chamada *Das Philosophenbuch* – "O livro do filósofo" – e teria servido de complemento teórico ao *Nascimento da tragédia* (*Le livre du philosophe*, ed. bilíngue, trad. fr. A. K. Marietti, Paris, Aubier-Flammarion, 1969).

sa. Ora deve-se admitir que, afora Herder, a filosofia da subjetividade abstraiu inteiramente a mediação da linguagem que veicula sua argumentação acerca do "eu sou" e do "eu penso". Enfatizando essa dimensão do discurso filosófico, Nietzsche traz à tona as estratégias retóricas dissimuladas, esquecidas e até hipocritamente reprimidas e negadas, em nome da imediatez da reflexão.

O *Curso de retórica* propõe a ideia nova de que os tropos – metáfora, sinédoque, metonímia – não constituem ornamentos acrescentados a um discurso literal, não figurativo, mas são inerentes ao funcionamento mais primitivo da linguagem. Nesse sentido, não há "naturalidade" não retórica da linguagem. Esta é inteiramente figurativa[18].

Em *Verdade e mentira no sentido extramoral*[19] (verão de 1873) é levado mais longe o paradoxo de linguagem integralmente figurativa e, portanto, considerada mentirosa. Paradoxo em dois sentidos: em primeiro lugar porque, desde as primeiras linhas, a vida, aparentemente tomada em sentido referencial e não figurado, é apresentada como fonte das fábulas por meio das quais ela se mantém. Em segundo, no sentido de que o próprio discurso de Nietzsche sobre a verdade como mentira deveria ser arrastado para o abismo do paradoxo do mentiroso. Mas Nietzsche é precisamente o pensador que assumiu até o fim esse paradoxo, despercebido pelos comentadores que tomam a apologia da Vida, da Vontade de poder, como revelação de um novo imediato, posto no mesmo lugar do *Cogito* e com as mesmas pretensões fundacionais. Não quero dizer com isso que Nietzsche, em seu esforço para superar o niilismo,

---

18. O *Curso de retórica* cita favoravelmente uma declaração do escritor Johann Paul Friedrich Richter num excerto da *Vorschule der Aesthetik* que conclui nos seguintes termos: "Assim, considerando-se as conexões espirituais, toda linguagem é um dicionário de metáforas fenecidas." A metáfora aparece aqui privilegiada entre todos os tropos, mas a metonímia – substituição de uma palavra por outra – nem por isso é eclipsada: a substituição do efeito pela causa (*metalepse*), nos fragmentos de *Vontade de poder*, tornar-se-á o mecanismo principal do sofisma dissimulado no *Cogito*.

19. F. Nietzsche, *Vérité et mensonge au sens extra-moral.*, in *Œuvres philosophiques complètes*, I, vol. 2, *Écrits posthumes, 1870-1873*, ed. Colli-Montinari, Paris, Gallimard, 1975.

não tenha tido em vista semelhante *reconstrução*. Mas o importante é que esta fica à mercê do gesto de desconstrução ao qual é submetida a metafísica anterior. Nesse sentido, embora o argumento dirigido contra o *Cogito* possa ser interpretado como uma extensão ao próprio *Cogito* do argumento cartesiano do gênio maligno, em nome do caráter figurado e mentiroso de toda linguagem, não é indubitável que, colocando-se sob o paradoxo do mentiroso, Nietzsche tenha conseguido subtrair sua própria filosofia ao efeito de desconstrução desencadeado por sua interpretação retórica de toda filosofia.

O paradoxo inicial é o de uma "ilusão" que serve de "expediente" a serviço da conservação da vida[20]. Mas a própria natureza subtraiu ao homem o poder de decifrar essa ilusão: "Ela jogou fora a chave" (*op. cit.*, p. 175). No entanto, Nietzsche acredita possuir essa chave: é o funcionamento da ilusão como *Verstellung*. É importante conservar o sentido de deslocamento nesse procedimento, que também significa dissimulação, pois é ele que designa o segredo do funcionamento não apenas linguístico, mas propriamente *retórico* da ilusão. Voltamos assim à situação do *Crátilo* de Platão e ao confronto de que fala o diálogo socrático entre uma origem "natural" e uma origem "convencional" das designações das coisas pelas palavras. Nietzsche não hesita: o modelo – ousamos dizer – é o mentiroso que faz mau uso da linguagem valendo-se de "substituições voluntárias e de inversões de nomes" (*ibid.*). Mas, assim como a linguagem figurativa, no texto anterior, já não podia ser oposta a uma linguagem literal qualquer, a linguagem do mentiroso também não tem como referência uma linguagem não mentirosa, pois a linguagem é, como tal, oriunda de tais substituições e inversões[21].

---

20. Diz-se que o intelecto humano pertence à natureza na qualidade de apanágio de um animal inventor da inteligência: "Para esse intelecto não há uma missão mais vasta que supere a vida humana" (*Le livre du philosophe, op. cit.*, p. 171).

21. Donde a declaração proferida em tom solene: "O que é então a verdade? Uma multidão móvel de metáforas, metonímias, antropomorfismos, em suma, uma soma de relações humanas que foram poética e retoricamente alçadas, transpostas, ornadas e, depois de uso prolongado, parecem a um povo

Em que sentido o *Cogito* cartesiano é aqui visado, pelo menos obliquamente? No sentido de que ele não pode constituir uma exceção à dúvida generalizada, uma vez que a mesma certeza que cobre o "eu existo", o "eu existo-pensando", a realidade formal das ideias e, finalmente, seu valor representativo, é atingida por essa espécie de redução tropológica aqui pronunciada. Assim como a dúvida de Descartes procedia da suposta indistinção entre sonho e vigília, a de Nietzsche procede da indistinção mais hiperbólica entre mentira e verdade. Eis por que o *Cogito* deve sucumbir a essa versão também hiperbólica do gênio maligno, pois aquilo que este não podia incluir era o instinto de verdade. Ora, é ele que agora se torna "enigmático". O gênio maligno mostra-se aí mais malicioso que o *Cogito*. Quanto à filosofia própria de Nietzsche, ou ela se excetua desse reino universal da *Verstellung* – mas por qual astúcia superior escaparia ela ao sofisma do mentiroso? –, ou então sucumbe a ele – mas então como justificar o tom de revelação com o qual serão proclamados a vontade de poder, o super-homem e o eterno retorno do mesmo? Esse dilema, que não parece ter impedido Nietzsche de pensar e escrever, tornou-se o dilema de seus comentadores divididos em dois campos: os fiéis e os ironistas[22].

Aquilo que acaba de ser chamado de redução tropológica[23] constitui uma utilíssima chave para interpretar a crítica frontal ao *Cogito* que se lê nos fragmentos do *Nachlass* dispersos entre 1882 e 1884[24]. É escusado dizer que a escolha dos

---

firmes, canônicas e coercitivas: as verdades são ilusões que esquecemos serem ilusões, metáforas que foram desgastadas e perderam a força sensível, moedas que perderam a marca da cunhagem e entram em consideração não mais como moedas, mas como metal" (*ibid.*, pp. 181-3).

22. Os comentadores franceses alinham-se mais no segundo campo, acompanhados por Paul de Man em seu ensaio "Rhetoric of tropes" (in *Allegories of Reading*, New Haven, Londres, Yale University Press, 1979, pp. 103-18).

23. Num estudo dedicado à obra de Nietzsche por ele mesmo, essa redução tropológica deveria ser completada pela redução genealógica em ação na *Genealogia da moral*. Seria possível encontrar uma aliança entre sintomatologia médica e decifração textual. A crítica da consciência (moral), no fim dessa obra, dará ensejo a fazer justiça a esse grande texto.

24. Na grande edição *in-octavo*, anterior à edição de Colli-Montinari, esses fragmentos estavam agrupados na seção III de uma obra que nunca foi publi-

fragmentos de cunho *anti-Cogito* mais manifesto ergue apenas uma ponta do véu lançado sobre esse gigantesco canteiro de obras, no qual a crítica ao cristianismo convive com a elaboração dos temas enigmáticos da vontade de poder, do super--homem e do eterno retorno. Mas a seleção severa aqui praticada é fiel a meu propósito de mostrar no *anti-Cogito* de Nietzsche não o inverso do *Cogito* cartesiano, mas a destruição da própria questão à qual o *Cogito* supostamente daria uma resposta absoluta.

A despeito do caráter fragmentário desses aforismos dirigidos contra o *Cogito*, a constelação que eles desenham possibilita ver os rigorosos exercícios de uma dúvida hiperbólica da qual o próprio Nietzsche seria o gênio maligno. Assim esse fragmento de novembro de 1887-março de 1888[25]: "Levo em conta [*ich halte*] a fenomenalidade também do mundo *interior*: tudo o que *se nos torna consciente* está [26] de cabo a rabo previamente arranjado, simplificado, esquematizado, interpretado – o processo *real* da 'percepção' interna, o *encadeamento causal* entre os pensamentos, os sentimentos, as ambições, assim como entre o sujeito e o objeto, nos são absolutamente ocultados – e talvez pura imaginação."[26]

---

cada e fora erroneamente colocada sob o título de *Vontade de poder* (*La volonté de puissance*, trad. fr. G. Bianquis, Paris, Gallimard, 1948). Esses fragmentos hoje voltaram a ser postos em ordem cronológica na edição Colli-Montinari; trad. fr.: *Œuvres philosophiques complètes*, t. IX a XIV, Paris, Gallimard (t. XIV, 1977).

25. Trad. fr. P. Klossowski, *Fragments posthumes*, in Œuvres philosophiques complètes, *op. cit.*, t. XIII, p. 248. Na antiga edição *in-octavo*, *La volonté de puissance*, n. 477.

26. Em seguida se lê: "Esse 'mundo *interior* aparente' é tratado segundo formas e procedimentos absolutamente idênticos àqueles com que se trata o mundo 'exterior'. Nunca encontramos 'fatos': prazer e desprazer nada mais são que fenômenos tardios e derivados do intelecto... A 'causalidade' nos escapa; admitir entre os pensamentos um elo imaginário imediato como faz a lógica – essa é a consequência da observação mais grosseira e estúpida. *Entre* dois pensamentos *todos os afetos possíveis* ainda conduzem o jogo: mas seus movimentos são rápidos demais para não serem *despercebidos*, motivo pelo qual os *negamos*... 'Pensar', tal como supõem os teóricos do conhecimento, simplesmente não ocorre: aí está uma ficção totalmente arbitrária, obtida pela extração de um elemento único do processo e pela subtração de todo o resto, arranjo artificial com vistas à compreensibilidade... 'O espírito', *algo que pensa:* e por que não

Proclamar assim a fenomenalidade do mundo interior é em primeiro lugar alinhar este último com o mundo chamado de exterior, cuja fenomenalidade não significa de modo algum objetividade em sentido kantiano, mas precisamente "arranjo, simplificação, esquematização, interpretação"; para compreender esse ponto, é preciso ter em mente o ataque contra o positivismo; enquanto este diz "só há *fatos*", Nietzsche diz: o que não há são *fatos*, mas apenas interpretações. Ao estender a crítica à chamada "experiência interna", Nietzsche arruína no princípio o caráter de exceção do *Cogito* em relação à dúvida que Descartes dirigia contra a distinção entre o mundo do sonho e o mundo da vigília. Assumir a fenomenalidade do mundo interior é também alinhar a conexão da experiência íntima à "causalidade" externa, que é também uma ilusão que dissimula o *jogo* das forças sob o artifício da ordem. É também postular uma unidade completamente arbitrária, ficção chamada de "pensar", separada da exuberante multiplicidade dos instintos. É, por fim, imaginar um "substrato de sujeito" no qual os atos de pensamento teriam origem. Esta última ilusão é a mais pérfida, pois põe em ação, na relação entre o ator e seu fazer, a espécie de inversão entre efeito e causa que relacionamos acima com o tropo da metonímia, na figura da *metalepse*. É assim que consideramos como causa sob o título do "eu" aquilo que é efeito de seu próprio efeito. Evidentemente, o argumento só funcionará se introduzirmos a causalidade, portanto certa discursividade, sob a suposta certeza imediata do *Cogito*. No exercício da dúvida hiperbólica, que Nietzsche leva ao limite, o "eu" não aparece como inerente ao *Cogito*, mas como uma interpretação de tipo causal. Chegamos de novo aqui a nosso argumento tropológico anterior: de fato, colocar uma substância *sob* o *Cogito* ou uma causa *por trás* dele "não passa de simples hábito gramatical, o hábito de juntar um agente a cada ação". Reincidimos na "inversão das palavras", denunciada vinte anos antes.

---

até 'o espírito absoluto, *puro*' – essa concepção é uma segunda consequência derivada da falsa observação de si mesmo, que acredita no fato de 'pensar'; aqui é imaginado pela primeira vez um ato que não ocorre, 'o pensar', e *em segundo lugar* imaginado um substrato de sujeito no qual tem origem todo ato desse pensar e nada mais: ou seja, *tanto o fazer quanto o autor são ficções*" (*ibid.*, p. 248).

Não insistirei mais nesses argumentos, nos quais, em minha opinião, não se deve ver nada além de um exercício de dúvida hiperbólica levado mais longe que o de Descartes, voltado contra a própria certeza que este acreditava poder subtrair à dúvida. Nietzsche não diz outra coisa, pelo menos nesses fragmentos, senão o seguinte: *duvido melhor que Descartes*. O *Cogito* também é duvidoso. É desse modo hiperbólico que compreendo fórmulas como estas: "minha hipótese, o sujeito como multiplicidade". Nietzsche não diz dogmaticamente – embora isso também lhe ocorra fazer – que o sujeito *é* multiplicidade: ele *experimenta* essa ideia; de algum modo joga com a ideia de multiplicidade de sujeitos a lutarem entre si, como "células" a rebelar-se contra a instância dirigente. Assim, ele demonstra que nada resiste à hipótese mais fantástica, pelo menos enquanto nos mantivermos no interior da problemática delimitada pela busca de uma certeza que dê garantias absolutas contra a dúvida.

3. Rumo a uma hermenêutica do si-mesmo

Sujeito enaltecido, sujeito humilhado: ao que parece é sempre por meio dessa inversão entre o pró e o contra que se faz a abordagem do sujeito; daí seria preciso concluir que o "eu" das filosofias do sujeito é *atopos,* sem lugar garantido no discurso. Em que medida se pode dizer que a hermenêutica do si-mesmo, aqui elaborada, ocupa um lugar epistêmico (e ontológico, como se dirá no décimo estudo) situado além dessa alternativa de *cogito* e *anticogito*?

Um rápido apanhado dos nove estudos que constituem propriamente a hermenêutica do si-mesmo pode dar ao leitor uma ideia sumária da maneira como o discurso filosófico responde, no nível conceitual, às três características gramaticais mencionadas acima, ou seja, o uso do se e do si em casos oblíquos, o desdobramento do mesmo segundo o regime do *idem* e do *ipse,* a correlação entre o si-mesmo e o outro que não o si-mesmo. A essas três características gramaticais correspondem as três principais características da hermenêutica do si-

-mesmo, a saber: desvio da reflexão pela análise, dialética entre ipseidade e mesmidade, dialética entre ipseidade e alteridade. Essas três características da hermenêutica serão progressivamente reveladas, segundo a ordem na qual acabam de ser enumeradas, na sequência de estudos que compõem esta obra. Daremos forma interrogativa a essa perspectiva, introduzindo com a indagação *quem?* todas as asserções relativas à problemática do si-mesmo, dando assim a mesma amplitude à indagação *quem?* e à resposta – *si*. Quatro subconjuntos correspondem assim a quatro maneiras de interrogar: quem fala? quem age? quem se narra? quem é o sujeito moral de imputação? Passemos aos detalhes.

O primeiro subconjunto (estudos I e II) trata de uma *filosofia da linguagem*, tanto sob o aspecto de uma semântica quanto de uma pragmática. Já nesses primeiros estudos, o leitor será posto diante de uma tentativa de incorporar à hermenêutica do si-mesmo, herdeira, como se viu, de debates internos à filosofia europeia – curiosamente chamada de continental pelos herdeiros de uma filosofia que inicialmente foi... insular –, fragmentos significativos da filosofia analítica de língua inglesa. Esses empréstimos, que prosseguirão no segundo e no terceiro subconjuntos, não são arbitrários; não resultam de nenhuma vontade *a priori* de aculturar mutuamente duas tradições bastante estranhas uma à outra; muito menos denunciam alguma ambição maníaca de casamento forçado entre duas famílias intelectuais que pouco se frequentaram. *O recurso à análise, no sentido dado a esse termo pela filosofia analítica, é o preço que deve ser pago para se ter uma hermenêutica caracterizada pelo estatuto indireto da formulação do si-mesmo*. Em vista dessa primeira característica, a hermenêutica se revela como uma filosofia do desvio: o desvio pela filosofia analítica pareceu-me simplesmente mais prenhe de promessas e resultados. Mas é à indagação *quem?* que cabe o impulso inicial. Indagação que se divide em duas indagações gêmeas: *de quem* se fala quando se designa de modo referencial a pessoa enquanto distinta das coisas? E *quem* fala ao se designar a si mesmo como locutor (dirigindo a palavra a um interlocutor)?

O segundo subconjunto (estudos III e IV) trata de uma *filosofia da ação*, no sentido limitado que o termo assumiu principalmente na filosofia analítica. Esse subconjunto tem relação complexa com o anterior; em certo sentido, este serve de *órganon*, uma vez que se fala da ação em enunciados, portanto proposições, singularmente com base em verbos e expressões de ação, e uma vez que é em atos de fala que o agente da ação se designa como aquele que age. Em outro sentido, o segundo subconjunto anexa o primeiro, uma vez que os próprios atos de fala são ações e uma vez que, por implicação, os locutores também são agentes. A pergunta *quem fala?* e a pergunta *quem age?* aparecerão assim estreitamente entrelaçadas. Também nesse caso o leitor será convidado a participar de um confronto construtivo entre filosofia analítica e hermenêutica. De fato, é a teoria analítica da ação que regerá o grande desvio pela pergunta *o quê?* e pela pergunta *por quê?*, pois só assim poderá acompanhar até o fim o movimento de retorno para a pergunta *quem?* – quem é o agente da ação? Repetimos que esses longos circuitos de análise são característicos do estilo indireto de uma hermenêutica do si-mesmo, ao contrário da reivindicação de imediatez do *Cogito*.

Essa espécie de concorrência entre filosofia analítica e hermenêutica continua no terceiro subconjunto (estudos V e VI), no qual a questão da *identidade pessoal* é formulada no ponto de intersecção das duas tradições filosóficas. A questão da identidade, ligada à da temporalidade, será retomada no ponto em que foi deixada em *Tempo e narrativa III* com o título "identidade narrativa", mas com recursos novos obtidos pela análise da identidade pessoal em função de critérios objetivos de identificação. O que acabamos de chamar de concorrência entre duas tradições filosóficas será submetida à arbitragem da dialética entre identidade-*idem* e identidade-*ipse*, que, com o caráter reflexivo do si, transformamos na segunda característica gramatical do si-*mesmo*. Favorecido por esse novo desenvolvimento do tema da identidade narrativa, o conceito de ação – do qual a narrativa é a *mímese*, cabe lembrar – recobrará a amplitude de sentido que podia ter o conceito aristotélico de práxis, em contraposição às delimitações drásticas – mas justificadas pelo propósito da análise – às quais a semântica da ação terá submetido o agir humano no subconjunto anterior. Simultânea e correlativamente, o sujeito da ação narrada começará a igualar-se ao conceito mais amplo de homem *agente* e *padecente* que nosso procedimento analítico-hermenêutico é capaz de depreender.

Caberá ao quarto subconjunto (estudos VII, VIII e IX) propor um último desvio pelas determinações *éticas* e *morais* da ação, relacionadas respectivamente às categorias do *bom* e do *obrigatório*. Assim serão trazidas à baila as próprias dimensões éticas e morais de um sujeito a quem a ação, boa ou não, executada por dever ou não, pode ser *imputada*. Enquanto o primeiro e o segundo estudos foram os primeiros a aplicar o processo de análise e reflexão, e enquanto o quinto e o sexto estudos atribuíram a tônica principal à oposição entre ipseidade e mesmidade, é nos três estudos éticos que a dialética entre o *mesmo* e o *outro* encontrará desenvolvimento filosófico apropriado. Na verdade, a dialética entre o *si-mesmo* e o *outro* não terá feito falta nos estudos anteriores, tampouco a dialética entre o *ipse* e o *idem*. Em nenhuma etapa, o si terá sido separado de seu outro. O fato é que essa dialética, a mais rica de todas, tal como lembra o título desta obra, só encontrará pleno desenvolvimento nos estudos situados sob o signo da ética e da moral. Neles, a *autonomia* do si aparecerá intimamente ligada à *solicitude* pelo próximo e à *justiça* para com todos os homens.

O apanhado que acabamos de propor dos estudos que compõem essa obra dá uma primeira ideia da distância que separa a hermenêutica do si das filosofias do *Cogito*. Dizer *si*, não é dizer *eu*. O *eu* se põe – ou é disposto. O *si* é implicado a título reflexivo em operações cuja análise precede o retorno para ele mesmo. Nessa dialética entre análise e reflexão enxerta-se a dialética entre o *ipse* e o *idem*. Por fim, a dialética entre mesmo e outro coroa as duas primeiras dialéticas. Concluiremos este prefácio ressaltando mais duas características que se opõem diametralmente, já não só à *imediatez* do *eu sou*, mas à ambição de colocar-se na posição de *fundamento último*. É possível introduzir sumariamente essas duas características complementares completando a visão perspectiva que acabamos de esboçar.

A primeira característica diz respeito ao caráter *fragmentário* da série de nossos estudos. Ela recusa a tese da *simplicidade* indecomponível do *Cogito*, que se soma à tese de sua imediatez. Veremos que ela recusa a tese da simplicidade reflexiva, mas sem ceder à vertigem da *dissociação* do si perseguido com obstinação pela desconstrução nietzschiana. Examinemos, pois, com cuidado os dois aspectos da contestação.

O caráter *fragmentário* de nossos estudos procede da estrutura analítico-reflexiva que impõe à nossa hermenêutica desvios laboriosos pelos quais enveredaremos já no primeiro estudo. Ao introduzirmos a problemática do si com a pergunta *quem?*, simultaneamente abrimos o campo para uma verdadeira polissemia inerente a essa pergunta: quem fala de quê? quem faz o quê? sobre quem e sobre o que se faz a narrativa? quem é moralmente responsável pelo quê? Todas essas são as diversas maneiras de dizer o *quem?*. Ora, essas diversas maneiras de fazer a pergunta *quem?* não escapam de certa contingência do questionamento, contingência ligada à contingência dos recortes propostos conjuntamente pela gramática das línguas naturais (demos um exemplo já nas primeiras linhas desse prefácio), do uso do discurso comum, enfim, do surgimento do questionamento filosófico ao longo da história. A hermenêutica aqui fica entregue à historicidade do questionamento, donde resulta a fragmentação da arte de questionar[27].

Em contrapartida, essa fragmentação não é tanta que não seja protegida por alguma *unidade temática* contra a disseminação que reduziria o discurso ao silêncio. Em certo sentido, pode-se dizer que o conjunto desses estudos tem como unidade temática o *agir humano,* e que, ao longo deles, a noção de ação adquire extensão e concretude crescentes. Nessa medida, a filosofia que se depreende da obra mereceria ser chamada de filosofia prática e ser aceita como "filosofia segunda", no sentido que Manfred Riedel dá a esse termo[28], após o fracasso do

---

27. Essa fragmentação justifica o fato de se ter preferido o título *estudo* ao título capítulo, a tal ponto cada uma de nossas investigações constitui uma parte total, o que, em última análise, autoriza o leitor a entrar em nosso percurso em qualquer dos seus estágios.

28. M. Riedel, *Für eine zweite Philosophie. Vorträge und Abhandlungen,* Frankfurt, Suhrkamp, 1988.

Cogito em se constituir como filosofia primeira e resolver a questão do fundamento último. Mas a unidade que o tratamento do agir humano confere ao conjunto de nossos estudos não é a unidade que um fundamento último conferiria a uma série de disciplinas derivadas. Trata-se mais de uma unidade apenas *analógica* entre acepções múltiplas do termo *agir*, cuja polissemia é imposta, como acabamos de dizer, pela variedade e pela contingência das indagações que põem em movimento as análises que reconduzem à reflexão sobre o si[29].

Falar apenas de unidade analógica já é demais, uma vez que é possível hesitar acerca da escolha do termo primeiro ou único de referência. O sentido primeiro do agir humano consistirá na autodesignação de um sujeito falante? Ou no poder de fazer por parte do agente da ação? Ou na imputação moral da ação? Cada uma dessas respostas é legítima. Haverá quem objete que em meio ao caminho viremos a sobrepor o ritmo ternário à diversidade de nossos estudos sobre o agir: *descrever, narrar, prescrever*. Como veremos no momento oportuno, esse ternário possibilita atribuir à abordagem narrativa – que, em *Tempo e narrativa III*, punha a noção de identidade narrativa numa espécie de pináculo – uma função de transição e de ligação entre descrição que prevalece nas filosofias analíticas da ação, e a prescrição que designa com um termo genérico todas as determinações da ação a partir dos predicados "bom" e "obrigatório". Mas essa ordenação praticamente só tem função didática com vistas a guiar o leitor na travessia da polissemia do agir. Essa função didática não impede que, de acordo com a indagação formulada, o ternário seja lido em ordem diferente. Nenhuma abordagem é primeira em todos os aspectos.

A perplexidade criada por esse estilo fragmentário não é de modo algum abolida no estudo final sobre o qual ainda não disse nada e cujo caráter *exploratório* ressalto desde já. Nesse

---

29. Ao introduzir aqui o termo unidade analógica, faço alusão ao problema proposto pela sequência das categorias do ser em Aristóteles e à interpretação que os escolásticos deram à referência da série inteira a um termo primeiro (*pros hen*) que seria a *ousía*, traduzido para o latim como *substantia*. Evidentemente, é em outro campo problemático que aplicamos o termo unidade analógica. Voltaremos a isso no segundo estudo.

estudo, de estilo ontológico, o que está em questão é realmente a unidade analógica do agir humano. É de perguntar se, para tratar o agir humano como um *modo de ser* fundamental, a hermenêutica pode valer-se legitimamente de recursos das ontologias do passado que seriam de algum modo despertados, liberados, regenerados em contato com ela. É de perguntar, principalmente, se a grande polissemia do termo "ser", segundo Aristóteles, possibilita revalorizar a significação do ser enquanto ato e potência, firmando assim a unidade analógica do agir sobre uma significação ontológica estável. Mas, precisamente, essa reavaliação de uma significação do ser, frequentemente sacrificada ao ser-substância, só pode ser realizada sobre o pano de fundo de uma pluralidade mais radical que qualquer outra, ou seja, a das significações do ser. Além disso, rapidamente fica claro que a ontologia do ser e da potência abre, por sua vez, um espaço de variações de sentido difícil de fixar através de suas expressões históricas múltiplas. Por fim, e principalmente, a dialética entre o mesmo e o outro, reajustada às dimensões de nossa hermenêutica de si-mesmo e do outro, impedirá que uma ontologia do ato e da potência se encerre na tautologia. A polissemia da alteridade, que proporemos no segundo estudo, imprimirá a toda ontologia do agir o selo da diversidade de sentido que desbarata a ambição de fundamentação última, característica das filosofias do *Cogito*.

Um último traço vai aumentar a distância entre nossa hermenêutica e as filosofias do *Cogito*. Diz respeito ao tipo de *certeza* que a primeira pode pretender, e que a diferencia de maneira decisiva da certeza vinculada à pretensão de autofundamentação destas últimas. Veremos despontar lentamente durante os primeiros estudos, ganhar vigor nos estudos intermediários e finalmente desabrochar plenamente nos últimos estudos a noção de *atestação* com a qual pretendemos caracterizar o modo alético (ou veritativo) do estilo apropriado à conjunção de análise e reflexão, ao reconhecimento da diferença entre ipseidade e mesmidade, e ao desenvolvimento da dialética do si e do outro – em suma, apropriado à hermenêutica do si considerada em seus três membros. A atestação define, a nosso ver, a espécie de certeza à qual a hermenêutica pode pretender, não só em relação à exaltação epistêmica do *Cogito* a partir de Descartes, mas também em relação à sua humilhação em Nietzsche e seus sucessores. A atestação parece exigir menos que uma e mais que a outra. Na verdade, comparada a ambas, ela também é propriamente *átopos*.

Por um lado, a atestação se opõe mais à certeza reivindicada pelo *Cogito* do que ao critério de verificação dos saberes objetivos. O desvio pela análise impõe precisamente o modo indireto e fragmentário de todo e qualquer retorno ao si. Nesse sentido, a verificação está incluída no processo reflexivo como um momento epistêmico necessário. Ao contrário, é fundamentalmente à noção de *epistéme*, de ciência, tomada no sentido de saber último e autofundador, que se opõe a atestação. E é nessa oposição que ela parece exigir menos do que a certeza vinculada à fundamentação última. A atestação apresenta-se primeiramente como uma espécie de crença. Mas não é uma crença dóxica, no sentido em que a *dóxa* – a crença – tem menos reputação que *a epistéme* – ciência, ou melhor, saber. Enquanto a crença dóxica se insere na gramática do "creio que", a atestação faz parte da gramática do "creio em". Com isso ela se aproxima do testemunho, como indica a etimologia, uma vez que é *na* palavra da testemunha que se acredita. Da crença ou, digamos, do *crédito* que se vincula à tripla dialética de reflexão e análise, ipseidade e mesmidade, si-mesmo e outro, não se pode recorrer a nenhuma instância epistêmica mais elevada.

Seria possível objetar a essa primeira abordagem da atestação que ela se afasta menos do que parece da certeza do *Cogito*: a hipérbole do gênio maligno acaso não situou a problemática da primeira verdade na dimensão da trapaça e da veracidade? E não será sobre o Deus veraz que se funda todo o edifício cartesiano do saber? É verdade: nesse sentido, a problemática da atestação encontra uma de suas fontes na problemática cartesiana do Deus enganador. Mas o que a atestação não reivindica para si é o caráter de garantia, vinculado ao *Cogito* por intermédio da pretensa demonstração da existência de Deus, garantia que finalmente absorve a veracidade na verdade, no sentido forte de saber teórico autofundador. Nesse aspecto, a atestação carece da garantia e da hipercerteza vinculada a esta última. As outras características da hermenêutica mencionada um pouco acima confirmam a carência da atestação em relação a toda e qualquer pretensão à fundamentação última: a fragmentação que se segue à polissemia da pergunta *quem*? e a contingência do próprio questionamento que, cabe repetir, resulta tanto da história dos sistemas filosóficos quanto da gramática das línguas naturais e do uso do discurso ordinário – para não falar do caráter frequentemente aporético de muitas análises vindouras –, conferem à atestação uma fragilidade específica à qual se soma a vulnerabilidade de um discurso consciente de sua carência de fundação. Essa vulnerabilidade se expressará na ameaça permanente da *suspeita*, entendendo-se que a suspeita é o contrário específico da *atestação*. O parentesco entre atestação e testemunho verifica-se aqui: não há "verdadeira" testemunha sem "falsa" testemunha. Mas não há outro recurso contra o falso testemunho senão outro testemunho mais crível; e não há outro recurso contra a suspeita senão uma atestação mais *fiável*.

Por outro lado – e a atestação agora está na frente oposta ao *Cogito* humilhado –, o crédito é também (e, deveríamos dizer, contudo) uma espécie de *confiança,* como acaba de sugerir a expressão "atestação fiável". *Crédito é também fiança.* Esse será um dos *leitmotive* de nossa análise: a atestação é fundamentalmente atestação *de* si. Essa confiança será ora confiança no poder de dizer, ora no poder de fazer, ora no poder de se reconhecer como personagem de narrativa, ora como poder de responder à acusação com o acusativo: eis-me!, segundo expressão do gosto de Lévinas. Nesse estágio, a atestação será daquilo que comumente se chama consciência moral, que se diz precisamente em alemão *Gewissen* (melhor que o termo francês *conscience*, que também traduz *Bewusstsein Gewissen,* o *Gewissen* alemão lembra seu parentesco semântico com a *Gewissheit* ou certeza). E, se admitirmos que a problemática do agir constitui a unidade analógica sob a qual se reúnem todas as nossas investigações, a atestação poderá ser definida como *segurança de ser agente e padecente.* Essa segurança continua sendo o último recurso contra toda suspeita; mas, apesar de sempre ser, de algum modo, recebida de outro, continua sendo atestação *de si*. É a atestação de si que, em todos os níveis – linguístico, práxico, narrativo, prescritivo –, impedirá que a pergunta *quem?* se deixe substituir pela pergunta *o quê?* ou pela pergunta *por quê?*. Inversamente, na depressão oca da aporia, só a persistência da pergunta *quem?*, de algum modo desnudada pela carência de resposta, se revelará como refúgio inexpugnável da atestação.

Na qualidade de crédito sem garantia, mas também na de confiança mais forte que qualquer suspeita, a hermenêutica do si pode pretender manter-se a igual distância do *Cogito* exaltado por Descartes e do *Cogito* cuja queda Nietzsche proclamou. O leitor julgará se as investigações que se seguem justificam essa ambição.

*

Devo a meus leitores a explicação do porquê de ter desistido de incluir nesta obra as duas conferências gêmeas que concluíam a série original das *Gifford Lectures* proferidas em Edimburgo em 1986. Aquelas conferências referiam-se à hermenêutica bíblica cujo projeto exponho em *Du texte à l'action* [Do texto à ação][30]. Na primeira, o título "O si no espelho das Escrituras", eu me interrogava, ao modo de N. Frye em *The Great Code*[31], acerca do tipo de instrução e de interpelação que emana da *rede simbólica* tecida pelas Escrituras bíblicas, tanto a judaica quanto a cristã. A tônica principal recaía na "nomeação de Deus", que, através de grande variedade de gêneros literários, distingue a dimensão querigmática dessas Escrituras da dimensão argumentativa da filosofia, no próprio interior da dimensão poética de que ela participa. Na segunda conferência, intitulada "O si mandatário"[32], que tomava por guia as "narra-

---
30. P. Ricœur, *Du texte à l'action*, Paris, Ed. du Seuil, 1986.
31. N. Frye, *Le Grand Code. La Bible et la littérature*, prefácio de T. Todorov, trad. fr. de C. Malamoud, Paris, Ed. du Seuil, 1984.
32. Essa conferência pode ser lida na *Revue de l'Institut catholique de Paris*, out.-dez. de 1988, pp. 88-9, sob o título "Le sujet convoqué. À l'école des récits de vocation prophétique" [O sujeito convocado. Na escola das narrativas com vocação profética].

tivas de vocação" de profetas e discípulos n'Um e n'Outro Testamento (para retomar a feliz expressão proposta por Paul Beauchamp[33]), eu explorava as características por meio das quais a compreensão de si-mesmo *respondia* melhor à instrução, à interpelação, que instigam o si ao modo de um apelo sem coerção. A relação entre apelo e resposta era, assim, o elo forte que constituía a coesão dessas duas conferências que chamei de gêmeas.

Por que, então, não as mantive nesta obra que constitui, por outro lado, uma versão desenvolvida das *Gifford Lectures* originais? Não me deterei no argumento técnico, alegando o prolongamento excessivo de uma obra já volumosa, embora essa consideração tenha desempenhado papel importante em minha decisão.

O primeiro motivo da exclusão, que sei ser discutível e talvez lamentável, diz respeito à preocupação que tive em manter até a última linha um discurso filosófico autônomo. Os dez estudos que compõem esta obra pressupõem deixar entre parênteses, de forma consciente e resoluta, as convicções que me ligam à fé bíblica. Não afirmo que no nível profundo das *motivações* essas convicções não tenham produzido nenhum efeito sobre o interesse que tenho por este ou por aquele problema, até pelo conjunto da problemática do si[34], mas acredito ter oferecido a meus leitores apenas *argumentos* que não comprometam a posição do leitor a respeito da fé bíblica, seja esta de rejeição, aceitação ou indecisão. É de observar que esse ascetismo do argumento que, segundo creio, marca toda a minha obra filosófica, leva a um tipo de filosofia da qual está ausente a nomeação efetiva de Deus e na qual a questão de Deus, na qualidade de questão filosófica, se mantém em suspenso, de um modo que pode ser considerado agnóstico, conforme dão

---

33. Paul Beauchamp, *L'Un et l'Autre Testament. Essaie de lecture*, Paris, Ed. du Seuil, 1977.

34. Não negarei a espécie de encantamento em que me deixa esta citação de Bernanos, que figura no fim do *Diário de um pároco de aldeia*: "É mais fácil acreditarmos que nos odiamos. A graça está em nos esquecermos de nós. Mas, se todo orgulho tivesse morrido em nós, a graça das graças seria nos amarmos humildemente, como qualquer um dos membros doridos de Jesus Cristo."

prova as últimas linhas do segundo estudo. Para não criar uma exceção a essa suspensão, o único prolongamento dado aos nove estudos expressamente referentes à fenomenologia hermenêutica consiste numa investigação ontológica que não se presta a nenhum amálgama ontoteológico.

A essa razão principal eu gostaria de acrescentar outra, que diz respeito à relação mantida entre os exercícios de exegese bíblica, nos quais se baseia minha interpretação do "Grande Código", e os estudos aqui reunidos. Se defendo meus escritos filosóficos da acusação de criptoteologia, abstenho-me, com igual vigilância, de atribuir função criptofilosófica à fé bíblica, o que seguramente ocorreria caso se esperasse dela alguma solução definitiva para as aporias que a filosofia multiplica, principalmente no que tange ao estatuto da identidade-*ipse*, nos planos prático, narrativo, ético e moral.

Em primeiro lugar, cabe dizer que entre filosofia e fé bíblica o esquema pergunta-resposta não vale. Embora a conferência sobre "o si mandatário" ponha em jogo a noção de *resposta*, esta não é posta em face da noção de *pergunta*, mas de *apelo*: uma coisa é responder a uma pergunta, no sentido de resolver um problema proposto; outra é responder a um apelo, no sentido de corresponder à maneira de existir proposta pelo "Grande Código".

Em segundo lugar, cabe afirmar que, mesmo no plano ético e moral, a fé bíblica não acrescenta nada aos predicados "bom" e "obrigatório" aplicados à ação. O *ágape* bíblico faz parte de uma *economia da dádiva*, de caráter metaético, que me leva a dizer que não existe moral cristã (a não ser no plano da história das mentalidades), e sim uma moral comum (a que tento articular nos três estudos dedicados à ética, à moral e à sabedoria prática) que a fé bíblica situa numa *perspectiva* nova, na qual o amor está ligado à "nomeação de Deus". É nesse sentido que Pascal destinava a caridade a uma ordem transcendente à ordem dos corpos e à ordem dos espíritos tomados em conjunto. O próprio fato de daí resultar uma dialética de amor e justiça pressupõe que cada um dos termos conserva sua subordinação à ordem da qual participa. Nesse sentido, as análises que proponho das determinações éticas e morais da ação são confirmadas em sua autonomia por uma meditação inserida na poética do *ágape,* que as análises desta obra preferem deixar entre parênteses.

Por fim – e talvez o mais importante –, embora, com o título de "si mandatário" e "respondente", as determinações do si examinadas nesta obra se encontrem ao mesmo tempo intensificadas e transformadas pela *recapitulação* que a fé bíblica propõe –, essa recapitulação não constitui em absoluto uma desforra dissimulada da ambição de fundamentação última que nossa filosofia hermenêutica não deixa de combater. A referência da fé bíblica a uma rede simbólica culturalmente contingente obriga essa fé a assumir sua própria insegurança, o que faz dela, na melhor das hipóteses, um acaso transformado em destino através de uma escolha constantemente renovada, no escrupuloso respeito às escolhas adversas. A dependência do si a um discurso que o despoja de sua glória, ao mesmo tempo que incentiva sua coragem de existir, livra a fé bíblica da tentação, que aqui chamo de criptofilosófica, de desempenhar a função agora vacante de fundamentação última. Em contrapartida, uma fé que se sabe sem garantia, segundo a interpretação dada pelo teólogo luterano E. Jüngel em *Gott als Geheimnis der Welt* [Deus como mistério do mundo][35], pode ajudar a hermenêutica filosófica a defender-se da *húbris* que a faria apresentar-se como herdeira das filosofias do *Cogito* e de sua ambição de autofundamentação última.

Nesse aspecto, este trabalho reconhece pertencer àquilo que Jean Greisch denomina a idade hermenêutica da razão[36].

---

35. E. Jüngel, *Dieu le mystère du monde,* 2 vols., Paris, Ed. du Cerf, 1983.
36. Jean Greisch, *L'âge herméneutique de la raison,* Paris, Ed. du Cerf, 1985.

PRIMEIRO ESTUDO
A "PESSOA" E A REFERÊNCIA IDENTIFICADORA
Abordagem semântica

Neste primeiro estudo, partiremos do mais pobre dos sentidos que podem ser vinculados à noção de *identificação*. Identificar alguma coisa é poder levar outrem a conhecer a coisa *de que* temos a intenção de falar, dentro de uma gama de coisas particulares do mesmo tipo. É no trajeto da referência identificadora que encontramos pela primeira vez a pessoa, num sentido paupérrimo da palavra que distingue globalmente essa entidade dos corpos físicos. Identificar, nesse estágio elementar, ainda não é identificar a si mesmo, mas identificar "alguma coisa".

1. Indivíduo e individualização

Vamos estabelecer que a pessoa é uma das coisas que distinguimos por referência identificadora, e isso será feito por meio de uma investigação prévia aplicada aos procedimentos pelos quais individualizamos um algo geral e o consideramos uma amostra indivisível no interior de uma espécie[1]. Com efei-

---

1. Proponho o termo "individualização" em vez de "identificação", mais familiar em inglês do que em francês, para designar esse procedimento. Ademais, Peter Strawson, a quem deveremos extensas abonações na segunda parte deste estudo dá o título de *Individuals* (Londres, Methuen and Co., 1957; trad. fr. de A. Shalom e P. Drong. *Les individus*, Paris, Ed. du Seuil, 1973; as referên-

to, a linguagem é feita de tal modo que não nos deixa encerrados na alternativa, durante muito tempo professada por Bergson: ou o conceitual ou o inefável. A linguagem comporta montagens específicas que nos põem em condições de designar indivíduos. Todavia, se preferimos falar de individualização, em vez de indivíduo, é para deixar claro o fato de que a atribuição das individualidades pode partir de graus muito variáveis de especificação, segundo os recursos lexicais diferentes das línguas naturais: uma língua especifica mais finamente do que outra em determinada esfera, e isso segundo a observação empírica das línguas naturais; comum a todas elas é a individualização, mais operação do que resultado.

A individualização pode ser caracterizada, *grosso modo*, como o processo inverso ao da classificação, que abole as singularidades em favor do conceito. Mas, se pusermos a tônica principal no adjetivo "inverso", ressaltaremos apenas dois caracteres negativos do indivíduo, a saber, o de ser uma amostra não repetível e, ademais, não indivisível sem alteração; essas negações nos levam para o lado do inefável. Ora, não é por ser inverso o movimento[2] que a linguagem é pobre, como se se esgotasse a classificar e a caracterizar com predicados. A visada individualizadora começa onde param a classificação e a predicação, mas apoia-se nessas operações e, como se verá, as põe de novo em movimento. Só individualiza quem conceituou e individualizou com vistas a descrever melhor. É por pensarmos e falarmos por conceitos que a linguagem deve de alguma maneira reparar a perda consumada pela conceituação. Mas para esse efeito ela não usa os mesmos procedimentos com os quais conceitua; a saber, a predicação. Quais são esses procedimentos?

Com o título comum *operadores de individualização*, lógicos e epistemólogos reúnem procedimentos diferentes, como:

---

cias entre colchetes remetem à paginação original indicada na edição francesa) à sua obra dedicada à identificação dos particulares. Aproveito a oportunidade para declarar aqui minha dívida em relação à obra de J.-C. Pariente, *Le langage et l'Individuel*, Paris, A. Colin, 1973.

2. Caracterizar a individualização como o inverso da especificação é desviar-se da direção aberta por Leibniz e sua "característica universal" (cf. J.-C. Pariente, *op. cit.*, pp. 48 ss.; P. Strawson, *op. cit.*, pp. 131 [117] ss.).

descrições definidas – o primeiro homem que andou na Lua, o inventor da imprensa etc.; nomes próprios – Sócrates, Paris, Lua; indicadores – eu, tu, isto, aqui, agora. Cabe ressaltar que, neste estágio de nossa investigação, o indivíduo humano não tem privilégio em nenhuma das três classes de operadores de individualização, nem mesmo nas dos indicadores, como veremos em breve. Designar um indivíduo e um só é a meta individualizadora. O privilégio do indivíduo humano na escolha dos exemplos – o primeiro homem que...; Sócrates, eu-tu – provém do fato de que estamos especialmente interessados em individualizar os agentes de discurso e de ações; fazemos isso projetando o benefício das etapas ulteriores do processo de identificação, de que falaremos nos estudos seguintes, para a primeira etapa aqui considerada.

Algumas palavras sobre cada uma das três categorias de operadores. A descrição definida consiste em criar uma classe com um único membro, por intersecção de algumas classes bem escolhidas (homem, andar, Lua). Os lógicos se interessaram por esse procedimento por duas razões: porque ele parece estar em continuidade com a classificação e a predicação, e porque parece incentivar a construção de uma linguagem sem nomes próprios nem indicadores (pronomes pessoais e dêiticos), desde que a ele fosse possível remeter os outros operadores. De fato, é possível construir tal linguagem como Quine e outros tentaram. Mas não é ela – enfatiza Pariente – uma linguagem que possa ser falada numa situação concreta de interlocução; é uma linguagem artificial que só pode ser escrita e lida. Nesse aspecto, se as descrições definidas recorrem a procedimentos de classificação e predicação, é com outro objetivo, que já não é de classificar, mas de opor um membro de uma classe a todos os outros. Eis a alteridade mínima exigida: *este* elemento da classe, mas não o restante da classe. Um único oposto a todos os outros. Nesse sentido, o objetivo das descrições definidas é bem ostensivo, ainda que o procedimento continue sendo predicativo.

Quanto aos nomes próprios, limitam-se a singularizar uma entidade não repetível e não divisível, sem a caracterizar, sem a significar no plano predicativo, portanto, sem dar nenhuma informação sobre ela³. Do ponto de vista puramente lógico, abstraindo-se a função do nome pessoal na denominação dos indivíduos (função à qual voltaremos adiante), a denominação singular consiste em estabelecer uma correspondência entre uma designação *permanente* e o caráter não repetível e indivisível de uma entidade, sejam quais forem suas ocorrências. O mesmo indivíduo é designado com o mesmo nome. Como? Sem outro meio além da atribuição da mesma cadeia fônica ao mesmo indivíduo em todas as suas ocorrências. Acaso alguém dirá que não há conexão entre os dois termos da relação biunívoca? Mas, precisamente, a designação ao mesmo tempo singular e permanente não é feita para descrever, mas para designar simplesmente. Quase insignificante (Pariente), o nome próprio admite todos os predicados, portanto suscita uma determinação ulterior. A alteridade, uma segunda vez, é incorporada à designação: um único nome, na lista dos nomes disponíveis, designa permanentemente um único indivíduo oposto a todos os outros da mesma classe. E, mais uma vez, o privilégio dos nomes próprios atribuídos a seres humanos decorre de sua função ulterior de confirmação da identidade daqueles e da ipseidade destes⁴. E, ainda que na linguagem comum os nomes próprios não preencham plenamente sua função⁵, pelo menos

---

3. Para a semântica oriunda de Frege, os nomes próprios lógicos designam seres reais. "Sócrates" é o nome de Sócrates real. O nome é assim uma etiqueta que cola à coisa. Examinaremos adiante o problema apresentado pelos nomes próprios de seres fictícios: Hamlet, Raskolnikov...

4. De fato, na linguagem comum, quase só conhecemos nomes próprios que designam seres humanos, porque nos interessamos por certa permanência de povos, famílias e indivíduos, permanência que é constituída em nível diferente daquele no qual funcionam os operadores de individualização. Damos nomes a cidades, a rios, e até mesmo a astros, tendo em vista certos comportamentos humanos com eles relacionados (habitar, navegar, interligar trabalhos e dias no calendário). Nesse sentido, identificar dando nome diz mais do que individualizar.

5. A sobredeterminação à qual se faz alusão na nota anterior explica por que os nomes próprios usuais só raras vezes são nomes próprios logicamente puros. É o que ocorre com os nomes de família: as regras de denominação ligadas ao estatuto matrimonial das mulheres em nossa cultura, pelo menos na prática dominante, exigem que Jeanne Dupont possa designar pelo menos duas pessoas diferentes: a irmã solteira de Pierre Dupont e a esposa dele.

o objetivo deles é de fato designar a cada vez um indivíduo, com exclusão de todos os outros da classe considerada.

A terceira categoria de operadores de individualização, a dos indicadores, contém os pronomes pessoais ("eu", "tu"), os dêiticos, que agrupam os demonstrativos ("isto", "aquilo"), os advérbios de lugar ("aqui", "aí", "lá"), de tempo ("agora", "ontem", "amanhã") etc.; a isso cabe acrescentar os tempos verbais ("ele vinha", "ele virá"). Diferentemente dos nomes próprios, são indicadores intermitentes, que ademais designam a cada vez coisas diferentes. Só é determinante o nexo da enunciação, tomada como referencial fixo. "Aqui" é todo e qualquer lugar próximo da fonte de emissão da mensagem; "agora" é todo e qualquer acontecimento contemporâneo da mensagem. O "eu" e o "tu" sem dúvida emergem do grupo na qualidade de interlocutores da enunciação. Mas, nesse estágio, a própria enunciação é tratada como acontecimento do mundo, portanto sem dúvida como objeto bizarro, mas também como algo que acontece fora; por esse motivo, apreendidos em relação ao acontecimento-enunciação, todos os indicadores estão no mesmo plano. Isso é tão verdadeiro que, numa fase de sua obra, Russell tentou organizar os indicadores em função do "isto", em contraposição à sua caracterização de outro ponto de vista como "particulares egocêntricos". Mas Pariente tem razões ao dizer que "isto" e *ego* só exercem sua função de detecção em ligação com *esta* enunciação[6]; nesse sentido, direi que o demonstrativo justaposto à enunciação prevalece sobre a atribuição desta a um locutor e a um interlocutor, a um lugar e a um momento.

Dessa análise preparatória extraio três conclusões:

1. A individualização baseia-se em procedimentos específicos de designação distintos da predicação, *visando* a um exemplar e a um único, com exclusão de todos os outros da mesma classe.

2. Esses procedimentos não têm nenhuma unidade fora dessa *visada*.

---

6. O termo "detecção" é bem escolhido (Pariente opõe "detectar" a "descrever"); designa um estágio grosseiro no qual ainda se está bem longe da ipseidade: simples descentramento de todos os fatos e estados de coisas no movimento da enunciação, ainda considerada como acontecimento do mundo.

3. Entre os operadores de identificação, apenas os indicadores *visam* o "eu" e o "tu"; mas não têm nenhum privilégio em relação aos outros dêiticos, uma vez que mantêm como ponto de referência a enunciação entendida ainda como um acontecimento do mundo.

2. A pessoa como particular básico

Como passar do indivíduo qualquer ao indivíduo que é cada um de nós? Em *Individuals* [*Indivíduos*], P. F. Strawson desenvolve uma estratégia que adotaremos como enquadramento geral dentro do qual colocaremos ulteriormente novas análises, com vistas a uma determinação cada vez mais rica e concreta do si. Essa estratégia consiste em isolar, entre todos os particulares aos quais podemos nos referir para identificá-los (no sentido de individualizar, definido acima), particulares privilegiados pertencentes a certo tipo, que o autor chama de "particulares básicos". Os corpos físicos e as pessoas que somos, segundo essa hábil estratégia, são tais particulares básicos, no sentido de que não se pode identificar seja lá o que for sem remeter em caráter último a um ou a outro desses dois tipos de particulares. Nesse sentido, o conceito de pessoa, assim como o de corpo físico, seria um conceito primitivo, uma vez que não seria possível remontar acima dele, sem o pressupor no argumento que pretendesse derivá-lo de outra coisa.

Caso fosse preciso indicar um antecessor dessa estratégia, certamente seria Kant, não o Kant da segunda *Crítica*, mas o da *Crítica da razão pura*. De fato, procederemos a uma espécie de dedução transcendental da noção de pessoa, mostrando que, se não dispuséssemos do esquema de pensamento que a define, não poderíamos proceder às descrições empíricas que dela fazemos na conversação ordinária e nas ciências humanas.

Note-se para começar que esse tratamento da pessoa como particular básico não põe a tônica na capacidade da pessoa de se autodesignar ao falar, como ocorrerá no próximo estudo, dedicado ao poder que o sujeito da enunciação tem de se autodesignar; aqui, a pessoa é uma das "coisas" *das quais* falamos, e não um sujeito falante. Sem dúvida não se deve opor radicalmente as duas abordagens da pessoa: por referência identificadora e por autodesignação. Elas têm duas ocasiões de cruzar-se já no início da análise. Primeiramente, numa situação de interlocução um sujeito falante designa a seu interlocutor qual particular ele escolhe num espectro de particulares de mesmo tipo, de quem ele se propõe falar, e, por meio de uma troca de perguntas e respostas, garante que seu parceiro tenha realmente em vista o *mesmo* particular básico que ele. A teoria dos particulares básicos cruza pela segunda vez com a da autorreferência por ocasião da função que a primeira atribui aos demonstrativos, no sentido lato do termo, e entre estes aos pronomes pessoais, adjetivos e possessivos; mas essas expressões são tratadas como indicadores de particularidade, portanto como instrumentos de referência identificadora. Apesar dessas interpenetrações entre as duas abordagens linguísticas, na abordagem referencial não há a preocupação de saber se a referência a si mesmo, implicada na situação de interlocução ou no uso dos demonstrativos, faz parte da significação dada à coisa à qual se faz referência a título de pessoa. O que importa mais é a espécie de predicado que caracteriza a espécie de particulares chamados de pessoas. Assim, a pessoa fica do lado da coisa *de que* se fala, e não do lado dos próprios locutores que *se* designam ao falarem.

Evidentemente, não deve haver confusão quanto ao uso da palavra "coisa", para falar das pessoas como particulares básicos. Essa palavra simplesmente serve para marcar que nossa primeiríssima investigação da noção de pessoa pertence à problemática geral da referência identificadora. É uma "coisa" aquilo de que se fala. Ora, fala-se de pessoas ao se falar das entidades que compõem o mundo. Fala-se delas como "coisas" de um tipo particular.

No entanto, cabe perguntar se podemos avançar muito na determinação do conceito de pessoa sem provocarmos, num momento ou noutro, a intervenção do poder de autodesignação que já não faz da pessoa apenas uma coisa de um tipo único, mas um si. Deve-se até perguntar se é possível realmente fazer a distinção entre pessoas e corpos, sem incluir a autodesignação na própria determinação do sentido dado a essa espécie de coisa para a qual se dirige a referência identificadora. Na estratégia de Strawson, o recurso à autodesignação é de algum modo interceptado já na origem pela tese central que decide os critérios de identificação do que quer que seja em termos de particular básico. Esse critério é o pertencimento dos indivíduos a um único esquema espaçotemporal que, conforme se diz desde o início, *nos* contém, estando *nós* nele. O si é realmente mencionado por essa observação incidente, mas imediatamente neutralizado por essa inclusão no mesmo esquema espaçotemporal dos outros particulares. Eu diria até que, em *Individuals*, a questão do si é ocultada, por princípio, pela questão do mesmo no sentido de *idem*. O que importa para a identificação não ambígua é que os interlocutores designem a mesma coisa. A identidade é definida como mesmidade, e não como ipseidade. Ao dizer isso, não desconheço que tem vantagem já de início uma problemática que privilegie a questão do mesmo em relação à questão do si. Desde o princípio ela adverte contra a possível deriva para a referência privada, e não pública, a que poderia levar o recurso prematuro à autodesignação. Ao não se pôr a tônica principal no *quem* daquele que fala, mas no *quê* dos particulares de que se fala, inclusive pessoas, situamos toda a análise da pessoa como particular básico no plano público da detecção em relação ao esquema espaçotemporal que o contém.

A primazia assim dada ao *mesmo* com relação ao *si* é especialmente ressaltada pela noção cardinal de reidentificação. Na verdade, não se trata apenas de garantir que se esteja falando da mesma coisa, mas sim que seja possível identificá-la como a mesma coisa na multiplicidade de suas ocorrências. Ora, isso só é feito por detecção espaçotemporal: a coisa continua a mesma em lugares e tempos diferentes. Finalmente, a mesmidade fundamental é aquela do próprio enquadramento espaçotemporal: para ocasiões diferentes, utilizamos o mesmo enquadramento (*Les Individus*, p. 35 [32]). "Mesmo" então quer dizer único e recorrente. A maneira como nós mesmos fazemos parte do enquadramento não é vista propriamente como um problema. Ora, como se verificará em seguida, é um imenso problema compreender a maneira como nosso próprio corpo é ao mesmo tempo um corpo qualquer, objetivamente situado entre os corpos, e um aspecto do si, sua maneira de ser no mundo. Mas – seria possível dizer de modo abrupto – numa problemática da referência identificadora, a mesmidade do próprio corpo oculta sua ipseidade. Isso ocorrerá enquanto os caracteres ligados aos pronomes e adjetivos possessivos – "meu", "o meu" – não tiverem sido vinculados à problemática explícita do si. Isso só começará a ser feito no âmbito da pragmática da linguagem.

3. Os corpos e as pessoas

A segunda grande tese de Strawson em *Individuals* é que os primeiros particulares básicos são os *corpos*, porque satisfazem primordialmente aos critérios de localização no único esquema espaçotemporal. Ou melhor, há entre o critério e aquilo que o satisfaz tal adequação mútua que é possível arriscar-se a dizer que aquilo que resolve o problema é também aquilo que possibilita formulá-lo (pp. 43-4 [40]). Strawson nota com justiça que essa eleição mútua entre o problema e sua solução caracteriza os verdadeiros argumentos transcendentais.

Essa prioridade dada aos corpos é da maior importância para a noção de pessoa. Pois, se for verdade – como será dito adiante – que o conceito de pessoa é uma noção tão primitiva quanto a de corpo, não se tratará de um segundo referente distinto do corpo, tal como a alma cartesiana, mas – de uma maneira que ainda deverá ser determinada – tratar-se-á de um único referente dotado de duas séries de predicados, predicados físicos e predicados psíquicos. A possibilidade de as pessoas serem *também* corpos é mantida como reserva na definição geral dos particulares básicos, segundo a qual estes são corpos ou possuem corpos. Possuir um corpo é o que fazem ou o que são as pessoas.

Ora, a noção primitiva de corpo reforça a primazia da categoria de mesmidade que acabamos de ressaltar: são eles que, de forma eminente, são identificáveis e reidentificáveis como sendo os mesmos.

A vantagem dessa nova decisão estratégica é indubitável: dizer que os corpos são os primeiros particulares básicos é eliminar, como candidatos eventuais, acontecimentos mentais, digamos representações, pensamentos, cuja inconveniência para esse tipo de análise está em serem entidades privadas, e não públicas. Seu destino como predicados específicos das pessoas é apenas adiado. Mas era preciso antes que eles fossem desalojados da posição dominante de referentes últimos que ocupam num idealismo subjetivista.

O primeiro corolário dessa espécie de desclassificação dos acontecimentos mentais como particulares básicos é que a pessoa não poderá ser considerada uma *consciência pura* a que se acrescentaria secundariamente um corpo, como ocorre em todos os dualismos de alma e corpo. Os acontecimentos mentais e a consciência, seja qual for o sentido em que se tome o termo, poderão apenas figurar entre os predicados especiais atribuídos à pessoa. Essa dissociação entre a pessoa como entidade pública e a consciência como entidade privada é da maior importância para o prosseguimento de nossas análises.

Um segundo corolário, cuja importância se equipara à do anterior, é que a pessoa a quem se atribuem os predicados mentais e uma consciência, da maneira que será dita adiante, não é exclusivamente expressa pelos pronomes da primeira e da segunda pessoa do singular, tal como ocorreria numa teoria da enunciação reflexiva. Eles são atribuídos a *alguém* que pode ser também uma terceira pessoa. Se a pessoa é aquilo de que se fala, admite-se que se fale, numa situação de interlocução, da dor sentida por um *terceiro* que não é um dos interlocutores.

Mas numerosas são as perplexidades provocadas por essa decisão estratégica de atacar o problema da pessoa pelo problema dos corpos objetivos situados num único e mesmo enquadramento espaçotemporal. Primeira perplexidade: a questão do corpo volta ao primeiro plano, já não apenas a título de nosso pertencimento ao único esquema espaçotemporal, mas a título da relação entre o corpo próprio e o mundo objetivo dos corpos. Numa problemática puramente referencial, sem autodesignação explícita, não há realmente problema do corpo próprio. Cabe limitar-se à seguinte constatação: "Aquilo que chamo de meu corpo é pelo menos um corpo, uma coisa material" (*Les* [48] *Individus* p. 100 [89]). Isso é verdade, mas ele é *meu* num sentido que pressupõe ser reconhecida a força lógica do si. Segunda perplexidade: a desclassificação dos acontecimentos mentais e da consciência em relação à posição de particular básico, portanto de sujeito lógico, tem como contrapartida o aumento da ocultação da questão do si. Essa perplexidade não é estranha à anterior, uma vez que os acontecimentos mentais apresentam o mesmo tipo de problema que o corpo próprio, a saber, a estreita ligação que parece existir entre posse e ipseidade. Mas trata-se de uma perplexidade suplementar: não se entende como a propriedade da ipseidade poderia figurar numa lista de predicados atribuídos a uma entidade, mesmo tão original quanto a pessoa. Parece que ela deve ser buscada na esfera da autodesignação ligada à enunciação, e não na da "coisa" que serve de termo numa referência identificadora. Mas será um problema nosso entender como o si pode ser simultaneamente uma pessoa de que se fala e um sujeito que se designa na primeira pessoa, mesmo dirigindo-se a uma segunda pessoa. Será um problema, pois não será cabível que uma teoria da reflexividade nos faça perder o benefício indubitável da possibilidade de visar a pessoa como terceira pessoa, e não apenas como um eu e um tu. A dificuldade será mais de compreender como uma terceira pessoa pode ser designada no discurso como alguém que se designa a si mesmo como primeira pessoa. Ora, essa possibilidade de reportar a autodesignação em primeira pessoa para a terceira, por mais insólita que seja, é por certo essencial ao sentido que damos à *consciência* que somamos à noção de acontecimento mental: pois podemos atribuir estados mentais a uma terceira pessoa sem assumir que esse terceiro os *sente*? Ora, sentir parece realmente caracterizar uma experiência na primeira pessoa. Se assim é, pertenceria à noção de acontecimentos mentais a característica de serem ao mesmo tempo predicados atribuídos a certa espécie de entidades e de serem portadores de uma autodesignação que compreendemos antes de tudo na primeira pessoa em razão da autodesignação associada ao ato de enunciação. Confesso que nesse estágio da análise não temos nenhum meio de explicar essa estrutura insólita dos acontecimentos mentais, ao mesmo tempo predicável a pessoas e autodesignativos.

4. O conceito primitivo de pessoa

Abordamos agora a demonstração do caráter *primitivo* da noção de pessoa. Considerarei três pontos:

1. Primeiramente, a determinação da noção de pessoa é feita por meio dos predicados que lhe atribuímos. A teoria da pessoa cabe assim no quadro geral de uma teoria da predicação dos sujeitos lógicos. A pessoa está em posição de sujeito lógico em relação aos predicados que lhe atribuímos. Essa é a grande força da abordagem da pessoa pelo lado da referência identificadora. Mas agora é importante ressaltar que a ocultação da questão do si prossegue, uma vez que a adscrição* desses predicados à pessoa não contém nenhum caráter específico que a distinga do procedimento comum de atribuição. Strawson não se surpreende em absoluto com o que possa haver de insólito em relação à teoria geral da predicação no seguinte enunciado: "*We ascribe to ourselves certain things*" (Nós nos adscrevemos certas coisas). Não nego a força que pode ter esse alinhamento entre a adscrição a nós mesmos e a atribuição a alguma coisa: o "nós" é tão pouco acentuado que equivale a um "*on*", *one* inglês. A adscrição é o que é feito por qualquer um, cada um, alguém, em relação a qualquer um, cada um, alguém. Será preciso poder manter a força desse *cada um*, que é a força

---

* Conforme dirá o próprio autor adiante (ver abaixo nota 10 da p. 17), ele se vale de um neologismo em francês, calcado no inglês *ascribe*, palavra esta oriunda do francês antigo *ascrivre*. Portanto, o que Ricoeur fez foi ressuscitar essa velha palavra guardada na memória da língua francesa; na origem desta está o latim *adscribere*. Em português, com a mesma etimologia, existe *adscrever*. Para manter as distinções que o autor fez questão de esclarecer, lanço mão dela agora, ressaltando que não está dicionarizado o significado que aqui lhe é atribuído. [N. da T.]

de uma designação distributiva, e não anônima, numa análise do si oriunda da teoria da enunciação.

2. Segundo ponto forte: a estranheza vinculada à noção primitiva de pessoa – ou melhor, que faz a noção de pessoa ser primitiva – consiste no fato de que a pessoa é "a mesma coisa" à qual se atribuem *dois* tipos de predicado, os predicados físicos que a pessoa tem em comum com os corpos e os predicados psíquicos que a distinguem dos corpos. Tocamos novamente na força do mesmo no sentido de *idem* em *Individuals*. Cito: "*One's states of consciousness, one's thoughts and sensations are ascribed* to the very same thing *to which these physical characteristics, this physical situation, is ascribed*" (p. 89)[7]. Observe-se com que habilidade a forma passiva da frase (*is ascribed*) consolida a neutralidade do *one* de *one's states of consciousness, one's thoughts and sensations* e, ao mesmo tempo, a insignificância do sujeito da adscrição na qualidade de enunciação e ato de fala. Omitido o si da adscrição, fica livre o campo para a mesmidade de *the very same thing* à qual se atribuem predicados físicos e mentais. É essa mesmidade que constitui toda a força do argumento e explica em parte a própria estranheza de nosso conceito de pessoa.

A principal vantagem dessa identidade de atribuição, conforme previmos acima, é eliminar, com uma simples análise da gramática de nosso discurso sobre a pessoa, a hipótese de uma dupla atribuição das duas séries de predicados, à alma (ou à consciência), por um lado, ao corpo, por outro. É a mesma coisa que pesa sessenta quilos e tem este ou aquele pensamento. O paradoxo desse tipo de análise é que, graças à neutralização dos caracteres específicos da adscrição – os que dizem respeito à seu caráter autorreferencial –, pode ser trazida para o primeiro plano a problemática central da pessoa, a saber, esse fenômeno de dupla atribuição sem dupla referência: duas séries de predicados para uma única e mesma entidade. Mes-

---

7. "Nossos estados de consciência, nossos pensamentos e nossas sensações são atribuídos exatamente à mesma coisa à qual essas características físicas, essa situação física é atribuída" (*Les Individus, op. cit.*, p. 100 [89]).

midade e ipseidade – somos tentados a dizer – são duas problemáticas que se ocultam mutuamente. Ora, para ser mais exata, a problemática da referência identificadora, em virtude da qual é promovida para o primeiro plano a mesmidade do sujeito lógico de predicação, exige apenas uma autorreferência marginal a um "alguém" [*on*], que é um "qualquer um".

Ao mesmo tempo é formulada a questão do fundamento dessa mesmidade. É possível contentar-se com o argumento segundo o qual nosso âmbito de pensamento é feito de tal modo que não podemos operar nenhuma referência identificadora a pessoas sem assumir a identidade do sujeito de atribuição dos predicados? Por acaso não podemos procurar justificar essa estrutura de nosso pensamento e de nossa linguagem com uma análise fenomenológica da própria constituição da pessoa em sua unidade psicofísica? Não será essa unidade que consideramos incontestável acima, quando invocamos a adequação mútua entre o esquema espaçotemporal e as propriedades dos corpos, na qualidade de entidades diretamente localizáveis, discretas, contínuas no espaço, estáveis no tempo? Ora, qualquer tentativa de justificar a estrutura de pensamento que imponha a mesmidade ao sujeito de atribuição depara inelutavelmente com a questão do corpo próprio, mencionada em cada um dos momentos críticos da análise. Que dizer da unidade psicofísica subjacente à referência a um si? A resposta de Strawson deixa perplexo: a relação de "dependência", mencionada no argumento paradoxal segundo o qual três corpos distintos poderiam estar envolvidos na visão – um corpo para abrir os olhos, outro para orientá-los, um terceiro para situar o lugar de onde se enxerga (*Les Individus*, pp. 101 [90] ss.) –, parece ser considerada um caso comum de nexo causal (*ibid.*, p. 103 [92]). O argumento já é pouco satisfatório quando se fala do corpo de alguém, ou mesmo de cada um: é menos ainda quando se introduzem os adjetivos possessivos da primeira pessoa: *this body as mine* (*ibid.*, p. 103 [93]). A posse implicada pelo adjetivo "meu" por acaso tem a mesma natureza da posse de um predicado por um sujeito lógico? Sem dúvida, há uma continuidade semântica entre próprio (*own*), proprietário (*owner*), posse (*ownness*); mas ela só será pertinente se nos restringirmos à neutralidade do *one's own*; e, mesmo com essa condição de neutralização do si, a posse do corpo por alguém ou por cada um cria o enigma de uma propriedade não transferível, o que contradiz a ideia usual de propriedade. De fato, estranha é a atribuição de um corpo, que não pode ser feita nem desfeita. Adiante será preciso voltar a essa estranheza bem especial.

3. O terceiro ponto forte da análise do conceito primitivo de pessoa é aquele que criaria mais embaraços para uma teoria do si unicamente derivada das propriedades reflexivas da enunciação. Diz respeito a outro tipo de mesmidade, assumida pela linguagem e pelo pensamento quando se caracteriza uma coisa particular como pessoa. Refere-se aos predicados psíquicos com exclusão dos predicados físicos. Consiste no fato de que os acontecimentos mentais, que acima fizemos retrogradar da categoria de entidades básicas à de predicados, têm de notável, justamente na qualidade de predicados, o fato de conservarem o mesmo sentido, quer sejam atribuídos a *si mesmo* ou a *outros* que não a si mesmo, ou seja, a qualquer outro (*anyone else*). Diz Strawson: *"The ascribing phrases, are used in Just the same sense when the subject is another as when the subject is oneself."*[8]

Eis, portanto, um novo caso de mesmidade: não mais a "mesma coisa" que recebe dois tipos de predicados, mas o "mesmo sentido" atribuído aos predicados psíquicos, quer a atribuição seja feita a si mesmo ou a outrem. Mais uma vez, a força lógica do mesmo (*same*) eclipsa a do si (*self*), embora, na declaração anterior, se trate de sujeito e de si mesmo. Mas, no contexto filosófico da referência identificadora, o estatuto de sujeito não é especificado de outra maneira senão pela natureza daquilo que lhe é atribuído, a saber os predicados psíquicos e físicos; por esse motivo os pronomes pessoais "eu" e "tu" não têm de ser mencionados; *oneself* basta, sem que o sufixo *self*, como tal, constitua um problema, pois é possível substi-

---

8. As frases atributivas são usadas exatamente no mesmo sentido quando o sujeito é outro e quando se trata de si mesmo (*ibid.*, p. III [99]).

tuir *oneself* e *another* por alguém (*someone*) e qualquer outro (*anyone else*) (*Les Individus*, p. 108 [97]).

Quero falar pela última vez da importância que se deve atribuir a essa tese. Em primeiro lugar, como veremos adiante, essa dupla adscrição a *alguém* e a *qualquer outro* é o que possibilita formar o conceito de espírito (*mind*), ou seja, o repertório de predicados psíquicos atribuíveis a cada um. Digamos desde já que o caráter distributivo do termo *cada um* é essencial para a compreensão daquilo que doravante chamarei de "psíquico". Os estados mentais sem dúvida são sempre *de* alguém; mas esse alguém pode ser eu, tu, ele, qualquer um. Em segundo lugar, seja lá o que ocorra com o verdadeiro sentido da correlação "alguém-qualquer outro", à qual voltarei em breve, ela impõe desde o início uma injunção inelutável, que é a de considerar a pessoa como uma "coisa" que possui um corpo; não há consciência pura logo de partida, dizíamos nós. Acrescentaremos agora: não há eu apenas logo de partida; a atribuição a outrem é tão primitiva quanto a atribuição a si mesmo. Não poderei falar de maneira significativa de meus pensamentos, se não puder, ao mesmo tempo, atribuí-los parcialmente a outrem: *"To put it briefly, one can ascribe states of consciousness to oneself only if one can ascribe them to others. One can ascribe them to others only if one can identify other subjects of experience. And one cannot identify others if one can identify them only as subjects of experience, possessors of states of consciousness."*[9]

Em compensação, é possível perguntar-se, mais uma vez, se a injunção dessa atribuição idêntica deve ser tomada como um simples fato, uma condição inexplicável do discurso, ou se é possível explicá-la a partir de uma elucidação dos termos "si mesmo" (*oneself*) e "outrem" (*another*). Ora, não é possível abster-se de perguntar se a expressão "minhas experiências" é equivalente à expressão "as experiências de alguém" (e, correlativamente, a expressão "tuas experiências" equivalente à ex-

---

9. "Em resumo, só poderá atribuir a si mesmo estados de consciência aquele que puder atribuí-los a outros. E só poderá atribuí-los a outros aquele que puder identificar outros sujeitos de experiência. E não poderá identificar outros sujeitos quem puder identificá-los apenas como sujeitos de experiência, possuidores de estados de consciência" (*ibid.*, p. 112 [100]).

pressão "as experiências de qualquer outro"). A análise puramente referencial do conceito de pessoa pode por bastante tempo evitar a menção *eu-tu* que faz parte da análise reflexiva da enunciação, mas não pode evitá-la até o fim. É obrigada a mencioná-la, pelo menos marginalmente, a partir do momento em que se interrogar sobre os *critérios* de atribuição em ambas as situações: atribuído a si mesmo (*oneself*) um estado de consciência é *sentido* (*felt*); atribuído ao outro, é *observado*. Essa dissimetria nos critérios de atribuição leva a deslocar a tônica para o próprio sufixo (*self*) na expressão si mesmo (*oneself*). Dizer que um estado de consciência é sentido é dizer que ele é adscritível a si mesmo (*self ascribable*). Ora, como não incluir na noção de alguma coisa "adscritível a si mesmo" a autodesignação de um sujeito que se designa como possuidor de seus estados de consciência? E, correlativamente, para explicitar a fórmula "adscritível a outrem", como não acentuar a alteridade do outro, com todos os paradoxos de uma atribuição a esse outro do poder de se autodesignar, com base na observação externa, se for verdade que, como admite Strawson, esse outro deve ser considerado também como um *self-ascriber*, ou seja, alguém capaz de adscrição a si mesmo (*Les Individus*, pp. 120-9 [108])[10]. Em vista dessas questões, a tese da mesmidade de adscrição a si mesmo e a outrem exige que se explique a equivalência entre os critérios de adscrição: sentidos e observados; e, para além dessa equivalência, que se explique a reciprocidade que falta interpretar entre alguém que é eu e outro que é tu. Em outras palavras, é preciso adquirir simultaneamente a ideia de reflexividade e a ideia de alteridade, a fim de passar de uma correlação fraca e facilmente assumida entre alguém e qualquer outro à correlação forte entre de si, no sentido de meu, e de outrem, no sentido de teu.

Cumpre confessar que a tarefa não é fácil; o enriquecimento que a noção de pessoa pode receber de uma teoria reflexiva da enunciação não poderia resultar da substituição da

---

10. O leitor terá notado que desistimos de traduzir *ascription* (inglês) por "atribuição", para marcar no vocabulário a referência que separa a atribuição de "experiências" a "alguém" da atribuição em sentido geral.

teoria da referência identificadora por uma teoria da enunciação, sob pena de sermos arrastados para as aporias do solipsismo e para os impasses da experiência pessoal. A tarefa consistirá mais em preservar a injunção inicial de pensar *o psíquico* como algo imputável a *cada um*, portanto em respeitar também a força lógica do *cada um*, quando se recorrer à oposição entre "eu" e "tu" para conferir toda força à oposição entre si mesmo e outrem que não o si-mesmo. Nesse sentido, a abordagem puramente referencial em que a pessoa é tratada como um particular básico, embora deva ser completada por uma outra abordagem, não poderia ser abolida, mas conservada na própria superação[11].

---

11. Para essa análise crítica da noção de pessoa na perspectiva da referência identificadora, não faço menção à sugestão de Strawson, no fim de seu capítulo sobre o conceito de pessoa, de "deslocar para o centro do quadro" (*ibid.*, p. 124 [111]) certa classe de predicados, a saber, os que implicam *fazer alguma coisa*. O privilégio dessa classe de predicados é exemplificar, melhor do que outros, os três pontos fortes da análise do conceito primitivo de pessoa. A ação ofereceria, se não uma resposta, pelo menos o começo de uma resposta à questão de saber "o que, no nível dos fatos naturais, torna inteligível nossa posse de determinado conceito [de pessoa]" (*ibid.*). O terceiro estudo terá como tarefa avaliar não só a pertinência da noção de ação para uma teoria da pessoa como particular básico, mas também sua capacidade de levar a análise além desse primeiro âmbito teórico. Antes disso, precisamos expor a outra vertente da filosofia linguística que, tomada como um todo, serve de *órganon* à teoria da ação.

SEGUNDO ESTUDO
A ENUNCIAÇÃO E O SUJEITO FALANTE
Abordagem pragmática

No estudo anterior, percorremos o máximo possível a primeira das duas grandes vias de acesso à problemática do si-mesmo no que se refere à filosofia da linguagem, a saber, a da referência identificadora. Tentamos um novo avanço em direção ao si-mesmo, seguindo a segunda via, a da *enunciação*, cuja peça-mestra é hoje a teoria dos atos de fala (*speech acts*), que prefiro chamar de atos de discurso. Ao fazermos isso, passamos de uma semântica, no sentido referencial do termo, a uma *pragmática,* ou seja, a uma teoria da linguagem empregada em contextos determinados de interlocução. No entanto, com essa mudança de frente, não se deve esperar um abandono do ponto de vista transcendental: na verdade, a pragmática não pretende proceder a uma descrição empírica dos fatos de comunicação, mas a uma pesquisa acerca das condições de possibilidade que regem o emprego efetivo da linguagem, em todos os casos nos quais a referência vinculada a certas expressões não pode ser determinada sem o conhecimento de seu contexto de uso, ou seja, essencialmente a situação de *interlocução*.

Esse novo tipo de investigação é promissor na medida em que põe no centro da problemática não mais o enunciado, porém a enunciação, ou seja, o próprio ato de dizer, que designa reflexivamente seu locutor. A pragmática põe assim diretamente em cena, a título de implicação necessária do ato de enunciação, o "eu" e o "tu" da situação de interlocução.

No fim dessa exploração dos elos entre o ato de enunciação e seu locutor, nosso problema é fazer um confronto entre as respectivas contribuições de nossas duas séries de pesquisa – pesquisa referencial e pesquisa reflexiva – e uma teoria integrada do si-mesmo (pelo menos no plano linguístico). Com efeito, logo ficará claro que a pragmática não poderá substituir a semântica, tanto quanto esta não pôde levar a bom termo sua tarefa sem recorrer à pragmática. Assim como a determinação completa da pessoa como particular básico se mostrou impossível sem o recurso à capacidade de autodesignação do sujeito de experiência, também a análise completa da reflexividade implicada nos atos de enunciação não poderá ser levada a bom termo sem que seja atribuído a essa reflexividade um valor referencial de um gênero particular. Portanto, são as interpenetrações das duas disciplinas que afinal se revelarão mais frutíferas para nossa pesquisa sobre o si; sem dúvida, à primeira vista, as duas abordagens parecem impor prioridades discordantes: para a pesquisa referencial, a pessoa é de início a terceira pessoa, portanto aquela de quem se fala; para a pesquisa reflexiva, em contrapartida, a pessoa é principalmente um eu que fala a um tu. A questão consistirá finalmente em saber como o "eu-tu" da interlocução pode exteriorizar-se num "ele" sem perder a capacidade de se autodesignar e como o "ele/ela" da referência identificadora pode interiorizar-se num sujeito que se diz. É exatamente esse intercâmbio entre os pronomes pessoais que parece essencial àquilo que acabo de chamar de teoria integrada do si no plano linguístico.

1. Enunciação e atos de discurso (*speech acts*)

Prova de que a abordagem reflexiva não se opõe pura e simplesmente à abordagem referencial está no fato de que é sobretudo como complicação no trajeto da referência de certos enunciados que encontramos fenômenos que exigem ser configurados numa teoria explícita da enunciação. Com o título sugestivo de *La transparence et l'énonciation* [Transparência e enunciação], François Récanati[1] introduz à pragmática mostrando a reflexividade como um fator de opacidade a interferir na presumida transparência de um sentido que, sem ele, se deixaria atravessar pela visada referencial. Não por acaso a reflexividade é apresentada inicialmente como um obstáculo à buscada transparência no ato de fazer referência a... Se, com os Antigos e também com os gramáticos de Port-Royal, o signo é definido como uma coisa que representa outra, a transparência consiste no fato de que, para representar, o signo tende a apagar-se e assim a fazer-se esquecer como coisa. Mas essa obliteração do signo como coisa nunca é completa. Há circunstâncias nas quais o signo não consegue tornar-se tão ausente; ao se opacificar, ele se manifesta de novo como coisa e revela sua estrutura eminentemente paradoxal de entidade presente-ausente. Ora, a principal circunstância na qual se manifesta a opacidade do signo é aquela na qual o fato da enunciação, ao se refletir no sentido do enunciado, inflete a própria visada referencial[2]. A nova feição assumida pela teoria da enunciação com a análise dos atos de discurso, portanto, não constitui uma novidade radical. Esta devolve vida a um paradoxo bem conhecido dos clássicos, que resulta da concorrência, no mesmo enunciado, entre a visada representativa de alguma coisa e aquilo que a gramática de Port-Royal chamava de "reflexão virtual". Em termos modernos, esse paradoxo consiste em que a reflexão do fato da enunciação no sentido do enunciado é parte integrante da referência da maioria dos enunciados da vida cotidiana na situação ordinária de interlocução.

Chegou o momento de mostrar de que modo a teoria dos *atos de discurso* contribui para o reconhecimento desse fator de opacidade dos signos do discurso, bem como de esclarecer o tipo de sujeito que é assim promovido. A partir daí será preparado o terreno para uma confrontação entre os resultados atingidos em ambas as linhas da filosofia da linguagem referentes ao si.

---

1. F. Récanati, *La transparence et l'énonciation*, Paris, Éd. du Seuil, 1979.
2. Récanati escreve: "no sentido de um enunciado reflete-se o fato de sua enunciação" (*ibid.*, p. 7). Discutiremos adiante a fundamentação do vocabulário da reflexão num contexto no qual a enunciação – ato de enunciar – é tratada como um acontecimento mundano.

A teoria dos atos de discurso é bem conhecida, por isso serei breve no resumo de seu desenvolvimento, de Austin a Searle. O ponto de partida, como se sabe, foi a distinção estabelecida na primeira parte de *How to do things with words*[3] entre duas classes de enunciados, a dos enunciados performativos e dos enunciados constativos. Os primeiros são notáveis porque o simples fato de enunciá-los equivale a realizar exatamente aquilo que é enunciado. O exemplo da promessa, que desempenhará papel decisivo na determinação ética do si, é notável nesse sentido. Dizer "prometo" é prometer efetivamente, ou seja, comprometer-se a fazer depois e – digamos desde já – a fazer para outrem aquilo que digo agora que farei. "Quando dizer é fazer", diz a tradução francesa do livro de Austin. E eis como o "eu" é marcado logo de saída: os performativos só têm a virtude de "fazer-dizendo" quando expressos por verbos na primeira pessoa do singular do presente do indicativo. A expressão "prometo" (ou, mais exatamente "eu te prometo") tem o sentido específico da promessa que a expressão "ele promete" não tem, conservando esta o sentido de um constativo, ou, digamos, de uma descrição.

Mas a distinção entre performativo e constativo devia ser superada pelo próprio Austin, que abriu assim caminho à teoria dos atos de discurso de Searle[4]. A oposição inicial entre duas classes de enunciados é incorporada numa distinção mais radical que diz respeito aos níveis hierárquicos que podem ser distinguidos em todos os enunciados, sejam eles constativos ou performativos. É da maior importância, para a discussão que se segue, que esses níveis designem atos diferentes. Se dizer é fazer, é realmente em termos de ato que se deve falar do dizer. Nisso reside a principal intersecção com a teoria da

---

3. J. L. Austin, *How to do things with words*, Harvard University Press, 1962; trad. fr. Giles Lane. *Quand dire c'est faire*, Paris, Éd. du Séuil, 1970.

4. J. R. Searle, *Les actes de langage*, trad. fr. de H. Pauchard, Paris, Hermann, 1972. Prefiro traduzir *speech acts* por *"acte de discours"* [ato de discurso], para marcar a especificidade do termo *speech* em relação ao termo geral demais que é *langage*, conforme o uso francês. Além disso, o termo *"discours"* ressalta o parentesco entre o *speech act* dos analistas de língua inglesa e a *instance de discours* do linguista francês E. Benveniste.

ação que será desenvolvida ulteriormente: de uma maneira que falta determinar, a linguagem se insere no próprio plano da ação.

Quais são os atos assim intricados no ato global de dizer? Conhece-se a distinção cardinal entre ato locutório, ato ilocutório e ato perlocutório. O ato locutório é a própria operação predicativa: dizer algo sobre algo. Não é insignificante que a designação de ato não seja reservada ao nível ilocutório, mas já aplicada ao plano locutório; ressalta-se assim que *não são os enunciados que referem, mas os locutores que fazem referência*: não são tampouco os enunciados que têm sentido ou significam, mas são os locutores que querem dizer isto ou aquilo, que entendem uma expressão neste ou naquele sentido. Dessa maneira, o ato ilocutório articula-se a um ato mais fundamental, o ato predicativo. O ato ilocutório, por sua vez, conforme seu nome indica, consiste naquilo que o locutor *faz* ao falar; esse fazer expressa-se na "força" em virtude da qual, segundo os casos, a enunciação "vale como" constatação, comando, conselho, promessa etc. A noção de força ilocutória possibilita assim generalizar para além dos performativos propriamente ditos a implicação do fazer no dizer: nos próprios constativos, está incluído um fazer que na maioria das vezes permanece não dito, mas que pode ser explicitado precedendo-se o enunciado com um *prefixo* da forma "afirmo que", totalmente comparável ao "prometo que", forma na qual toda promessa pode ser reescrita. O procedimento nada tem de arbitrário: satisfaz ao critério de substituição estabelecido em semântica lógica; os dois enunciados: "o gato está no capacho" e "afirmo que o gato está no capacho" têm o mesmo valor de verdade. Mas um tem a transparência de um enunciado inteiramente atravessado pela visada referencial; o outro, a opacidade de um enunciado que remete reflexivamente para a sua própria enunciação. O prefixo dos performativos explícitos torna-se assim modelo da expressão linguística da força ilocutória de todos os enunciados.

É em tais prefixos que o "eu" se expressa. Além disso, com o "eu" do prefixo, verifica-se que uma situação complexa de interlocução contribui para o sentido completo do enunciado. Ora, a essa situação de interlocução pertence o fato de que a um locutor em primeira pessoa corresponde um *interlocutor* em segunda pessoa, a quem o primeiro se dirige. Portanto, não há ilocução sem alocução e, por implicação, sem um alocutário ou destinatário da mensagem. A enunciação que se reflete no sentido do enunciado é assim um fenômeno bipolar: ela implica simultaneamente um "eu" que diz e um "tu" a quem o primeiro se dirige. "Eu afirmo que" é igual a "eu *te* declaro que"; "eu prometo que" é igual "eu *te* prometo que". Enfim, a enunciação é igual a interlocução. Assim começa a ganhar forma um tema que só se ampliará nos estudos seguintes, a saber, que todo avanço em direção à ipseidade do locutor ou do agente tem como contrapartida um avanço comparável na alteridade do parceiro. No estágio atingido por este estudo, essa correlação ainda não tem o caráter dramático que a confrontação polêmica entre dois programas narrativos introduzirá no âmago da interlocução. A teoria dos atos de discurso não nos dá, nesse aspecto, senão o esqueleto dialógico de trocas interpessoais altamente diversificadas.

É possível somar uma precisão complementar a essa relação alocutiva sem sair do plano da enunciação, completando a teoria dos atos de discurso com a teoria da enunciação proposta por H. Paul Grice[5], teoria segundo a qual toda enunciação consiste numa intenção de significar que implica, em sua visada, a expectativa de que o interlocutor tenha, por sua vez, a intenção de reconhecer a intenção primeira por aquilo que ela quer ser. A interlocução assim interpretada mostra-se como uma troca de intencionalidades que se visam reciprocamente. Essa circularidade de intenções exige que sejam postas no mesmo plano a reflexividade da enunciação e a alteridade implicada na estrutura dialógica da troca de intenções.

Essa é, *grosso modo*, a contribuição da teoria dos atos de discurso para a determinação do si. A questão agora é preparar a esperada confrontação entre a teoria referencial e a teoria

---

5. H. P. Grice, "Meaning", *The Phil. Rev.*, vol. LXVI, 1957, pp. 377-88; "Utterer's meaning and intentions", in *The Phil. Rev.*, vol. LXXVIII, 1969, pp. 147-77; "Utterer's meaning, sentence-meaning, and word-meaning", in, J. R. Searle (org.), *The Philosophy of language*, Oxford, Oxford University Press, 5ª ed., 1977, pp. 54-70.

da enunciação reflexiva com algumas observações críticas referentes à natureza do sujeito exibido pela teoria da enunciação.

2. O sujeito da enunciação

Agora é em torno da relação entre enunciação e enunciador que exerceremos nossa vigilância crítica.

À primeira vista, essa relação não parece problemática. Embora o reflexo do fato da enunciação sobre o enunciado – para retomar a fórmula de Récanati – introduza certo grau de opacidade no âmago da visada referencial que permeia o sentido do enunciado, não parece de início que a relação – interna à enunciação – entre o ato de discurso enquanto ato e seu autor seja opaca em si mesma; em suma, não há por que supor que o sujeito da enunciação deva constituir o opaco do opaco.

A implicação do enunciador na enunciação acaso não é mostrada sem ambiguidade pela possibilidade de somar a fórmula desenvolvida dos performativos explícitos – "afirmo que", "ordeno que", "prometo que" – a todos os atos ilocutórios? Não será nesse prefixo mesmo que o "eu" fica marcado, e não será através desse prefixo que o "eu" confirma sua presença em toda e qualquer enunciação[6]?

Ademais, graças a essa menção do sujeito no prefixo intensional dos enunciados extensionais, torna-se possível agrupar, como dois grandes conjuntos coordenados sob a égide da pragmática, a teoria dos atos de discurso que acabamos de resumir e a teoria dos indicadores mencionada pela primeira vez sob o título dos procedimentos de individualização, portanto na perspectiva de uma semântica referencial. Esse agrupamento mostra-se benéfico para cada um dos dois parceiros. Por um lado, a análise dos atos de discurso encontra no funcionamento dos indicadores o complemento necessário para atar, se as-

---

6. É um problema saber se o nexo entre o "eu" e a enunciação que o inclui não diz respeito à problemática mais ampla da atestação que vimos aflorar pela primeira vez por ocasião da relação entre a adscrição dos predicados psíquicos à entidade pessoal. A questão ficará cada vez mais precisa nos estudos que seguem.

sim podemos dizer, o enunciador à enunciação. Por outro lado, os indicadores – "eu", "isto", "aqui", "agora" – estão dissociados das outras duas categorias de operadores de individualização introduzidos no primeiro estudo, a saber, os nomes próprios e as descrições definidas, que são remetidas à semântica, ao passo que os primeiros são atraídos para o espaço de gravitação da pragmática.

Bem mais que isso, ao mesmo tempo que os indicadores tomados em bloco são destacados do lote dos operadores de individualização, o "eu" é, por sua vez, promovido à primeira categoria dos indicadores, que, tomados fora da relação de reflexividade da enunciação, não apresentam nenhuma ordem privilegiada. Posto em relação com o ato de enunciação, o "eu" torna-se o primeiro dos indicadores; ele indica aquele que se autodesigna em toda enunciação que contenha a palavra "eu", a acarretar em sua sequência o "tu" do interlocutor. Os outros indicadores – dêiticos: "isto", "aqui", "agora" – agrupam-se em torno do sujeito da enunciação: "isto" indica todo objeto situado na proximidade do enunciador; "aqui" é o próprio lugar onde este está; "agora" designa todo acontecimento contemporâneo daquele em que o enunciador profere a enunciação.

Ao se tornar assim o eixo do sistema de indicadores, o "eu" revela-se em sua estranheza em relação a toda entidade passível de ser arrolada numa classe, caracterizada ou descrita. "Eu" designa tão pouco o referente de uma referência identificadora que aquilo que parece ser sua definição – a saber: "toda pessoa que se autodesigna ao falar" – não pode substituir as ocorrências da palavra "eu". Não há equivalência, do ponto de vista referencial, entre "eu estou contente" e "a pessoa que se designa está contente"; esse malogro da prova de substituição aqui é decisivo; ele confirma que a expressão não pertence à ordem das entidades passíveis de serem identificadas por via referencial. Portanto, é profundo o fosso lógico entre a função de índice, que é a do "eu", e a função de referente no sentido do primeiro estudo[7].

---

7. Corresponde-lhe uma diferença, também muito conhecida desde Wittgenstein, entre "descrever" e "mostrar". O "eu" pode ser indicado ou mostrado, não referido nem descrito. Adiante extrairemos algumas consequências disto.

A singularidade do funcionamento dos indicadores, que acaba de reforçar a teoria dos atos de discurso, é confirmada por uma característica decisiva com a qual terminaremos a revisão dos dados da pragmática referentes à posição do sujeito no discurso. Essa característica ratifica a autonomia da presente abordagem do sujeito em relação à abordagem através da referência identificadora. A dicotomia entre as duas abordagens é marcada de maneira espetacular pelo tratamento oposto por ela proposto para os *pronomes pessoais*. Enquanto na abordagem referencial é privilegiada a terceira pessoa, ou pelo menos certa forma de terceira pessoa, a saber, "ele/ela", "alguém", "cada um", *"on"* (francês), a teoria dos indicadores, quando unida à dos atos de discurso, não só privilegia a primeira e a segunda pessoa, como também exclui expressamente a terceira. Temos em mente o anátema de Benveniste sobre a terceira pessoa[8]. Segundo ele, somente a primeira e a segunda pessoas gramaticais merecem esse nome, visto que a terceira é a não-pessoa. Os argumentos a favor dessa exclusão reduzem-se a um único: bastam o "eu" e o "tu" para determinar uma situação de interlocução. A terceira pessoa pode ser qualquer coisa de que se fale, coisa, animal ou ser humano: isso é confirmado pelos usos não coordenáveis entre si do pronome "il" – *il pleut, il faut, il y a** etc. –, assim como pela multiplicidade de expressões da terceira pessoa – *on* (francês), cada um, isto, etc. Se a terceira pessoa é tão inconsistente do ponto de vista gramatical, é porque não existe como pessoa, pelo menos na análise da linguagem que leve como unidade de conta a instância do discurso, investida na frase. Não há melhor maneira de unir intimamente a primeira e a segunda pessoa ao acon-

---

8. E. Benveniste, *Problèmes de Linguistique Générale*, Paris, Gallimard, 1966; "Le langage et l'expérience humaine" [Linguagem e experiência humana], *Problèmes du langage*, Paris, Gallimard, col. "Diogène", 1966, reproduzido em *Problèmes de Linguistique Générale* II, Paris, Gallimard, 1974.

* Nesses casos, o francês atribui a esse pronome uma função de sujeito "aparente"; nos dois primeiros casos semelhantes, o português classifica os verbos como impessoais, ou seja, sem sujeito: *"il pleut"* = "chove"; *"il y a"* = "há"; no caso de *"il faut"*, "é preciso", com grande frequência o sujeito é indicado por uma oração ou por um verbo. (N. da T.)

tecimento da enunciação do que excluindo-se do campo da pragmática a terceira pessoa, da qual se fala apenas como de outras coisas.

Dito isto, por acaso esse pacto concluído entre a enunciação e os indicadores "eu-tu", seguidos dos dêiticos "isto", "aqui", "agora", tornará impossível qualquer discordância entre a teoria da enunciação e a teoria de seu sujeito?

Duas ou três observações que deixamos passar despercebidas deveriam, porém, ter nos alertado: a primeira diz respeito ao termo principal da teoria dos atos de discurso, que é precisamente o ato, e não o agente, e, no ato, a força ilocutória, ou seja, segundo a definição de G. G. Granger, "aquilo que possibilita conferir às mensagens funções específicas de comunicação ou tornar precisas as condições de seu exercício"[9]. O "elemento ilocutório", segundo a prudente expressão de Granger, pode ser definido e submetido a uma tipologia fina, sem que se faça expressamente menção ao autor do discurso. É à custa dessa elisão que as condições transcendentais da comunicação podem ser inteiramente despsicologizadas e consideradas como regulações da língua, não da fala. Mas até onde pode ir a despsicologização, se ainda é preciso levar em conta um *ego*?

Uma segunda observação que não foi ressaltada aumenta nossa perplexidade: a reflexividade de que se falou até agora foi constantemente atribuída não ao sujeito da enunciação, mas ao próprio fato da enunciação: lembro a fórmula de Récanati: "no sentido de um enunciado reflete-se o fato de sua enunciação" (*La transparence et l'énonciation*, p. 7). Tal declaração deveria surpreender-nos, uma vez que vincula a reflexividade à enunciação tratada como um fato, ou seja, como um acontecimento que ocorre no mundo. Aquilo que havia pouco era chamado de ato tornou-se fato, um acontecimento que ocorre no espaço comum e no tempo público – em suma, um fato que ocorre no mesmo mundo dos fatos e dos estados de coisas visados referencialmente pelos enunciados declarativos ou assertivos.

Por fim, o que o reflexo do fato de enunciação sobre o sentido do enunciado faz passar para o primeiro plano é o estatuto

---

9. G. G. Granger, *Langages et Epistemologie*, Paris, Klincksieck, 1979, p. 170.

de coisa do signo, que, conforme dissemos acima, marca a própria opacidade do signo. Nesse aspecto, as declarações de Récanati são inequívocas: "um enunciado é, por sua enunciação, alguma coisa"(*ibid.*, p. 26); e também: "a enunciação [...] põe-se como um ente..." (*ibid.*, p. 27). Em última análise, caberia dizer que a reflexividade não está intrinsicamente ligada a um si no sentido forte de autoconsciência. Através da fórmula "no sentido de um enunciado reflete-se o fato de sua enunciação" a expressão "reflete-se" tanto pode ter o sentido de "manifestar-se" quanto de "reverberar". O paradoxo com que confinamos aqui é o da reflexividade sem ipseidade; um "se" sem "si-mesmo"; para dizer a mesma coisa de outro modo, a reflexividade característica do fazer da enunciação assemelha-se mais a uma referência invertida, uma retrorreferência, uma vez que a remissão se faz à factualidade que "opacifica" o enunciado. Ao mesmo tempo, em vez de opor entre si uma reflexividade rebelde a qualquer caracterização em termos de referência e a visada de um fato extralinguístico, único que vale como visada referencial, opõe-se apenas *auto*rreferência a referência *ad extra*. Mas reflexividade e autorreferência serão duas noções equivalentes? O "eu" acaso não desaparece como *eu* a partir do momento em que se conferem ao enunciado duas referências de direção oposta, uma referência em direção à coisa significada e uma referência em direção à coisa significante? O deslizamento na verdade estava contido na definição do signo recebida dos Antigos: uma coisa que representa outra coisa. Ora, como um ato pode ser só uma coisa? Mais grave: como o sujeito que refere e significa pode ser designado como uma coisa ao mesmo tempo que continua como sujeito? Não terão sido perdidas de vista duas das conquistas mais preciosas da teoria da enunciação, a saber:

1) não são os enunciados, nem mesmo as enunciações, que referem, e sim – conforme lembramos acima – os sujeitos falantes, usando recursos do sentido e da referência do enunciado para trocar suas experiências numa situação de interlocução;

2) a situação de interlocução só tem valor de acontecimento na medida em que os autores da enunciação são postos em cena pelo discurso em ato e, com os enunciadores de carne e

osso, *sua* experiência do mundo, *sua* perspectiva sobre o mundo não *pode* ser substituída por nenhuma outra.

Essa deriva da pragmática para um conceito de autorreferência, em que a tônica principal recai na *factualidade* da enunciação, só poderá ser interrompida se nos demorarmos por um momento em certo número de paradoxos ou mesmo de aporias nas quais redunda a pragmática, a partir do momento em que interrogarmos o estatuto do sujeito da enunciação enquanto tal, e não apenas o ato de enunciação tratado como um fato, a título de acontecimento que ocorre no mundo, neste mundo mesmo ao qual pertencem as coisas às quais fazemos referência *ad extra*. Enfrentar esses paradoxos e aporias é ir diretamente à indagação *quem*? – quem fala? –, tal como vimos que ele abria problemática da *identificação*.

O primeiro paradoxo é o seguinte: a expressão "eu" é afetada por estranha ambiguidade: Husserl falava, nesse aspecto, de expressão necessariamente ambígua. Por um lado, "eu", como pronome pessoal pertencente ao sistema da língua, é um membro do paradigma dos pronomes pessoais. Nesse sentido, é um termo vacante que, à diferença das expressões genéricas que mantêm o mesmo sentido em empregos diferentes, designa uma pessoa diferente a cada novo emprego; "eu", nesse primeiro sentido, aplica-se a quem quer que se autodesigne ao falar e, assumindo essa palavra, assume a linguagem inteira, segundo a bela expressão de Benveniste. Na qualidade de termo vacante, "eu" é um termo viajante, uma posição em relação à qual vários enunciadores virtuais se substituem mutuamente; donde o termo *shifter* que foi atribuído a todos os termos semelhantes na série de dêiticos, que o francês traduz mal como "*embrayeur*" [port. embreante], a menos que, da metáfora mecânica, se considere o fenômeno preciso da troca de embreagem: a saber, a vinculação do termo vacante a um único enunciador efetivo atual, que assume, *hic et nunc*, a força ilocutória do ato de enunciação. Mas, com isso, oscilamos de um sentido a outro da expressão "eu". O que se destaca já não é o aspecto substituível do termo viajante, do *shifter*, mas, ao contrário, a *fixação* operada pela tomada de palavra. Passamos do ponto de vista paradigmático, em virtude do qual "eu" pertence à tabela dos pronomes, para o ponto de vista sintagmático, em virtude do qual "eu" designa a cada vez apenas uma pessoa com exclusão de qualquer outra, aquela que fala aqui e agora. Lembremos com G. G. Granger[10] essa *ancoragem* que remete a uma posição não substituível, a um único centro de perspectiva sobre o mundo. O paradoxo consiste precisamente na contradição aparente entre o caráter substituível do *shifter* e o caráter não substituível do fenômeno de ancoragem.

Sem dúvida é possível dar uma explicação desse primeiro paradoxo sem sair da pragmática; mas a solução proposta só afastará a dificuldade em um grau. A explicação em questão baseia-se na distinção provinda de Peirce entre *type* e *token*[11] – tipo e ocorrência –, que é preciso tomar cuidado para não confundir com a distinção entre gênero e particular, uma vez que ela só vale para os índices. O tipo é da ordem do "a cada vez", a ocorrência é da ordem do "uma única vez", no plano efetivo da instância do discurso. Entre os dois, desaparece qualquer contradição, desde que consideremos que o tipo implica, em sua própria noção, uma escolha obrigatória entre os candidatos ao posto de sujeito falante[12]. Em virtude dessa escolha obrigatória, o *shifier* exerce uma função de distribuição, com apoio no "a cada vez" que regula a vinculação exclusiva do termo "eu" a um único locutor atual. Pode-se então dizer, sem mais paradoxos, que a ancoragem atual da ocorrência "eu" é correlativa do caráter substituível do tipo "eu", no sentido distributivo, e não genérico, da constituição do índice. Voltamos a Husserl: a anfibologia do "eu" é a anfibologia de uma significação necessariamente *ocasional*. O termo ocasional tem o sen-

---

10. G. G. Granger, *ibid.*, pp. 174-5. A exploração dos paradoxos referentes ao sujeito da enunciação deve muitíssimo a essa obra.

11. Cf. C. S. Peirce, *Collected Papers*, IV, 537, citado por F. Récanati, *La transparence et l'énociation*, *op. cit.*, p. 724; cf. também C. S. Peirce, *Écrits sur le signe*, textos reunidos, traduzidos e comentados por G. Deledalle, Paris, Éd. du Seuil, col. "L'ordre philosophique", 1978, p. 190.

12. Diferentemente da substituibilidade do enunciador característico do *shifter*, observa Granger, "a fixação da remissão de cada mensagem constitui uma escolha obrigatória, reguladora da comunicação" (*Langages et épistémologie, op. cit.*, p. 174).

tido preciso de interligar o "a cada vez" do tipo ao "uma única vez" da ocorrência. Por acaso elimina qualquer paradoxo referente ao "eu"? É de duvidar, se considerarmos que ela é perfeitamente compatível com uma interpretação da reflexividade no sentido da autorreferência, ou seja, da remissão à factualidade de um acontecimento espaçotemporal que ocorre no mundo. É acerca do ato de enunciação, entendido como um fato mundano, que se pode dizer que ocorre só uma vez e só tem existência no instante em que se produz a enunciação. Fala-se então das ocorrências diferentes de um mesmo signo, que diferem numericamente apenas pela sua posição espaçotemporal, mas ilustram o mesmo tipo. O signo em questão é o ato de enunciação tratado como fato. O "eu" já é visado apenas obliquamente, ou seja, como expressão marcada no interior de um performativo explícito com a forma "afirmo que", "ordeno que", "prometo que" etc.

A confirmação de que a distinção entre tipo e ocorrência tem por objeto privilegiado a enunciação, e não o enunciador, é obtida por análises de grande tecnicidade das expressões chamadas de *token-reflexives*, nas quais não entrarei. Essas expressões sem dúvida são enunciações da alçada da teoria dos atos de discurso; mas não temos dificuldade em dizer que elas remetem a um fato que ocorre no espaço e no tempo público, em suma, no mundo[13]. Com isso se evitou o paradoxo, que só surge ao se tematizar o sujeito da enunciação por si mesmo. Mas esse paradoxo já não pode ser ocultado, a partir do momento em que se enfrenta a estranheza da relação que um locutor singular pode ter com a multiplicidade de *suas* enunciações. Se

---

13. Cf. Récanati, *La transparence et l'énonciation, op. cit.*, pp. 153-71 (cap. VIII, "La token-réflexibilité". "...a enunciação, por alguém, dessa frase [a água ferve a cem graus], o fato de alguém dizer isso é um acontecimento que ocorre, como todo acontecimento, em certo momento e em certo lugar: esse acontecimento espaçotemporalmente determinado é o dizer ou a enunciação. O fato de dizer alguma coisa é um acontecimento, assim como o fato de quebrar uma perna, como o fato de receber uma condecoração, como o fato de nascer ou de morrer. A expressão 'o fato de dizer' ressalta o caráter de acontecimento da enunciação, na medida em que ela é um fato: um fato é, antes de mais nada, algo que 'ocorre', ou que 'é o caso', segundo a expressão inglesa" (*ibid.*, p. 153).

cada uma destas constitui um acontecimento diferente, capaz de ter lugar no curso das coisas do mundo, o sujeito comum desses múltiplos acontecimentos será um acontecimento[14]? Cabe lembrar as hesitações de Husserl ao tematizar de maneira distinta o *ego* do *cogito cogitatum*. Também não foram esquecidas as dificuldades vinculadas a expressões metafóricas como *Ichstrahl*, "raio de mim", ou *Ichpol*, "eu como polo idêntico dos atos", para caracterizar o tipo de irradiação ou emanação que expressa a relação entre um locutor único e a multiplicidade de seus atos de discurso.

É aqui que o paradoxo se transforma em aporia. A relação tipo-ocorrência de fato já não ajuda, tampouco a relação entre "eu" viajante (*shifter*) e o "eu" ancorado. O que está em questão é a própria noção de ancoragem do "eu" ocorrência. Que sentido vincular à ideia de *ponto de perspectiva singular* sobre o mundo? A aporia que nos detém aqui é aquela à qual Wittgenstein voltou incessantemente no *Tractatus*, nas *Investigações* e no *Caderno azul*. Vou chamá-la de aporia da ancoragem. O ponto de perspectiva privilegiado sobre o mundo, que é cada sujeito falante, é o limite do mundo, e não um de seus conteúdos[15]. No entanto, de certo modo, que se torna enigmático, depois de parecer ponto pacífico, o ego da enunciação aparece *no mundo*, como demonstra a vinculação de um nome próprio ao portador do discurso. De fato sou eu, fulano, eu P. R., que sou e não sou o limite do mundo. Nesse aspecto, o seguinte texto do *Caderno azul* leva longe a aporia: "Por *eu* (em 'eu vejo'), não quis dizer L. W., embora, dirigindo-me a outrem, poderia dizer: 'agora é L. W. que vê realmente', ainda que não seja isso o

---

14. A questão do estatuto do acontecimento numa investigação sobre a ipseidade voltará várias vezes ao longo desta obra, em especial na discussão das teses de Donald Davidson sobre a ação (terceiro estudo) e nas de Derek Parfit sobre a identidade pessoal (sexto estudo).

15. Granger diz muito bem: "A remissão à enunciação não é da mesma ordem das remissões propriamente semânticas. A enunciação não é então localizada *no* mundo de que se fala; ela é tomada como referência-limite desse mundo..." (*Langages et Épistémologie, op. cit.*, p. 174). A frase restritiva com que termina a citação só ganhará pleno sentido com a tentativa que faremos adiante de estabelecer a conjunção entre reflexividade e referencialidade.

que eu quis dizer" (*Cahier bleu*, pp. 66-7)[16]. A não-coincidência entre o "eu" limite do mundo e o nome próprio que designa uma pessoa real, cuja existência é confirmada pelo registro civil, leva à aporia última do sujeito falante. A aporia permanecia ocultada numa versão da pragmática segundo a qual a remissão reflexiva era feita menos ao *ego* da enunciação que ao fato da enunciação, tratado como um acontecimento do mundo. A reflexividade podia então sem dificuldade aparente ser assimilada a uma espécie sutil de referência, a referência ao acontecimento do mundo que é a enunciação. A enunciação alinhava-se assim às coisas do mundo de que se fala. Essa assimilação já não é possível, pelo menos sem que se leve em consideração a aporia da ancoragem, uma vez que a tônica recai sobre o ato no fato da enunciação e sobre o "eu-tu" nesse ato.

3. A conjunção das duas vias da filosofia da linguagem

Para resolver essa aporia, em minha opinião, é preciso fazer convergir as duas vias da filosofia da linguagem, a via da referência identificadora e a da reflexividade da enunciação. No termo da primeira via, como todos lembram, a pessoa aparecia como um particular básico irredutível a qualquer outro: era o "ele" do qual se fala e a quem se atribuem predicados físicos e psíquicos. No termo da segunda via, o sujeito aparece como o par daquele que fala e daquele a quem o primeiro fala,

---

16. Texto citado e traduzido por Granger, *ibid.*, p. 175. Granger cita também: "A palavra *eu* não quer dizer a mesma coisa que L.W. nem quer dizer a mesma coisa que a expressão: a pessoa que fala agora. Mas isso não significa que L. W. e *eu* queiram dizer pessoas diferentes. O que isso significa é apenas que essas palavras são instrumentos diferentes em nossa linguagem" (*ibid.*). Devem ser comparadas as traduções de Granger com as de Guy Durand (Wittgenstein, *Cahier bleu e Cahier brun*, Paris, Gallimard, 1965, reprod. Na col. "Tel", Paris, Gallimard, 1988, pp. 145, 147). Granger vê nessa aporia essencialmente a confirmação do caráter não empírico das condições de possibilidade da comunicação: "Se adotarmos esse ponto de vista, veremos que o fenômeno de *ancoragem*, na qualidade de posição privilegiada de um centro de perspectiva, exprime bem uma condição não empírica da comunicação completa de uma experiência" (*ibid.*).

com a exclusão da terceira pessoa, que se torna uma não-pessoa. Ora, a convergência das duas ações é garantida por aquilo que cada uma deve extrair da outra para realizar seu próprio objetivo. Todos lembram que a terceira pessoa, segundo a teoria da referência identificadora, só adquirirá sua significação completa de pessoa se a atribuição de seus predicados psíquicos for "acompanhada", para retomar as palavras de Kant, pela capacidade de se autodesignar, transferida da primeira para a terceira pessoa, no modo de uma citação posta entre aspas. A outra, a terceira pessoa, diz no íntimo: "afirmo que". Eis agora que o fenômeno de ancoragem só se tornará compreensível se o "eu" do "afirmo que" for extraído do prefixo de um verbo de ação e posto por ele mesmo como pessoa, ou seja, como um particular básico entre as coisas de que se fala. Essa assimilação entre o "eu" que fala a "ti" e o "ele/ela" de que se fala opera em sentido inverso à atribuição ao "ele/ela" do poder de se autodesignar. A aproximação consiste dessa vez numa objetivação de tipo único, a saber, a assimilação entre o "eu", sujeito de enunciação, e a pessoa, particular básico irredutível. A noção de autorreferência, de cuja coerência se suspeitava acima, é de fato o misto oriundo do novo cruzamento entre reflexividade e referência identificadora.

Antes de procurar saber se esse misto do "eu" reflexivo e da pessoa referida não é arbitrariamente constituído, em outras palavras, se se trata de algo mais que um fato de linguagem inevitável, sem dúvida, mas impossível de derivar do que quer que seja da ordem do fundamental, é importante mostrar que o entrecruzamento das duas vias da filosofia da linguagem rege o funcionamento de todos os indicadores e pode ser detectado a partir de operações linguísticas muito precisas.

O dêitico "agora" representa um bom ponto de partida para essa demonstração, pois é a caracterização da enunciação como acontecimento, ou instância de discurso, que deu ocasião de assimilar o ato de discurso a um fato. Além disso, disponho aqui de uma análise detalhada do dêitico temporal que extraio de meu trabalho anterior, *Tempo e narrativa III*. Tentei demonstrar naquela obra que o que designamos com o termo "agora" resulta da conjunção entre o presente vivo da experiência fenomenológica do tempo e o instante qualquer da experiência cosmológica. Ora, essa conjunção não consiste numa simples justaposição entre noções pertencentes a distintos universos de discurso; baseia-se em operações precisas que garantem o que chamei de *inscrição* do tempo fenomenológico sobre o tempo cosmológico, cujo modelo é a invenção do calendário. Dessa inscrição resulta um *agora datado*. Sem data, a definição do presente é puramente reflexiva: ocorre agora todo acontecimento contemporâneo ao momento em que falo; reduzida a si mesma, a autorreferência do momento da fala nada mais é que a tautologia do presente vivo: por isso estamos sempre no dia de hoje. Saímos da tautologia formulando a seguinte pergunta: em que dia estamos? A resposta consiste em dar uma data, ou seja, em fazer o presente vivo corresponder com dias enumerados pelo calendário. O agora datado é o sentido completo do dêitico "agora".

O mesmo ocorre com o "aqui": ele se opõe ao "lá", como lugar onde estou fisicamente; esse lugar absoluto tem o mesmo caráter de limite do mundo que o *ego* da enunciação; a metáfora espacial da orientação no espaço está até mesmo na origem da ideia do sujeito como centro de perspectiva não situada no espaço ocupado pelos objetos de discurso; falando-se de modo absoluto, "aqui", enquanto lugar onde estou, é o ponto zero em relação ao qual todos os lugares se tornam próximos ou distantes. Nesse sentido, "aqui" é lugar nenhum. Contudo, o emprego do "aqui" na conversa implica um conhecimento topográfico mínimo, graças ao qual eu possa situar meu aqui em relação a um sistema de coordenadas cujo ponto de origem é qualquer um tanto quanto o instante do tempo cosmológico. O lugar funciona, assim, como a data, a saber, por inscrição do aqui absoluto num sistema de coordenadas objetivas. Em virtude dessa inscrição, comparável ao fenômeno da datação, a significação completa do dêitico "aqui" é a de um aqui *localizado*.

Dos dêiticos "agora" e "aqui" podemos voltar aos indicadores "eu-tu". A conjunção entre o sujeito, limite do mundo, e a pessoa, objeto de referência identificadora, repousa sobre um processo da mesma natureza da inscrição, ilustrada pela datação cronológica e a localização geográfica. O fato de o fenômeno de ancoragem ser assimilável a uma inscrição é sobejamente demonstrado pela expressão que intrigava tanto Wittgenstein, a saber, a expressão "eu, L.W.". A relação entre o pronome pessoal "eu", tomado como sujeito de atribuição, e o nome próprio, como designação da amostra de um particular básico, é uma relação de inscrição no sentido institucional do termo, em virtude da força ilocutória de um ato de discurso particular, o *registro de nome*, com base na lista pública de nomes próprios, segundo as regras convencionais que regem a atribuição de patronímicos e prenomes (assim, na França e em outros países, o patronímico é imposto pelas regras de parentesco – regras matrimoniais, regras de filiação –, e o prenome é escolhido de modo relativamente livre por pais legais, portanto por outros que não o portador do nome; nesse sentido, a atribuição de um nome é integralmente um ato de inscrição). A expressão é tão apropriada, que aquilo que se chama de certidão de nascimento de uma pessoa contém três inscrições: um nome próprio em conformidade com as regras de atribuição de um nome que acabamos de citar, uma data em conformidade com as regras da datação do calendário, um lugar de nascimento em conformidade com as regras de localização no espaço público, tudo inscrito nos registros do cartório civil. Assim inscrito, o "eu" está, no sentido próprio do termo, registrado. Desse registro resulta o que se enuncia: "Eu, Fulano de Tal, nascido em..., em..." Dessa maneira, "eu" e "P.R." querem dizer a mesma pessoa. Portanto, não é arbitrariamente que a pessoa, objeto de referência identificadora, e o sujeito, autor da enunciação, têm a mesma significação; uma inscrição de tipo especial, realizada por um ato especial de enunciação, *o registro de nome*, realiza a conjunção.

Uma última questão merecerá nossa atenção antes de chegarmos a uma conclusão provisória. Será possível basear essa assimilação entre a pessoa da referência identificadora e o "eu" amostra reflexiva em alguma realidade mais fundamental?

Em minha opinião, isso só será possível se sairmos da filosofia da linguagem e nos interrogarmos sobre o modo de ser que pode, assim, prestar-se a uma dupla identificação enquanto pessoa objetiva e enquanto sujeito reflexivo. O fenômeno de ancoragem sugere por si mesmo a direção que seria preciso tomar; é aquela mesma que a análise anterior já indicou, a saber, a significação absolutamente irredutível do corpo de cada um. Todos lembram que a possibilidade de atribuir predicados físicos e psíquicos à mesma coisa nos pareceu baseada na estrutura dupla do corpo, a saber, seu estatuto de realidade física observável e o fato de pertencer àquilo que Husserl chama de "esfera do próprio" ou do "meu", na quinta *Meditação cartesiana*. O mesmo pertencimento duplo de corpo fundamenta a estrutura mista do "eu-fulano de tal"; enquanto corpo entre corpos, ele constitui um fragmento da experiência do mundo; enquanto meu, ele compartilha o estatuto do "eu" entendido como ponto de referência limite do mundo; em outras palavras, o corpo é ao mesmo tempo um fato do mundo e o órgão de um sujeito que não pertence aos objetos de que ele fala. Essa estranha constituição do corpo se estende do sujeito da enunciação ao próprio ato de enunciação: na qualidade de voz impelida para fora pela respiração e articulada pela fonação e por todo o gestual, a enunciação compartilha a sorte dos corpos materiais. Na qualidade de expressão do sentido visado por um sujeito falante, a voz é o veículo do ato de enunciação na medida em que remete ao "eu", centro de perspectiva insubstituível sobre o mundo.

Essas breves reflexões antecipam o momento em que será preciso sair do plano linguístico no qual nos mantivemos estritamente nessa primeira série de investigações. O estranho estatuto do corpo próprio diz respeito a uma problemática mais vasta, em que está em jogo o estatuto ontológico desse ser que somos, que vem ao mundo no modo da corporeidade.

TERCEIRO ESTUDO
UMA SEMÂNTICA DA AÇÃO SEM AGENTE

Os dois estudos que seguem são dedicados à teoria da ação, no sentido limitativo que esse termo recebeu nas obras de língua inglesa arroladas sob essa denominação. Tais estudos mantêm uma relação de grande complexidade com os anteriores. Por um lado, a filosofia da linguagem que acabamos de expor desempenha o papel de *órganon* relativamente à teoria da ação, uma vez que, na descrição que faz das frases de ação, essa teoria aplica as análises já clássicas da referência identificadora e dos atos de discurso. Por outro lado, as ações são entidades tão notáveis, e o elo entre a ação e seu agente constitui uma relação tão original, que a teoria da ação tornou-se algo bem diferente da simples aplicação da análise linguística esboçada acima. Além do mais, ao conquistar a autonomia de disciplina distinta, a teoria da ação provocou o surgimento, como que por contrachoque, dos novos recursos da linguagem, tanto em sua dimensão pragmática quanto em sua dimensão semântica. Ao mesmo tempo, as dificuldades, os paradoxos e as aporias em que os estudos anteriores redundaram assumem proporções novas no novo âmbito da teoria da ação.

Essa complexidade da relação entre teoria da linguagem e teoria da ação será posta à prova, de início ao longo deste estudo na linha da semântica filosófica, depois ao longo do estudo seguinte na linha da pragmática da linguagem. A cada vez será sondado o enigma da relação entre a ação e seu agente, mas com recursos diferentes, considerando-se a distinção inicial entre semântica e pragmática. O que a ação ensina sobre seu agente? – perguntaremos. E em que medida esse eventual ensinamento contribui para esclarecer a diferença entre *ipse* e *idem*? Duas observações preliminares se fazem necessárias antes de começarmos este estudo. Em primeiro lugar deve-se entender que, numa semântica da ação, é possível tratar do agente da ação, do mesmo modo que, na análise dos particulares básicos de nosso primeiro estudo, a pessoa *de quem* se fala pôde ser designada como a entidade à qual são atribuídos predicados de ordens diferentes. Mas o recurso *explícito* à reflexividade da enunciação por meio da qual o próprio sujeito do discurso se designa não é da alçada de uma semântica centrada na referência identificadora. Essa primeira limitação deverá ser reconhecida já de início, se não quisermos ser frustrados pela relativa pobreza dos resultados da teoria da ação, que, no entanto, é tão rica em análises rigorosas, no ponto preciso da determinação conceitual do agente da ação. Na verdade, só no fim do próximo estudo será possível entrecruzar a via da referência identificadora com a da autodesignação do sujeito falante e, assim, tematizar de modo explícito a autorreferência de um sujeito agente.

A segunda limitação desta investigação diz respeito à estreiteza do campo de exemplos abrangidos pelo conceito de ação. Por certo trataremos de cadeias de ações, principalmente na análise do raciocínio prático, mas poremos entre parênteses o princípio unificador que faz dessas cadeias de ações as *unidades práticas de categoria superior* que num estudo ulterior chamaremos de *práticas.* Ora, essa segunda limitação tem consequências importantes: ao não falarmos de práticas dignas desse nome – técnicas, ofícios, artes, jogos –, tampouco levaremos em conta os procedimentos de hierarquização entre práticas que autorizem a falar da unidade narrativa de uma vida. Ora, pôr entre parênteses todo e qualquer princípio unificador interno às práticas e toda e qualquer hierarquização entre práticas encadeia, por sua vez, a abstração dos predicados *éticos* da família do bom ou do justo; com efeito, apenas as unidades práticas de categoria superior assumem de modo explícito, além do encadeamento lógico de que se falará aqui, uma significação teleológica, segundo o bom, e deontológica, segundo o justo. Essa segunda limitação é perfeitamente legítima, uma vez que a semântica da ação se limita por princípio a descrever e analisar os discursos nos quais o homem diz o seu fazer, com exclusão de qualquer atitude prescritiva, em termos de permitido e proibido. Nessa medida, o agente da ação estará longe de poder igualar-se a um si-mesmo, responsável por suas palavras e sua ação. Portanto, não será de espantar se o próprio autor da ação aparecer como um agente eticamente neutro, subtraído ao louvor e à reprovação.

1. O esquema conceitual da ação e a pergunta quem?

À primeira vista, a investigação parece promissora quanto à referência da ação a seu agente. Ação e agente pertencem a um mesmo esquema conceitual, que contém noções como circunstâncias, intenções, motivos, deliberação, impulso voluntário ou involuntário, passividade, coerção, resultados desejados etc. O caráter aberto dessa enumeração é, aqui, menos importante que sua organização em rede. O que importa ao teor de sentido de cada um desses termos é o fato de pertencerem à mesma rede dos outros; relações de intersignificação regem, assim, seus respectivos sentidos, de tal modo que saber usar um deles é saber usar de maneira significante e apropriada a rede inteira. Trata-se de um jogo coerente de linguagem, no qual as regras que governam o emprego de um termo formam sistema com as que governam o emprego de outro termo. Nesse sentido, a rede nocional da ação compartilha o mesmo estatuto transcendental do quadro conceitual dos particulares básicos. Diferentemente dos conceitos empíricos elaborados pelas ciências humanas, da biologia à sociologia, a rede inteira tem a função de determinar o que "conta como" ação, por exemplo nas ciências psicológicas do comportamento e nas ciências sociais da conduta. O que nos importa agora é a especificidade dessa rede em relação à determinação geral do conceito de pessoa, obtida no primeiro estudo.

Uma maneira eficiente de proceder à determinação mútua das noções pertencentes a essa rede da ação é identificar a cadeia das indagações que podem ser feitas a respeito da ação: quem faz ou fez o quê, em vista de quê, como, em quais circunstâncias, com que meios e que resultados? O sentido das noções-chave da rede da ação provém da natureza específica das respostas dadas a indagações específicas que, por sua vez, se intersignificam: quem? o quê? por quê? como? onde? quando?.
Percebe-se em que sentido esse método de análise parece promissor: um acesso privilegiado ao conceito de agente nos é dado pelas respostas que damos à pergunta *quem*? O que Strawson chamava de "mesma coisa" à qual são atribuídos predicados psíquicos e predicados físicos torna-se agora um *alguém* em resposta à pergunta *quem*?. Ora, essa questão revela uma afinidade indubitável com a problemática do si-mesmo, tal como a delimitamos na introdução. Em Heidegger, a investigação do *quem*?[1] pertence à mesma circunscrição ontológica da investigação do si-mesmo (*Selbstheit*). Hannah Arendt[2], secundando-o, vincula a pergunta *quem*? a uma especificação própria à do conceito de ação, por ela oposta ao de trabalho e ao de obra. Enquanto o trabalho se exterioriza inteiramente na coisa fabricada, e enquanto a obra modifica a cultura ao se encarnar em documentos, monumentos e instituições no espaço de divulgação aberto pela política, a ação é aquele aspecto do fazer humano que incita à narrativa. Por sua vez, é função da narrativa determinar o "quem da ação". Apesar dessas afinidades manifestas entre a teoria da ação e a fenomenologia hermenêutica, seria errôneo acreditar que a primeira pode levar tão longe. Em Heidegger, é a dependência da problemática do *Selbst* em relação ao existencial *Dasein* que arrasta o "quem" para o mesmo espaço ontológico de gravitação. Quanto ao "quem" de H. Arendt, é mediado por uma teoria da ação que sai dos limi-

---

1. *Ser e tempo*, § 25, § 64; trad. fr., *Être et Temps*, de E. Martineau, *Authentica*, 1985, pp. 114 ss. e 316 ss.; trad. fr. de F. Vezin, Paris, Gallimard, 1986, pp. 156 ss. e 376 ss.

2. Hannah Arendt, *The Human Condition*, 1958, trad. fr. de G. Fradier, *La Condition de l'homme moderne*, prefácio de Paul Ricœur, Paris, Calmann-Lévy, 1961, reed., 1983, reproduzido por Agora, Paris, Presses Pocket, 1988, cap. V.

tes desta análise e só encontrará lugar muito adiante, quando passarmos da ação em sentido estrito à prática no sentido lato anunciado acima.

De fato, a contribuição da teoria da ação à pergunta *quem?* é consideravelmente mais modesta. Por razões que exporemos, ela muitas vezes representa até um recuo em relação à problemática de Strawson, uma vez que esta propunha francamente a questão da atribuição dos predicados característicos da pessoa a um "alguém", considerado como uma "mesma coisa". Ora, é essa questão da atribuição que tende a ficar marginalizada, em benefício de uma questão que se tornou muito mais importante. Qual? Para dizer em poucas palavras, aqui, a relação entre as perguntas *o quê?* e *por quê?* prevalece à relação entre o par de perguntas *o quê-por quê?* e à pergunta *quem?*. É primeiramente como desafio a uma determinação do *quem?* heideggeriano que se apresenta a teoria da ação. Nosso problema, no fim deste estudo, será tirar vantagem desse desafio, transformando a investigação sobre *o quê-por quê?* da ação no grande desafio ao fim do qual a pergunta *quem?* voltará a ganhar força, enriquecida por todas as mediações que a investigação do *o quê-por quê?* tiver atravessado.

O que explica o efeito de ocultação da pergunta *quem?* pela análise das respostas às perguntas *o quê?* e *por quê?*. Não basta dizer que, numa perspectiva semântica, amplamente dominada pela maneira como o discurso remete a um algo, não se pode ter grande expectativa de encontrar para a pergunta *quem?* respostas capazes de escapar à determinação de um *algo* entendido como um componente do mundo dito real. Sem dúvida, a problemática do acontecimento que mencionaremos em breve confirmará amplamente essa captura do *quem?* pelo "algo". Essa explicação não basta, porém, uma vez que nada impede que, no âmbito referencial do algo em geral, a pergunta *quem?* conserve alguma autonomia em relação às perguntas *o quê-por quê?* Como já dissemos a propósito de Strawson, as respostas específicas à pergunta *quem?* apresentam considerável interesse, não apesar da limitação da investigação feita no âmbito da referência identificadora, mas graças a ela. À pergunta "quem fez isso?" pode-se responder com a menção de um nome próprio, ou com o uso de um pronome ou demonstrativo (ele, ela, este, aquela), ou fazendo uma descrição definida (tal e tal). Essas respostas fazem do algo em geral um alguém. Isso não é pouca coisa, ainda que a essa identificação da pessoa como alguém que faz (ou sofre) falte a designação por si mesma à qual apenas a abordagem pragmática dará acesso, ao fazer emergir o par "eu-tu" da situação de interlocução. Mas a abordagem referencial do agente da ação, embora não possa transpor esse limiar, pelo menos tem a vantagem de manter bem aberto o leque dos pronomes pessoais (eu, tu, ele/ela etc.) e assim harmonizar o estatuto conceitual da pessoa à terceira pessoa gramatical. No nível da simples semântica da ação, a pergunta *quem?* admite todas as respostas introduzidas por qualquer pronome pessoal: eu faço, tu fazes, ele faz[3]. Essa acolhida sem discriminação das três pessoas gramaticais, no singular e no plural, continua sendo a grande força da análise referencial.

Portanto, não é a abordagem referencial como tal que impede de desenvolver os recursos contidos nas respostas à pergunta *quem?* no campo da ação humana. Por isso, no próximo estudo, tentaremos dar prosseguimento ao exame iniciado neste instante e, com os recursos da análise das respostas às perguntas *o quê-por quê?* retomar o problema que ficou pendente no fim deste estudo, a saber, o da *atribuição* da ação a seu agente.

A ocultação da pergunta *quem?* deve ser imputada, na minha opinião, à orientação que a filosofia analítica impôs ao tratamento da pergunta *o quê?*, pondo-a em relação exclusiva com a pergunta *por quê?* Apesar das enormes diferenças que aparecerão progressivamente entre diversas variedades de filosofias analíticas da ação, pode-se dizer que todas elas têm em comum a focalização da discussão na questão de saber o que

---

3. Caberá à pragmática organizar a lista dos pronomes pessoais em função de atos de discurso diferenciados por sua força ilocutória: então se poderá dizer na confissão ou na reivindicação: sou eu que...; no agradecimento ou na acusação: és tu que...; na acusação ou a descrição narrativa: é ele que... Mas essas determinações pragmáticas diferenciadas se enxertam todas no alguém da análise referencial.

vale – no sentido de "o que conta" – como ação entre os *acontecimentos* do mundo. É em relação à noção de *algo que acontece* que há o empenho de determinar o estatuto *descritivo* da ação. É essa orientação dada à pergunta *o quê?*, em relação à noção de acontecimento do mundo, que contém em potência o apagamento e até a ocultação da pergunta *quem?*, apesar da resistência obstinada que as respostas a essa pergunta opõem a seu alinhamento com a noção eminentemente impessoal de acontecimento. Com efeito, as respostas à pergunta *o quê?*, aplicadas à ação, tendem a dissociar-se das respostas exigidas pela pergunta *quem?*, a partir do momento em que as respostas à pergunta *o quê?* (que ação foi realizada?) são submetidas a uma categoria ontológica excludente por princípio da categoria da ipseidade, a saber, o acontecimento em geral, o "algo que ocorre"[4].

Essa dissociação entre o *o quê?* e o *quem?*, graças à qual a problemática da ação oscila para o lado de uma ontologia do acontecimento anônimo, foi, por sua vez, possibilitada por uma coalizão em sentido contrário entre a pergunta *o quê?* e a pergunta *por quê?*: a fim de determinar o que vale como ação (pergunta *o quê?*), procurou-se no modo de explicação da ação (pergunta *por quê?*) o critério daquilo que merece ser descrito como ação. O uso do "porque" na explicação da ação tornou-se, assim, o árbitro da descrição daquilo que conta como ação.

2. Dois universos de discurso: ação contra acontecimento, motivo contra causa

Para efeito didático, distinguirei três graus (2, 3 e 4) nessa captura do *o quê?* pelo *por quê?* e finalmente do par *o quê-por quê?* por uma ontologia do acontecimento impessoal. Não me interesso aqui pela cronologia do debate, ainda que as posições que vou mencionar estejam mais ou menos escalonadas no tempo, segundo a ordem em que as mostrarei. Meus referenciais, porém, continuam sendo mais teóricos que históricos.

---

4. Retomamos aqui uma discussão iniciada acima sobre o estatuto epistemológico e ontológico do acontecimento. Cf. segundo estudo, p. 33.

Caracterizo o primeiro grau com dois argumentos principais: o primeiro refere-se ao quê da ação em sua especificidade; o segundo, à relação, também considerada específica, entre o *o quê?* e o *por quê?*.

1. No que se refere ao primeiro ponto, o notável é que a teoria da ação acreditou preservar a especificidade do agir humano tomando já como termo de referência a noção de acontecimento. Sem dúvida isso foi feito em primeiro lugar para opor ação a acontecimento. Veremos adiante graças a qual reviravolta a oposição se tornou inclusão. Mas, antes, o que prevaleceu foi a oposição. O acontecimento, chamado de argumento, simplesmente ocorre; a ação, em contrapartida, é o que *faz ocorrer*. Entre ocorrer e fazer ocorrer há um fosso lógico, como confirma a relação dos dois termos da oposição com a ideia de verdade: o que ocorre é o objeto de uma observação, portanto de um enunciado constativo que pode ser verdadeiro ou falso; o que se faz ocorrer não é verdadeiro nem falso, mas torna verdadeira ou falsa a asserção de certa ocorrência, a saber, a ação cumprida. Como expresso pelo francês: a ação feita torna-se fato; mas torná-lo verdadeiro é obra do fazer. Dessa oposição resulta que a "força lógica de uma ação" não pode ser derivada de nenhum conjunto de constatações referentes a acontecimentos e às suas propriedades[5].

Não subestimo os méritos dessa abordagem do problema da ação. Entre eles, incluo de bom grado a eliminação de alguns preconceitos resultantes da construção ruim, feita por vários autores, do conceito de ação; é o que ocorre com pseudoconceitos como o de sensações cinestésicas, que nos fariam

---

5. Encontra-se uma exposição detalhada desse argumento em A. I. Melden, *Free Action*, Londres, Routledge and Kegan Paul, 1961, e em S. T. Hampshire, *Thought and Action*, Nova York e Notre-Dame (Ind.), Notre Dame University Press, 1983. Argumento comparável é desenvolvido por A. Danto em *Analytical Philosophy of Action*, Cambridge, 1973. Contudo, a tônica principal é posta pelo autor no isomorfismo que permanece entre as duas séries de enunciados: por um lado, m conhece s através da evidência e; por outro lado, m faz a ocorrer fazendo b. Entre ser verdadeiro que s e tornar verdadeiro que a ocorre, subsiste certa homogeneidade.

conhecer como acontecimento interno a produção, por nós, dos movimentos voluntários; é o que ocorre também com as pretensas sensações afetivas, que nos fariam conhecer nossos desejos também como acontecimentos internos. O vício lógico consiste em que a observação interna, aqui alegada, é construída com base no modelo da observação externa; esse preconceito sustenta sub-repticiamente a procura inútil de algum acontecimento interior; pode-se falar aqui de preconceito "contemplativo", que incita a fazer a seguinte pergunta: "Como você sabe que faz o que faz?" A resposta é: "Sabe fazendo."

A distinção entre fazer ocorrer e ocorrer eu poria em paralelo com a distinção feita por E. Anscombe entre saber-como e saber-que[6]. O saber-como tem relação com acontecimentos que, segundo Anscombe, são "conhecidos sem observação"; essa noção, por sua vez, justifica falar deles como "conhecimento prático". Ora, antes de ser aplicada à noção de intenção de que falaremos adiante, a noção de acontecimentos conhecidos sem observação se aplica a expressões tão primitivas quanto a posição de meu corpo e de meus membros, a produção de meus gestos. O saber do gesto está no gesto: "Esse conhecimento do que é feito é o conhecimento prático"; "Alguém que sabe como fazer coisas tem um conhecimento prático sobre elas" (*ibid.*, p. 48).

Esses argumentos sem dúvida são muito fortes, à primeira vista. O defeito deles, porém – defeito por omissão, se é que se pode dizer –, consiste em concentrar-se no "quê" da ação, sem tematizar sua relação com o *quem?* Ao mesmo tempo, eles se mostram muito vulneráveis a uma crítica que terminará por fazer da ação uma espécie do gênero acontecimento, em vez de um termo alternativo. A ironia é que foi a oposição entre ação e acontecimento que abriu caminho para a absorção do primeiro termo no segundo.

---

6. E. Anscombe, *Intention*, Basil Blackwell, 1979. Não me deterei aqui nesse argumento; ele terá lugar em outro quadro conceitual, centrado na noção de intenção, no qual vejo o segundo grau da ocultação da problemática do si em benefício da problemática do acontecimento.

2. A mesma inversão paradoxal ocorrerá na segunda frente aberta pela teoria da ação. O "quê" da ação é especificado de modo decisivo por sua relação com o *por quê?* Dizer o que é uma ação é dizer por que ela é executada. Impõe-se a seguinte relação de uma pergunta com a outra: dificilmente se pode informar a outrem o que foi feito sem lhe dizer ao mesmo tempo por que foi feito; descrever é começar a explicar; e explicar mais é descrever melhor. É assim que se abre um novo abismo lógico, dessa vez entre motivo e causa. Cabe observar que motivo é, enquanto tal, motivo de agir. Ele está logicamente implicado na noção da ação executada ou por executar, no sentido de que não se pode mencionar o motivo sem mencionar a ação de que ele é motivo. A noção de causa, pelo menos no sentido humiano, geralmente tomado como termo de comparação, implica, ao contrário, uma heterogeneidade lógica entre causa e efeito, uma vez que posso mencionar uma sem mencionar o outro (por exemplo, o fósforo por um lado e o incêndio por outro). O nexo interno – necessário e, nesse sentido, lógico –, característico da motivação, é excludente do nexo extrínseco – contingente e, nesse sentido, empírico – da causalidade. Como se vê, o argumento tem a pretensão de ser lógico, e não psicológico, no sentido de que a força lógica do nexo motivacional é o que impede de classificar o motivo como causa; o motivo é mais bem interpretado como razão-de...; não que toda motivação seja racional, o que poderia excluir o desejo; todo motivo é razão-de, no sentido de que o nexo entre motivo-de e ação é uma relação de implicação mútua. Segundo essa escola de pensamento, isso é confirmado pela gramática própria da palavra *wanting,* cujo emprego é mais amplo que o termo "desejo", e que em francês corresponde mais ou menos ao que se chamaria de *"envie de..."* [vontade de...], que se exprime em geral como "o que se gostaria de fazer ou o que se quereria fazer (ser ou ter)", ou "o que se teria gosto em fazer, o que se teria vontade de fazer", reservando-se para o termo "desejo" um campo mais restrito, no sentido alimentar ou sexual, principalmente. Seja como for, no que se refere ao termo e à sua tradução apropriada, a gramática própria do termo *wanting* exige que a vontade-de só possa ser expressa em liga-

ção com aquilo para o que ela tende, ou seja, a própria ação; ter vontade-de é ter-vontade-de-fazer (*to do*), de obter (*to get*). A vontade – continua o argumento – pode ser impedida, proibida, recalcada; mas, mesmo então, não pode ser entendida com nenhuma independência lógica em relação ao fazer. Em todos os casos, há implicação lógica (*logical involvement*) entre desejar e fazer; ter vontade de alguma coisa implica logicamente obtê-la. Logicamente significa que, em nossa linguagem, ter vontade e fazer pertencem-se mutuamente; é segundo uma cadeia lógica de implicação que se passa de "ter vontade" a "ter vontade-de-fazer", a "tentar (*trying*)-fazer" e finalmente a "fazer" (*doing*).

Essa gramática da vontade-de confirma a crítica feita acima à noção "contemplativa" de acontecimento interior, observável por um olho interno. A vontade-de não é uma tensão que alguma impressão interior faça sentir; uma gramática ruim da palavra "vontade", tratada como substantivo, é responsável por essa interpretação do desejo como acontecimento interior, logicamente distinto da ação mencionada na linguagem pública. A eliminação das entidades interiores, iniciada no plano do primeiro argumento que opõe ação a acontecimento, prossegue assim no plano do segundo argumento que opõe motivo a causa.

Uma variante do mesmo argumento merece ser citada: aludir à razão de uma ação é pedir que se situe a ação num contexto mais amplo, em geral feito de regras de *interpretação* e de normas de execução, supostamente comuns ao agente e à comunidade de interação; assim, peço que considerem meu gesto, por exemplo, de levantar a mão como uma saudação, uma prece, o chamado de um táxi etc. Esse tipo de argumento, embora só se desenvolva plenamente no âmbito de uma análise aplicada à força ilocutória das enunciações (saudar, orar, chamar etc.) e, portanto, diga respeito à pragmática da ação, confere mais força à oposição entre dois esquemas de explicação, uma vez que um único pode ser tratado como forma de interpretação. Ao mesmo tempo, revela-se certa proximidade entre essa análise conceitual da ação e a tradição hermenêutica, quando esta opõe compreender a explicar, e faz da interpretação um desenvolvimento da compreensão. Conforme se lê em *Ser e tempo*, interpretar é desenvolver a compreensão dizendo como o quê (*als was*) entendemos alguma coisa[7]. Esse parentesco não é surpreendente, uma vez que a ação pode ser tratada como um texto, e a interpretação pelos motivos como uma leitura[8]. Vincular uma ação a um conjunto de motivos é como interpretar um texto ou uma parte de um texto em função de seu contexto.

3. Percebe-se bem o parentesco entre esse segundo tipo de argumento e o primeiro: a oposição entre motivo e causa é rigorosamente homogênea em relação à oposição entre ação e acontecimento. A explicação da ação em termos de motivos até mesmo reforça a descrição da ação como um "fazer-ocorrer". Ação e motivo estão do mesmo lado, assim como acontecimento e causa estão do outro, tal como a tradição humiana nos prepara para admitir. Nesse sentido, segundo Wittgenstein, pode-se dizer que a ação e seus motivos, por um lado, o acontecimento e sua causa, por outro lado, pertencem a dois "jogos de linguagem", que é importante não confundir; a filosofia da ação assumiu como tarefa, pelo menos na primeira fase, restituir a respectiva coerência e a independência mútua a esses dois jogos de linguagem. Contudo, essa franca dissociação de dois universos de discurso não resistiria aos assaltos de uma análise conceitual mais atenta às variações de sentido de termos supostamente pertencentes a dois jogos de linguagem nitidamente distintos, variações que fazem que esses termos não parem de interpenetrar-se, a ponto de tornar problemático o próprio princípio de sua dissociação. É nesse estágio da interpenetração de dois universos de discurso que nos situaremos, antes de chegarmos ao estágio em que o jogo de linguagem da ação e de suas razões de agir é engolido pelo do acontecimento e da causalidade.

---

7. Heidegger, *Ser e tempo*, § 32.
8. P. Ricœur, "Le modèle du texte: l'action sensée considérée comme un texte"[O modelo do texto: a ação sensata considerada como um texto], in *Du texte à l'action, op. cit.*, pp. 183-211.

Mas diremos antes por que a abordagem dicotômica estava condenada a ser alvo de muitas ressalvas, antes de ser francamente rejeitada.

Direi, para começar, que, fenomenologicamente falando, a oposição entre motivo e causa não se impõe (veremos adiante que ela é contestável no plano lógico em que é afirmada). Parece mais que a categoria do desejo, que tomo aqui no sentido do *wanting* inglês, se propõe como uma categoria mista cuja pertinência é obliterada, a partir do momento em que, por razões lógicas, se puxa o motivo para o lado da razão de agir. Ainda que com isso só se queira ressaltar a originalidade do modo de implicação entre motivo e ação, continua havendo o perigo de a razão-de ser tomada no sentido de racionalização de tipo tecnológico, estratégico ou ideológico, ficando ocultado o que constitui a própria estranheza do desejo, a saber, que ele se dá tanto como um sentido que pode ser expresso no registro da justificação quanto como uma força que pode ser transcrita, de maneira mais ou menos analógica, no registro da energia física; esse caráter misto do desejo – cuja semântica tentei outrora traçar em meu livro sobre Freud – encontra reflexo no plano no qual se situa estritamente a teoria da ação, a saber, o da linguagem ordinária. Não se perguntará "O que te levou a fazer isto ou aquilo?" Até se diz em inglês "O que 'te causou' agir assim?"

Vejo três situações-tipo em que essa espécie de pergunta é justificada por uma resposta de tipo causal. A primeira é aquela em que à pergunta: "O que levou você a fazer isto ou aquilo?" se dá uma resposta que não enuncia um antecedente no sentido da causa humiana, nem uma razão-de no sentido racional, mas um impulso incidente, ou, como se diz em psicanálise, uma pulsão (al.: *Trieb*; ingl.: *drive*). Segunda situação-tipo: aquela em que, à pergunta "O que leva você habitualmente a comportar-se assim?", a resposta menciona uma disposição, uma tendência duradoura ou mesmo permanente. Terceira situação-tipo: se, à pergunta "O que fez você se sobressaltar?", a resposta for "Um cachorro me assustou", em que não se une, como anteriormente, o como ao porquê, mas o objeto à causa; é característica específica da emoção, do ponto de vista de sua expressão linguística, que seu objeto seja sua causa e vice-versa.

Esses três contextos podem ser aproximados sob o título genérico de *afeto* ou *paixão*, no sentido antigo do termo. Nesses três contextos, verifica-se que certa passividade é correlativa da ação de fazer. A mediação dessa passividade parece essencial à relação desejar-agir, que não poderia ser reduzida à justificação que um agente puramente racional daria para sua ação; essa ação seria precisamente sem desejo! Essa fenomenologia do desejo, ampliada para a do afeto, obriga a dizer que, mesmo no caso da motivação racional, os motivos não seriam motivos da ação se também não fossem suas causas.

Essa justificação fenomenológica conferirá plausibilidade indubitável à tese causalista. A questão será então saber se não é necessário outro modelo causal que não o de Hume, paralelamente à reformulação da ideia de motivo reduzida à de razão-de. Essa só poderá ser discutida no fim do itinerário que tiver levado a absorver a ideia de motivo na de causa.

Finalmente, não só no plano fenomenológico a dicotomia entre dois universos de discurso é criticável e foi criticada no sentido de que falaremos adiante, mas no plano ontológico. O termo ausente de toda a discussão, que logo se tornará termo excluído, é, curiosamente, o termo *agente*. Ora, é a referência ao agente que nos impede de ir até o fim da dupla oposição entre fazer ocorrer e ocorrer, e entre motivo e causa. A oposição é plausível no nível do par *o quê-por quê?* No vocabulário de Strawson, que usamos no primeiro estudo, ela equivale a opor os predicados psíquicos aos predicados físicos, com a ressalva de se dar algum lugar ao caso misto do desejo com sua dupla valência de força e de sentido. Mas de uma análise parcialmente correta é extraída uma conclusão errônea. O que se perdeu de vista foi a atribuição à mesma coisa – dizemos agora ao mesmo agente – das duas séries de predicados. Dessa atribuição única resulta que a ação é ao mesmo tempo certa configuração de movimentos físicos e uma operação passível de ser interpretada em função das razões de agir que a explicam. Somente a relação com um mesmo particular básico justifica que os dois jogos de linguagem não fiquem justapostos, mas sobrepostos, segundo a relação que prevalece entre o conceito de pessoa e o de corpo, e que obriga a dizer que as pessoas também são corpos. Portanto, é a análise conceitual da noção de pessoa no plano ontológico das entidades últimas que exerce aí uma injunção preliminar sobre a semântica da ação; em contrapartida, desta se espera que satisfaça às exigências do âmbito conceitual que determina nosso emprego sensato e apropriado do termo pessoa.

A fragilidade da teoria dicotômica da ação que acabamos de expor é explicada, a meu ver, por seu caráter fenomenologicamente pouco plausível e por sua falta de consideração para com as injunções adjacentes à teoria dos particulares básicos. A partir daí, não será de espantar que uma inversão completa da relação entre ação e acontecimento no nível do *o quê?* e da relação entre motivo e causa no nível do *por quê?* esteja ligada ao esquecimento mais completo ainda das injunções ontológicas de que acabamos de falar, esquecimento que será selado pela substituição da ontologia regional da pessoa por uma ontologia geral do acontecimento. Mas essa dupla inversão, no plano da análise do discurso e no das entidades básicas, não será atingida diretamente. Antes de levar em consideração a confusão dos universos de discurso em benefício do acontecimento e da causa, é bom deter-se no estágio intermediário, o da interpenetração mútua.

3. Análise conceitual da intenção

É notável o fato de a análise conceitual da noção de *intenção*, que de propósito deixamos de lado até agora, ter dado lugar à espécie de análise cheia de nuances e *dégradés*, herdada do Wittgenstein das *Investigações filosóficas*, que, antes de qualquer ataque frontal, contribuiu para o desgaste das polaridades excessivamente simétricas[9]. O livro *Intention*, de E. Anscombe,

---

9. J.-L Petit mostra em sua obra inédita *La Semantique de l'action* (Universidade Paris I – Sorbonne, 1988) que a chamada escola de Oxford recorre essencialmente à tradicional filosofia do senso comum para preencher o vazio aber-

nesse aspecto é o testemunho mais eloquente daquilo que chamarei, sem intenção pejorativa, de impressionismo conceitual, para distingui-lo da incisividade de algum modo cubista da teoria de D. Davidson, à qual dedicaremos a próxima análise. Seria de esperar que uma análise conceitual da intenção levasse do par *o quê-por quê? à* pergunta *quem?*. Acaso a intenção, fenomenologicamente falando, não é a visada de uma consciência em direção a alguma coisa por fazer? É curioso que a análise conceitual dá deliberadamente as costas à fenomenologia: para ela, a intenção não é a intencionalidade no sentido de Husserl. Não é testemunho da transcendência para si mesma de uma consciência. Seguindo Wittgenstein nisso, E. Anscombe não quer tomar conhecimento de fenômenos que sejam acessíveis apenas à intuição privada, portanto passíveis somente de uma descrição ostensiva privada. Ora, esse seria o caso se a intenção fosse tomada no sentido de intenção-de... Essa espécie de intenção voltada para o futuro, e não verificada pela própria ação, é por princípio acessível somente ao próprio agente que a declara. Para uma análise conceitual que só admita um critério linguístico público, a intenção-de vale apenas a título de *declaração* de intenção. A intenção não declarada não se sabe o que é. Ora, a gramática de superfície da declaração de intenção é incerta: nada distingue o futuro da intenção (vou passear) do futuro da avaliação do futuro (vou ficar doente) e do futuro do comando (você vai me obedecer). Para além da gramática de superfície, o que faz falta é o critério de verdade da declaração de intenção, se a intuição da significação "tenho a intenção-de" for considerada irredutível.

Quer isso dizer que é impossível a análise conceitual da intenção? O obstáculo poderá ser vencido se, seguindo nisso o uso comum da língua, distinguirmos três empregos do termo "intenção": ter feito ou fazer alguma coisa intencionalmente; agir com certa intenção; ter a intenção-de. Só o terceiro emprego contém referência explícita ao futuro. A referência ao

---

to pelas *Investigações filosóficas* (§§ 611-660) entre o nível semântico da linguagem e a experiência efetiva do agir. Os paradoxos das *Investigações* ocupam a partir daí posição estratégica na filosofia analítica da ação.

passado, em compensação, é a mais frequente no caso da ação realizada intencionalmente. Mas, sobretudo, apenas o terceiro emprego só incide na análise no nível de sua declaração. Os outros dois empregos são qualificações secundárias de uma ação observável por todos. Portanto, começaremos pelo uso adverbial do termo "intenção" (cujo equivalente adjetival é "ação intencional"). Esse emprego não obriga a nenhuma violação das regras da descrição.

Esse ataque do problema, fragmento após fragmento (*piecemeal*), é muito notável para nossa própria investigação: tomando como eixo da análise o uso adverbial da intenção, privilegia-se também o uso que manifesta da maneira menos explícita a relação entre a intenção e o agente. Ao mesmo tempo que parece estreito o elo entre a intenção-de e aquele a quem ela pertence, a qualificação intencional da ação vai poder ser feita independentemente de qualquer consideração da relação de posse que vincula a ação ao agente. Com efeito, o critério do intencional – portanto, do *o quê?* da ação – é a forma assumida por algumas respostas dadas à pergunta *por quê?* Nesse sentido, é o *por quê?* que governa o *o quê?* e, nessa medida, afasta da interrogação sobre o *quem?*.

A tese central é enunciada nos seguintes termos: "O que distingue as ações intencionais das que não o são? A resposta que sugiro é que são as ações às quais se aplica certo sentido da pergunta *por quê?*; esse sentido, evidentemente, é aquele segundo o qual a resposta, se positiva, apresenta uma razão de agir"[10]. Ao se pôr à prova esse critério manifesta-se o espírito de fineza de uma análise que pulverizará as dicotomias incisivas da análise anterior e, paradoxalmente, abrirá caminho para o espírito de geometria de uma teoria da ação diametralmente oposta à anterior. Na verdade, em vez de o critério da pergunta *por quê?* encerrar a questão, sua *aplicação* dá acesso a um campo extraordinariamente variado de exemplos mistos e de contraexemplos, quando não faz penetrar num labirinto de análises nas quais o leitor se sente um pouco perdido. Essa preocupação com distinções finas se expressa de início na in-

---

10. L. E. Anscombe, *Intention, op. cit.*, p. 9 [trad. do autor].

vestigação dos casos em que a pergunta *por quê?* não tem aplicação. Era já a precaução tomada por Aristóteles em sua análise da *prohaíresis* (escolha preferencial): caso de ignorância, caso de coerção. Anscombe refina: tudo depende da descrição da ação segundo a qual o agente não estava a par (*aware*) do que fazia (ele não sabia que estava fazendo barulho enquanto serrava uma tábua). Mas a principal vítima é a oposição incisiva entre razão de agir e causa. O que se tem é um espectro de casos em que a oposição só vale para os casos extremos. Nesse aspecto, os exemplos mistos são os mais interessantes. Por isso – avalia Anscombe – é toda a problemática da causalidade que se encontra num estado de excessiva confusão; portanto, devemos nos limitar a dizer que, em algumas das respostas aceitáveis à pergunta *por quê?*, empregamos de modo significativo o termo causa. Como dissemos acima, costuma-se falar legitimamente daquilo que levou alguém a agir. Mesmo a noção de causa mental tem lugar legítimo em certas descrições da ação intencional (a música militar me entusiasma; por isso, marcho em cadência). Os casos mais frequentes em que razão de agir e causa tendem a confundir-se são aqueles em que os motivos olham para trás (*backward-looking motives*) (caso da vingança ou da gratidão, por exemplo); em compensação, os motivos prospectivos correspondem mais à noção de intenção-com que se age. Disso falaremos adiante. Percebe-se como é indefinida a fronteira entre razão de agir, motivo prospectivo, causa mental e causa pura e simples ("Uma careta me deu um susto"). Portanto, é constante o critério da pergunta *por quê?*, e sua aplicação é espantosamente flexível.

Que dizer da oposição entre ação e acontecimento, que, na análise acima, pusemos antes da oposição entre motivo e causa? Também neste caso a posição de E. Anscombe é cheia de nuances. Por um lado, sustenta que a ação intencional é objeto de descrição; o lugar ocupado pela noção de ação sob tal descrição é testemunho disso; nesse sentido, o "quê" do ato diz respeito a um conhecimento que pode ser verdadeiro ou falso. Adiante voltaremos a essa insistência na descrição em filosofia analítica. Por outro lado, as ações intencionais constituem uma subclasse das coisas conhecidas sem observação: não digo que sabia que estava fazendo isto ou aquilo porque o observara. É fazendo que sabemos que fazemos o que fazemos e por que fazemos. Essa noção de conhecimento sem observação, de que já falamos acima, também chamada de conhecimento prático (saber-como, e não saber-que), aproxima incontestavelmente a posição de E. Anscombe da posição dos partidários da dualidade dos jogos de linguagem.

Mas não se deve acreditar que a noção de conhecimento prático convida a levar em conta a relação entre a ação e seu agente, ainda que, em todos os casos examinados, o verbo de ação seja antecedido de um pronome pessoal. O critério pela pergunta *por quê?* e pelas respostas aceitáveis a essa pergunta privilegia o lado objetivo da ação, a saber, o resultado obtido, que, por sua vez, é um acontecimento. Como diz Anscombe de modo quase paradoxal: eu faço o que acontece. A obliteração do agente da ação é também reforçada pela ênfase do lado objetivo da razão de agir. Retomando a análise da vontade-de, iniciada acima, a autora leva sistematicamente em conta a forma do gerúndio inglês (*wanting*) sem nunca considerar a expressão "tenho vontade-de" (*I want*); assim, ela escreveu: o sentido primitivo de ter vontade-de é tentar atingir (*trying to get* – o gerúndio gramatical permite essa elisão do sujeito do verbo expresso em tempos verbais). Quanto à espécie mais frequentemente denominada vontade, a saber, o desejo, o que conta para a análise conceitual não é a carência e a tensão sentidas por um sujeito assim afetado, mas o "caráter de desejabilidade", ou seja, aquilo pelo que algo é desejável. Por que essa ênfase no lado objetivo do desejo? Por duas razões. A primeira é a preocupação de deixar clara a dimensão de avaliação inseparável da dimensão descritiva, mas sem introduzir considerações morais na análise conceitual. A segunda é a preocupação de criar uma transição inteligível entre ação intencional (no sentido de "executada intencionalmente") e ação com a intenção-de.

Esse segundo emprego da palavra "intenção" abrange aquilo que chamamos acima de "motivo prospectivo". Mas deve ficar bem claro que com isso não se reintroduz nenhuma entidade interior, acessível apenas ao agente. A ação está lá, e, para descrevê-la, alguém a explica. Ora, explicá-la visando um resultado ulterior é simplesmente proceder a um raciocínio prático que confere complexidade discursiva à razão de agir ao mesmo tempo que se apresenta um caráter de desejabilidade em posição de premissa. Estamos aí em terreno seguro, demarcado outrora por Aristóteles com o título de silogismo prático, ainda que seja preciso corrigir as interpretações modernas ou mesmo as do próprio Aristóteles (uma vez que este põe sua análise a serviço da moral e, sobretudo, porque não fica claro que a conclusão do silogismo prático é uma ação). O erro – diz E. Anscombe – é fazer do silogismo prático um raciocínio que prova, ao passo que é um raciocínio que conduz à ação. Com efeito, a virtude do raciocínio prático é mostrar um estado de coisas futuro como estágio ulterior de um processo cujo estágio anterior é a ação considerada. Na expressão: eu faço isto em vista daquilo, a tônica não está em "eu", mas em "em vista de", ou seja, na relação de dependência entre dois estados de coisas, um anterior, outro ulterior.

É aqui que a implicação mútua entre a pergunta *o quê?* e a pergunta *por quê?* vale plenamente e nos dois sentidos: da descrição para a explicação, mas também, ao inverso, da explicação para a descrição, uma vez que a ordem introduzida entre uma série de razões de agir pelo raciocínio prático repercute sobre a própria descrição da ação[11].

---

11. Lembro o exemplo que tornou famosa a análise de E. Anscombe: Um homem puxa água com bomba para uma cisterna que abastece uma casa de água potável. Alguém descobriu o meio de contaminar sistematicamente a nascente com um veneno lento, cujos efeitos se fazem sentir quando é tarde demais para tratá-los. A casa é regularmente habitada por um pequeno grupo de agitadores que agem em nome de líderes políticos que dirigem um grande Estado. Eles estão incumbidos de exterminar os judeus e talvez preparem uma guerra mundial. O homem que contaminou a nascente calculou que, se aquela gente for destruída, os chefes dele tomarão o poder e governarão bem, estabelecendo até mesmo o reino dos céus na terra e garantindo vida feliz a todo o povo. E ele comunicou seu cálculo e a natureza do veneno ao homem que faz a bomba funcionar. A morte dos habitantes da casa, evidentemente, terá todas as espécies de outros efeitos; por exemplo, certo número de pessoas desconhecidas para aqueles homens receberão heranças cuja origem não conhecerão. Acrescente-se, para complicar o exemplo: o braço do homem que opera a bomba

A ironia da situação é ter sido precisamente essa implicação mútua entre a pergunta *o quê?* e a pergunta *por quê?* que contribuiu para obliterar a pergunta *quem?* Explico do seguinte modo esse fenômeno à primeira vista surpreendente. Em minha opinião, foi a preocupação exclusiva com a verdade da descrição que tendeu a desfazer o interesse pela atribuição da ação a seu agente. Ora, a atribuição da ação ao agente cria um problema de veracidade, e não mais de verdade, no sentido descritivo do termo. É esse problema que encontraremos adiante com a análise da declaração de intenção que sistematicamente deixamos de lado. Isso também é mostrado pelos casos de alegação mentirosa feita aos outros ou a si mesmo, as confusões do autor da ação quanto às suas próprias intenções, ou simplesmente as hesitações, os embates interiores apresentados por Aristóteles com o título de deliberação. Nesse aspecto, a relação meio-fim e a lógica a ela vinculada não esgotam a significação da intenção com a qual se age. Esta, parece-me, implica, além disso, o puro ato de tencionar (*act of intending*) que foi desalojado do primeiro lugar. Sugiro aqui dizer que a questão de veracidade, distinta da de verdade, diz respeito a uma problemática mais geral da atestação, por sua vez apropriada à questão da ipseidade: mentira, trapaça, confusão e ilusão seriam do âmbito desse registro. Talvez seja próprio do estilo da

---

sobe e desce. Certos músculos, cujos nomes latinos os médicos conhecem, se contraem e relaxam. Em certas fibras nervosas são produzidas determinadas substâncias cuja formação durante o movimento voluntário diz respeito aos fisiologistas. O braço, mexendo-se, projeta uma sombra sobre um rochedo, onde faz aparecer um rosto cujo olhar parece sair do rochedo. Além disso, a bomba emite uma série de chiados que produzem um ritmo conhecido. A pergunta formulada por esse exemplo é a seguinte: o que o homem está fazendo? Qual é *a* descrição de sua ação? Resposta: a pergunta admite tantas respostas quantas são permitidas pela hierarquia dos "em vista de..."; todas as descrições são igualmente válidas. Em particular, pode-se também designar a ação em virtude da primeira coisa feita ou do último resultado em vista. O fato de o agente ser mencionado em cada pergunta e em cada resposta não importa ao encadeamento das razões de agir pautado pelo encadeamento dos resultados em vista. Ora, somente esse encadeamento das razões de agir é que possibilita responder se há quatro ações ou quatro descrições de uma mesma ação: operar a bomba, alimentar a cisterna, envenenar os habitantes, desencadear a guerra. Cf. *Intention, op. cit.*, §§ 23 ss.

filosofia analítica e de sua preocupação quase exclusiva com a descrição e com os critérios de verdade apropriados à descrição ocultar os problemas referentes à atestação. Se a possibilidade de desconfiar da veracidade de uma declaração de intenção depõe contra seu caráter de descrição e contra a pretensão à verdade vinculada às descrições, essa mesma possibilidade de desconfiar prova por si só que o problema formulado é do âmbito de uma fenomenologia da atestação que não se deixa reduzir a uma criteriologia apropriada à descrição. Os testes de sinceridade, como se dirá com mais vagar no contexto do estudo dedicado à identidade narrativa, não são verificações, mas provas que terminam enfim num ato de confiança, num último testemunho, sejam quais forem os episódios intermediários de suspeição. Há um momento, como reconhece a própria Anscombe, em que um único homem pode dizer qual é sua intenção. Mas esse dizer é da ordem da confissão: expressão do testemunho interior comunicado, a confissão é aceita ou não. Mas nunca é o equivalente de uma descrição pública; é uma confissão compartilhada. O que Anscombe chama de conhecimento sem observação, a meu ver e contrariando a autora, é da alçada desse registro da atestação. Concordo que a atestação da visada intencional não é obra de "nenhum olho estranho a olhar em meio ao agir" (§ 32 [trad. do autor]). Precisamente, a atestação escapa à visão, se a visão se expressar em proposições passíveis de serem consideradas verdadeiras ou falsas; veracidade não é verdade, no sentido de adequação do conhecimento ao objeto[12].

Na falta de poder tematizar essa atestação, a análise conceitual de E. Anscombe é incapaz de esclarecer com detalhes o terceiro emprego do termo intenção: a intenção-de... Todos lembram com que argumentos esse uso, importante do ponto de vista fenomenológico, fora desalojado do primeiro lugar no início da investigação e relegado ao terceiro. Voltando a esse emprego no fim de seu percurso, a autora limita-se a dizer que

---

12. A questão da atestação (e a questão conexa da veracidade) irá abrindo caminho lentamente de estudo em estudo, antes de ser abordada de frente no décimo estudo.

o critério da pergunta *por quê?* e das respostas apropriadas vale também para a intenção de uma ação proposta. É o mesmo que dizer que a marca do futuro, compartilhada pela intenção com a predição ou com a avaliação do futuro (isto vai acontecer), não é discriminante, mas apenas explicação por meio de razões; desse ponto de vista, não importa que a intenção seja cumprida ou não, ou que a explicação se limite a um lacônico: porque eu tinha vontade e ponto final. Simplesmente se eliminou o que chamarei de intenção da intenção, ou seja, o impulso específico em direção ao futuro em que a coisa por fazer está por fazer por mim, o mesmo (*ipse*) que disse que fará[13]. Em outras palavras, é eliminado aquilo que põe a intenção no caminho da promessa, ainda que falte à firme intenção o contexto convencional e público da promessa explícita.

Em conclusão, a intenção-de, relegada ao terceiro lugar pela análise conceitual, volta ao primeiro numa perspectiva fenomenológica. Restará por dizer em que sentido a atestação da intenção-de é ao mesmo tempo atestação do si.

4. Semântica da ação e ontologia do acontecimento

O terceiro grau da captura do *o quê?* no *por quê?*, com seu corolário – a elisão quase completa da pergunta *quem?* –, é atingido numa teoria da ação em que o par das perguntas *o quê?* e *por quê?* é aspirado por uma *ontologia do acontecimento impessoal* que faz da ação uma subclasse de acontecimentos. Essa dupla redução, lógica e ontológica, é realizada com notável vigor por Donald Davidson na série de artigos coligidos em volume com o título significativo *Actions and Events*[14].

---

13. Encontra-se na própria Anscombe o vestígio desse problema; ela define assim a expressão da intenção: "É a descrição de algo futuro em que o locutor é uma espécie de agente, descrição que ele justifica (se de fato a justificar) com razões de agir, a saber, razões pelas quais seria útil ou atraente que a descrição se revelasse verdadeira, e não pela prova material [*evidence*] de que é verdadeira" (*ibid.*, p. 6 [trad. do autor]).

14. D. Davidson, *Essays on Actions and Events*, Oxford, Clarendon Press, 1980.

A teoria se inicia com um paradoxo aparente. Isto porque, embora comece ressaltando o caráter teleológico que faz a distinção entre a ação e todos os outros acontecimentos, esse traço descritivo é rapidamente subordinado a uma concepção *causal* da explicação. É nessa subordinação que reside a intervenção decisiva dessa teoria da ação, também mal-acabada, tão retilínea, ouso dizer, quanto pareceram impressionistas as análises de E. Anscombe. Por sua vez, na estratégia de Davidson a explicação causal serve para inserir as ações numa ontologia, não oculta, mas declarada, que faz da noção de acontecimento, no sentido de ocorrência incidente, uma classe de entidades irredutíveis que deve ser posta em pé de igualdade com as substâncias no sentido de objetos fixos. É essa ontologia do acontecimento, por natureza impessoal, que, a meu ver, estrutura o espaço inteiro de gravitação da teoria da ação e impede um tratamento temático explícito da relação ação-agente, que, porém, a análise está o tempo todo tangenciando. Vejo nesse fracasso do retorno da ação para o agente uma incitação, de algum modo à revelia, a buscar numa outra espécie de ontologia, mais consoante com a investigação do si, o verdadeiro lugar de articulação entre a ação e seu agente.

1. Procedendo em ordem, realizarei a análise nos limites do grupo de ensaios dedicados à relação entre *intenção e ação*, tomando como guia o primeiro desses ensaios: "Actions, Reasons and Causes" (1963)[15]. Esse ensaio, que foi ao mesmo tempo um pontapé inicial e uma jogada de mestre, provocou o realinhamento de toda a filosofia da ação, obrigada a tomar posição em relação a essa nova situação. Esse primeiro ensaio – que, como se dirá adiante, foi submetido a importante revisão cerca de quinze anos depois, no último ensaio do grupo, intitulado "Intending" (1978)[16] – não trata tematicamente do fundamento ontológico da teoria da ação numa ontologia do acontecimento, mas a pressupõe a cada página; o ensaio limita-se a reduzir implacavelmente a explicação teleológica, que

---

15. In *Essays on Actions and Events, op. cit.*, pp. 3-19.
16. *Ibid.*, pp. 83-102.

se é tentado a associar à descrição da ação em termos de intenção, à explicação causal. De fato, o interesse despertado pela teoria de Davidson e, até certo ponto, seu caráter paradoxal, consiste no fato de que ela começa reconhecendo o caráter teleológico da ação no plano descritivo. O que distingue a ação de todos os outros acontecimentos é precisamente a intenção. As ações sem dúvida são acontecimentos, desde que sua descrição designe algo que acontece, como sugere a gramática dos verbos, mas nenhuma gramática permite fazer a distinção nítida entre verbos que não designam ações, tais como "tropeçar", e verbos que designam ações, tais como "bater", "matar". Nesse sentido, a distinção entre fazer-ocorrer e ocorrer, na qual os autores anteriores tanto insistiram, incide no âmbito da circunscrição dos acontecimentos. É a intenção que constitui o critério distintivo da ação entre todos os outros acontecimentos.

Mas em que sentido se deve tomar a palavra "intenção"? Em sua apresentação, D. Davidson adota a distinção proposta por E. Anscombe entre vários usos linguísticos do termo "intenção": intenção-com-a-qual..., intencionalmente, intenção--de... A estratégia adotada em 1963 consiste em privilegiar nele também o uso adverbial da intenção (X fez A intencionalmente) e a subordinar-lhe o uso substantivo (A tem a intenção de fazer X nas circunstâncias Y), considerando-se a intenção--com-a-qual simples extensão discursiva do advérbio "intencionalmente". Várias razões justificam essa estratégia. Em primeiro lugar, tratando a intenção como um advérbio de ação, é possível subordiná-la à descrição da ação como acontecimento *ido*; é de notar que, na maioria dos exemplos canônicos submetidos à análise lógica das expressões de ação, os verbos são enunciados num dos tempos verbais do passado: Brutus matou César etc.; essa será uma fonte de dificuldade na análise da intenção-de, em que a orientação para o futuro é fortemente marcada, enquanto é pouco marcada na forma passada da ação-acontecimento. Outro argumento: Davidson tem em comum com toda a filosofia analítica uma extrema desconfiança em relação a essas entidades misteriosas que seriam as volições, embora não rejeite a noção de acontecimento mental, pois desejos e crenças, que em breve serão colocados na posição de antecedente causal, são realmente acontecimentos mentais. Mas esses acontecimentos mentais são tais que não se mostram incompatíveis com uma versão fisicalista, de que não falarei aqui. Portanto, não é a noção de acontecimento mental que dificulta, mas a espécie de acontecimento que não se deixa incluir no esquema da causalidade antecedente que se desenvolverá adiante. Finalmente, é a tendência a entrar num esquema causalista que leva a privilegiar o uso adverbial do termo "intenção". É essa inclusão da teleologia do plano descritivo na causalidade do plano explicativo que agora vamos estabelecer.

A bem da verdade, com a intenção tomada no sentido adverbial, descrição equivale a explicação. Descrever uma ação como tendo sido executada intencionalmente é explicá-la pela razão que o agente teve para fazer o que fez. Em outras palavras, é dar uma explicação em forma de *racionalização*; é dizer que a razão alegada "racionaliza" a ação. A partir daí, a tese de Davidson desenvolve-se em dois tempos: primeiro explicitar o que significa racionalizar; depois mostrar que a racionalização é uma espécie de explicação causal. Pode-se dizer que alguém teve uma razão para fazer algo, se, por um lado, tiver certa *"pro--attitude"* – digamos: uma atitude favorável, uma inclinação – em relação a ações de certa espécie, entendendo-se por inclinação algo mais amplo que o desejo e a vontade (*wanting*), visto que a atitude favorável inclui as obrigações e todos os objetivos privados ou públicos do agente; por outro lado, se houver uma crença (conhecimento, percepção, observação, lembrança) de que a ação do agente pertence a essa categoria de ações. (Pode--se observar que o agente aqui é mencionado, mas será tematizado como tal?) Em suma, uma ação intencional é uma ação executada "por uma razão". Será possível chamar de "razão primária" o conjunto constituído pela atitude favorável e pela crença: "conhecer a razão primária pela qual alguém agiu como agiu é conhecer a intenção com a qual a ação foi executada"[17].

É com base nessa equação entre razão de fazer e intenção com a qual se faz que Davidson estabelece sua tese principal,

---

17. *"To know a primary reason why someone acted as he did is to know an intention with which the action was done"* (ibid., p. 7).

segundo a qual a explicação por meio de razões é uma espécie de explicação causal. Em primeiro lugar, para ele é uma tese de senso comum: acaso não se pergunta o que levou, conduziu (e em inglês *caused*) alguém a fazer o que fez? Além disso, é uma tese homogênea com toda a ontologia do acontecimento. O que é causalidade, senão uma relação entre acontecimentos singulares, discretos? Ora, contrariando o argumento citado no parágrafo anterior, razão e ação são realmente acontecimentos, por seu caráter de incidência (uma disposição se torna razão de agir só por um acesso instantâneo), e, além disso, são acontecimentos distintos que podem ser nomeados e descritos separadamente, portanto candidatos sérios aos papéis de causa e efeito; nesse aspecto, o acontecimento mental, considerado do ângulo da incidência, é totalmente paralelo à fissura súbita que transforma em acontecimento causador da catástrofe um defeito na construção de uma ponte.

Acrescentemos também – e esse ponto é mais delicado – que teoria causal não deve ser confundida com teoria nomológica: não é necessário conhecer uma lei para afirmar um nexo causal que, como se disse, rege acontecimentos particulares. Essa dissociação entre explicação causal e explicação nomológica permite vencer o principal obstáculo oposto em filosofia analítica à interpretação causal da explicação da ação por meio de razões. Ora, é uma iniciativa no mínimo plausível[18]. Eu

---

18. Davidson admite que essa é uma versão fraca da definição humiana da causalidade. Esta, sem dúvida, leva em conta acontecimentos singulares, pois só invoca a semelhança entre o que chama de "objetos"; mas, além disso, considera a regularidade na repetição; assim, pode ser observado um elo causal sem que a lei subjacente seja conhecida. P. Strawson, num dos ensaios dedicados à obra de Davidson ("Causation and explanation", in B. Vermazen e M. B. Hintikka (eds.), Essays on Davidson *Actions and Events,* Oxford, Clarendon Press, 1985, pp. 115-36), dá à tese de Davidson um reforço que, na verdade, poderia acabar por enfraquecê-la: ele observa que no nível da simples observação ordinária, o fenômeno de produção (o "fazer-ocorrer", tão discutido em filosofia analítica) presta-se a uma tipificação da qual emergem regularidades que, por sua vez, em outro nível do discurso explicativo, se valem de verdadeiras leis; assim, vê-se o trator puxar ou empurrar, tal como podemos puxar ou empurrar com a força de nossos braços. É o caso de todas as "transações mecânicas", segundo expressão de Strawson. A tese que incorpora a teleologia à

mesmo defendi em *Tempo e narrativa I* a noção de explicação causal singular no plano do conhecimento histórico, na esteira de Max Weber e Raymond Aron. Além disso, expressei um pouco acima minhas próprias dúvidas a respeito de um tratamento puramente dicotômico do par conceitual motivo-causa. Mas limitei-me então a um simples inventário das situações linguísticas nas quais parece legítimo tratar os motivos como causas. Gostaria de levar o argumento mais longe e propor uma interpretação da motivação que ao mesmo tempo satisfaça à intuição fenomenológica e ofereça uma alternativa à teoria causalista de Davidson, que permanece fundamentalmente humiana. Se a fenomenologia da vontade-de exige uma reformulação da ideia de motivação que, como dizíamos, leve em conta a dimensão de passividade que parece correlativa da ação de fazer, tem-se a impressão de que é imprescindível uma reformulação paralela da ideia de causa que a dissocie do modelo humiano. Por um lado, parece que o prestígio desse modelo foi o que impediu de levar em conta os casos em que motivo e causa são indiscerníveis, a saber, todos aqueles em que se exprime a velha ideia de eficiência ou mesmo a ideia de dispo-

---

causalidade entre acontecimentos particulares corre então o risco de perder o caráter não só paradoxal como também discriminativo. Assim como outros autores ressaltaram sobejamente, a noção de causa mostra tal polissemia que já não se sabe se em virtude de um antropomorfismo não notado é que acreditamos ver o buldôzer empurrar, tal como empurramos uma pedra com esforço físico, ou se é por transferência das coisas a nós mesmos que aplicamos à nossa própria ação um modelo mecânico. Mesmo porque Strawson retira todo e qualquer interesse dessa questão de prioridade, uma vez que, para ele, a ruptura importante não está entre causalidade humana (seja no esforço, seja na ponderação dos motivos) e causalidade material, mas entre o caráter *natural* da relação causal entre acontecimentos e circunstâncias particulares e o caráter *não natural* da relação explicativa que interliga não os próprios acontecimentos, mas o *fato* de eles ocorrerem. Ora, segundo Strawson, os fatos designam *estados de coisas*, que não ocorrem propriamente, mas são apenas exemplificados pelas ocorrências singulares. Não me deixarei aqui arrastar para a polêmica inaugurada por Strawson sobre a relação entre estados de coisas (intemporais) e acontecimentos (efêmeros). Davidson lhe dedica dois ensaios: "Events as Particulars" (1970) e "Eternal vs. Ephemeral Events" (1971), reproduzidos na segunda seção de *Actions and Events, op. cit.*, pp. 181-203.

sição, à qual Ryle devolveu prestígio em *The Concept of Mind*[19]. Por outro lado, sem dúvida se pode arguir que a ideia de eficiência, alijada da física pela revolução galileana, simplesmente recuperou seu lugar de origem, sua terra natal, na experiência do desejo; mas não poderíamos nos satisfazer com uma análise que se limitasse a restabelecer um significado arcaico de causa para aquiescer com experiências nas quais o motivo é efetivamente vivenciado como causa. É a própria gramática das noções de pulsão, disposição e emoção, enfim a gramática do conceito de afeto, que exige que o caráter intencional da ação se articule com um tipo de explicação causal que lhe seja homogêneo. Esta só pode ser a explicação teleológica[20].

O que é uma explicação teleológica? É uma explicação na qual a ordem é, enquanto tal, um fator de sua produção, é uma ordem *self-imposed*. Dizer que um acontecimento ocorre porque é visado como fim não é recorrer a uma entidade oculta, *virtus dormitiva* ou outra, mas descrever um sistema e uma lei de sistema, tais que nesse sistema um acontecimento ocorre porque as condições que o produziram são as necessárias para produzir esse fim, ou, citando Charles Taylor: "A condição de aparecimento de um acontecimento é que se realize um estado de coisas tal que acarrete o fim em questão, ou tal que esse acontecimento seja necessário para esse fim." Assim, dizer que um animal espreita a presa é dizer que a espécie de ação descrita como espreita é aquela que, em seu repertório de comportamentos disponíveis, se faz necessária para satisfazer sua fome. Portanto, não se postula nenhuma entidade anterior ou interior; diz-se apenas que o fato de um acontecimento ser necessário a dado fim é uma condição do aparecimento desse acontecimento. É perfeitamente observável o fato de o estado de sistema e seu ambiente serem tais que exijam dado acontecimento (certo comportamento: no caso, a espreita) para que ocorra certo resultado; também observável é o fato de essa

---

19. G. Ryle, *The Concept of Mind*, Londres, Nova York, Hutchinson's University Library, 1949; trad. fr. de S. Stem-Gillet, *La notion d'esprit*, Paris, Payot, 1978.

20. Devo a análise que segue a Charles Taylor em *The Explanation of Behaviour*, Londres, Routledge and Kegan Paul, 1954.

condição antecedente poder ser estabelecida independentemente da prova material produzida pelo próprio acontecimento.

A partir daí, é tarefa da semântica da ação estabelecer a correlação entre a forma de lei própria à explicação *teleológica* e os traços descritivos que nos levaram a dizer que um motivo só cumprirá sua função se também for uma causa. Entre linguagem ordinária e explicação teleológica, surge então uma correlação interessante que vale nas duas direções. Segundo a primeira direção, a forma de explicação teleológica é o sentido implícito da explicação da ação por disposições; pode-se falar nesse caso em dedução transcendental da explicação teleológica a partir do caráter do discurso ordinário que essa explicação possibilita. Classificar uma ação como *intencional* é decidir que tipo de lei deve explicá-la e, ao mesmo tempo, excluir (*to rule out*) certo tipo de explicação; em outras palavras, é decidir a forma de lei que rege a ação e, ao mesmo tempo, excluir que se trate de uma lei mecânica; aqui, descrever e explicar coincidem; a classe descritiva é a mesma coisa que o estilo de explicação: a pergunta *o quê?* se efetiva na pergunta *por quê?*: um enunciado pelo objetivo vale como descrição; a explicação é uma redescrição pelo objetivo em vista do qual. A epistemologia da causalidade teleológica vem legitimar o caráter insuperável da linguagem ordinária. Mas, na direção inversa, se a explicação teleológica explicita a forma implícita à descrição do discurso ordinário (disposição para...), este, em contrapartida, acrescenta à forma de explicação a referência a um caráter fenomenológico da experiência da ação, caráter que não está contido nessa forma (que, enquanto tal, se reduz à lei de um sistema); por isso há mais na descrição fenomenológica do que na explicação teleológica; à noção geral de explicação por um objetivo, a experiência humana acrescenta a noção de orientação *consciente* por um agente capaz de se reconhecer como sujeito de seus atos; aqui a experiência não é apenas a aplicação da lei; ela a especifica, designando o núcleo intencional de uma ação conscientemente orientada.

A interpretação alternativa das relações entre causalidade e motivação, que aqui proponho, não abrange apenas, a meu ver, o uso adverbial da noção de intenção, mas descortina novos horizontes para a de intenção-de.

2. O verdadeiro problema formulado pela análise da ação em Davidson, a meu ver, não é saber se são ou não causas as razões de agir, no caso em que a intenção é tomada adverbialmente, mas se há justificativa para se considerar que o uso substantivo da intenção – intenção-de – é derivado de seu uso adverbial.

Já se notou que em filosofia analítica a expressão "intenção com a qual" uma ação é executada assume de preferência uma das formas do passado dos tempos verbais. Isso não é surpreendente, uma vez que o acontecimento-ação é visto como transcorrido; o que surpreende, em compensação, é o tempo verbal não ser objeto de nenhuma análise distinta; isso não poderá deixar de ser feito com a intenção-de, cuja direção para o futuro, como se verá adiante, é fortemente marcada. Pode-se então perguntar se a dimensão *temporal* não deve ser levada em conta na análise da intenção, e se a intenção-com-a-qual, cujo caráter passado não ficou marcado, não é, nesse aspecto, uma forma atenuada, se não mutilada, da intenção-de, para a qual o prazo entre intenção e ação é essencial. Ora, um prazo nulo não é um não prazo, mas uma espécie de acompanhamento simultâneo. Se perguntarmos, posteriormente, a alguém por que fez isto ou aquilo de forma intencional, este responderá elevando a intenção-com-a-qual agiu ao nível de intenção-de: a razão de sua ação é a intenção-de, que ele teria formulado se tivesse refletido, se tivesse tido tempo de deliberar.

Ora, essa primeira atenuação, a da dimensão temporal, não deixa de ter relação com uma segunda atenuação, a da referência ao *agente* na formulação da ação-acontecimento e de sua razão-causa; apesar de não ser ignorada, a atribuição da ação e de suas razões a seu agente nunca é tematizada; ela também permanece não marcada[21]. Chega a estar ausente da fórmula

---

21. O agente é nomeado por Davidson na proposição C1: "R será uma razão primária pela qual um agente executou a ação A sob a descrição *d* somente se R consistir numa pró-atitude do agente em relação a ações dotadas de certa propriedade e na crença do agente de que A, sob a descrição *d*, contém essa propriedade" (*Essays on Actions and Events, op. cit.*, p. 5 [trad. do autor]). Pode-se perceber o momento da atenuação da referência ao agente na seguinte declaração: "conhecer uma razão primária pela qual alguém agiu como agiu é

que todo o ensaio comenta, C2: "A razão primária de uma ação é sua causa" (Davidson, *ibid.*, p. 12)²². A partir daí, um efeito perverso causado pelo alinhamento com a ontologia subjacente do acontecimento acaso não estaria em ocultar a atribuição da ação a seu agente, visto não ser pertinente para a noção de acontecimento que ele seja suscitado, provocado (*brought about*) por pessoas ou por coisas?

Essa desconfiança é confirmada no tratamento dado à "intenção pura", ou seja, não acompanhada de ação – "*intending*", segundo o título do ensaio que lhe é dedicado em 1978, portanto quinze anos depois de "Actions, Reasons and Causes"²³. Segundo a estratégia adotada no primeiro ensaio, todos os usos da noção de intenção deveriam poder ser derivados do uso

---

conhecer uma intenção com a qual a ação foi executada" (*ibid.*, p. 7). Os silogismos práticos construídos sobre essa base só mencionam o "caráter de desejabilidade" da atitude favorável, retomando a feliz expressão de E. Anscombe em *Intention*.

22. Encontra-se uma confirmação dessa atenuação da referência ao agente no ensaio dedicado ao conceito de "*agency*" (*ibid.*, pp. 43-61), que traduzo por "potência de agir". Seria de esperar, com esse título, uma análise do poder--fazer do agente. Não é o que ocorre: trata-se apenas do critério distintivo das ações propriamente ditas (*deeds and doings*) em relação aos acontecimentos que não passem de simples ocorrências (*happenings*), quando parece faltar o caráter intencional. O principal contraexemplo aqui considerado é o dos *equívocos*. Certo almirante afunda de fato o *Bismarck* quando queria afundar o *Tirpitz*; Hamlet mata Polonius acreditando transpassar um desconhecido atrás da cortina. A propriedade de constituir uma ação e não uma ocorrência qualquer – a que, nesse contexto, equivale o termo *agency* – é problemática, uma vez que ninguém põe em dúvida que o acontecimento considerado – afundar um navio, matar um homem – seja uma ação, ao passo que, à primeira vista, falta o caráter intencional. Pode haver *agency* sem intenção? – pergunta-se. O argumento, sutilíssimo, consiste em mostrar, com simples análise lógica da forma das frases de ação, que o critério da ação continua sendo intencional: "Um homem será o agente de um ato, se o que ele fizer puder ser descrito sob um aspecto que o torne intencional" (*ibid.*, p. 46). Caberá falar da intenção do agente? Não. Tudo está na distância entre, por um lado, a razão da atitude favorável e a crença que a acompanha e, por outro lado, a realidade do efeito advindo. No entanto, é notável que Davidson não consiga evitar, nesse contexto, a distinção entre *event causality* e *agent causality* para explicar a substituição considerada. Mas, ao menos pelo que sei, ele não desenvolve em lugar algum essa distinção, tomada aliás, a I. Thalberg (*ibid.*, p. 52).

23. In *Essays on Actions and Events, op. cit.*, pp. 83-102.

adverbial: "*I was wrong*" [eu estava errado], admite Davidson na introdução de sua coletânea de ensaios (*ibid.*, p. XIII). De fato, não escapou ao autor que a intenção-de apresenta traços originais, precisamente a orientação para o futuro, o prazo na execução, ou mesmo a ausência de execução, e, pelo menos em surdina, a implicação do agente. No entanto, a nova tese é que esses traços não exigem nenhuma revisão fundamental da explicação causal em termos de atitude favorável e de crença, mas apenas a adjunção de um fator suplementar incorporado à noção bem estabelecida de razão de agir. Desse fator suplementar se exige que não reintroduza fraudulentamente algum ato misterioso de tipo volitivo. Com extremo cuidado, vários candidatos são interrogados: não será possível tratar o processo de formação da intenção como ação? É plausível: mas o que é uma ação não observável? Caberá equiparar a intenção a algum ato de discurso do tipo da promessa (ou do comando)? Também é plausível: mas à intenção faltam o aparato de convenções, o caráter de obrigação pelo qual o agente se considerasse vinculado e o caráter público de uma declaração, características estas que distinguem a promessa enquanto ato de discurso. Caberá reduzir a intenção à crença de que se quer fazer efetivamente, ou de que se fará se certas condições forem satisfeitas, ou de que se poderia fazer caso se quisesse? Com isso certamente se está mais perto do objetivo: mas, na melhor das hipóteses, a análise só vale para intenções condicionais, em que as condições invocadas são da ordem das circunstâncias exteriores. Resta a solução que consiste em retomar desde o início a análise da atitude favorável na forma de análise canônica da vontade (*wanting*).

A análise anterior de fato negligenciou o componente avaliativo, portanto o papel do *juízo*, na formação da vontade. Ora, "formar uma intenção" é também "chegar a um juízo". Mas há duas espécies de juízo: por um lado, o juízo que pode ser chamado de *prima facie* corresponde ao desejo, por exemplo, de comer alguma coisa doce e nada mais é que a consideração de um caráter de desejabilidade, para retomar de novo o vocabulário de Anscombe[24]; por outro lado, o juízo incondicional (*all-out judgement*), que pode concluir um raciocínio prático. Trata-se de um juízo suplementar, segundo o qual o caráter desejável *basta* para reger a ação. Portanto, uma coisa é o juízo que apenas depõe a favor de uma ação; outra, aquele que implica a ação e lhe basta. A formação de uma *intenção* nada mais é que esse juízo *incondicional*. A vantagem da teoria é ficar nos limites da análise anterior da razão de agir, ao mesmo tempo que respeita a distinção entre intenção e simples vontade. Isso é possibilitado pela introdução do juízo incondicional a título de elemento novo na análise da ação intencional. Assim, "*intending* e *wanting* pertencem ao mesmo gênero de pró-atitude expressa por juízos de valor" (*ibid.*, p. 102). Dito isto, está salva a explicação causal da intenção.

A meu ver, Davidson subestimou a transformação que essa adjunção do juízo incondicional impõe à análise anterior. Toda a problemática mantida até então de lado, a saber, o sentido que deve ser dado ao componente temporal do *prazo* e à referência ao *agente* que tem a intenção, ganha nova força sob a cobertura do juízo incondicional. Assim, lê-se na última frase do ensaio: "Os *intendings* puros constituem uma subclasse dos *all-out judgments*, a saber, os que são dirigidos para as ações futuras do agente e são formados à luz dessas crenças" (*ibid.*). Ora, com esse prazo, descobre-se não só o caráter de previsão, de visada, de intenção, como dizemos numa perspectiva husserliana, mas também o caráter projetivo da própria condição de agente, como dizemos numa perspectiva heideggeriana. No que se refere ao caráter de previsão da intenção, o que constitui o uso básico do conceito de intenção é a intenção-de, e não sua forma adverbial. No caso da ação executada intencionalmente, a dimensão temporal da intenção é apenas atenuada e como que recoberta pela execução quase simultânea. Mas, a partir do momento que se consideram ações que, como se diz, levam tempo, a previsão atua, de algum modo, ao longo da ação. Haverá algum gesto um pouco prolongado

---

24. "Chamaremos os juízos segundo os quais as ações são desejáveis, desde que eles tenham certo atributo, de juízos *prima facie*" (Davidson, *ibid.*, p. 98).

que eu possa executar sem prever um pouco sua continuação, sua conclusão, sua interrupção? O próprio Davidson considera o caso em que, escrevendo uma palavra, prevejo a ação de escrever a carta seguinte enquanto escrevo a carta presente. Como não mencionar, nessa oportunidade, o famoso exemplo da declamação do poema nas *Confissões* de Agostinho? Toda a dialética da *intentio* e da *distentio*, constitutiva da própria temporalidade, está lá resumida: eu viso ao poema por inteiro enquanto declamo verso após verso, sílaba após sílaba, e o futuro previsto transita através do presente em direção ao passado transcorrido.

No que se refere ao caráter projetivo que afeta o próprio *agente*, é também a intenção-de que constitui o uso básico da noção de intenção. Em seu uso adverbial, a intenção aparece como simples modificação da ação, que pode ser tratada como uma subclasse de acontecimentos impessoais. Não é o que ocorre com a intenção-de que remete diretamente ao agente a quem ela pertence. Ao mesmo tempo, a questão de prioridade, no plano fenomenológico, entre os múltiplos usos da noção de intenção remete ao problema ontológico subjacente, que é de saber se uma ontologia do acontecimento está apta a levar em conta o pertencimento da intenção – e, através desta, da própria ação – a pessoas.

3. Essa implicação ontológica é tratada pelos ensaios de Davidson que, com o subtítulo "Event and Cause", compõem a segunda série de *Actions and Events*. O peso da argumentação visa justificar a tese de que os acontecimentos e, entre eles, as ações merecem o título de entidades primitivas, tanto quanto as substâncias, se forem chamadas de entidades as realidades que conferem valor de verdade às proposições a elas referentes. Esse critério fregiano de atribuição de existência é comum a várias escolas de filosofia analítica. Estas diferem apenas na maneira como o critério é aplicado, ou seja, essencialmente em função da análise lógica das frases ou das proposições que sejam suporte da exigência de verdade (*truth-claim*). Nesse aspecto, é do maior interesse a comparação entre a tese de Strawson em *Individuals*, que tomamos por guia em nosso

primeiro estudo, e a de Davidson em *Actions and Events*. Ela concerne diretamente ao estatuto do agente da ação no plano ontológico. Em *Individuals*, a distinção entre as duas espécies de particulares básicos – corpos e pessoas – é feita em virtude da atribuição a cada lado de séries diferentes de predicados, os predicados psíquicos e os predicados físicos. Assim, o agente da ação é reconhecido como um particular último, ainda que a esse título o agente não seja um si-mesmo, no sentido forte que damos a esse termo, mas apenas uma das "coisas" de que se fala. Com Davidson, o corte imposto pela "forma lógica das frases de ação" – é o título do primeiro ensaio da série considerada – passa entre as substâncias, ou seja, as *entidades fixas*, e os acontecimentos, ou seja, as *entidades transitórias*. Ora, esse corte – essa é minha principal preocupação – não só não permite fazer avançar a ontologia do agente, como contribui de certo modo para ocultá-la. Isto porque as pessoas, no sentido dado por Strawson, estão mais do lado das substâncias, uma vez que a elas ocorrem as ações-acontecimentos. Em Davidson, por outro lado, na análise lógica da frase: "Pedro assestou um golpe", o que importa é que o verbo assestar seja dito de Pedro e do golpe. O golpe está na posição de acontecimento particular. Pedro está na de substância, não como pessoa distinta das coisas materiais (dos corpos, no vocabulário de Strawson), mas como portador do acontecimento. O que importa aqui é que o acontecimento tenha a mesma dignidade ontológica da substância, seja esta coisa ou pessoa[25]. Para concluir a ocultação da problemática específica do agente, a equiparação

---

25. Não tratarei da discussão de Davidson em torno da tese de Strawson, segundo a qual os acontecimentos são conceitualmente dependentes dos objetos; a análise do exemplo citado há pouco convida a concluir que "nem a categoria de substância nem a categoria de mudança são concebíveis à parte uma da outra" (Davidson, *op. cit.*, p. 175). Também deixo de lado a discussão de uma tese hostil à ontologia dos acontecimentos, a saber, a de R. Chisholm (*in* "Events and propositions", *Noûs*, nº 5, 1971, pp. 179-89), segundo a qual os acontecimentos seriam apenas a exemplificação de estados de coisas (*states of affairs*) que seriam as verdadeiras entidades em causa: essas duas discussões, às quais foram dedicados dois ensaios pertencentes à mesma série, desenrolam-se dentro de um mesmo perímetro definido pelo reconhecimento das condições de verdade ligadas à "forma lógica das frases de ação".

entre "razões primitivas" (atitudes favoráveis e crenças) a acontecimentos mentais faz que a noção de pessoa se desmembre entre acontecimento e substância, sem nunca ser pertinente; de fato, quando a tônica recai no portador de acontecimentos, a pessoa é substância sem privilégio; mas quando recai na noção de acontecimentos mentais pertencentes à pessoa, esta tende a fundir-se na massa dos acontecimentos, ou seja, de tudo o que ocorre.

Quanto ao fato de os acontecimentos deverem ser tratados em pé de igualdade com as substâncias, as razões aduzidas por Davidson merecem ser levadas em consideração, sobretudo se tivermos em conta a prudência e a modéstia com que a tese é exposta. A forma lógica das frases de ação exerce aqui uma injunção pouco discutível. Se a explicação da ação por razões é uma espécie de explicação causal, e se a causalidade atua entre acontecimentos particulares, é preciso que as ações sejam acontecimentos, e que esses acontecimentos existam, para se garantir valor de verdade às proposições que a eles se referem. Essa tese vigorosa é reforçada pelos numerosos paralelismos que a análise da forma lógica das frases de ação descobre entre as substâncias e os acontecimentos. Como, por exemplo, seria possível dizer que certa ação é passível de várias descrições (encontramos diversas vezes a expressão: tal ação sob uma descrição *d*) se ela não constituísse uma entidade particular? Nesse aspecto, a análise das desculpas, inaugurada por Austin, e a dos equívocos, esboçada acima, levam por outras vias à noção de pluralidade de descrições de certa ação executada. O mesmo corre com a "poliadicidade variável"[26] (A. Kenny), em virtude da qual sempre é possível acrescentar ao enunciado da ação a menção do recipiendário, do lugar, do tempo, do meio e das outras circunstâncias, sem que seja alterado o valor de verdade da referência a tal ação executada. De modo mais impressionante, acaso seria possível falar da identidade numérica de uma mesma ação ou da identidade qualitativa entre duas ações? A questão de identidade é tão importante

---

26. A. Kenny, *Action, Emotion and Will*, Londres, Routledge and Kegan Paul, 1963.

na defesa de uma ontologia do acontecimento que fornece o principal argumento ao ensaio intitulado "The individuation of events" (Davidson, *op. cit.*, pp. 163 ss.). Este começa assim: "Quando são idênticos e quando distintos os acontecimentos? Que critério existe para decidir num sentido ou noutro nos casos particulares?" (*ibid.*, p. 163). A resposta é que os critérios de identidade são os mesmos para os acontecimentos e para os objetos-substâncias. Acaso seria possível dizer que uma ação ocorre várias vezes (recorrência de uma ocorrência), seria possível quantificar a denominação de uma ação (uma, algumas, todas), se as ações não fossem acontecimentos sobre os quais se pudesse dizer que existem da mesma maneira que os objetos materiais e – seria o caso de acrescentar – da mesma maneira que as pessoas em posição de substância? Tudo contribui para sustentar a tese de que os acontecimentos são *individuados* tanto quanto as substâncias singulares. A partir daí é plausível concluir: "A individuação dos acontecimentos não representa, em princípio, nenhum problema mais grave do que os apresentados pela individuação dos objetos materiais. Há boas razões para se acreditar que os acontecimentos existem" (*ibid.*, p. 180).

O desaparecimento da referência às pessoas, na última asserção citada, não é fortuito e deveria chamar nossa atenção. A pergunta feita é a seguinte: uma ontologia dos acontecimentos, baseada na espécie de análise lógica das frases de ação, realizada com o rigor e a sutileza de que devemos creditar Davidson, não estará condenada a ocultar a problemática do agente enquanto *possuidor* de sua ação? Um indício desse efeito de ocultação é dado pela própria discussão à qual se aludiu, referente à identidade entre acontecimentos. Do início ao fim, trata-se apenas da identidade no sentido de *idem*, e não da identidade no sentido de *ipse*, que seria a de um si-mesmo[27].

---

27. Cf. a definição: "Os acontecimentos são idênticos se e somente se têm exatamente as mesmas [*same*] causas e os mesmos efeitos" (Davidson, *op. cit.*, p. 179). Sejam quais sejam os outros critérios de mesmidade (mesmo lugar, mesmo tempo), a mesmidade das relações causais é a única condição sempre suficiente para estabelecer a mesmidade dos acontecimentos. Entre esses critérios de identidade e a posição de entidade, é estreita a relação; lê-se em "The

A meu ver, essa ocultação da questão do agente é o resultado acumulado de uma série de escolhas estratégicas que podem ser questionadas.

Primeiramente, a prioridade dada à intenção-com-a-qual sobre a intenção-de possibilitou atenuar, sem conseguir abolir totalmente, a dimensão temporal de previsão que acompanha a projeção do agente à frente de si mesmo. É tarefa de uma fenomenologia explícita do projeto, como a que esbocei no início de *Voluntário e involuntário,* levar à linguagem o não-dito dessa escolha inicial.

Em segundo lugar, a inclusão da explicação teleológica com razões na explicação causal consagrou o apagamento do sujeito em benefício da relação entre acontecimentos impessoais. Cabe a uma análise de caráter epistemológico restabelecer os direitos da *causalidade teleológica* e mostrar sua afinidade com o momento fenomenológico da intencionalidade, previamente depreendido. Foi o que começamos a fazer acima.

Por fim, é importante perguntar se a incapacidade de uma ontologia do acontecimento de explicar a imputação da ação a seu agente não resulta da maneira como essa ontologia é introduzida. É como se a procura de uma simetria entre a incidência do acontecimento e a permanência da substância impedisse de dar prosseguimento à confrontação iniciada por Strawson em *Individuals* entre esses particulares básicos, que são as pessoas e as coisas. A questão do agente torna-se não pertinente nessa procura de simetria entre acontecimento e substância. Para responder a esse desafio, no plano ontológico em que ele é posto, seria preciso introduzir a questão do modo de ser do agente em outra base, que não a análise da forma lógica das

---

individuation of events": "Quine arriscou-se a dizer: *não há entidade sem identidade*, em apoio à tese fregiana segundo a qual só temos o direito de afirmar entidades se estivermos dispostos a dar um sentido às frases que afirmam ou negam a identidade dessas entidades. Mas então se afirma com mais evidência a fórmula: *não há identidade sem uma entidade*, sem esquecer sua contrapartida linguística: *não há enunciado de identidade sem termo singular*" (ibid., p. 164). Permanecemos firmemente no terreno delimitado por Frege, a saber, todas as frases semelhantes quanto ao valor de verdade denominam a mesma coisa (mesmo no sentido de *idem*).

frases de ação, sem recusar de modo algum a validade dessa abordagem típica da filosofia analítica em seu próprio terreno. Em nossa opinião, tratar-se-ia de uma ontologia *outra*, em consonância com a fenomenologia da intenção e com a epistemologia da causalidade teleológica mencionada há pouco. Essa ontologia outra seria a de um ser em projeto, ao qual pertenceria por direito a problemática da ipseidade, como pertence de direito à ontologia do acontecimento a problemática da mesmidade.

Competirá ao próximo estudo explorar os recursos da noção de *adscrição* da ação ao agente, que ficou pendente no fim do primeiro estudo, na perspectiva dessa ontologia outra[28]. Pode-se esperar também que o papel epistemológico da *atestação*, várias vezes flanqueado, passe para o primeiro plano com a análise da adscrição. Nem a adscrição nem sua atestação poderiam encontrar lugar numa semântica da ação cuja estratégia a condene a permanecer como semântica da ação sem agente.

---

28. Essas duas ontologias se excluem mutuamente? Não acredito; em minha opinião, são apenas outras em razão da diferença entre seus pontos de partida, incomparáveis. Davidson acaso seria tão receptivo a essa ontologia outra quanto eu sou em relação à dele? Não sei: contudo, aduzo a modéstia de suas palavras, expressa no seguinte texto, que traduzo na íntegra: "Aprendemos a desconfiar [...] do que a superfície da linguagem sugere, especialmente no tocante à ontologia. Afinal de contas, os acontecimentos enquanto particulares poderiam não estar na base de nossa compreensão do mundo. Mas como decidir? Estaríamos em posição melhor para julgar, se dispuséssemos de uma concepção coerente e abrangente das condições nas quais são verdadeiras nossas crenças comuns (ou as frases que consideramos verdadeiras). Se dispuséssemos de tal teoria e se essa teoria exigisse um campo de acontecimentos particulares, enquanto não encontrássemos nenhuma teoria que funcionasse tão bem sem acontecimentos, a despeito de todos os nossos esforços, teríamos todas as razões imagináveis para dizer que os acontecimentos existem. O próprio início de tal teoria abrangente ainda nos falta; disso sabemos; mas podemos aprender tentando" (*ibid.*, pp. 181-2).

QUARTO ESTUDO
DA AÇÃO AO AGENTE

O propósito deste estudo é voltar a trabalhar a questão da relação entre a ação e seu agente depois dos resultados decepcionantes do estudo anterior. Para fazer isso, retrocedamos um pouco. Notávamos no início do primeiro estudo que as perguntas *quem? o quê? por quê?*, aplicadas ao campo semântico da ação, formam uma rede de intersignificações tal que, ao se conseguir responder a uma delas, consegue-se responder a qualquer outra pertencente ao mesmo circuito de sentido. Ora, o estudo anterior, baseando-se numa semântica do discurso, só percorreu a rede numa direção que afastou progressivamente da pergunta *quem?* em benefício do par *o quê-por quê?*. Será possível, fundamentando-se mais numa pragmática do discurso, percorrer a cadeia das perguntas em sentido inverso, em outras palavras, retornar do par *o quê-por quê?* à pergunta-eixo *quem?* O principal obstáculo até agora foi a atração exercida sobre a análise lógica das frases de ação por uma ontologia do acontecimento que fecha o caminho de volta à pergunta *quem?* É nessa situação de bloqueio que a retomada das análises de Strawson, no ponto em que as deixamos no fim do primeiro estudo, pode parecer oportuna. Isto porque as três teses da análise de Strawson por nós consideradas visam, cada uma por sua vez e com exigência crescente, um único fenômeno de linguagem que, de acordo com o autor, designarei com o termo *adscrição*. Relembro essas teses:

1) As pessoas são particulares básicos, no sentido de que qualquer *atribuição* de predicados é feita, em última análise, ou a corpos ou a pessoas. A atribuição de certos predicados a pessoas não é traduzível em termos de atribuição a corpos.

2) É "às mesmas coisas" – pessoas – que *atribuímos* predicados psicológicos e predicados físicos; em outras palavras, a pessoa é a entidade única a que atribuímos as duas séries de predicados; portanto, não há por que afirmar uma dualidade de entidades correspondente à dualidade dos predicados psíquicos e físicos.

3) Os predicados psíquicos, tais como intenções e motivos, são desde já *atribuíveis* a si mesmo e a outro; nos dois casos, conservam o mesmo sentido.

A melhor denominação para essa atribuição três vezes visada é adscrição. Esse termo passará a designar o ponto crítico de toda a nossa empreitada; a questão é saber se a adscrição de uma ação a um agente não é uma espécie tão particular de atribuição que traz à baila a questão da lógica apofântica da atribuição. Assim, se a semântica da ação esbarrar na questão da relação entre a ação e o agente, talvez não seja apenas porque uma ontologia adversa, a do acontecimento anônimo, faça obstáculo à identificação da pessoa como particular básico, mas também porque a adscrição crie para a semântica da ação um problema que ela está mal equipada para resolver. A pragmática oferecerá socorro mais eficaz?

1. Um problema antigo e um problema novo

A dificuldade que enfrentamos não é nova. Ela foi formulada já na Antiguidade sem os recursos analíticos de que dispomos, mas com um faro linguístico que não deixa de surpreender.

Bem antes dos estoicos, Aristóteles dá a entender que a ação *depende* do agente, num sentido específico da relação de dependência, mas sem tratar tematicamente essa relação. Contudo, ele é um dos primeiros, depois dos sofistas talvez, a verificar e codificar a pertinência das escolhas linguísticas feitas por oradores, poetas trágicos, magistrados e também pelos usuários da linguagem ordinária, em se tratando de submeter a ação e seu agente ao juízo moral. Por isso, o cuidado dispensado por Aristóteles em suas distinções e definições justifica o exame destas, com especial atenção aos recursos de linguagem de que elas lançam mão.

Aristóteles, como já se disse várias vezes, não dispõe em suas *Éticas* de um conceito unificado de vontade, como se encontrará em Agostinho, em Descartes e nos cartesianos, Kant, Hegel. No entanto, para fornecer um ponto de ancoragem no plano da ação a seu estudo detalhado das virtudes, ou seja, traços de excelência da ação, no Livro III da *Ética nicomaqueia*[1] ele procede a uma primeira delimitação do par de ações que se diz serem cometidas contra a vontade (*Ákon, akoúsios*) ou por vontade própria (*hekón, hekoúsios*)[2], e, depois, a uma delimitação mais fina dentro desse primeiro círculo de ações que expressam uma escolha, mais precisamente uma escolha preferencial (*proaíresis*) determinada previamente pela deliberação (*bouleusis*). Essa relação entre preferido e pré-deliberado (*probebouleuménon*) serve de base à definição de virtude que põe em jogo outras características diferenciais que consideraremos em outro estudo[3].

Como, com essa base, *expressar* a relação entre a ação e o agente? A expressão mais abreviada dessa relação reside numa fórmula que faz do agente o princípio (*arkhé*) de suas ações, mas num sentido do *arkhé* que autoriza a dizer que as ações dependem do (preposição *épi*) próprio agente (*auto*) (*Ét. nic.*, III, 1, 1110 a 17).

A relação do agente é assim expressa pela conjunção entre o conceito genérico de princípio e um dos dêiticos da família do si, cuja enumeração será feita adiante, por intermédio de

---

1. Trad. fr. de J. Tricot, Paris, Vrin, 1987.
2. Sigo aqui a tradução de Gauthier-Jolif (Lovaina, Publications Universitaires de Louvain, Paris, Béatrice Nauwelaerts, 1958) de preferência à de Tricot, que traduz *ákon-hekón* por involuntário-voluntário.
3. "Assim, pois, a virtude é uma disposição a agir de modo deliberado, que consiste numa medianidade relativa a nós, que é racionalmente determinada como a determinaria o homem prudente [o *phrónimos*]" (*Éth. nic...* trad. Tricot, II, 6, 1106 b 36-1107 a 2).

uma preposição privilegiada e de algumas outras de sentido próximo. A presença simultânea desses três componentes é essencial para a interpretação aristotélica daquilo que chamamos hoje adscrição. Esses três membros da adscrição assumem sentido cada vez mais preciso à medida que a análise progride do plano do contra-a-vontade e do de-vontade-própria até o plano da escolha preferencial em que a relação entre teoria da ação e teoria ética se torna mais estreita.

Começando pelas ações executadas contra-a-vontade, caracterizadas pela coerção ou pela ignorância, Aristóteles declara: "É feito por coerção tudo o que tem princípio fora [de nós], ou seja, um princípio no qual não há participação alguma de quem age ou de quem padece" (III, 1, 1110 a 1-3)[4]. Em contrapartida, "o princípio que [nas ações executadas de-vontade-própria) move as partes instrumentais de seu corpo reside nele [*en autô*] e as coisas cujo princípio está no próprio homem [*en autô*] depende dele [*ep'autô*] fazer ou não fazer" (III, 1, 1110 a 15-8)[5]. Observamos que nesse estágio da análise a preposição "em" (*en*) prevalece sobre a preposição "de" (*épi*). Isso não ocorrerá com a análise mais precisa (mais perto da ética, dirá Aristóteles) da escolha preferencial. Mas a análise linguística e conceitual do "contra-a-vontade" e do "por-vontade-própria" já permite dar ênfase à conjunção entre a noção de princípio e um pronome que responde à pergunta *quem*? ("nós", "alguém", "cada um" e, para resumir, *autos*, "ele mesmo"). Ora, essa conjunção cria um problema considerável já na análise do par *ákon-hekón*, uma vez que a noção de princípio, tomada isoladamente, não basta para marcar o sentido pré-moral do voluntário em sentido lato (o "por vontade própria") e *a fortiori* o sentido mais apropriado ao campo ético da escolha preferencial (ou decisão) no sentido estrito do termo. Com efeito, "princípio" é comum a toda investigação das coi-

---

4. Cf. também III, 1, 1110 b 15-17 (que conclui o capítulo sobre o contra-a-vontade): "Assim, pois, está claro que o ato forçado é aquele que tem seu princípio fora de nós, sem nenhuma participação do agente que sofre a coerção."

5. E adiante: "O ato voluntário pareceria ser aquele cujo princípio reside no [*en*] próprio agente [*autô*] com conhecimento das circunstâncias particulares nas quais sua ação se produz" (III, 3, 1110 a 22-23).

sas primeiras, quaisquer que sejam: portanto, não pode servir para distinguir plano físico e plano ético; assim, por ser a natureza princípio de movimento, podemos empenhar-nos em esclarecer a noção de movimento, desígnio principal da *Física*[6]. Portanto, se a noção de princípio pode ser comum à física e à ética, é porque, em ambas, trata-se de devir, mudança, movimento. Nossos modernos diriam: de acontecimento. Ao mesmo tempo, a noção de princípio não basta por si só para especificar o elo entre ação e agente. A noção mais específica de princípio *interno* ou *imanente* não tem maior valor discriminante, pois o que distingue os seres naturais (os animais e suas partes, as plantas, os corpos elementares simples e todos os seres do mesmo gênero) dos produtos da arte, digamos dos seres artificiais, é precisamente serem em si mesmos um princípio de movimento e de repouso[7].

Portanto, se não são o termo "princípio" nem a preposição "em" que especificam a relação entre a ação e o agente, isso só pode ser feito pela conjunção entre o princípio e um dos termos que respondem à pergunta *quem?* ("nós" etc.). *Um princípio que é si, um si que é princípio,* essa é a característica marcante da relação buscada. Considerando-se essa relação sem igual no plano físico, o sutil deslizamento da preposição "em" para a preposição "de" ("de nós") adquire sentido indubitável. Seria possível dizer que o "em" (*en*) marca a continuidade entre a fí-

---

6. Lê-se em *Física* III, 1, início, 200 b 12-15: "Como a natureza é princípio de movimento e de mudança e nossa pesquisa trata da natureza, é importante não deixar na incerteza o que é movimento; se o ignorarmos, ignoraremos necessariamente também a natureza" (trad. fr. de H. Carteron, Paris Les Belles-Lettres, 1961). Sobre tudo isso, cf. A. Mansion, *Introduction à la physique aristotélicienne*, Lovaina, 1946, pp. 49-79; reed., Paris, Vrin, 1973. Esse autor lembra que a expressão de 184 a 15-16, *ta péri tas arkhas*, tem a mesma extensão do título clássico *perì physéos*, recebido dos pré-socráticos. Assim, fala-se em "princípios dos seres naturais com referência à produção deles" (191 a 3). Esses princípios, como ensina o primeiro livro da *Física*, são a matéria, a forma e a privação.

7. Lê-se a definição completa e precisa de *phýsis* em *Física* II, 1, 192 b 20: "A natureza é princípio e causa de movimento e repouso para a coisa na qual ela reside imediatamente, como atributo essencial e não acidental." Cf. Mansion, *op. cit.*, p. 99. Em outras palavras, a tendência interna à mudança é o que distingue fundamentalmente natureza e arte.

sica e a ética, continuidade mais visível na classe mais vasta dos atos executados contra a vontade ou por vontade própria, ao passo que a preposição "de" (*epi*) atesta a especificidade do plano ético, mais evidente na classe mais restrita dos atos escolhidos, decididos, preferidos após deliberação[8]. Seja o que for essa variação fina, a função dessas preposições consiste em ligar o princípio ao pronome pessoal. O efeito tem duplo sentido: colocando-se o "nós" paradigmático em posição de complemento gramatical, a preposição instala o si na posição do princípio; inversamente, ao qualificar o princípio pela dependência a "nós", ela desloca a noção de princípio do plano físico para o plano ético. Aí está o essencial: a espécie de curto-circuito instaurado entre *arkhé* e *autos* faz cada um desses termos ser interpretado em função do outro. Nessa interpretação mútua reside todo o enigma daquilo que os modernos colocam sob o título da adscrição[9].

É com a análise da *prohaíresis,* da escolha preferencial (ou decisão), que a determinação ética do princípio da ação sobrepuja sua determinação física. Atingimos aqui o núcleo do agir propriamente humano que Aristóteles diz ser "essencialmente próprio" à virtude (Voilquin)[10] ou "estritamente aparentado" com esta (Tricot), ou possuir "um elo mais estreito" com ela (Gauthier-Jolif) (*Ét. nic.*, III, 4, 1111 b 5); com efeito, é a escolha preferencial que torna a ação humana passível de louvor ou

---

8. Mencionaremos, adiante, a propósito da amizade (sétimo estudo, seção 2), uma relação mais sutil entre o pronome não reflexivo *autos* e o reflexivo *heautón*. (Será preciso ser amigo de si mesmo para ser amigo do outro?) Essa relação é antecipada no capítulo III de *Ética nicomaqueia* por ocasião de uma nota importante: "Essas diferentes circunstâncias não poderiam ser ignoradas todas ao mesmo tempo por nenhuma pessoa, a menos que seja louca; também é evidente que a ignorância tampouco pode referir-se ao agente, pois como ignorar-se a si mesmo [*heautón*]?" (III, 2, 1111 a 8).

9. As variações nas traduções francesas demonstram a situação insólita criada pela conjunção entre princípio e si, por meio de uma preposição determinada; Tricot traduz *eph, hèmin* por "depende de nós"; Gauthier-Jolif prefere: "está em nosso poder". A introdução do termo "poder" leva para a direção de um desenvolvimento que faremos no fim deste estudo.

10. Aristóteles, *Éthique à Nicomaque,* trad. fr. A. Voilquin, Paris, Garnier, 1963, Garnier-Flammarion, 1965.

censura, pois permite "mais que os atos [exteriores) formular um juízo sobre o caráter de [alguém]" (*ibid.*). Sobre essa escolha preferencial é dito, com mais força e precisão do que sobre a vontade própria, que, "segundo todas as aparências, refere-se às coisas que dependem de nós [*ta eph 'hemin*]" (trad. Tricot, 1111 b 30). Sem dúvida, na análise que segue, a tônica principal não recai nesse elo de dependência (Tricot), de poder (Gauthier-Jolif), mas na deliberação que precede a escolha: o pre-ferido – nota Aristóteles – expressa o pré-deliberado. Aristóteles antecipa assim todas as análises de que tratamos acima, nas quais a relação *o quê-por quê?* tende a eclipsar a relação *o quê-quem?* por neutralização da atribuição expressa a um agente. Mas o filósofo não demora a esclarecer que, de todas as coisas sobre as quais não se delibera (as entidades eternas, as intempéries, o governo dos outros povos etc.), nenhuma "poderia ser produzida por [*diá*] nós" (III, 5, 1112 a 30). "Mas nós deliberamos sobre as coisas que dependem de nós [*tôn eph'hémin*], que podemos realizar (Tricot) [as que são objeto de ação (G.-J.)] [...] e cada classe de homem [*hekastoi*] delibera sobre as coisas que eles mesmos podem realizar [*perì tôn di'hautôn praktôn*]" (cf. Tricot, III, 5, 1112 a 30-34)[11]. A definição canônica da escolha preferencial expressa perfeitamente essa atribuição sutil da ação ao agente através do pré-deliberado: "Visto que o objeto da escolha, entre as coisas em nosso poder, é um objeto de desejo sobre o qual se deliberou [G.-J.: do desejo deliberado], a escolha será um desejo deliberativo das coisas que dependem de nós. Pois, tendo decidido em conse-

---

11. Caberia aqui fazer muitas observações terminológicas e gramaticais: é de notar, em especial, a expressão na voz passiva daquilo que, em termos husserlianos, se chamaria *noema de ação:* o "realizado" (que, por sua vez, atrai a preposição *diá* próxima de *épi*); também de notar uma construção gramatical diferente, algumas linhas adiante: "Fica claro assim que o homem é princípio de [suas] ações e que a deliberação refere-se às coisas realizáveis pelo [agente] mesmo [*tôn autô praktôn*]" (1112 b 31-32). Também devem ser notados o emprego do distributivo "cada um" (*hékastoi*) e o recurso ao termo "o homem", equivalente ao "nós" dos outros textos citados. Enfim, prossegue o jogo entre o pronome não reflexivo (*autos*) e o reflexivo (*hautôn, hautô*).

quência de uma deliberação, desejamos então em conformidade com [nossa] deliberação" (1113 a 9-12)[12].

Não gostaria de encerrar esta revisão das escolhas terminológicas e gramaticais de Aristóteles sem mencionar algumas expressões que ressaltam o caráter enigmático dessa relação entre a ação e seu agente. Duas delas são francamente metafóricas. A primeira realiza uma aproximação entre princípio e *paternidade*. Esse elo metafórico tem como contexto a refutação do provérbio segundo o qual "ninguém [*oudeis*] é bem-aventurado por vontade própria nem contra a vontade" (Tricot, III, 7, 1113 b 14-15). Admitir esse aforismo seria, como disse Aristóteles, "recusar ao homem ser princípio e gerador [G.-J.: pai] de suas ações, como o é de seus filhos" (1113 b 18-19). A segunda metáfora, *política* dessa vez, é a do domínio, que fica clara no seguinte texto: "De nossas ações [...] somos senhores [*kyrioi*] do começo ao fim" (1114 b 31-32). Essas duas metáforas, tomadas em conjunto, mostram indiretamente a originalidade da adscrição da ação a seu agente em relação à atribuição ordinária a um sujeito lógico. Não seria possível dizer que o próprio elo entre princípio (*arkhê*) e si (*autos*) é profundamente metafórico, no sentido do "ver-como" que proponho em *Metáfora viva*? A ética por acaso não exige "ver" o princípio "como" si e o si "como" princípio? Nesse sentido, as metáforas expressas da paternidade e do domínio seriam a única maneira de levar para a linguagem o elo oriundo do curto-circuito entre princípio e si.

Última abordagem indireta da adscrição em filosofia aristotélica: para expressar a espécie de colaboração, ou melhor, de sinergia entre nossas escolhas e a natureza, na formação das disposições (*héxeis*) cujo conjunto constitui nosso caráter, Aristóteles forja a expressão *synaitioi*, "corresponsáveis": "Se, como está dito, nossas virtudes são voluntárias (e, de fato, somos, em certa medida, parcialmente causas [*synaitioi pôs*] de nossas

---

12. A segunda parte da frase citada desloca a tônica para a relação decisão-deliberação, para o quê-por quê; mas essa relação não apaga a insistência preliminar na dependência em relação a nós do objeto do desejo deliberativo, portanto insistência no nosso poder em relação a essas coisas.

próprias disposições e, por outro lado, a natureza de nosso caráter nos faz propor este ou aquele fim), nossos vícios serão voluntários, pois o caso é o mesmo" (trad. fr. Tricot, III, 7, 1114 b 20-25). A intenção de Aristóteles é, sem a menor dúvida, estender a responsabilidade de nossos atos a nossas disposições, portanto a nossa personalidade moral inteira; ela também deve ser mantida nos limites de uma responsabilidade parcial. Ora, a linguagem para dizer isso só pode ser insólita (*aítion*, e não *aitía*, acréscimo de *syn* e nuance do *pôs*)[13]. Também aí seríamos tentados a dizer que faltam palavras.

É exatamente isso que um salto através dos séculos nos levará a redescobrir.

Gostaria de mostrar que a teoria moderna da ação leva a dar à adscrição um significado distinto da atribuição, significado que transforma o caso particular em exceção, coloca-o do mesmo lado – o da pragmática – da capacidade de autodesignar-se, cujo elo com a teoria da enunciação e dos atos de discurso conhecemos. Esse significado distinto é designado, no próprio Strawson, por meio das características que lembram Aristóteles. Em *Individuals*, o autor observa que os caracteres físicos e psíquicos *pertencem à* pessoa, que esta os *possui*. Ora, diz-se que aquilo de que um possuidor (*owner*) dispõe lhe é próprio (*own*), em oposição ao que pertence a outro, que por isso lhe é estranho. Por sua vez, o próprio governa o sentido que damos aos adjetivos e pronomes que chamamos, precisamente, possessivos: "meu – o meu", "teu – o teu", "seu/sua – o seu/a sua"..., sem esquecer o impessoal "*on*" (*one's own*), nem o distributivo "cada um", como na expressão "a cada um o seu", com base na qual se constrói a ética do justo, como se mostrará adiante.

A questão é saber se essas expressões, idiomáticas com muita frequência, se baseiam em significações universais que

---

[13] Sobre a expressão *sunaition*, deve-se ler W. F. R. Hardie, *Aristotle's Ethical Theory*, Oxford University Press, 2ª ed., 1981, pp. 177-81; o capítulo VIII, dedicado à "distinção entre voluntário e involuntário", e o capítulo IX, dedicado "à escolha e à origem [*origination*) da ação", propõem uma revisão completa dos problemas discutidos aqui pelo ângulo particular da relação entre a ação e seu agente.

mereçam ser equiparadas a transcendentais da mesma ordem dos que atribuímos ao campo semântico da ação. Há motivos para acreditar. É notável que a adscrição marca a remissão de todos os termos da rede conceitual da ação a seu eixo *quem?*. Inversamente, determinamos a resposta à pergunta *quem?* obtendo uma resposta para a cadeia de perguntas *o quê? por quê?, como?* etc. Verifiquemos no que se refere às duas perguntas de que tratamos no estudo anterior, ou seja, a pergunta *o quê?* e a pergunta *por quê?*.

Em primeiro lugar, dizemos que a *ação* é de mim, de ti, dele/dela, que depende de cada um, que está em seu poder. Sobre a *intenção* dizemos que é a intenção de alguém, e sobre alguém dizemos que ele (ou ela) tem a intenção-de. Sem dúvida podemos compreender a intenção como tal; mas, depois de a termos separado de seu autor para examiná-la, ela lhe é restituída e atribuída como sua. Aliás, é o que faz o próprio agente quando considera as opções abertas diante de si e delibera, segundo expressão de Aristóteles. A adscrição consiste precisamente na reapropriação, por parte do agente, de sua própria deliberação: decidir-se é definir o debate tornando sua uma das opções consideradas. Quanto à noção de *motivo*, na medida em que se distingue da intenção com a qual se age, principalmente na qualidade de motivo retrospectivo, seu pertencimento ao agente faz parte da significação do motivo tanto quanto seu nexo lógico com a própria ação de que ele é causa; é legítimo perguntar: "Por que A fez X?", "O que levou A a fazer X?" Mencionar o motivo é mencionar também o agente. Essa relação tem até um caráter especialmente estranho, paradoxal. Por um lado, a procura do autor é uma busca *terminável* que se detém na determinação do agente, geralmente designado por seu nome próprio: "Quem fez isso? Fulano." Por outro lado, a procura dos motivos de uma ação é uma busca *interminável,* visto que a cadeia das motivações se perde na bruma das insondáveis influências internas e externas: a psicanálise tem relação direta com essa situação. Isso, porém, não nos impede de ligar a busca interminável dos motivos à busca terminável do agente; essa relação estranha faz parte de nosso conceito de adscrição. Portanto, em função da rede inteira que abarca a semântica da ação é que entendemos a expressão:

agente. Essa observação é o ensejo de lembrar que o domínio da rede inteira é comparável ao aprendizado de uma língua, e que compreender a palavra "agente" é aprender a situá-lo corretamente na rede.

2. Aporias da adscrição

Se as coisas parecem relativamente simples enquanto permanecemos nas generalidades referentes à relação de intersignificação que interligam todos os termos da rede e em especial o *quem?* o *o quê?* e o *por quê?* da ação, como explicar a resistência, observável nas diversas versões da teoria da ação, a qualquer investigação mais cerrada da relação de adscrição? Não basta incriminar a ontologia contrária do acontecimento, cuja força de obstrução à investigação mais aprofundada das relações entre a ação e o agente já mostramos. Podemos nos perguntar é se não cabe sair do âmbito da semântica da ação, em cujo interior se desenvolve a teoria dos particulares básicos segundo Strawson. A pessoa, enquanto termo referencial, continua sendo uma das "coisas" de que falamos. Nesse sentido, toda a teoria dos particulares básicos é como que aspirada por uma ontologia do *algo em geral*, que, confrontada com a busca de reconhecimento do *ipse*, desenvolve uma resistência comparável, ainda que com argumentos diferentes, à da ontologia do acontecimento.

Quer isso dizer que a pragmática do discurso, centrada na enunciação e aberta para a designação do enunciador por si mesmo, é um socorro maior? Sim, sem dúvida. Mas até certo ponto apenas, uma vez que designar-se como agente significa mais que designar-se como locutor. É dessa distância entre dois graus de autodesignação que dão testemunho as aporias próprias à adscrição. Estas, como em geral ocorre com as aporias mais intratáveis, não implicam condenação à filosofia que as descobre. Ao contrário, devem servir-lhe de crédito, como mostrei em outro local[14].

---

14. *Tempo e narrativa*, vol. III, é inteiramente construído com base na relação entre uma aporética da temporalidade e a resposta de uma poética da narratividade.

1. A *primeira dificuldade* pode ser percebida no prolongamento da terceira das teses de Strawson citadas acima, a tese segundo a qual é próprio do sentido dos predicados práticos, assim como do sentido de todos os predicados psíquicos, serem atribuíveis a outro que não a si mesmo, uma vez que são atribuíveis a si mesmo, e manterem o mesmo sentido nas duas situações de atribuição. É notável que, diferentemente das outras duas teses consideradas, a atribuição neste caso é feita não mais apenas à "mesma coisa" – portanto, sob a cobertura do algo em geral –, mas ao *si-mesmo* e a seu *outro* (*self-ascribable/other-ascribable*). A relação entre o *quem?* e *o quê?* é desvendada. Ora, a estranheza dessa relação merece que nos detenhamos nela. O desdobramento da adscrição entre si mesmo e outro sugere que a adscrição compensa de algum modo uma operação inversa, que consiste em manter em suspenso a atribuição a alguém, apenas com o objetivo de conferir teor descritivo aos predicados de ação assim postos, digamos, como reserva de atribuição. É a relação entre o desdobramento da adscrição efetiva e a possibilidade de manter em suspenso esta última que constitui problema. Ora, um fenômeno espantoso – que, na escala de uma cultura inteira, assume proporções consideráveis – é o fato de não pararmos de aumentar o repertório de pensamentos (no sentido lato da palavra, que inclui cognições, volições e emoções) cujo sentido não compreendemos sem considerarmos a diferença entre as pessoas às quais eles são atribuídos. Isso é confirmado pelos *Tratados das paixões*, começando pelo livro II da *Retórica* de Aristóteles e continuando pelos tratados medievais e clássicos (santo Tomás, Descartes, Espinosa etc.)[15].

---

15. Assim, lê-se no primeiro artigo do *Tratado das paixões da alma* de Descartes: "E, para começar, considero que tudo o que de novo se faz ou acontece é geralmente chamado pelos Filósofos de Paixão em se tratando do sujeito ao qual isso acontece, e de Ação em se tratando daquele que faz isso acontecer. De modo que, embora agente e paciente muitas vezes sejam bem diferentes, a Ação e a Paixão não deixam de ser sempre uma mesma coisa que tem esses dois nomes, em razão dos dois diferentes sujeitos aos quais ela pode ser relacionada" (Descartes, *Les Passions de l'âme*. intr. e notas p. G. Redis-Lewis, Paris, Vrin, 1964; e ed. Adam-Tannery, t. XI, Paris, Vrin, 1974). Por isso a enumeração das

Não só os fenômenos psíquicos, que os clássicos chamavam de afetos e ações, são atribuíveis a qualquer um, a cada um, como também seu sentido pode ser compreendido sem qualquer atribuição explícita. É exatamente com essa forma que eles entram no repertório das significações psíquicas. Pode-se até dizer que essa aptidão dos predicados psíquicos para serem entendidos em si mesmos, suspendendo-se qualquer atribuição explícita, constitui aquilo que se pode chamar de "o psíquico". Mais tarde a literatura nos dará uma confirmação brilhante da compreensão que temos de estados psíquicos não atribuídos ou com suspensão da atribuição, sempre que essa compreensão for condição para sua atribuição a personagens fictícios. Essa possibilidade de denominar fenômenos psíquicos e compreender seu sentido, abstraindo-se sua atribuição, define com muita exatidão seu estatuto de predicado: "o psíquico" é o repertório de predicados psíquicos disponíveis para dada cultura.

Essa suspensão da atribuição dos predicados práticos a determinado agente revela a particularidade da relação entre a pergunta *quem?* e o par de perguntas *o quê-por quê?* É próprio dessa relação poder ser suspensa, e a adscrição é precisamente entendida em correlação com essa suspensão. Ao mesmo tempo, torna-se compreensível por que a teoria da ação desenvolvida no estudo anterior pôde proceder a uma *epokhé* metódica da questão do agente, sem parecer ferir a experiência e sua expressão no nível da linguagem ordinária. A atração exercida pela epistemologia causalista e pela ontologia do acontecimento sobre a análise lógica das frases de ação era favorecida e de algum modo incentivada pela menor resistência da rede conceitual da ação ao ponto de sutura entre a pergunta *quem?*

---

paixões pode ser feita sem acepção de pessoas. Sem dúvida, as paixões são chamadas de paixões da *alma*. Mas a palavra "alma" não introduz nenhuma diferença entre "eu" e "tu". Por esse motivo o "nós", que entra na definição de cada uma das paixões, designa qualquer um a quem as paixões sejam atribuídas. Devem ser lidos a respeito os artigos 53, 56, 57, 61, que dão as definições das paixões principais e as relações de cada uma com um "nós" indeterminado. Nesse contexto, "nós" não significa mais que "alguém" ou "cada um". Do mesmo modo, fala-se, sem escrúpulo especial, em alma na terceira pessoa.

e o bloco das outras perguntas suscitadas pelo fenômeno da ação. A atenção dada ao conteúdo de nossas intenções e à sua motivação tende a separar o *o quê?* da coisa por fazer e o *por quê?* da coisa feita do *quem?* da ação. Essa separação tem dois efeitos: por um lado, facilitar a incorporação do sentido das intenções e dos motivos no repertório dos fenômenos psíquicos, sem que precisemos explicitar a quem esses fenômenos pertencem; por outro lado, tornar mais enigmática a apropriação que retira a suspensão da adscrição.

A retirada da suspensão apresenta graus. Entre a suspensão total da atribuição e a atribuição efetiva a este ou àquele agente intercalam-se pelo menos três graus: o do *sujeito indeterminado**, inteiramente anônimo, antítese absoluta do si; o do *quem quer que seja* no sentido de qualquer um, portanto no sentido de uma individuação que admite a substituição indiferente; e o do *cada um,* que implica uma operação de distribuição de "partes" distintas, como sugere o adágio jurídico "a cada um o seu" (*suum cuique*). Essas fases intermediárias de atribuição neutralizada são precisamente aquelas que garantem a permutação visada por Strawson entre a adscrição a si e a um outro. Dessa dialética entre suspensão e apropriação resulta que a atual aporia da adscrição não pode encontrar solução no âmbito da teoria da referência identificadora: para passar da suspensão da adscrição, através da adscrição neutralizada, à adscrição efetiva e singular, é preciso que um agente possa se *autodesignar*, de tal modo que ele tenha um *outro* verdadeiro a quem a mesma atribuição seja feita de modo pertinente. É preciso então sair da semântica da ação e entrar na pragmática que leve em conta as proposições cuja significação varia com a posição do sujeito falante e, nessa mesma medida, implique uma situação de interlocução que ponha face a face um "eu" e um "tu". Mas, sendo necessário o recurso à pragmática do discurso, será ela suficiente para dar conta das particularidades da autodesignação como agente? É a pergunta suscitada pelas outras aporias da adscrição.

---

* No original, *On*. (N. da T.)

2. A *segunda dificuldade* diz respeito ao estatuto da adscrição em relação à *descrição*. Se adscrever não é descrever, não será em virtude de certa afinidade com *prescrever*, afinidade esta que falta esclarecer? Ora, prescrever aplica-se simultaneamente a agentes e a ações. A alguém se prescreve agir em conformidade com esta ou aquela regra de ação. Assim se determinam simultaneamente o permitido e o não permitido do lado das ações, a reprovação e o louvor do lado dos agentes. Assim são assumidas duas pressuposições, a saber, que as ações podem ser submetidas a regras, e que os agentes podem ser considerados responsáveis por suas ações. Pode-se chamar de *imputação* o ato de conceber um agente responsável por ações consideradas permitidas ou não permitidas.

Essa espécie de análise pode buscar fundamentos em Aristóteles, que, como vimos acima, une desde o início a escolha preferencial à ideia de louvor e reprovação. Para ele, os critérios da vontade própria e, mais ainda, os da escolha preferencial são já de saída critérios de imputação moral e jurídica. A injunção e a ignorância têm valor expresso de escusa, de isenção de responsabilidade. Se a vontade própria merece louvor e reprovação, o contra a vontade suscita perdão e piedade (é verdade, porém, que Aristóteles não deixa claro o que se refere mais precisamente a tribunais ou à simples apreciação moral). Daí a ideia engenhosa de não considerar a imputação como uma operação acrescentada à adscrição, mas da mesma natureza que ela. Assim, para interpretar as afirmações da linguagem ordinária do tipo "ele fez isso", H. L. A. Hart[16] propõe aproximá-las das decisões judiciais por meio das quais o juiz *estatui* que isto é um contrato válido, que isto é um homicídio simples, e não qualificado. Segundo o autor, a transição entre as afirmações da linguagem ordinária, sem coloração moral ou jurídica, e as decisões judiciais é garantida por afirmações de nível intermediário, na forma: isto é meu, seu, dele, ou seja, afirmações que reivindicam, conferem, transferem, reconhecem, em suma, atribuem direitos. Dessa aproximação entre imputa-

---

16. H. L. A. Hart, "The Adscrition of Responsability and Rights", in *Proceedings of the Aristotelian Society*, nº 49, 1948, pp. 171-94.

ção e atribuição de direitos resulta por contraste a completa separação entre adscrever e descrever. Adscrever, segundo Hart, é resultado de um processo específico em que são confrontadas reivindicações (*claims*) opostas, e em que uma delas é indeferida, rejeitada (*defeated*), não porque se teria atingido o núcleo positivo da intenção boa ou má, mas porque teriam se esgotado as escusas consideradas admissíveis em casos semelhantes. A aptidão de uma reivindicação a ser rejeitada – a *defeasibility* – torna-se assim critério de toda e qualquer pretensão a adscrever uma ação a um agente.

A intenção que rege essa equiparação entre adscrição e imputação moral e jurídica é legítima: tende a abrir a distância que separa a adscrição no sentido moral e a atribuição no sentido lógico. Essa distância também diz respeito ao sentido conferido às palavras "possuir" e "pertencer", bem como ao grupo de dêiticos da família dos adjetivos e pronomes possessivos. O agente, como dizíamos, é o possuidor das ações que são suas. Pertence a alguém, como dizíamos também, fazer isto em vez daquilo. Ora, a posse não deixou de representar um problema jurídico, como demonstram a escola do direito natural, a filosofia kantiana do direito privado, inteiramente centrada na distinção entre o meu e o teu na *Metafísica dos costumes*, e a teoria do direito abstrato em *Princípios da filosofia do direito* de Hegel[17].

Pode-se duvidar, porém, de que a imputação moral e jurídica constitua a forma forte de uma estrutura lógica da qual a adscrição seria a forma fraca. Isto por duas razões pelo menos.

Primeira razão: as enunciações jurídicas dificilmente se aplicam a ações tão simples – alguns dirão insultuosamente banais – quanto as que a gramática e a lógica das frases de ação gostam de descrever, com o legítimo objetivo de não permitir que o interesse moral, político ou ideológico que o leitor possa ter pelos conteúdos de ação considerados interfira em sua estrutura frasal. A imputação moral ou jurídica só entra

---

17. Mesmo a posse do próprio corpo pode ser considerada uma declaração de teor jurídico (*Princípios da filosofia do direito*, §§ 47-48; trad. fr. R. Derathé, Paris, Vrin, 1989, pp. 104-5).

realmente em consideração quando se consideram ações complexas – as cadeias de ações que no sexto estudo chamaremos de práticas. Ora, as regras de complexificação que presidem a *composição* dessas práticas fazem parte de outro tipo de pesquisa que não a que ainda controla a semântica das frases de ação, ainda que a pragmática acrescente sua complexidade própria à referida semântica. Portanto, será preciso adiar o exame da imputação moral e jurídica para além do estudo dedicado às práticas.

Segunda razão: permanecendo-se no âmbito prescrito pela pragmática, parece que as enunciações propriamente jurídicas se aplicam de modo seletivo a ações consideradas sob o ângulo do reprovável e do punível. Ora, são reprovadas as ações julgadas ruins por um veredicto de condenação. A imputação jurídica inscreve-se assim numa classe de atos de discurso, a saber, as dos veredictivos, que ultrapassam a simples adscrição de uma ação a um agente. Submeter uma ação a um ato de condenação é submetê-la a um procedimento acusatório que, como todos os atos de discurso, tem suas regras constitutivas próprias. Ora, se a adscrição parece ser uma operação prévia a qualquer enunciação acusatória do tipo dos veredictivos, caberá buscar seu traço distintivo no plano em que se distinguem os atos de discurso?

Terceira razão: o que a responsabilização, no sentido ético-jurídico, parece pressupor é de natureza diferente da autodesignação de um locutor, ou seja, um nexo de natureza causal – que resta determinar – e que designa a expressão de poder-fazer ou de poder de agir. É preciso poder dizer que a ação depende do agente para que esta seja passível de reprovação e de louvor. Assim, na *Ética nicomaqueia,* como lembramos acima, Aristóteles antepôs à sua teoria das virtudes uma análise de um ato fundamental, a escolha preferencial, na qual se expressa um poder de agir mais primitivo que o caráter reprovável ou louvável – diríamos hoje "veredictível" – da ação produzida. Somos assim remetidos para uma análise específica do poder de agir, centrada na eficácia causal desse poder. É nesse ponto que o elo entre a ação e seu agente acrescenta uma dimensão nova, propriamente prática, à autodesignação do locutor e à designação de seu interlocutor como outro.

3. Mas o que significa poder de agir? É aqui que surge a *terceira aporia* na qual parece encalhar nosso conceito de adscrição. Dizer que uma ação depende de seu agente é dizer, de modo equivalente, que ela está em seu poder[18].

Ora, com a noção de poder-fazer volta a velha ideia de causalidade eficiente que a revolução galileana expulsara da física. Será lícito dizer que, com a adscrição, a causalidade eficiente simplesmente recupera seu lugar de origem, sua terra natal, que é precisamente a experiência viva do poder de agir? Para abonar tal recuperação, bastará extrair argumento da real polissemia da noção de causalidade, que vários autores contemporâneos gostam de reconhecer, seja para justificar uma reformulação da causalidade apropriada às ciências humanas, em especial à historiografia, como se vê em Collingwood[19], seja para justificar sua eliminação definitiva do campo científico das ideias de leis ou de funções, como se vê em Russell[20]?

Mas um restabelecimento da causalidade eficiente apenas para benefício da adscrição pode dar a impressão de argumento preguiçoso, como ocorre todas as vezes em que se invoca algo como fato *primitivo*. Não rejeito a noção de fato primitivo. Num estágio muito mais avançado desta investigação, chegarei a opor a modéstia de admitir alguns fatos primitivos inerentes à elaboração de uma antropologia fundamental à ambição prometeica de fundamentação última no modelo do *Cogito* cartesiano e de suas radicalizações sucessivas[21]. Também não se deve depor as armas antes de combater. Por esse motivo quero dar a forma de aporia à admissão de que o poder de agir do agente deve ser considerado, em última instância, como um fato primitivo. Fato primitivo não quer dizer fato bruto. Muito

---

18. Cf. acima, p. 84, nossa observação sobre a tradução francesa do *eph'hemin* de Aristóteles.
19. Cf. *Temps et Récit* [*Tempo e narrativa*], t. I, Paris, Éd. du Seuil, 1983, p. 179, n. 1.
20. *Ibid.*, p. 162.
21. Cf. abaixo, décimo estudo.

pelo contrário, só se deve poder reconhecer um fato primitivo ao cabo de um trabalho intelectual, de uma dialética, ou seja, de um conflito de argumentos, cujo rigor deve ter sido posto à prova.

Essa dialética, em minha opinião, passa por dois estágios: um estágio *disjuntivo*, em cujo termo é afirmado o caráter necessariamente antagonista da causalidade primitiva do agente em relação aos outros modos de causalidade; um estágio *conjuntivo*, em cujo termo é reconhecida a necessidade de coordenar de maneira sinérgica a causalidade primitiva do agente com as outras formas de causalidade: então, e só então, será reconhecido o fato primitivo daquilo que se deverá chamar não só poder-fazer, mas, no sentido forte da palavra, *iniciativa*.

Em sua fase disjuntiva, nossa dialética depara inelutavelmente com o argumento kantiano da "Terceira antinomia cosmológica da razão pura"[22]. Não proponho aqui nenhuma interpretação nova da antinomia kantiana da causalidade livre e da causalidade segundo as leis da natureza. Minha ambição é, à luz da dialética kantiana, trazer à baila alguns dos pontos fortes de nossa análise da adscrição ou mesmo suscitar novos.

Insistiremos primeiro no caráter *necessariamente* dialético da noção de poder de agir, em outras palavras, na formulação *necessariamente* antitética da própria formulação da pergunta. Lembro o enunciado kantiano da tese da causalidade livre: "A causalidade segundo as leis da natureza não é a única da qual possam ser derivados todos os fenômenos do mundo. Também é necessário admitir uma causalidade livre para a expli-

---

22. Certo reconhecimento do caráter antagonista da causalidade já pode ser discernido na análise de Aristóteles com a qual começamos este estudo. Se há algumas coisas que dependem de nós, há outras que dependem de causas tradicionalmente classificadas sob o título de natureza, necessidade e fortuna (*Ét. nic.*, III, 5, 1112 a 31-32). Depois de afirmar que o homem é princípio e gerador (pai) de suas ações, tal como o é de seus filhos, Aristóteles acrescenta: "Mas, se está claro que o homem é de fato o autor de suas próprias ações, e se não podemos atribuir nossas ações a outros princípios que não os que estão em nós, então as ações cujos princípios estão em nós dependem de nós e são voluntárias" (trad. fr. Tricot, III, 7, 1113 b 18-19). Assim, o "de nós" está dialeticamente oposto ao "por outras causas que não nós", dentro do próprio campo de aplicação da noção de princípio.

cação desses fenômenos" (III, 308) [A 444, B 472][23]. Ora, nossa discussão da teoria analítica da ação nos pôs constantemente diante de uma formulação antitética semelhante à de Kant. Não foi esquecida a oposição entre o acontecimento que ocorre e o acontecimento que fazemos ocorrer, ou a oposição entre causa e motivo, na fase dicotômica da teoria da ação. Seria possível objetar que, numa fase ulterior, esse aspecto dicotômico foi superado. Não foi. Posteriormente, viu-se ressurgir a antítese com outras formas mais sutis, seja em E. Anscombe, com a oposição entre conhecimento por observação e conhecimento sem observação, ou no próprio D. Davidson, com a distinção entre *event agency* e *agent agency*[24]. Mas é na polaridade entre adscrever e descrever que culmina a formulação antitética do problema, que leva a dizer, com Kant, que "a causalidade segundo as leis da natureza não é a única...".

Tratemos agora do argumento propriamente dito da *Tese* na antinomia kantiana da liberdade e do determinismo. O que merece aqui ser pensado é o que Kant chama de "espontaneidade absoluta das causas", que ele define pela capacidade de "começar por *si mesmo* [*von selbst*] uma série de fenômenos que se desenrolará segundo leis da natureza" (III, 310)[25]; na "Observação" que segue a "Prova", Kant nota que tal "espontaneidade absoluta da ação" é o "fundamento próprio da imputabilidade dessa ação" (III, 310 [A 448, B 476])[26]. Portanto, tínhamos razão em procurar por trás da imputação, no sentido moral e jurídico do termo, a camada primitiva de um poder-fazer. O que, na teoria analítica da ação, corresponde à noção kantiana de espontaneidade absoluta? É a noção que se tornou clássica, na esteira de A. Danto, de "ações básicas". Lembro sua definição, apresentada por Danto: são ações que não exi-

---

23. E. Kant, *Crítica da razão pura*, trad. fr. de A. Tremesaygues e B. Pacaud [*Critique de la Raison pure*], Paris, PUF, 1963, p. 348. Remeter-se também à edição F. Alquié, *Œuvres philosophiques* de Kant, Paris, Gallimard, col. "Bibliothèque de la Pleiade", t. I, 1980, para a *Crítica da razão pura*, que apresenta à margem a paginação correspondente à da edição da Academia de Berlim. Aqui, t. I, p. 1102.
24. Cf. acima, p. 70, n. 22.
25. Tremesaygues-Pacaud, p. 350; Alquié, t. I, p. 1104.
26. *Ibid*.

gem nenhuma outra ação intermediária que seria preciso ter executado para (*in order to*) poder fazer isto ou aquilo. Eliminando, assim, na definição de ação básica, a cláusula "de modo que", revela-se uma espécie de causalidade que se define por si mesma. São básicas aquelas nossas ações pertencentes ao repertório daquilo que cada um sabe como fazer, sem recorrer a uma ação mediata de ordem instrumental ou estratégica que teria sido preciso aprender previamente. Nesse sentido, o conceito de ação básica designa um fato primitivo. Compreende-se por que é assim: o conceito primitivo de ação básica ocupa na ordem prática o lugar ocupado pela evidência na ordem cognitiva: "Todos sabemos de modo direto e intuitivo – escreve A. Danto, que há ações básicas e quais ações são ações básicas."[27]

O elo entre essa última asserção e o argumento antitético de tipo kantiano fica velado enquanto não é colocado no campo conflitual da causalidade. De fato, é a título de *começo* de uma série causal que a noção de ação básica assume caráter problemático e, ao mesmo tempo, escapa à acusação de argumento preguiçoso. Em sua forma negativa, a ideia de começo implica uma parada no movimento do pensamento que remonta mais acima, em direção a uma causa anterior. Ora, é essa parada que a *Antítese* kantiana denuncia como ilegítima exoneração das leis; é nesse ponto preciso que nasce o necessário "conflito das ideias transcendentais". A teoria da ação não poderia ignorar esse caráter antitético da noção de começo que pode ficar velado numa abordagem ainda ingênua do conceito de ação básica. A bem da verdade, é por deixar não desenvolvida a questão da atribuição a um agente que o caráter antitético dessa noção passa despercebido. Em compensação, a antinomia passa para o primeiro plano quando se confrontam as respostas à pergunta *quem?* às respostas à pergunta *por quê?*. Assim, notamos com surpresa que, enquanto a procura dos motivos de uma ação é interminável, a procura de seu autor é terminável: as respostas à pergunta *quem?*, quer contenham um nome próprio, um pronome ou uma descrição defi-

---

27. A. Danto, "Basic actions", *American Philosophical Quarterly*, nº 2, 1965, pp. 141-3 [trad. do autor].

nida, põem fim à busca. Não que a investigação seja interrompida arbitrariamente, mas é que as respostas que terminam a busca são consideradas suficientes por aquele que as dá e aceitáveis como tais por aquele que as recebe. Quem fez isso? – pergunta-se. Fulano – responde-se. O agente mostra, assim, ser uma causa estranha, pois sua menção põe fim à procura da causa, que prossegue em outra linha, a da motivação. Desse modo, o antitético de que fala Kant penetra na teoria da ação no ponto de articulação do poder de agir com as razões de agir.

Mas ainda não atingimos o essencial do argumento kantiano. A ideia de começo absoluto não é apenas justificada por um argumento negativo (não é necessário remontar na cadeia causal); é justificada mais ainda pelo argumento positivo que constitui o próprio nervo da prova. Sem um começo na série – argumenta Kant –, a série das causas não estaria completa; portanto, é próprio da ideia de começo que este garanta "a integralidade da série do lado das causas que derivam umas das outras" (III, 308 [A 446, B 474])[28]; esse selo de completude aposto à ideia de série causal é essencial à formulação da antinomia; é à própria ideia de integralidade de uma série causal que se opõe a abertura ilimitada do processo causal segundo a antítese. Mas o argumento kantiano ainda não está completo. Na "observação" que se segue à "Prova" da *Tese*, Kant distingue duas espécies de começo, um que seria o começo do mundo, o outro que é um começo no meio do curso do mundo; este último é o da liberdade. Ora – concede Kant – aí está a fonte de um mal-entendido: acima não se chamou a espontaneidade de absoluta, ou seja, não relativa? Como se pode falar agora de um começo "relativamente primeiro" (III 312 [A 450, B 478])[29]? Resposta: a liberdade, começo absoluto em relação a uma série particular de acontecimentos, é apenas um começo relativo em relação ao curso inteiro do mundo. Kant esclarece: "Não falamos aqui de um começo absolutamente primeiro quanto ao tempo, mas quanto à causalidade" (*ibid.*). Segue o exemplo do homem que se levanta da cadeira "com total liber-

---

28. Tremesaygues-Pacaud, p. 348; Alquié, t. I, p. 1102.
29. Tremesaygues-Pacaud, p. 350; Alquié, t. I, p. 1106.

dade e sem sofrer a influência necessariamente determinante das causas naturais" (*ibid.*)[30]. E Kant repete: "Portanto, não é do ponto de vista do tempo que deve haver um começo absolutamente primeiro de uma série de fenômenos, mas em relação à causalidade" (III, 313 [A 451, B 477]). Essa distinção entre começo *do* mundo e começo *no* mundo é essencial à noção de começo prático tomada do ponto de vista de sua função de integração. O começo prático *in medias res* só exerce sua função de completude sobre séries determinadas de causas que ele contribui para distinguir de outras séries inauguradas por outros começos.

Essa função de integração do começo em relação a determinada série de causas encontra uma confirmação interessante em nossas análises anteriores, ao mesmo tempo que a antinomia kantiana revela seu caráter antitético implícito.

A teoria da ação encontra o problema da relação entre começo e série completa em termos que lhe são próprios. Isso ocorre primeiramente no âmbito provisório da teoria das descrições. O problema inicial, como foi mostrado acima, consiste em identificar e denominar as ações pertencentes a uma cadeia prática. A questão é então saber qual é a "verdadeira" descrição nesse caso complexo. Todos se lembram do exemplo de E. Anscombe: alguns homens, movimentando os braços, acionam uma bomba, que impele para o andar superior uma água previamente envenenada; fazendo isso, provocam a morte dos conspiradores e contribuem para o sucesso de um movimento revolucionário. O que fazem na verdade esses homens? Se as várias respostas dadas são igualmente aceitáveis, é porque, segundo palavras de Anscornbe, o primeiro gesto – que é de fato uma ação básica, de acordo os critérios de Danto – "engole" (*swallows*) a cadeia dos acontecimentos resultantes até a última série, na qual a história se detém. Para a lógica do raciocínio prático, a série, nas palavras de Kant, é unificada por um elo de implicação do tipo meio-fim; mas, do ponto de vista causal, o dos acontecimentos, e não mais das intenções, a unificação da série é garantida pela capacidade de integração e de

---

30. Tremesaygues-Pacaud, p. 352; Alquié, t. I, p. 1108.

soma exercida pelo próprio começo da série considerada, cuja visada intencional atravessa a série inteira[31].

Essas hesitações da descrição, que, na verdade, não constituem uma aporia, levam às portas de um verdadeiro problema, quando se passa da descrição do *o quê?* à adscrição ao *quem?*. O problema assume então a seguinte forma: *até onde* se estende a eficácia do começo e, por conseguinte, a responsabilidade do agente, em relação ao caráter ilimitado da série das consequências físicas? Esse problema, em certo sentido, é inverso ao das ações básicas: perguntava-se então se era preciso parar ao se remontar à série ascendente das causas; pergunta-se agora onde é preciso parar ao descer a série descendente dos efeitos; ora, se a causalidade do agente constituía uma espécie de freio para o movimento de subida na série das causas, a difusão da eficácia do começo parece sem limites no lado dos efeitos. Esse problema, que se pode chamar de problema do alcance do começo, tem estreita relação com a noção kantiana de começo "relativamente primeiro no curso inteiro do mundo". Não coincidindo com o começo do mundo, o começo da ação toma lugar numa constelação de começo, cada um com um alcance que é preciso apreciar comparativamente. Para cada um desses começos, é legítimo interrogar-se sobre aquilo que se poderia chamar de confins do reino do começo. Essa pergunta descortina um problema muito real, que é bem conhecido por juristas, penalistas ou outros, mas também por historiadores. Um agente não está *nas* consequências distante como está de algum modo *em* seu gesto imediato. O problema é então delimitar a esfera de acontecimentos pelos quais ele pode ser responsabilizado. Mas isso não é fácil. Por várias razões. Em primeiro lugar, a seguir-se uma única série, os efeitos de uma ação separam-se de algum modo do agente, tal como o discurso se separa da fala viva pela mediação da escrita. São as leis da natureza que assumem a sequência de nossas iniciativas. Desse modo, a ação tem efeitos que, pode-se dizer,

---

31. Voltaremos a essa questão da unidade integral de uma série quando falarmos da unidade narrativa de uma vida e da identidade narrativa de uma personagem.

não são desejados ou são até perversos. No entanto, verifica-se que a distinção entre o que cabe ao agente e o que cabe aos encadeamentos de causalidade externa é uma operação muito complexa; seria preciso poder pôr os segmentos intencionais passíveis de serem formalizados em silogismos práticos separados dos segmentos que podem ser considerados sistêmicos, por expressarem a estrutura de sistemas físicos dinâmicos; mas, como se dirá adiante, a continuação, que prolonga a energia do começo, expressa o intricamento dos dois modos de ligação; sem esse intricamento, não se poderia dizer que agir é produzir mudanças no mundo.

Acrescente-se que há outra espécie de intricamento que torna difícil atribuir a um agente particular uma série determinada de acontecimentos; é a da ação de cada um com a ação de cada outro. Na esteira de W. Schapp, insistimos em outro lugar na ideia, própria ao campo narrativo, "de estar intricado em histórias"[32]; a ação de cada um (e sua história) está intricada não só no curso físico das coisas, mas também no curso social da atividade humana. Como, numa ação de grupo, distinguir o que cabe a cada um dos atores sociais? Essa dificuldade, tal como a anterior, interessa tanto ao historiador quanto ao juiz, uma vez que se trata de designar distributivamente autores, conferindo-lhes esferas distintas de ação; aqui, atribuir é distribuir. Não se deve temer dizer que a determinação do ponto extremo no qual se detém a responsabilidade de um agente é uma questão de decisão, e não de constatação; é aqui que volta a ganhar vigor a tese de H. L. A. Hart[33], segundo a qual a atribuição de uma ação a um agente se assemelha mais à sentença – é o caso de dizer – com a qual um juiz atribui a cada uma das partes em litígio aquilo que lhe cabe; a adscrição tende de novo a confundir-se com a imputação, numa situação de confronto entre reivindicações rivais; contudo, só o fato de o historiador também poder distribuir responsabilidades entre os atores de uma ação complexa leva a pensar que essa delimitação de esferas respectivas de responsabilidade não contém

---

32. W. Schapp, *In Geschichten verstrickt*, Wiesbaden, B. Heymann, 1976.
33. H. L. A. Hart, "The Ascription of Responsibility and Rights", art. citado.

necessariamente um aspecto de incriminação e condenação. Raymond Aron, na esteira de Max Weber, não estava errado ao distinguir responsabilidade histórica e responsabilidade moral[34]. O que uma e outra têm em comum é precisamente ilustrar a noção kantiana de começo relativamente primeiro; esta implica uma multiplicidade de agentes e de começos de ações identificáveis apenas pelas distintas esferas de ações que podem ser atribuídas a cada um. Ora, a estrutura conflitual dessa atribuição não poderia ser eliminada; a delimitação do alcance de uma decisão responsável contribui para o efeito de fechamento sem o qual não se poderia falar de série integral; mas esse efeito de fechamento, essencial à tese da causalidade livre, contradiz a abertura ilimitada da série de causas, exigida pela *Antítese* na antinomia kantiana.

Dito tudo isso, será possível ficar no estágio antinômico na compreensão daquilo que se quer dizer com poder de agir? Nem o próprio Kant ficou. Depois de ter dito e repetido que a *Tese* e a *Antítese* do começo, assim como a *Tese* e a *Antítese* das outras três antinomias cosmológicas, devem ser "rejeitadas igualmente pelo tribunal da razão" (III, 345 [A 501, B 529])[35], Kant acaba por reservar destino diferente às ideias transcendentais que ele chama de matemáticas e que têm relação com a extensão finita ou infinita da matéria (primeira e segunda antinomias cosmológicas); para estas, a solução cética continua sem apelação. Não é o que ocorre com as ideias transcendentais chamadas de dinâmicas, referentes ao começo relativamente primeiro, o das ações humanas, e o começo absoluto do mundo em seu conjunto; a solução das duas primeiras antinomias era uma solução cética, porque "na ligação matemática das séries de fenômenos, é impossível introduzir outras condições a não ser uma condição sensível; ou seja, uma condição que seja também parte da série" (III, 360 [A 530, B 558])[36]. Em compensação, a solução da terceira e da quarta antinomia pode consistir em manter lado a lado a *Tese* e a *Antítese:* com

---
34. *Temps et Récit*, t. I, *op. cit.*, p. 265, n. 1.
35. Tremesaygues-Pacaud, p. 378; Alquié, t. I, p. 1145.
36. Tremesaygues-Pacaud, p. 393; Alquié, t. I, p. 1106.

efeito, "a série dinâmica das condições sensíveis permite ainda uma condição heterogênea que não é parte da série, mas que, sendo puramente *inteligível*, reside fora da série, o que satisfaz a razão e põe o incondicionado à frente dos fenômenos, sem perturbar a série desses fenômenos sempre condicionados e sem por isso a quebrar, contrariando o princípio do entendimento (III, 362 [A 531, B 559])[37]. Disso resulta que a *Tese* e a *Antítese* podem ser ambas consideradas verdadeiras, desde que mantidas em dois planos diferentes. Conhece-se a continuação: a liberdade como ideia transcendental pura, sem amarras fenomênicas, constitui o sentido último da faculdade de começar por si mesmo uma série causal. Nessa liberdade transcendental baseia-se o conceito *prático* de liberdade, ou seja, a independência da vontade em relação à injunção das inclinações da sensibilidade (III, 362 [A 532, B 560])[38]. Mas o que é uma liberdade transcendental? É uma liberdade *inteligível*, se chamarmos de inteligível "o que num objeto dos sentidos não é fenômeno" (III, 366 [A 358, B 566])[39]. E a continuação: "Portanto, se o que deve ser considerado fenômeno no mundo sensível também tiver em si mesmo um poder que não seja objeto de intuição sensível, mas pelo qual ele possa ser uma causa dos fenômenos, pode-se então considerar a causalidade desse ser por dois pontos de vista, como inteligível quanto à ação, ou como causalidade de uma coisa em si, e como sensível quanto aos efeitos dessa ação ou como causalidade de um fenômeno no mundo sensível."[40]

Gostaria de sugerir aqui outra saída para a antinomia, saída para a qual o próprio Kant de certa forma se orienta quando declara: "Nada impede de atribuir a esse objeto transcendental, além da propriedade que ele tem de nos aparecer, uma causalidade que não é fenômeno, embora seu efeito se encontre no fenômeno."[41] Ora, qual é esse efeito que se encontra no fenômeno? Kant chama-o *caráter*, distinguindo caráter empí-

---

37. Ibid.
38. Tremesaygues-Pacaud, pp. 394-408: Alquié, t. I, pp. 1167-86.
39. Tremesaygues-Pacaud, p. 397: Alquié, t. I. p. 1171.
40. Tremesaygues-Pacaud, p. 397; Alquié, t. I, pp. 1171-2.
41. Tremesaygues-Pacaud, p. 397; Alquié, t. I, p. 1172.

rico e caráter inteligível. Não seria possível dizer que, num sentido não fenomenista do termo fenômeno, ou seja, no sentido daquilo que se mostra, o fenômeno do agir exige que estejam conjuntas a *Tese* e a *Antítese* num fenômeno – no sentido que acabo de dizer – específico do campo prático, que se pode chamar *iniciativa*?[42]

Pensar a iniciativa é a tarefa proposta no fim deste estudo. A iniciativa, diríamos, é uma *intervenção* do agente da ação no curso do mundo, intervenção que *causa* efetivamente mudanças no mundo. O fato de só podermos nos representar essa interferência do agente humano sobre as coisas, no meio do curso do mundo, como disse Kant, como uma conjunção entre vários tipos de causalidade, deve ser reconhecido francamente como uma injunção ligada à estrutura da ação como iniciativa. A esse respeito, Aristóteles abriu caminho com sua noção de *synaition*, que faz do agente uma causa parcial e concorrente na formação das disposições e do caráter. Mas cabe lembrar a prudência com que Aristóteles introduziu essa noção mista, que ele matiza com um "de algum modo" (*pôs*). É de fato "de algum modo" que se compõem as causalidades. Nós mesmos deparamos várias vezes com a exigência de proceder a tal união; ela resulta, em última instância, da necessidade de unir o *quem?* ao *o quê?* e ao *por quê?* da ação, necessidade esta oriunda da estrutura de intersignificação da rede conceitual da ação. De acordo com essa exigência, mostra-se necessário não se limitar a opor o caráter terminável da busca do agente e o caráter interminável da busca dos motivos. O poder de agir con-

---

42. Comparar com "o esclarecimento da ideia cosmológica de uma liberdade em união com a necessidade universal da natureza" (III, 368 [A 543, B 570] ss.; Tremesaygues-Pacaud, pp. 399-408; Alquié, t. I, pp. 1174-86). Kant fala nesse sentido de "ação primitiva, em relação aos fenômenos de uma causa que, nesse sentido, portanto, não é um fenômeno, mas que é inteligível quanto a esse poder, embora, aliás, ela deva ser compreendida como um elo da cadeia da natureza no mundo sensível" (III, 369 [A 544, B 572]; Tremesaygues-Pacaud, p. 480; Alquié, t. I, pp. 1175-6). Mas para Kant o critério exclusivo da realidade da liberdade inteligível é a aptidão da ação a submeter-se a regras, a obedecer ou não ao dever. É a essa solução *moral*, prematura a meu ver, a que quero resistir aqui, buscando no fenômeno da potência de agir as razões de uma superação da antinomia.

siste precisamente na ligação entre ambas as buscas, em que se reflete a exigência de ligar o *quem?* ao *por quê?* através do *o quê?* da ação. Mas o curso de motivação não permite sair daquilo que se pode chamar, com precaução, de plano dos "fatos mentais". É sobre o curso da natureza "exterior" que o poder de agir exerce influência.

A representação mais próxima de tal conjunção parece-me ser aquela proposta por H. von Wright, em *Explanation and Understanding*[43], com o título de *modelo quase causal*. Eu o resenhei em outro lugar, no contexto de uma investigação dedicada à explicação em história[44]. Mas, na verdade, para além da epistemologia do conhecimento histórico, trata-se de explicar o fenômeno geral da intervenção. O modelo proposto é misto, no sentido de unir segmentos teleológicos, da alçada do raciocínio prático, e segmentos sistêmicos, da alçada da explicação causal. O que importa aqui e representa uma dificuldade são precisamente os pontos de sutura entre uns e outros. Com efeito, cada resultado de um silogismo prático é uma ação efetiva que introduz um fato novo na ordem do mundo, que, por sua vez, põe em movimento uma cadeia causal; entre os efeitos desta, surgem novos fatos que são assumidos a título de circunstâncias pelo mesmo agente ou por outros agentes. Ora, o que torna fundamentalmente possível esse encadeamento entre fins e causas? Em essência, a capacidade que o agente tem de criar uma coincidência entre uma das coisas que ele sabe fazer (que ele sabe poder fazer) e o estado inicial de um sistema cujas condições de fechamento ele determina ao mesmo tempo[45]. Segundo expressão de Von Wright, essa conjun-

---

43. Londres, Routledge and Kegan Paul, 1971.
44. *Temps et Récit*, t. I, *op. cit.*, pp. 187-202. Deixo aqui de lado a interpretação narrativa que proponho sobre o encadeamento das causas e dos fins no chamado modelo quase causal.
45. Retomo aqui os mesmos termos de minha exposição em *Temps et Récit I:* "A *ação* realiza um outro tipo notável de fechamento, no sentido de que é fazendo alguma coisa que um agente aprende a 'isolar' um sistema fechado de seu ambiente e descobre as possibilidades de desenvolvimento inerentes a esse sistema. Isso o agente aprende pondo em movimento o sistema a partir de um estado inicial que ele 'isola'. Esse pôr em movimento constitui a intervenção, na intersecção de um dos poderes do agente com recursos do sistema" (p. 192).

ção só ocorre se estivermos seguros (*we feel confident*), com base na experiência passada, de podermos assim pôr em movimento um sistema dinâmico. Com a ideia de "pôr um sistema em movimento", unem-se as noções de ação e de causalidade – declara Von Wright. Mas se sobrepõem?

É notável que, em tal análise, que abrevio aqui despudoradamente, os dois componentes – sistêmico e teleológico – permanecem distintos, embora intricados. Essa incapacidade de superar a descontinuidade – no plano epistemológico – entre os componentes díspares da intervenção acaso não será indício de que é num tipo de discurso diferente do que mantemos aqui que o "eu posso" poderia ser reconhecido como *origem* da ligação entre as duas ordens de causalidade? O que um discurso diferente faria desse discurso do "eu posso" é, em última análise, seu envio a uma ontologia do *corpo próprio*, ou seja, de *um* corpo que é também *meu* corpo e que, por sua dependência tanto à ordem dos corpos físicos quanto à das pessoas, situa-se no ponto de articulação de um poder de agir que é nosso e de um curso das coisas que pertence à ordem do mundo. É apenas nessa fenomenologia do "eu posso" e na ontologia adjacente ao corpo próprio que seria definitivamente estabelecido o estatuto de fato primitivo concedido ao poder de agir.

No termo desta investigação dedicada à relação entre a ação e seu agente, é importante desenhar as vias abertas pelas sucessivas aporias às quais dá ensejo o fenômeno da adscrição. Nenhuma complacência pela aporia enquanto aporia deve transformar a lucidez reflexiva em paralisia consentida. O fenômeno da adscrição, afinal das contas, constitui apenas uma determinação parcial e ainda abstrata do que é significado pela ipseidade do si. Da aporética da adscrição pode e deve resultar um impulso para transpor os limites impostos pela teoria do discurso exposta acima em direção a determinações mais ricas e concretas da ipseidade do si. Cada uma das aporias da adscrição aponta para uma superação específica do ponto de vista estritamente linguístico.

A primeira aporia ainda recorre a uma transição interna ao ponto de vista linguístico, a saber, da semântica à *pragmá*-

tica. O que distingue a adscrição da simples atribuição de um predicado a um sujeito lógico é em primeiro lugar o poder do agente de se autodesignar designando outro. A consideração strawsoniana referente à identidade de sentido que os predicados psíquicos conservam na adscrição a si mesmo e na adscrição a outro orientava já para tal deslocamento em direção a operações de linguagem nas quais predomina a dupla designação de si e do outro numa situação de interlocução. Nesse sentido, a primeira aporia não era vã.

A segunda aporia tampouco se fechou num impasse. As dificuldades em que esbarrou nosso esforço para distinguir a adscrição da imputação levam a pensar que a distância entre uma e outra deve ser preenchida com uma investigação de modalidades práticas, que, em vista de sua complexidade e organização, excedam os limites da teoria da ação, pelo menos no sentido limitado que lhe demos até agora. Será tarefa de uma investigação sobre a práxis e as práticas discernir os pontos de implantação de uma avaliação propriamente ética do agir humano, no sentido teleológico e no sentido deontológico, em outras palavras, segundo o bom e segundo o obrigatório. Então, mas só então, poderá ser elucidada a articulação entre adscrição e imputação, no sentido moral e jurídico.

A terceira aporia, suscitada pela noção de poder de agir, portanto pela eficácia causal conferida ao agente da ação, pode ter parecido a mais intratável. E de fato é. A passagem pela terceira antinomia kantiana certamente acentuou a aparência de dificuldade sem solução. Contudo, não deixamos de afirmar que a antinomia fazia parte de uma estratégia antitética destinada a combater a acusação de argumento preguiçoso, feita, como se deve, a toda e qualquer alegação de fato primitivo. Pois é realmente de um fato primitivo que se trata, a saber, a certeza que o agente tem de poder fazer, ou seja, de poder produzir mudanças no mundo. A passagem do estágio disjuntivo ao estágio conjuntivo da dialética só tinha como objetivo levar a um nível reflexivo e crítico o que já está previamente compreendido nessa certeza de poder-fazer. Dizer certeza é dizer duas coisas. Primeiro, é trazer à tona, no plano epistemológico, um fenômeno que várias vezes flanqueamos, o da atestação. Estamos certos, com uma certeza que não é crença, *dóxa* inferior ao saber, de que podemos fazer os gestos familiares que Danto enraíza nas ações básicas. Mas a admissão do fato primitivo atestado na certeza de poder fazer não tem apenas uma face epistemológica; tem também uma face ontológica. O fato primitivo de poder-fazer é parte de uma constelação de fatos primitivos da alçada da ontologia do si que esboçaremos no décimo estudo. O que acabamos de dizer da fenomenologia do "eu posso" e da ontologia adjacente ao corpo próprio já aponta na direção dessa ontologia do si. Quanto a dizer por quais elos concretos essa fenomenologia do "eu posso" e essa ontologia do corpo próprio pertencem a uma ontologia do si, na qualidade de sujeito agente e paciente, é algo que só poderemos estabelecer ao cabo de um longo percurso através e além das filosofias da subjetividade. Nesse sentido, a terceira aporia da adscrição só será efetivamente superada no fim de nosso trabalho.

QUINTO ESTUDO
IDENTIDADE PESSOAL E IDENTIDADE NARRATIVA

Com a discussão das relações entre agente e ação, chegou ao fim uma primeira série de estudos postos sob a égide da concepção analítica da linguagem. Nos dois primeiros estudos, limitamo-nos aos recursos que a semântica e a pragmática, consideradas sucessivamente, ofereciam à análise da ação e das relações complexas entre ação e agente. Ao longo daquela análise, ficou claro que, apesar de sua dependência de princípio em relação à teoria da linguagem, a teoria da ação constitui uma disciplina autônoma, em razão das características próprias do agir humano e da originalidade do elo entre o agir e seu agente. Para estabelecer sua autonomia, essa disciplina pareceu-nos exigir uma nova aliança entre a tradição analítica e a tradição fenomenológica e hermenêutica, visto que o principal não era tanto saber o que distingue as ações dos outros acontecimentos que ocorrem no mundo, e mais o que especifica o si, implicado no poder-fazer, na junção entre o agir e o agente. Assim liberta de sua tutela inicial, a teoria da ação assumia o papel de propedêutica à questão da ipseidade. Em contrapartida, a questão do si, sobrepujando a da ação, acarreta modificações consideráveis no plano do agir humano.

Numa consideração retrospectiva, a lacuna mais considerável apresentada por nossos estudos anteriores evidentemente se refere à dimensão *temporal* tanto do si quanto da ação. Nem a definição de pessoa na perspectiva da referência identificadora, nem a de agente no âmbito da semântica da ação

– que no entanto se considera capaz de enriquecer a primeira abordagem – levaram em conta o fato de que a pessoa de quem se fala e o agente do qual a ação depende têm uma história, são sua própria história. A abordagem do si pela segunda vertente da filosofia da linguagem, a da enunciação, tampouco provocou reflexões especiais sobre as mudanças que afetam um sujeito capaz de se autodesignar significando o mundo. Ora, não foi assim omitida apenas uma dimensão importante entre outras, mas uma problemática inteira, a saber, a da *identidade pessoal* que só pode articular-se precisamente na dimensão temporal da existência humana. É para preencher essa lacuna importante que me proponho retrabalhar aqui a teoria narrativa, já não na perspectiva de suas relações com a constituição do tempo humano, como foi feito em *Tempo e narrativa*, mas de sua contribuição para a constituição do si. Os debates contemporâneos sobre a questão da identidade pessoal, muito vivos no campo da filosofia anglo-americana, pareceram oferecer excelente ensejo para abordar de frente a distinção entre mesmidade e ipseidade, sempre pressuposta nos estudos anteriores, mas nunca tratada tematicamente. Esperamos mostrar que é no âmbito da teoria narrativa que a dialética concreta entre ipseidade e mesmidade – e não apenas a distinção nominal entre os dois termos invocados até agora – atinge pleno desenvolvimento[1].

---

1. A noção de identidade narrativa, introduzida em *Tempo e narrativa III*, respondia a outra problemática: no fim de uma longa viagem pela narrativa histórica e pela narrativa de ficção, eu me perguntei se existe alguma estrutura da experiência capaz de integrar as duas grandes classes de narrativas. Aventei então a hipótese de que a identidade narrativa, seja ela de uma pessoa, seja de uma comunidade, seria o lugar buscado desse quiasmo entre história e ficção. Segundo a pré-compreensão intuitiva que temos desse estado de coisas, acaso não consideramos mais legíveis as vidas humanas quando interpretadas em função das histórias que as pessoas contam sobre elas? E essas histórias de vida, por sua vez, não se tornam mais inteligíveis quando lhes são aplicados modelos narrativos – enredos – extraídos da história propriamente dita ou da ficção (drama ou romance)? Portanto, parecia plausível considerar válida a seguinte cadeia de asserções: a compreensão de si é uma interpretação; a interpretação de si, por sua vez, encontra na narrativa, entre outros signos e símbolos, mediação privilegiada; esta última se abebera na história tanto quanto

Confrontada a noção de identidade narrativa – vitoriosamente, a meu ver – com as perplexidades e os paradoxos da identidade pessoal, será possível desenvolver, com um estilo menos polêmico e mais construtivo, a tese anunciada já na introdução desta obra, segundo a qual a teoria narrativa tem uma de suas principais justificações no papel que ela exerce entre o ponto de vista descritivo sobre a ação, ao qual nos ativemos até agora, e o ponto de vista prescritivo que prevalecerá nos próximos estudos. A mim se impôs uma tríade: descrever, narrar, prescrever – implicando cada momento da tríade uma relação específica entre constituição da ação e constituição do si. Ora, a teoria narrativa não poderia exercer essa mediação, ou seja, ser mais que um segmento intercalado na sequência discreta de nossos estudos, se não fosse possível mostrar, por um lado, que o campo prático abarcado pela teoria narrativa é mais vasto que o abarcado pela semântica e pela pragmática das frases de ação, e, por outro lado, que as ações organizadas em narrativa apresentam características que só podem ser elaboradas tematicamente no âmbito de uma ética. Em outras palavras, a teoria narrativa só servirá de fato de mediação entre a descrição e a prescrição se a ampliação do campo prático e a previsão de considerações éticas estiverem implicadas na própria estrutura do ato de narrar. Por ora deve bastar dizer que em várias narrativas o si busca sua identidade na escala de uma vida inteira; entre as ações curtas, às quais se limitaram nossas análises anteriores, sob a injunção da gramática das frases de ação, e a *conexão de uma vida*, de que fala Dilthey em seus ensaios teóricos sobre a autobiografia, escalonam-se graus de complexidade que levam a teoria da ação ao nível exigido

---

na ficção, fazendo da história de uma vida uma história fictícia, ou, digamos, uma ficção histórica, entrecruzando o estilo historiográfico das biografias ao estilo romanesco das autobiografias imaginárias. O que faltava a essa apreensão intuitiva do problema da identidade narrativa é a clara compreensão do que está em jogo na própria questão da identidade aplicada a pessoas ou a comunidades. A questão do entrecruzamento entre história e ficção de algum modo desviava a atenção das dificuldades consideráveis ligadas à questão da identidade enquanto tal. A tais dificuldades é dedicado este estudo.

pela teoria narrativa². Do mesmo modo direi por antecipação que não existe narrativa eticamente neutra. A literatura é um vasto laboratório no qual são feitos ensaios com estimativas, avaliações, juízos aprobatórios e condenatórios, graças ao que a narratividade serve de propedêutica à ética. A esse duplo olhar, retrospectivo em direção ao campo prático, prospectivo em direção ao campo ético, será dedicado o sexto estudo, cuja estreita associação com o atual quero aqui deixar consignada.

1. O problema da identidade pessoal

O problema da identidade pessoal constitui, a meu ver, uma oportunidade privilegiada para a confrontação entre os dois principais usos do conceito de identidade que tantas vezes mencionei, sem nunca tematizar realmente. Lembro os termos da confrontação: de um lado a identidade como *mesmidade* (latim: *idem*; inglês: *sameness*; alemão: *Gleichheit*); do outro, a identidade como ipseidade (latim: *ipse*; inglês: *selfhood*; alemão: *Selbstheit*). Ipseidade, como tantas vezes afirmei, não é mesmidade. E, por ser menosprezada essa importante distinção – a segunda parte o comprovará –, malogram as soluções dadas ao problema da identidade pessoal que ignoram a dimensão narrativa. Se essa diferença é tão essencial, por que – é de perguntar – não foi tematicamente tratada antes, uma vez que seu fantasma não parou de assombrar as análises anteriores? Pela exata

---

2. Com frequência se criticou na filosofia analítica da ação a pobreza dos exemplos invocados. Por minha vez, não ironizo essa indigência no emprego dos exemplos; pondo entre parênteses as questões éticas e políticas, a filosofia analítica da ação conseguiu concentrar-se apenas na constituição gramatical, sintática e lógica das frases de ação. Ora, a esse mesmo ascetismo da análise é que somos devedores, até mesmo na crítica interna que fizemos a essa teoria da ação. Não tivemos necessidade de restituir à ação nem a complexidade das práticas cotidianas nem a dimensão teleológica e deontológica exigida por uma teoria moral da imputação para desenhar os primeiros rudimentos de uma teoria da ipseidade. As ações mais simples – extraídas, digamos, das ações básicas segundo Danto – bastam para pôr à mostra o enigma da mesmidade, no qual estão resumidas *in nuce* todas as dificuldades de uma teoria desenvolvida da ipseidade.

razão de que ela só é elevada ao nível problemático quando passam para o primeiro plano suas implicações temporais. É com a questão da *permanência no tempo* que a confrontação entre nossas duas versões de identidade se constitui pela primeira vez como verdadeiro problema.

1. À primeira vista, a questão da permanência no tempo vincula-se exclusivamente à *identidade-idem,* que ela coroa de certo modo. É, de fato, apenas sob essa rubrica que as teorias analíticas examinadas adiante abordam a questão da identidade pessoal e os paradoxos a ela vinculados. Lembremos rapidamente a articulação conceitual da mesmidade, para indicar a posição eminente nela ocupada pela permanência no tempo.

A mesmidade é um conceito de relação e uma relação de relações. Em primeiro lugar, vem a identidade *numérica:* assim, de duas ocorrências de uma coisa designada por um nome invariável na linguagem ordinária, dizemos que não formam duas coisas diferentes, mas "uma única e mesma" coisa. Identidade, aqui, significa unicidade: o contrário é pluralidade (não uma, mas duas ou várias); a esse primeiro componente da noção de identidade corresponde a operação de identificação, entendida no sentido de reidentificação do mesmo, de tal modo que conhecer é reconhecer: a mesma coisa duas vezes, *n* vezes.

Vem em segundo lugar a identidade *qualitativa,* em outras palavras, a semelhança extrema: dizemos que X e Y usam o mesmo traje, ou seja, roupas tão semelhantes que é indiferente se uma é confundida com a outra; a esse segundo componente corresponde a operação de substituição sem perda semântica, *salva veritate.*

Esses dois componentes da identidade são irredutíveis um ao outro, tal como em Kant as categorias de quantidade e qualidade; nem por isso são estranhos um ao outro; é precisamente na medida em que o tempo está implicado na sequência das ocorrências da mesma coisa que a reidentificação do mesmo pode provocar hesitação, dúvida, contestação; a semelhança extrema entre duas ou várias ocorrências pode então ser invocada como critério indireto para reforçar a presunção de identidade numérica: é o que ocorre quando se fala de identidade física de uma pessoa; não se tem dificuldade para reconhecer alguém que apenas entra e sai, aparece, desaparece, reaparece; mesmo assim a dúvida não está longe quando se compara uma percepção presente com uma lembrança recente; a identificação do agressor pela vítima entre uma série de suspeitos que lhe são apresentados dá à dúvida a primeira oportunidade de insinuar-se; ela cresce com a distância no tempo; assim, um réu apresentado ao tribunal pode negar ser o mesmo que o incriminado; que se faz então? Compara-se o indivíduo presente a marcas materiais consideradas como vestígios inegáveis de sua presença anterior no local em litígio; pode ocorrer de se estender a comparação a testemunhos oculares, afirmados com grande margem de incerteza como equivalentes à apresentação passada do indivíduo examinado; a questão de se saber se o homem aqui presente no tribunal e o suposto autor de um crime antigo são uma única e mesma pessoa pode então ficar sem resposta segura; os processos de criminosos de guerra dão ensejo a semelhantes confrontações, cujas incertezas são conhecidas.

É a fragilidade desse critério de semelhança, em caso de grande distância no tempo, que sugere recorrer-se a outro critério, referente ao terceiro componente da noção de identidade, a saber, a *continuidade ininterrupta* entre o primeiro e o último estágio do desenvolvimento daquilo que consideramos o mesmo indivíduo; esse critério predomina em todos os casos em que o crescimento e o envelhecimento atuam como fatores de dessemelhança e, por implicação, de diversidade numérica; assim, dizemos que um carvalho é o mesmo, da glande à árvore inteiramente desenvolvida; o mesmo dizemos de um animal, do nascimento à morte; o mesmo, de um homem – não digo de uma pessoa – na qualidade de simples amostra da espécie. A demonstração dessa continuidade funciona como critério anexo ou substitutivo da semelhança; a demonstração baseia-se na seriação ordenada de pequenas mudanças que, tomadas uma a uma, ameaçam a semelhança, mas não a destroem; é o que fazemos com fotografias que nos retratam em idades sucessivas da vida; como se vê, o tempo é aqui fator de dessemelhança, divergência, diferença.

Por esse motivo, a ameaça representada para a identidade só será inteiramente conjurada se, como base da semelhança e da continuidade ininterrupta da mudança, se apresentar um princípio de *permanência no tempo*. Este será, por exemplo, a estrutura invariável de um instrumento em que todas as peças tenham sido progressivamente mudadas; é também o caso, que nos toca mais de perto, da permanência do código genético de um indivíduo biológico; o que permanece aí é a organização de um sistema combinatório; a ideia de estrutura, oposta à de acontecimento, atende a esse critério de identidade, o mais forte que se pode administrar; ela confirma o caráter relacional da identidade, que não aparecia na antiga formulação da substância, mas que Kant restabelece ao classificar a substância entre as categorias da relação, na qualidade de condição de possibilidade de pensar a mudança como algo que acontece a alguma coisa que não muda, pelo menos no momento da atribuição do acidente à substância; a permanência no tempo torna-se assim o transcendental da identidade numérica[3]. Toda a problemática da identidade pessoal vai girar em torno dessa busca de uma invariante relacional, conferindo-lhe a significação forte de permanência no tempo.

2. Feita essa análise conceitual da identidade-mesmidade, podemos voltar à questão que orienta este estudo: a ipseidade

---

3. O deslocamento, em Kant, da ideia de substância do plano ontológico para o plano transcendental é marcado pela simples correspondência entre a categoria, seu esquema e o princípio (ou primeiro juízo). À substância, primeira categoria da relação, corresponde o esquema que expressa sua constituição temporal, a saber, "a permanência (*Beharrlichkeit*) do real no tempo, ou seja, a representação do real como um substrato da determinação empírica de tempo em geral, substrato que permanece, portanto, enquanto todo o resto muda" (*Crítica da razão pura*) III, 137 [A 144, B 183]; Tremesaygues-Pacaud, p. 154; Alquié, t. I, p. 889). Ao esquema da substância corresponde o princípio que expressa sua constituição relacional, a saber ("Primeira analogia da experiência"), "todos os fenômenos contêm algo de permanente [*das Beharrliche*] (substância), considerado como o próprio objeto, e algo de mutável, considerado como simples determinação desse objeto" (III, 162 [A 182]; Tremesaygues-Pacaud, p. 177; Alquié, t. I, p. 919). E na segunda edição: "A substância persiste [*beharrt*] em toda a mudança dos fenômenos e sua quantidade não aumenta nem diminui na natureza" ([B 224]; Tremesaygues-Pacaud, p. 177; Alquié, t. I, pp. 918-9).

do si implicará alguma forma de permanência no tempo que não seja redutível à determinação de um *substrato*, mesmo no sentido relacional que Kant atribuiu à categoria de substância, em suma, alguma forma de permanência no tempo que não seja simplesmente o esquema da categoria de substância? Para retomar os termos de uma oposição que demarcou nossos estudos anteriores: alguma forma de permanência no tempo se deixará vincular à pergunta *quem?* que seja irredutível a toda pergunta *o quê?* Alguma forma de permanência no tempo que seja uma resposta à pergunta: "quem sou?"?

A reflexão abaixo vai deixar claro que a questão é difícil. Falando de nós mesmos, dispomos, de fato, de dois modelos de permanência no tempo, que resumo com dois termos descritivos e emblemáticos: *caráter* e *palavra cumprida*. Em ambos, tendemos a reconhecer uma permanência que dizemos ser de nós mesmos. Minha hipótese é que a polaridade desses dois modelos de permanência da pessoa resulta do fato de a permanência do caráter expressar a sobreposição quase completa da problemática do *idem* e da do *ipse,* ao passo que a fidelidade a si mesmo no cumprimento da palavra dada marca o afastamento extremo entre a permanência do si e a do mesmo, comprovando plenamente, portanto, a irredutibilidade recíproca das duas problemáticas. Apresso-me a completar minha hipótese: a polaridade que vou perscrutar sugere uma intervenção da identidade narrativa na constituição conceitual da identidade pessoal, ao modo de uma medianidade específica entre o polo do caráter, em que *idem* e *ipse* tendem a coincidir, e o polo da manutenção de si mesmo, em que a ipseidade se desvencilha da mesmidade. Mas antecipo-me demais!

O que se deve entender por *caráter*? Em que sentido o termo tem, ao mesmo tempo, valor descritivo e valor emblemático? Por que dizer que ele acumula a identidade do si e a do mesmo? O que denuncia, sob a identidade do mesmo, a identidade do si e impede de conferir pura e simplesmente a identidade do caráter à identidade do mesmo?

Entendo aqui por caráter o conjunto das marcas distintivas que possibilitam reidentificar um indivíduo humano como sendo o mesmo. Pelos traços descritivos que vão ser ditos, ele acumula a identidade numérica e qualitativa, a continuidade ininterrupta e a permanência no tempo. É assim que ele designa de modo emblemático a mesmidade da pessoa. Não é a primeira vez que encontro a noção de caráter em meu caminho. Na época em que escrevia *O voluntário e o involuntário*, eu punha o caráter sob o título "involuntário absoluto", em oposição ao "involuntário relativo" dos motivos na ordem da decisão voluntária e ao dos poderes na ordem do movimento voluntário. Na qualidade de involuntário absoluto, eu o destinava, em conjunção com o inconsciente e com o ser-em-vida, simbolizado pelo nascimento, à camada de nossa existência que não podemos mudar, mas com a qual precisamos *consentir*. E já ressaltava a natureza imutável do caráter enquanto perspectiva acabada, não escolhida, de nosso acesso aos valores e do uso de nossos poderes[4]. Dez anos depois, em *O homem falível*, eu voltaria a esse tema fascinante do caráter,

---

4. Essa imutabilidade do caráter, que relativizarei em breve, na mesma época servia de caução a uma disciplina, a caracterologia, cuja natureza aproximativa, se não arbitrária, dimensionamos melhor hoje. O que me interessava, porém, naquela empreitada perigosa, era a pretensão de dar um equivalente objetivo a essa camada de nossa existência subjetiva. É o que chamarei hoje de inscrição do caráter na Mesmidade. A caracterologia pretendia tratar o caráter como um retrato desenhado a partir de fora; esse retrato era por ela recomposto por meio de um jogo de correlações entre um pequeno número de invariantes (atividade/emotividade, primariedade/secundariedade), de tal maneira que, por meio dessa combinatória de traços distintivos, desenhava uma tipologia passível de um refinamento relativamente pertinente; fossem quais fossem as simplificações e enrijecimentos daquela caracterologia, hoje caída em desgraça, sua própria ambição testemunhava o valor emblemático do caráter como destino. A palavra destino, lembrando inexoravelmente as famosas palavras de Heráclito, que aproximavam "caráter" (*éthos*) e *daîmon* (Diels / Kranz, *Fragmente der Vorsokratiker*, B 119, trad. fr. J.-P. Dumont. D. Delattre e J.-L. Poirier, *Les Présocratiques*, Paris, Gallimard, col. "Bibliothèque de la Pleiade", 1988, p. 173), basta para chamar nossa atenção, pois já não diz respeito a uma problemática objetivante, mas existencial. Só uma liberdade tem ou é um destino. Essa simples observação restitui às determinações propostas pela caracterologia a equivocidade que a faz participar simultaneamente de dois reinos, o da objetividade e o da existência. Um retrato pintado a partir de fora? Mas também uma maneira própria de ser. Uma combinatória de traços permanentes? Mas um estilo indivisível. Um tipo? Mas uma singularidade insubstituível. Uma injunção? Mas um destino que sou, ou seja, aquilo mesmo com que devo consentir.

porém num contexto um pouco diferente. Não mais em função da polaridade entre voluntário e involuntário, mas sob o signo do tema pascaliano da "desproporção", da não coincidência entre finitude e infinitude. O caráter parecia-me então minha maneira de existir segundo uma perspectiva finita, que afetava minha abertura para o mundo das coisas, das ideias, dos valores, das pessoas[5].

De certo modo, continuo ainda na mesma direção a minha investigação. O caráter, ainda hoje, me parece o outro polo de uma polaridade existencial fundamental. Mas, em vez de conceber o caráter numa problemática da perspectiva e da abertura, como o polo finito da existência, eu o interpreto aqui

---

5. Essa noção de perspectiva era francamente transposta do plano teórico, precisamente da fenomenologia husserliana da percepção, para o plano prático. Ela também servia de resumo a todos os aspectos de finitude prática (receptividade do desejo, persistência dos hábitos), o que me possibilitava insistir pela primeira vez no caráter da totalidade finita do caráter: assim, eu falava do caráter como "abertura limitada de nosso campo de motivação considerado em seu conjunto". Essa segunda versão do caráter em *O homem falível* confirmava em certo sentido a mesmidade do caráter, talvez à custa de uma insistência excessiva em sua imutabilidade, autorizada pela leitura e pela aprovação de alguns textos fulgurantes de Alain. Assim, cheguei a dizer que, diferentemente da perspectiva de percepção, que posso mudar ao me deslocar, "já não há movimento com o qual eu mudaria a origem zero de meu campo total de motivação" (p. 79). Meu nascimento – dizia eu também – é o "já aí de meu caráter" (p. 80). Assim, o caráter podia ser definido sem nuances como "natureza imutável e herdada" (*ibid.*). Mas, ao mesmo tempo, a aderência da perspectiva ao movimento de abertura pelo qual eu definia o ato de existir obrigava a pôr o caráter no plano da existência cujo cunho de sempre-meu ressalto hoje: "O caráter é a abertura finita de minha existência tomada como um todo" (p. 72). O caráter, direi hoje, é a mesmidade no sempre-meu. Em *O homem falível*, a razão fundamental pela qual o caráter devia ser posto ao lado da existência vivenciada, apesar de sua imutabilidade presumida, era sua relação contrastante com o polo de infinidade que eu via representado, numa perspectiva ao mesmo tempo aristotélica e kantiana, pela noção de felicidade. A abertura cujo fechamento, cuja parcialidade constitutiva o caráter marca é a visada da felicidade. Essa oposição se justificava numa antropologia que por um lado estava atenta à "falha" da existência, o que torna possível a "queda" no mal, e por outro lado estava pronta a interpretar a desproporção responsável pela falibilidade nos termos do par finito-infinito. A principal vantagem era fazer recair todo o peso da fragilidade sobre o terceiro termo, lugar da falha existencial. Este estudo colocará a narratividade numa posição comparável de mediação entre dois extremos.

em função de seu lugar na problemática da identidade. Essa mudança de tônica tem a principal virtude de pôr de novo em questão o estatuto de imutabilidade do caráter, dado como certo em minhas análises anteriores. Na verdade, essa imutabilidade mostra-se de um tipo bem específico, conforme demonstra a reinterpretação do caráter em termos de disposição adquirida. Com essa noção, deixa-se enfim tematizar, por ela mesma, a dimensão *temporal* do caráter. O caráter, diria eu hoje, designa o conjunto das disposições duráveis *pelas quais* se reconhece uma pessoa. É dessa maneira que o caráter pode constituir o ponto-limite em que a problemática do *ipse* se torna indiscernível da problemática do *idem* e inclina a não as distinguir uma da outra. Por conseguinte, é importante interrogar-se sobre a dimensão temporal da disposição: é ela que remeterá mais longe o caráter no caminho da narrativização da identidade pessoal.

Primeiramente, à noção de disposição vincula-se a de hábito, com sua dupla valência de hábito que está sendo, como se diz, contraído e de hábito já adquirido[6]. Ora, essas duas características têm uma significação temporal evidente: o hábito confere história ao caráter; mas é uma história na qual a sedimentação tende a sobrepor-se à inovação que a precedeu e, em última instância, a aboli-la. Ravaison foi o primeiro a demonstrar espanto, em sua famosa tese *Do hábito,* com essa força do hábito, em que ele via o retorno da liberdade à natureza. É essa sedimentação que confere ao caráter a espécie de permanência no tempo que interpreto aqui como sobreposição do *idem* ao *ipse*. Mas essa sobreposição não abole a diferença das problemáticas: mesmo como segunda natureza, meu caráter sou eu, eu mesmo, *ipse*; mas esse *ipse* se anuncia como *idem*. Cada hábito assim contraído, adquirido e transformado em disposição

---

6. Aristóteles foi quem primeiro aproximou caráter e hábito, favorecido pela quase homonímia entre *êthos* (caráter) e *éthos* (hábito, costume). Do termo *éthos* ele passa a *héxis* (disposição adquirida), que é o conceito antropológico básico sobre o qual constrói sua ética, uma vez que as virtudes são algumas de tais disposições adquiridas, em conformidade com a reta razão e sob o controle do julgamento do *phrónimos*, do homem prudente (*Ét. nic.*, trad. Tricot, III, 4, 1112 a 13 ss.; VI, 2, 1139 a 23-24; VI, 13, 1144 b 27).

duradoura constitui um *traço* – um traço de caráter, precisamente –, ou seja, um signo distintivo *pelo qual* se reconhece uma pessoa, e esta é reidentificada como sendo a mesma, visto que o caráter não é outra coisa senão o conjunto desses signos distintivos.

Em segundo lugar, à noção de disposição vincula-se o conjunto das *identificações adquiridas* pelas quais uma parcela de outro entra na composição do mesmo. Em grande parte, com efeito, a identidade de uma pessoa, de uma comunidade, é feita dessas *identificações* a valores, normas, ideais, modelos, heróis, *nos* quais a pessoa ou a comunidade se reconhecem. O *reconhecer-se-em* contribui para o reconhecer-se-*por*... A identificação com figuras heroicas manifesta claramente essa alteridade assumida; mas esta já está latente na identificação com valores, que faz pôr uma "causa" acima da própria vida; um elemento de lealdade, de lealismo, incorpora-se assim no caráter e o faz transformar-se em fidelidade, portanto em manutenção de si. Aqui os polos da identidade se compõem. Isso prova que não se pode pensar até o fim o *idem da* pessoa sem o *ipse,* visto que um se sobrepõe ao outro. Assim se integram nos traços de caráter os aspectos de preferência valorativa que definem o aspecto ético do caráter, no sentido aristotélico do termo[7]. Isso se faz por um processo paralelo à aquisição de um hábito, a saber, pela interiorização que anula o efeito inicial de alteridade, ou pelo menos o transfere do fora para o dentro. A teoria freudiana do superego lida com esse fenômeno que confere aspecto de sedimentação à interiorização. Assim se estabilizam preferências, apreciações e estimativas, de tal modo que a pessoa se reconhece por suas disposições que podem ser chamadas de valorativas. Por isso, um comportamento que não corresponda a esse tipo de disposição leva a dizer que não é do caráter do indivíduo considerado, que este já não é ele mesmo ou que está fora de si.

Com essa estabilidade extraída dos hábitos e das identificações adquiridas, em outras palavras, das disposições, o ca-

---

7. Sobre a valoração considerada como limiar da ética, cf. abaixo sétimo estudo.

ráter garante, ao mesmo tempo, a identidade numérica, a identidade qualitativa, a continuidade ininterrupta na mudança e, finalmente, a permanência no tempo que definem a mesmidade. Direi de modo quase paradoxal que a identidade do caráter expressa certa aderência do *o quê?* ao *quem?*. O caráter é realmente o "que" do "quem". Já não é exatamente o "que" ainda exterior ao "quem", como ocorria na teoria da ação, em que era possível fazer a distinção entre o que alguém faz e aquele que faz (e vimos a riqueza e as ciladas dessa distinção que leva direitamente ao problema da adscrição). Aqui se trata da sobreposição do *o quê?* ao *quem?*, que faz deslizar da pergunta: *quem sou eu?* para a pergunta: *o que sou eu?*.

Mas essa sobreposição do *idem* ao *ipse* não é tanta que exija renunciar a distingui-los. A dialética entre inovação e sedimentação, subjacente ao processo de identificação, está aí para lembrar que o caráter tem uma história, contraída, dirão, no duplo sentido da palavra "contração": abreviação e afetação. É compreensível então que o polo estável do caráter possa assumir dimensão narrativa, como se vê nos usos do termo "caráter" que o identificam com a personagem de uma história narrada; o que a sedimentação contraiu a narrativa pode reabrir. E é a linguagem disposicional, cuja defesa Gilbert Ryle faz em *The Concept of Mind*, que prepara essa nova reabertura narrativa. Que o caráter precise ser ressituado no movimento de uma narração é algo comprovado por grande número de debates vãos sobre a identidade, em especial quando estes têm por tema a identidade de uma comunidade histórica. Quando trata da *Identidade da França*, Fernand Braudel sem dúvida se empenha em depreender traços distintivos duradouros ou mesmo permanentes *pelos quais* se reconhece a França quase como personagem. Mas, separados da história e da geografia – coisa que o grande historiador se abstém de fazer –, esses traços se enrijeceriam e dariam às piores ideologias da "identidade nacional" o ensejo de inflamar-se. Será tarefa de uma reflexão sobre a identidade narrativa pesar os traços imutáveis que esta deve à ancoragem da história de uma vida num caráter e os que tendem a dissociar a identidade do si da mesmidade do caráter.

3. Antes de enveredarmos por esse caminho, é importante argumentar a favor da distinção entre identidade do si e identidade do mesmo a partir do uso que fazemos dessa noção nos contextos em que as duas espécies de identidade deixam de sobrepor-se a ponto de se dissociarem inteiramente, pondo de algum modo a nu a ipseidade do si sem o suporte da mesmidade. Na verdade, é outro modelo de permanência no tempo, que não o do caráter. É o da palavra cumprida na fidelidade à palavra dada. Vejo nesse *cumprimento* a figura emblemática de uma identidade polarmente oposta à do caráter. A palavra cumprida expressa uma *manutenção de si* que não se deixa inscrever, como o caráter, na dimensão do algo em geral, mas unicamente na do *quem?*. Também aqui o uso das palavras é um bom guia. Uma coisa é a persistência do caráter[8], outra é a perseverança da fidelidade à palavra dada. Uma coisa é a continuação do caráter; outra, a constância na amizade. Nesse aspecto, Heidegger tem razão ao distinguir da permanência substancial a manutenção de si (*Selbständigkeit*), decomposto em *Selbst-Ständigkeit* – que Martineau traduz por "manutenção de si", e não por "constância em si", como faço em *Tempo e narrativa III*[9]. Essa distinção importante permanece, mesmo não sendo indubitável que a "resolução avançante", em face da morte, esgote o sentido da manutenção de si[10]. Além disso, essa pos-

---

8. Interessante que Kant designa a substância (primeira categoria da relação) com o termo *das Geharrliche* (o que persiste) (cf. acima, p. 117. n. 3).

9. "Em termos ontológicos, o *Dasein* é fundamentalmente diferente de todo ente à-mão ou real. Seu teor [*Bestand*] não se baseia na substancialidade de uma substância, mas na manutenção do si-mesmo [*Selbständigkeit*] existente, cujo ser foi concebido como cuidado" (*Ser e tempo, op. cit.* [303], trad. fr. *Être et Temps*, de Martineau, modificada segundo sua própria tradução de *Selbst-Ständigkeit* em outros contextos, cf. nota seguinte). F. Vezin traduz: "Em termos ontológicos, o *Dasein* difere fundamentalmente de tudo o que está aí à frente e de tudo o que é real. Aquilo em que ele 'consiste' não se reduz a *substancialidade* de uma substância, mas à '*constância em si*' [*Selbständigkeit*] do si-mesmo existente cujo ser foi concebido como cuidado" (*op. cit.* [303], p. 363). É verdade que Heidegger também diz aí *Selbständigkeit*, traduzido por Martineau como "autonomia", e ainda *Selbst-Ständigkeit*.

10. "'A manutenção do si-mesmo' (autonomia) [*die Selbst-Ständigkeit*] não significa existencialmente nada mais que a resolução avançante" (Martineau, p. 227 [322]); "*A constância de si-mesmo* [*Selbstständigkeit*] não significa existencialmente nada mais que resolução em marcha" (Vezin [322], pp. 382-3).

tura expressa certo investimento existenciário dos transcendentais da existência, que Heidegger chama de existenciais, dos quais faz parte a ipseidade. Outras atitudes, situadas na mesma junção do existencial e do existenciário de todas as análises heideggerianas em torno do ser-para-a (ou em direção à)-morte, são também reveladoras da conjunção fundamental entre a problemática da permanência no tempo e a do si, na medida em que o si não coincide com o mesmo.

Nesse aspecto, o cumprimento da promessa, como foi lembrado acima, parece realmente constituir um desafio ao tempo, uma negação de mudança: ainda que meu desejo mude, ainda que eu mude de opinião ou inclinação, "manterei". Para fazer sentido, o cumprimento da palavra não precisa ser posto no horizonte do ser-para-a-morte. Basta-se a si mesma a justificação propriamente ética da promessa, que se pode extrair da obrigação de salvaguardar a instituição da linguagem e de responder à confiança que o outro tem em minha fidelidade. Essa justificação ética, tomada como tal, desenrola suas próprias implicações temporais, a saber, uma modalidade de permanência no tempo capaz de ser polarmente oposta à do caráter. Aí, precisamente, ipseidade e mesmidade param de coincidir. Aí, por conseguinte, dissolve-se a equivocidade da noção de permanência no tempo.

Essa maneira nova[11] de opor a mesmidade do caráter à manutenção de si mesmo na promessa abre um *intervalo de sentido* que precisa ser preenchido. Esse intervalo é aberto pela pola-

---

11. A maneira é nova, se comparada à estratégia desenvolvida em minhas obras anteriores. Em *Voluntário e involuntário*, a mediação não era um problema importante; eu falava então tranquilamente da reciprocidade entre voluntário e involuntário e retomava sem grandes escrúpulos a fórmula de Maine de Biran: "*Homo simplex in vitalitate, duplex in humanitate*"; no máximo seria possível dizer que o voluntário relativo da motivação e dos poderes ocupava o meio-termo entre os dois extremos do projeto e do caráter. Em *O homem falível*, inteiramente construído com base na "desproporção" do homem, a questão do terceiro termo, lugar por excelência da fragilidade, passava a ser o próprio cerne da empreitada. Depois de propor o problema em termos de finito e infinito, eu via no respeito à pessoa moral – união da particularidade e da universalidade representada em Kant pela ideia de humanidade – o terceiro termo exigido pela desproporção entre o caráter e a felicidade.

ridade, em termos temporais, entre dois modelos de permanência no tempo, a persistência do caráter e a manutenção de si na promessa. Portanto, é na ordem da temporalidade que se deve buscar a mediação. Ora, é esse "ambiente" que, em minha opinião, vem a ser ocupado pela noção de identidade narrativa. Depois de colocá-la nesse intervalo, não ficaremos espantados se virmos a identidade narrativa oscilar entre dois limites, um limite inferior, em que a permanência no tempo expressa a confusão entre *idem* e *ipse,* e um limite superior, em que o *ipse* propõe a questão de sua identidade sem o socorro e o apoio do *idem.*

Mas antes é preciso examinar os títulos de teorias da identidade pessoal que ignoram tanto a distinção entre *idem* e *ipse* quanto os recursos oferecidos pela narratividade para resolver os paradoxos da identidade pessoal, que essas mesmas teorias têm a vantagem de propor em termos fortes e claros.

2. Paradoxos da identidade pessoal

1. Algo que os filósofos de língua inglesa e de cultura analítica aprenderam já em Locke e em Hume é que, sem o fio condutor da distinção entre dois modelos de identidade e sem o socorro da mediação narrativa, a questão da identidade pessoal se perde nos arcanos de dificuldades e paradoxos paralisantes.

Do primeiro a tradição reteve a equação entre identidade pessoal e memória. Mas cabe ver à custa de que inconsistência na argumentação e de que inverossimilhança na ordem das consequências. Começando pela inconsequência na argumentação: no início do famoso capítulo XXVII do *Ensaio acerca do entendimento humano* (2ª ed., 1694)[12], intitulado "Identidade e diversidade", Locke introduz um conceito de identidade que parece escapar à nossa alternativa de mesmidade e ipseidade; depois de dizer que a identidade resulta de uma comparação, Locke introduz a ideia singular da identidade de uma coisa a

---

12. *Essai philosophique concernant l'entendement humain,* trad. fr. de P. Coste, Paris, Vrin, 1972.

si mesma (palavra a palavra: de mesmidade consigo, *sameness with itself*); é comparando uma coisa a si mesma em tempos diferentes que formamos as ideias de identidade e diversidade; "quando perguntamos se uma coisa é a mesma [*same*] ou não, sempre se faz referência a alguma coisa que existiu em tal tempo e em tal lugar, sendo certo que nesse momento essa coisa era idêntica a si mesma [*the same with itself*]. Essa definição parece acumular os caracteres da mesmidade em virtude da operação de comparação, e os da ipseidade em virtude do que foi coincidência instantânea, mantida através do tempo, de uma coisa com ela mesma. Mas a continuação da análise decompõe as duas valências da identidade. Na primeira série de exemplos – o navio de que foram trocadas todas as peças, o carvalho cujo crescimento se acompanha da glande à árvore, a animal e até mesmo o homem cujo desenvolvimento se segue do nascimento à morte –, o que prevalece é a mesmidade; o elemento comum a todos esses exemplos é a permanência da organização, que, é verdade, não implica, segundo Locke, nenhum substancialismo. Mas, no momento de chegar à identidade pessoal, que Locke não confunde com a de um homem, é à *reflexão* instantânea que ele atribui a "mesmidade consigo" alegada pela definição geral. Resta apenas estender o privilégio da reflexão do instante à duração; basta considerar a memória como expansão retrospectiva da reflexão na maior distância que ela possa estender-se no passado; favorecida por essa transformação da reflexão em memória, pode-se dizer que a "mesmidade consigo" se estende através do tempo. Assim Locke acreditava ter conseguido introduzir uma cesura no curso de sua análise sem ter de abandonar seu conceito geral de "mesmidade [de uma coisa] com ela mesma". Contudo, a virada da reflexão e da memória marcava de fato uma inversão conceitual em que a ipseidade substituía silenciosamente a mesmidade.

Mas não foi no nível da coerência do argumento que Locke provocou maior perplexidade: a tradição lhe creditou a invenção de um *critério* de identidade, a identidade psíquica, à qual se poderá opor o *critério* de identidade corporal, ao qual dizia respeito a primeira série de exemplos em que prevalecia a permanência de uma organização observável a partir de fora. Uma discussão sobre os critérios da identidade passará a ocupar a cena, ensejando defesas opostas e igualmente plausíveis de um ou de outro. Assim, a Locke e a seus partidários serão regularmente opostas as aporias de uma identidade dependente apenas do testemunho da memória; aporias psicológicas referentes aos limites, às intermitências (durante o sono, por exemplo), às falhas da memória, mas também aporias mais propriamente ontológicas: em vez de dizer que a pessoa existe pela razão de que tem lembranças, não será mais plausível – pergunta J. Butler[13] – atribuir a continuidade da memória à existência contínua de uma alma-substância? Sem prever, Locke revelava o caráter aporético da questão da identidade. A maior prova disso são os paradoxos que ele assumia sem pestanejar, mas que seus sucessores transformaram em provas de indecidibilidade: veja-se o caso de um príncipe cuja memória é transplantada para o corpo de um sapateiro; este passa a ser o príncipe que lembra ter sido ou continuará sendo o sapateiro que as outras pessoas continuam vendo? Locke, coerente consigo, decide-se pela primeira solução. Mas alguns leitores modernos, mais sensíveis à colisão entre dois critérios de identidade opostos, concluirão pela indecidibilidade do caso. Desse modo, nascia a era dos *puzzling cases*, apesar da segurança de Locke. Voltaremos a isso adiante[14].

Antes nascera com Hume a era da dúvida e da suspeita. É um conceito forte da relação de identidade que Hume propõe

---

13. J. Butler, "Of personal Identity", *The Analogy of Religion* (1736), reproduzido in Perry (org.), *Personal Identity,* University of California Press, 1975, pp. 99-105.

14. Não foi em Locke, mas em seus sucessores, que a situação criada pela hipótese do transplante de uma alma para outro corpo começou a parecer mais indeterminada do que simplesmente paradoxal, ou seja, contrária ao senso comum. Pois como a memória do príncipe poderia não afetar o corpo do sapateiro na voz, nos gestos, nas posturas? E como situar a expressão do caráter habitual do sapateiro em relação à da memória do príncipe? O que se transformou em problemática depois de Locke, e não o era para este, é a possibilidade de distinguir entre dois critérios de identidade: as chamadas identidade psíquica e identidade corporal, como se a expressão da memória não fosse um fenômeno corporal. Na verdade, o vício inerente ao paradoxo de Locke, além da eventual circularidade do argumento, é uma descrição imperfeita da situação criada pelo transplante imaginário.

no início da análise que se lê no *Tratado da natureza humana*, livro I, quarta parte, sexta seção (1739): "Temos uma ideia distinta de um objeto que permaneça invariável e ininterrupto durante uma suposta variação de tempo; essa ideia nós chamamos de identidade ou *sameness*."[15] Portanto, não há ambiguidade: só existe um modelo de identidade, a mesmidade. Como Locke, Hume percorre uma série de exemplos-tipo, de navios e plantas a animais e humanos. Diferentemente de Locke, porém, já nos primeiros exemplos ele introduz *graus* na atribuição de identidade, por exemplo conforme as mutações de um ser material ou vivo sejam mais ou menos amplas ou mais ou menos súbitas. A questão da identidade fica assim já de início isenta de respostas em preto e branco. Mas, sobretudo, diferentemente de Locke, Hume não inverte seus critérios de atribuição de identidade quando passa das coisas e dos seres animados ao si. E, visto que, como bom empirista, exige para cada ideia uma impressão correspondente ("deve existir uma impressão que dê origem a cada ideia real..."[16]) e, examinando "seu interior", só encontra diversidade de experiências e nenhuma impressão invariável relativa à ideia de um si, conclui que esta última é ilusão.

Mas essa conclusão não encerra o debate; ao contrário, abre-o. Hume pergunta: o que nos dá tão forte propensão a sobrepor uma identidade a essas percepções sucessivas e a supor que estamos de posse de uma existência invariável e ininterrupta durante todo o curso de nossa vida? É na explicação da *ilusão* de identidade que Hume expõe os recursos de sutileza que, depois de ter causado grande impressão sobre Kant, marcaram duradouramente a discussão ulterior. Entram em cena dois conceitos novos: imaginação e crença. À *imaginação* é atribuída a faculdade de passar com facilidade de uma experiência à outra se a diferença entre elas for pequena e gradual, transformando assim diversidade em identidade. É a *crença* que de-

---

15. Trad. do autor. A tradução de Leroy (Hume, *Traité de la nature humaine*, 2 vols., Paris, Aubier-Montaigne, 1968) vê *sameness* de maneira excessivamente aproximativa por *"du même"* [do mesmo] (t. I, p. 345) e *self* por *"moi"* [eu].

16. Trad. do autor (cf. trad. Leroy, *op. cit.*, t. I, p. 343).

pois serve de etapa que supre o déficit da impressão. Numa cultura como aquela à qual Hume ainda pertence, a admissão de que uma ideia repousa numa crença, e não numa impressão, não desacredita inteiramente essa ideia; as crenças têm um lugar e um papel que a filosofia delimita com precisão. Contudo, dizer que a crença engendra ficções é anunciar um tempo no qual a crença se tornará não crível. Hume ainda não dá esse passo e sugere que a unidade da personalidade pode ser equiparada à de uma república ou de um *Commonwealth* cujos membros não deixam de mudar, enquanto permanecem os elos de associação. Caberá a Nietzsche dar o outro passo da suspeita. A violência da negação substituirá a sutileza da insinuação.

Alguém objetará: por acaso Hume não estava em busca do que não podia encontrar, um si que não seja apenas um mesmo? E não estaria pressupondo o si que não buscava? Leiamos seu principal argumento: "Quanto a mim, quando penetro o mais intimamente possível no que chamo de mim mesmo, sempre esbarro em uma ou outra percepção particular, calor ou frio, luz ou sombra, amor ou ódio, dor ou prazer. Nunca me atinjo num momento qualquer fora de uma percepção e não posso observar nada senão a percepção."[17] Eis aí, portanto, *alguém* que professa não encontrar nada senão um dado isento de ipseidade; *alguém* que penetra em si mesmo, procura e declara que não encontrou nada. Pelo menos – observa Chisholm em *Person and Object*[18], *alguém* está hesitando, está observando uma percepção. Com a pergunta *quem?* – quem procura, hesita e não encontra, quem percebe? –, retorna o si no momento em que o mesmo se esquiva.

O desenrolar da discussão chegará várias vezes à beira de um paradoxo semelhante. Não me deterei na questão de saber se o melhor critério de identidade é de ordem corporal ou psicológica por várias razões.

Em primeiro lugar, não quero levar a crer que o critério psicológico teria afinidade privilegiada com a ipseidade, e o

---

17. Cf. trad. Leroy, *op. cit.*, t. I, p. 343.
18. R. Chisholm, *Person and Object, a Metaphysical Study*, Londres, G. Allen & Unwin, 1976, pp. 37-41.

critério corporal, com a mesmidade. Ainda que a memória tenha com a ipseidade uma afinidade à qual voltarei adiante, o critério psicológico não se reduz à memória; tudo o que foi dito acima sobre o caráter comprova-o suficientemente; ora, como vimos, o caráter é aquilo que inclina mais a pensar a identidade em termos de mesmidade. O caráter, como dizíamos, é o si com aparência de mesmidade. Em sentido inverso, o critério corporal não é, por natureza, estranho à problemática da ipseidade, uma vez que o fato de meu corpo pertencer a mim mesmo constitui o testemunho mais forte a favor da irredutibilidade da ipseidade à mesmidade[19]. Por mais semelhante a si mesmo que permaneça um corpo – se bem que não é o que ocorre; basta comparar os vários autorretratos de Rembrandt –, não é sua mesmidade o que constitui sua ipseidade, mas o fato de pertencer a alguém capaz de se autodesignar como aquele que tem seu corpo.

Em segundo lugar, tenho grande dúvida no que se refere ao uso do termo *critério* no campo desta discussão. Critério é o que possibilita distinguir o verdadeiro do falso numa competição entre pretensões à verdade. Ora, a questão é precisamente saber se ipseidade e mesmidade se prestam do mesmo modo à prova do juízo de verdade. No caso da mesmidade, o termo critério tem sentido bem preciso: designa as provas de verificação e falsificação dos enunciados referentes à identidade enquanto relação: o mesmo que... (todos lembram a afirmação de Locke e de Hume, segundo os quais a identidade resulta de uma comparação; em Kant também a substância é a primeira categoria da relação). Pode-se então chamar legitimamente de critério a prova de verdade das asserções referentes à mesmidade. Ocorrerá o mesmo com a ipseidade? O fato de meu corpo me pertencer será do campo de uma criteriolo-

---

19. A confrontação entre critério corporal e critério psicológico deu ensejo a uma literatura considerável em língua inglesa; consultar as seguintes coletâneas de ensaios: Amelie Oksenberg Rorty, *The Identities of Persons*, Univ. of Califomia Press, 1976; J. Perry, *Personal Identity*, Univ. of California Press, 1975; e as obras de Sidney Shoemaker, *Self-knowledge and Self-Identity*, Ithaca, Cornell University Press, 1963, e de Bernard Williams, *Problems of the Self*, Cambridge University Press, 1973.

gia? Não incidirá de preferência no campo da *atestação*[20]? A memória – o pretenso critério psicológico privilegiado – será critério de seja lá o que for? Não incidirá, ela também, no campo da atestação? Pode-se hesitar: a resposta será não, se identificarmos critério com prova de verificação ou de falsificação; sim, se admitirmos que a atestação se presta a uma prova de verdade de ordem diferente da prova de verificação ou de falsificação. Ora, essa discussão só poderá ser levada a bom termo quando a distinção entre as problemáticas da ipseidade e da mesmidade tiver sido firmemente estabelecida e depois de ter sido percorrido todo o seu leque de casos, que vão da sobreposição à disjunção. Isso só poderá ser feito no fim de nossas reflexões sobre a identidade narrativa.

2. Em vez de entrar na discussão dos critérios de identidade pessoal, optei deliberadamente por me medir com uma obra importante, que, transcendendo o debate sobre os respectivos méritos do critério psicológico e do critério corporal, cuida diretamente das *crenças* que costumamos vincular à reivindicação de identidade pessoal. Essa obra incomum é a de Derek Parfit, *Reasons and Persons*[21]. Nela reconheci o adversário – não o inimigo, longe disso – mais temível para minha tese da identidade narrativa, uma vez que suas análises se desenrolam num plano em que a identidade só pode significar mesmidade, com a expressa exclusão de toda e qualquer distinção entre mesmidade e ipseidade, portanto de toda e qualquer dialética – narrativa ou outra – entre mesmidade e ipseidade. A obra lembra a de Locke, não tanto pela posição nela ocupada pela memória quanto pelo recurso aos casos paradoxais, e também a de Hume, por sua conclusão cética; os famosos *puzzling cases* que servem de prova de verdade ao longo de todo o livro de Parfit levam a pensar que a própria questão da identidade pode revelar-se vazia de sentido, uma vez que, pelo menos nos casos paradoxais, a resposta é indeterminada. Para nós, a questão

---

20. Não é a primeira vez que o estatuto epistemológico da atestação passa para o primeiro plano: cf. acima, p. 78. O elo entre ipseidade e atestação será abordado frontalmente no décimo estudo.

21. Oxford, Oxford University Press, 1986.

será saber se, como Hume, Parfit não procurou o que não poderia encontrar, a saber, um estatuto firme da identidade pessoal definida em termos de mesmidade, e se não pressupõe o si que ele não procurava, principalmente quando desenvolve as implicações morais de sua tese com um vigor intelectual pouco comum, chegando a escrever: *"personal identity is not what matters"* (a identidade pessoal não é o que importa)[22].

O que Parfit ataca são as crenças básicas, subjacentes ao uso dos critérios de identidade. Por razão didática, pode-se decompor em três séries de asserções as crenças comuns relativas à identidade pessoal; a primeira diz respeito ao que se deve entender por identidade, a saber, a existência separada de um núcleo de permanência; a segunda consiste na convicção de que sempre pode ser dada determinada resposta sobre a existência de tal permanência; a terceira enuncia que a questão proposta é importante para que a pessoa possa reivindicar o estatuto de sujeito moral. A estratégia de Parfit consiste em desmantelar uma após outra essas três séries de asserções que estão menos justapostas que sobrepostas, indo da mais manifesta à mais dissimulada.

A primeira tese de Parfit é de que a crença comum deve ser reformulada em termos que não lhe são próprios, a saber, nos termos da tese contrária, a única que ele considera verdadeira e chama de tese reducionista. A outra tese, portanto, será chamada de tese não reducionista. Segundo a tese reducionista, a identidade ao longo do tempo se reduz inteiramente ao fato de haver certa conectividade (*connectedness*) entre acontecimentos, sejam estes de natureza física ou psíquica. Os dois termos aqui empregados devem ser bem compreendidos: por acontecimento deve-se entender toda ocorrência passível de ser descrita *sem* que se afirme explicitamente que as experiências que compõem uma vida pessoal são posse dessa pessoa, sem que se afirme que essa pessoa existe. É com a condição de tal descrição impessoal que pode ser realizada qualquer pes-

---

22. *Reasons and Persons*, op. cit., p. 255 e *passim* (trad. do autor). É de notar que às vezes D. Parfit escreve: *"our identity is not what matters"* (p. 245 e *passim*), fórmula que não deixa de reintroduzir a questão do pertencimento (*ownership*).

quisa de conexão, seja no plano físico ou corporal, seja no plano mental ou psíquico.

Assim, a tese reducionista reintroduz no debate a noção neutra de *acontecimento* com a qual deparamos pela primeira vez no âmbito da teoria da ação, por ocasião das teses de Donald Davidson sobre a relação entre ação e acontecimento[23]. Tal como em Davidson, a categoria acontecimento parece ser primitiva, ou seja, não tributária da categoria entidade substancial, ao contrário da noção de estado que, ao que parece, deve ser estado de alguma entidade. Tomando-se a noção de acontecimento em sentido lato, que inclui acontecimento psíquico e acontecimento físico, a tese reducionista pode ser assim formulada: "A existência de uma pessoa consiste exatamente na existência de um cérebro e de um corpo e na ocorrência de uma série de acontecimentos físicos e mentais interligados."[24]

O que a tese reducionista exclui? Exatamente "que somos entidades que existem separadamente" (*Reasons and persons*, p. 210). Em relação à simples continuidade psíquica ou psicológica, a pessoa constitui um "fato separado suplementar" (*a separate further fact*). Em que sentido, separado? No sentido de distinto de seu cérebro e de sua vivência psíquica (*his experiences*). Para Parfit, a noção de substância espiritual, com que ele identifica o puro *ego* cartesiano, é sem dúvida apenas uma das versões da tese não reducionista, mas é a mais conhecida, ainda que também seja concebível uma versão materialista; o essencial é a ideia de que a identidade consiste num fato suplementar em relação à continuidade física e/ou psíquica: "chamo

---

23. Cf. acima, terceiro estudo, pp. 39 ss.
24. D. Parfit, *Reasons and Persons*, op. cit., p. 211 [trad. do autor]. É verdade que Parfit admite duas variantes da tese reducionista: de acordo com a primeira, a pessoa é apenas o que acabamos de dizer; de acordo com a segunda, a pessoa poderia ser considerada uma entidade distinta, sem que essa entidade tenha existência separada: essa variante acata a analogia proposta por Hume entre a pessoa e uma república ou *Commonwealth*: assim, diz-se que a França existe, mas não a Rusitânia, embora a primeira não exista separadamente, apartada de seus cidadãos e de seu território. É essa segunda versão que Parfit adota para a noção de pessoa. A seu ver, ela não viola a tese reducionista. Nessa segunda versão, a pessoa pode ser mencionada sem que sua existência seja reivindicada (*claimed*).

essa concepção de Concepção do Fato Suplementar" (*Further Fact View* – *ibid.*, p. 210).

Antes de irmos adiante, é importante ressaltar que a tese reducionista estabelece o vocabulário de referência na qual a tese contrária é formulada, a saber, o vocabulário do acontecimento, do fato descrito de modo impessoal; em relação a esse vocabulário básico, a tese contrária é definida tanto pelo que ela nega (o reducionismo) quanto pelo que acrescenta (o fato suplementar). Dessa maneira, a meu ver, elude-se o fenômeno central que a tese reduz, a saber, a posse do corpo e da vivência por parte de alguém. A escolha do acontecimento como termo de referência exprime, ou melhor, realiza esse eludir, ou melhor, esse elidir do sempre-meu. E é no vocabulário do acontecimento, oriundo de semelhante elisão, que a existência da pessoa aparece como fato suplementar. A chamada tese não reducionista torna-se, assim, parasitária da tese reducionista, erigida em moeda de conta. Ora, toda a questão está em saber se o sempre-meu faz parte do espectro dos fatos, da epistemologia dos observáveis, afinal da ontologia do acontecimento. Somos assim remetidos mais uma vez à distinção entre duas problemáticas da identidade, a do *ipse* e a do *idem*. É por ignorar essa possível dicotomia que Parfit não tem outro recurso senão considerar supérfluo, no sentido preciso do termo, o fenômeno do sempre-meu em relação à factualidade do acontecimento.

Desse não reconhecimento resulta como corolária a falsa aparência de que a chamada tese não reducionista tem a ilustração mais notável no dualismo espiritualista ao qual o próprio cartesianismo é afoitamente equiparado. A meu ver, o que a tese redutora reduz não é apenas, nem principalmente, o sempre-meu da vivência psíquica (*the experiences,* no sentido inglês do termo), porém, mais fundamentalmente, o do corpo próprio: de meu corpo. A impessoalidade do acontecimento marca, antes de qualquer coisa, a neutralização do corpo próprio. A partir daí, a verdadeira diferença entre tese não reducionista e tese reducionista não coincide de modo algum com o suposto dualismo entre substância espiritual e substância corporal, mas entre pertencimento meu e descrição impessoal. Uma vez que o corpo próprio constitui um dos componentes do sempre-meu, a confrontação mais radical deve pôr frente a frente as duas perspectivas sobre o corpo, o corpo como meu e o corpo como um corpo entre os corpos. A tese reducionista, nesse sentido, marca a redução do corpo próprio ao corpo qualquer. É essa neutralização que, em todas as experiências intelectuais que agora vamos trazer à tona, facilita que o discurso sobre o corpo se focalize no cérebro. Com efeito, o *cérebro* difere de várias partes do corpo, e do corpo inteiro enquanto experiência integral, pelo fato de estar despojado de qualquer estatuto fenomenológico, portanto do traço de pertencimento meu. Tenho uma relação vivenciada com meus membros como órgãos de movimento (mãos) ou de percepção (olhos), de emoção (coração) ou de expressão (voz). Não tenho nenhuma relação vivenciada com meu cérebro. A bem da verdade, a expressão "meu cérebro" não significa nada, pelo menos diretamente: falando-se de modo absoluto, há *um cérebro* em meu crânio, mas não o sinto. É só por um desvio global por meu corpo, uma vez que meu corpo é também um corpo, e o cérebro está contido nesse corpo, que posso dizer: meu cérebro. O caráter desconcertante dessa expressão é reforçado pelo fato de que o cérebro não incide na categoria dos objetos percebidos à distância do corpo próprio. Sua proximidade em minha cabeça lhe confere o caráter estranho de interioridade não vivenciada.

Os fenômenos psíquicos, por sua vez, apresentam problema comparável; a respeito, pode-se considerar como o momento mais crítico de toda a empreitada a tentativa de dissociar o critério psicológico do traço de pertencimento meu. Parfit avalia que, se o *Cogito* cartesiano não pode, evidentemente, ser despojado do traço da primeira pessoa, o mesmo não se pode dizer da identidade definida apenas pela continuidade psíquica ou corporal. Portanto, deve-se poder definir a continuidade *mnêmica* sem referência ao meu, teu, seu. Se isso pudesse ser feito, teríamos realmente nos desvencilhado do traço de pertencimento meu, em suma, do próprio. Isso seria possível, se pudéssemos criar uma réplica da memória de um no cérebro do outro (sem dúvida, trata-se de manipulação no cérebro, mas veremos adiante o lugar que esta e outras semelhantes ocupam nas experiências imaginárias construídas por Parfit); a memória pode então ser considerada como equivalente a um rastro cerebral. Falaremos nesse sentido de marcas mnêmicas. Nada então se opõe a que fabriquemos uma réplica dessas marcas. Com base nisso, pode-se definir um conceito amplo de *quase- -memória*, de que a memória ordinária seria uma subclasse, a saber, a das quase-lembranças de nossas próprias experiências passadas (cf. *ibid.*, p. 220). Mas o próprio poderá ser um caso particular do impessoal? De fato, ficou combinada a substituição da memória própria pela noção de marca mnêmica, da alçada da problemática do acontecimento neutro. É esse deslizamento prévio que autoriza a tratar em termos de dependência causal o encadeamento específico entre experiência passada e experiência presente.

O caso da memória é apenas o mais notável na ordem da continuidade psíquica. O que está em causa é a adscrição do pensamento a um pensador. Será possível substituir, sem perda semântica, "eu penso" por "isso pensa" (ou: "o pensamento está em curso")? A adscrição a si e a outro, para retomar o vocabulário de Strawson, parece intraduzível nos termos da descrição impessoal.

A segunda crença que Parfit ataca é a de que a questão da identidade é sempre determinável, portanto a de que todos os casos aparentes de indeterminabilidade podem ser resolvidos com um sim ou um não. Na verdade, essa crença é subjacente à anterior: é por considerarmos determináveis os casos aberrantes que procuramos a fórmula estável da identidade. Nesse aspecto, a invenção de *puzzling cases* com o socorro da ficção científica, em que se demonstra a indecidibilidade da questão de identidade, exerce função estratégica tão decisiva que Parfit começa a terceira parte de sua obra, dedicada à identidade pessoal, com a apresentação do mais perturbador de seus *puzzling cases*. Assim é insinuada desde o início a vacuidade de uma pergunta que provoca tal indeterminação da resposta. No entanto, preferi começar pela exposição da tese reducionista porque ela, de fato, rege a construção e a seleção dos *puzzling cases*.

Em certo sentido, a questão da identidade sempre despertou interesse pelos casos paradoxais. As crenças religiosas e teológicas relativas à transmigração das almas, à imortalidade, à ressurreição da carne não deixaram de intrigar as mentes mais especulativas (tem-se um testemunho disso na resposta de são Paulo aos coríntios em 1 Cor *15*, 35 ss.). Vimos acima de que modo Locke usa um caso imaginário desconcertante, não, claro, para minar a crença, mas para submeter à prova do paradoxo sua própria tese sobre a equiparação entre identidade pessoal e memória. Foram seus sucessores que transformaram o paradoxo de Locke em *puzzling case*. A literatura da identidade pessoal está cheia de invenções dessa espécie: transplante de cérebro, bissecção, duplicação de hemisférios cerebrais etc., para não falar dos casos clinicamente observáveis de desdobramento da personalidade, casos mais conhecidos do público de língua francesa. Nós mesmos seremos levados a atribuir lugar de destaque ao equivalente dos *puzzling cases* de Parfit, no âmbito de uma concepção narrativa da identidade pessoal. A confrontação entre as duas espécies de *puzzling cases* será até um dos pontos fortes da defesa de nossa própria tese. Por ora nos limitaremos à seguinte observação: essa continuidade impressionante no recurso à imaginação de casos capazes de paralisar a reflexão leva a entender que a questão da identidade constitui um lugar privilegiado de aporias. Talvez não caiba concluir que a pergunta é vazia, mas que ela pode ficar como uma pergunta sem resposta: é isso, precisamente, o que está em jogo nessa estratégia singular.

 O que importa destacar enfaticamente é que a seleção de *puzzling cases* de Parth é regida pela hipótese reducionista que acabamos de discutir. Veja-se a experiência fictícia de teletransporte que inicia com estardalhaço a terceira parte de *Reasons and Persons*. O autor propõe duas versões: nos dois casos, é feita uma cópia exata de meu cérebro, essa cópia é transmitida por rádio a um receptor colocado em outro planeta onde uma máquina, com base nessa informação, reconstitui uma réplica exata de mim, portanto idêntica no sentido de exatamente semelhante quanto à organização e ao encadeamento dos estados de coisas e dos acontecimentos. No primeiro caso, meu cérebro e meu corpo são destruídos durante minha viagem espacial. A questão é saber se *sobrevivi* em minha réplica ou se morri.

O caso é indecidível: quanto à identidade numérica, minha réplica é outro, que não eu; quanto à identidade qualitativa, é indiscernível de mim, portanto intercambiável. No segundo caso, meu cérebro e meu corpo não são destruídos, mas meu coração está em frangalhos; encontro minha réplica em Marte, convivo com ela; ela sabe que vou morrer antes e começa a me consolar, prometendo que ocupará meu lugar; que posso esperar ainda do futuro? Vou morrer ou sobreviver em minha réplica?

Que pressuposição preside a construção desse *puzzling case* e de muitos outros, cada um mais engenhoso que o outro? Trata-se, em primeiro lugar, de casos imaginários *concebíveis,* ao mesmo tempo que não seriam tecnicamente realizáveis. Basta que não sejam lógica e fisicamente impossíveis; a questão será saber se não violam alguma injunção de outra ordem, relativa ao enraizamento terrestre do homem. Voltaremos a isso mais tarde, quando compararmos os casos de ficção científica às ficções literárias de ordem narrativa. Além disso, trata-se de manipulações de alta tecnologia exercidas sobre o *cérebro* considerado como o equivalente da pessoa. É nesse ponto que a tese reducionista exerce controle; numa ontologia do acontecimento e numa epistemologia da descrição impessoal dos encadeamentos portadores da identidade, o lugar privilegiado das ocorrências nas quais a pessoa é mencionada, sem que sua existência distinta seja explicitamente reivindicada, é o cérebro. Está claro que as ficções de Parfit, diferentemente das ficções literárias de que falaremos adiante, referem-se a entidades pertinentes ao registro do manipulável do qual a questão da ipseidade foi por princípio eliminada.

A conclusão que Parfit extrai da situação de indecidibilidade revelada pelos *puzzling cases* é que a própria questão formulada era vazia. Se considerarmos que identidade quer dizer mesmidade, a conclusão é irretorquível; de fato, nos casos mais difíceis, nenhuma das três soluções previstas é plausível, quais sejam:

a) não existe ninguém que seja o *mesmo* que eu;

b) sou o *mesmo* que um dos dois indivíduos oriundos do experimento;

c) sou o *mesmo* que os dois indivíduos.

O paradoxo é realmente um paradoxo da mesmidade: foi preciso considerar como equivalentes as perguntas: "vou sobreviver?" e "haverá uma pessoa que seja a *mesma* pessoa que eu?" Nesse quadro predeterminado, resolver o paradoxo é dissolver a questão, em suma, considerá-la vazia. A bem da verdade, seria preciso relativizar e dizer: nessa situação, a questão é indeterminada. Se, numa espécie de extrapolação discutível, Parfit atribui aos *puzzling cases* papel tão proeminente, é porque estes dissociam os componentes que na vida cotidiana consideramos indissociáveis e cuja ligação consideramos até não contingente, a saber, a sobreposição entre a conexão psicológica (e eventualmente corporal), que em última análise pode ser passível de descrição impessoal, e o sentimento de pertencimento – em especial das lembranças – a alguém capaz de se autodesignar como seu possuidor. Portanto, será uma das funções da comparação ulterior entre ficção científica e ficção literária retrabalhar a questão da contingência presumida dos traços mais fundamentais da condição humana. Entre estes, há pelo menos um que, nas experiências imaginárias de teletransporte, parece insuperável, qual seja, a *temporalidade*, não da viagem, mas do viajante teletransportado. Enquanto considerarmos apenas a adequação da réplica ao cérebro reduplicado, só contará a identidade estrutural, comparável à do código genético, preservado ao longo de toda a experiência[25]. Quanto a mim, que sou teletransportado, não deixa de me ocorrer algo: temo, creio, duvido, pergunto-me se vou morrer ou sobreviver, enfim, me preocupo. Nesse aspecto, a passagem da discussão dos problemas de *memória* para os problemas de *sobrevida*[26]

---

25. Ainda que se possa objetar, à própria construção do caso imaginário, que, se fosse uma réplica integral, a réplica de meu cérebro deveria conter, além das marcas de minha história passada, a marca de minha história futura tecida de encontros aleatórios; ora, essa condição parece violar as regras do concebível: desde a separação entre mim e minha réplica, nossas *histórias* nos distinguem e nos tornam insubstituíveis. A própria noção de réplica corre o risco de perder o sentido.

26. Sobre o problema da sobrevida, no sentido da persistência no futuro após uma prova de alteração radical da identidade pessoal, cf. in J. Perry (org.), *Personal Identity, op. cit.*, seção V: "Personal Identity and Survival" (artigos de B. Williams e D. Parfit), pp. 179-223; in A. O. Rorty (org.), *The Identities of Per-*

marca a entrada em cena de uma dimensão de historicidade da qual parece bem difícil fazer uma descrição impessoal.

A terceira crença que Parfit submete à sua crítica feroz diz respeito ao juízo de *importância* que vinculamos à questão da identidade. Já citei as famosas palavras: *"Identity is not what matters"*. O elo entre a crença aqui atacada e a crença anterior é o seguinte: se a indecidibilidade nos parece inaceitável, é porque nos perturba; isso está claro em todos esses casos bizarros nos quais está em jogo a sobrevida: o que vai me acontecer? – pergunto. Ora, se ficamos perturbados é porque o juízo de identidade nos parece importante. Se renunciarmos a esse juízo de importância, deixaremos de ficar perturbados. Postos diante das opções apresentadas pelos *puzzling cases*, estamos prontos a convir que sabemos tudo o que é possível saber sobre o caso em questão e a deter aí a pesquisa: "sabendo isto, sabemos tudo" (*ibid.*, p. 261).

Esse ataque ao juízo de importância ocupa posição estratégica central em toda a obra de Parfit. Com efeito, deixamos de dizer que o problema da identidade discutida na terceira parte do livro destina-se a resolver um problema moral formulado nas duas partes anteriores, a saber, o problema da *racionalidade* da escolha ética proposto pela moral utilitarista predominante no mundo de língua inglesa. Parfit ataca sua versão mais egoísta, por ele denominada "teoria do interesse próprio" (*self-interest theory*)[27]. O que está em jogo é o si em sua dimensão ética. A tese de Parfit é que a disputa entre egoísmo e altruísmo não poderá ser decidida no plano em que se desenrola se antes não tivermos tomado posição sobre a questão de saber que espécie de entidade são as pessoas (donde o título da obra *Reasons and Persons*). As razões válidas da escolha ética passam pela dissolução das falsas crenças sobre o estatuto ontológico das *pessoas*. Portanto, é à questão formulada pela primeira parte que voltamos no fim da terceira. Em contrapar-

---

sons, op. cit., os artigos de D. Lewis, "Survival and Identity", pp. 18-40, e G. Rey, "Survival", pp. 41-66.

27. Parfit a resume nos seguintes termos: "A cada pessoa [a teoria] S dá como objetivo os resultados que seriam os melhores para ela e garantiriam em sua vida o melhor curso possível para ela" (*Reasons and persons, op. cit.*, p. 3 [trad. do autor]).

tida, todo o peso das questões éticas do início incide sobre a questão da identidade. Esta passa a ser uma questão propriamente axiológica; o juízo de importância é um juízo que dá posição na hierarquia das estimativas. Mas a qual identidade – à identidade em que sentido do termo – é preciso renunciar? Será à mesmidade que Hume já considerava inencontrável e pouco digna de interesse? Ou ao sempre-meu que, em minha opinião, constitui o núcleo da tese não reducionista? Na verdade, tudo leva a crer que Parfit, favorecido pela indistinção entre ipseidade e mesmidade, visa a primeira através da segunda. O que está longe de ser sem interesse: pois a espécie de budismo que a tese moral de Parfit insinua consiste precisamente em não fazer diferença entre mesmidade e sempre-meu. Ao fazer isso, não correrá o risco de jogar a criança com a água do banho? Pois, assim como estou pronto a admitir que as variações imaginativas sobre a identidade levam a uma crise da própria ipseidade – e os casos bizarros de ordem narrativa que considerararemos adiante confirmarão sobejamente isso –, também não percebo como a pergunta *quem?* pode desaparecer nos casos extremos em que ela fica sem resposta. Pois, afinal, como seria possível interrogar-se sobre *o que* importa se não fosse possível perguntar *a quem* a coisa importa ou não? A interrogação incidente sobre *o que* importa ou não acaso não é pertinente ao cuidado de si, que parece constitutivo da ipseidade? E, se remontarmos do terceiro nível ao segundo, depois ao primeiro nível das crenças passadas pelo crivo da crítica, acaso não continuaremos a nos mover no elemento da crença, da crença referente ao que *nós* somos? A tenacidade dos pronomes pessoais, até no enunciado da tese reducionista da qual partimos, trai muito mais que a retórica da argumentação: ela marca a resistência da pergunta *quem?* à sua eliminação numa descrição impessoal[28].

---

28. Seria preciso citar por inteiro as conclusões provisórias das páginas 216-7 do livro de Parfit em que só se fala de "nosso cérebro", "nossos pensamentos e nossas ações", "nossa identidade". A substituição por dêiticos que não sejam pronomes e adjetivos pessoais ("o cérebro dessa pessoa", "essas experiências") não muda nada, em vista da constituição dos dêiticos. Nesse aspecto, a expressão mais espantosa é aquela que resume toda a tese: "Minha tese [é] que poderíamos descrever nossa vida de maneira impessoal" (*ibid.*, p. 217).

Em última análise, trata-se de mudar a concepção que temos "de nós mesmos e de nossa vida efetiva" (*ibid.*, p. 217). É "nossa maneira de ver [*our view*] a vida" que está em causa. Alguém objetará aqui à minha defesa da irredutibilidade do sempre-meu e, por implicação, da própria questão da ipseidade, que o quase budismo de Parfit não deixa intacta a asserção de ipseidade. O que Parfit pede é que nos preocupemos menos conosco, entre outras coisas com o envelhecimento e a morte; que atribuamos menos importância a saber "se estas ou aquelas experiências provêm de mesmas vidas ou de vidas diferentes" (*ibid.*, p. 341): portanto, que nos interessemos pelas próprias "experiências", e não pela "pessoa que as tem" (*ibid.*); que façamos menos diferenças entre nós mesmos em épocas diferentes de nossa vida e outrem que teve experiências semelhantes às nossas: que ignoremos ao máximo as fronteiras entre as vidas, dando menos importância à unidade de cada vida; que façamos da própria unidade de nossa vida uma obra de arte, mais que reivindicação de independência... Não será à neutralização da questão da ipseidade, para além da observação impessoal do encadeamento de uma vida, que o Parfit moralista convida? Não será o *desapego* – pregado também, afinal de contas, por Jesus no Sermão da montanha – que Parfit opõe ao cuidado? Entendo a objeção. Mas creio que ela pode ser incorporada na defesa da ipseidade em face de sua redução à mesmidade. O que a reflexão moral de Parfit provoca é, afinal, uma crise *interna à* ipseidade. A crise consiste no fato de que a noção de pertencimento de minhas experiências a mim tem sentido ambíguo; há posse e posse. O que Parfit visa é precisamente ao egotismo que alimenta a tese do interesse próprio contra a qual sua obra é dirigida. Mas um momento de despojamento de si mesmo acaso não é essencial à autêntica ipseidade? Para tornar-se disponível, não será preciso pertencer-se de algum modo? Já perguntamos: a questão da importância seria formulada se não restasse alguém a quem a questão de sua identidade deixasse de importar? Acrescentemos agora: se minha identidade perdesse importância em todos os aspectos, a de outrem também não ficaria sem importância?[29]

Reencontraremos essas mesmas questões no termo de nossa defesa da interpretação narrativa da identidade; esta, como veremos, também tem seus casos bizarros que reconduzem a asserção da identidade a seu estatuto de pergunta – e às vezes de pergunta sem resposta: quem sou eu na verdade? É nesse ponto que a teoria narrativa, instada a defrontar-se com as interrogações de Parfit, será convidada, também, a explorar sua fronteira comum com a teoria ética.

---

29. Sobre o parentesco entre as teses de Parfit e o budismo, cf. D. Parfit, *Reasons and Persons, op. cit.*, p. 280; e M. Kapstein, "Collins, Parfit and the problem of personal identity in two philosophical traditions – A review of selfless persons", *Feature Book Review* (tiragem à parte).

SEXTO ESTUDO
O SI E A IDENTIDADE NARRATIVA

Este estudo está estreitamente ligado ao anterior. Seu tom, porém, é diferente. Até aqui tratamos da identidade narrativa de um modo polêmico e, afinal, mais defensivo que construtivo. Falta cumprir duas tarefas positivas.

A primeira é de levar a grau mais elevado *a dialética entre a mesmidade e a ipseidade,* implicitamente contida na noção de identidade narrativa.

A segunda é completar essa investigação do si narrado com a exploração das mediações que a teoria narrativa pode operar entre teoria da ação e teoria moral. Esta segunda tarefa terá duas vertentes. Voltando a nosso ternário – *descrever, narrar, prescrever* –, perguntaremos de início que *extensão do campo prático* a função narrativa suscitará se a ação descrita tiver de poder igualar-se à ação narrada. Examinaremos em seguida de que maneira a narrativa, nunca eticamente neutra, se mostra como o primeiro *laboratório do juízo moral.* Com base nessas duas vertentes – prática e ética – da teoria narrativa, terá prosseguimento a constituição recíproca da ação e do si.

1. Identidade narrativa e dialética entre ipseidade e mesmidade

A verdadeira natureza da identidade narrativa, a meu ver, só se revela na dialética entre ipseidade e mesmidade. Nesse sentido, esta última representa a principal contribuição da teoria narrativa à constituição do si.

A ordem seguida pelo argumento será a seguinte:

1. Primeiro mostraremos, no prolongamento das análises de *Tempo e narrativa*, como o modelo específico de conexão entre acontecimentos, constituída pela composição do enredo, possibilita integrar na permanência no tempo o que parece ser seu contrário sob o regime da identidade-mesmidade, a saber, a diversidade, a variabilidade, a descontinuidade, a instabilidade.

2. Depois mostraremos como a noção de composição do enredo, transposta da ação para os personagens da narrativa, engendra a dialética da personagem que é expressamente uma dialética entre mesmidade e ipseidade; voltando, nesse momento, para a estratégia dos *puzzling cases* da filosofia analítica, no espaço das variações imaginativas aberto pela dialética entre ipseidade e mesmidade, introduziremos casos-limite de dissociação entre duas modalidades de identidade, dignos de competirem com os casos indecidíveis de Parfit; assim, oferecemos uma oportunidade inestimável de confrontar os respectivos recursos da ficção literária e da ficção científica em face do caráter eminentemente problemático da identidade pessoal.

1. Quando formulava o conceito de *Zusammenhang des Lebens*, de conexão da vida, Dilthey o considerava espontaneamente como equivalente ao de história de uma vida. É essa pré-compreensão da significação histórica da conexão que a teoria narrativa da identidade pessoal tenta articular num nível superior de conceitualidade. A identidade, entendida narrativamente, pode ser chamada, por convenção, identidade da *personagem*. É essa identidade que situaremos adiante no campo da dialética entre o mesmo e o si. Mas, antes, mostraremos como a identidade da personagem se constrói em ligação com a do enredo. Essa derivação de uma identidade da outra, apenas indicada em *Tempo e narrativa*, será aqui explicitada.

Cabe lembrar, antes, o que em *Tempo e narrativa* se entende por identidade no plano da composição do enredo. Caracterizamo-la, em termos dinâmicos, pela concorrência entre a exigência de concordância e a admissão de discordâncias que, até o encerramento da narrativa, põem em perigo essa identidade. Por concordância entendo o princípio de ordem que preside aquilo que Aristóteles chama de "organização dos fatos". Por discordância entendo os reveses que fazem do enredo uma transformação regrada, desde uma situação inicial até uma situação final. Aplico o termo *configuração* a essa arte da composição que serve de mediação entre concordância e discordância. Para estender a validade desse conceito de configuração narrativa para além do exemplo privilegiado de Aristóteles – a tragédia grega e, em menor grau, a epopeia –, proponho definir a concordância discordante, característica de toda composição narrativa, pela noção de síntese do heterogêneo. Com isso, tento explicar as diversas mediações que o enredo opera – entre o diverso dos acontecimentos e a unidade temporal da história contada; entre os componentes díspares de ação, intenções, causas e acasos e o encadeamento da história; entre a pura sucessão e a unidade da forma temporal –, mediações que, em última análise, podem subverter a cronologia a ponto de aboli-la. Essas múltiplas dialéticas apenas explicitam a oposição, presente já no modelo trágico segundo Aristóteles, entre a dispersão episódica da narrativa e o poder de unificação desenvolvido pelo ato configurante que é a própria *poíesis*.

À configuração narrativa assim entendida deve-se comparar a espécie de conexão reivindicada por uma descrição impessoal. A diferença essencial que distingue o modelo narrativo de qualquer outro modelo de conexão reside no estatuto do *acontecimento,* que em várias ocasiões usamos como pedra de toque da análise do si[1]. Enquanto, no modelo de tipo causal, acontecimento e ocorrência permanecem indiscerníveis, o aconteci-

---

1. Cf. a discussão de Davidson no terceiro estudo e a de Partit no quinto. Não contesto as conquistas dessas teorias, ou seja, que o acontecimento, como ocorrência, tem direito a um estatuto ontológico pelo menos igual ao da substância, e que ele pode ser objeto de uma descrição impessoal. Digo que, entrando no movimento de uma narrativa que une uma personagem a um enredo, o acontecimento perde a neutralidade impessoal. Ao mesmo tempo, o estatuto narrativo conferido ao acontecimento previne a deriva da noção de acontecimento, que dificulta, quando não impossibilita, a consideração do agente na descrição da ação.

mento narrativo é definido por sua relação com a operação de configuração; ele participa da estrutura instável de concordância discordante, característica do enredo; é fonte de discordância, quando surge, e fonte de concordância porque faz a história avançar[2]. O paradoxo da composição do enredo é que ele inverte o efeito de contingência, no sentido daquilo que poderia ter ocorrido de outro modo ou não ter ocorrido em absoluto, incorporando-o de alguma forma no efeito de necessidade ou de probabilidade, exercido pelo ato configurante[3]. A inversão do efeito de contingência para efeito de necessidade ocorre no próprio cerne do acontecimento: enquanto simples ocorrência, este último limita-se a frustrar as expectativas criadas pelo curso anterior dos acontecimentos; ele é simplesmente o inesperado, o surpreendente, só se torna parte integrante da história se compreendido *a posteriori*, depois de transfigurado pela necessidade de algum modo retrógrada que procede da totalidade temporal levada a termo. Ora, essa necessidade é uma necessidade narrativa cujo efeito de sentido procede do ato configurante enquanto tal; é essa necessidade narrativa que transmuda a contingência física, contrária à necessidade física, em contingência narrativa, implicada na necessidade narrativa.

Desse simples lembrete da noção de composição do enredo e antes de qualquer consideração da dialética da personagem que é seu corolário, decorre que a operação narrativa desenvolve um conceito totalmente original de identidade dinâmica, que concilia as categorias que Locke considerava contrárias entre si: identidade e diversidade.

---

2. Vejo aqui algo da *Ursprung* segundo Walter Benjamin, cujo surgimento não se deixa reduzir àquilo que é comumente entendido por *Entstehung* e ainda menos por *Entwicklung*. Ora, por mais incoordenável a um todo que seja o surgimento do acontecimento narrativo, ele não se esgota em seu efeito de ruptura, de cesura; comporta potencialidades de desenvolvimento que precisam ser "salvas". Essa *Rettung* da *Ursprung* – tema central em Benjamin –, a meu ver, é realizada pelo enredo. O enredo "resgata" a origem da "queda" na insignificância. Cf. Jeanne-Marie Gagnebin. "Histoire, memoire et oubli chez Walter Benjamin" (inédito).

3. Sobre a necessidade ou a probabilidade vinculada por Aristóteles ao *mythos* da tragédia ou da epopeia, cf. os textos de Aristóteles citados em *Temps et Récit*, t. I, *op. cit.*, pp. 69-70.

O passo decisivo rumo a uma concepção narrativa da identidade pessoal é dado quando se passa da ação à personagem. É personagem aquela *que* executa a ação na narrativa. A categoria da personagem, portanto, também é uma categoria narrativa, e seu papel na narrativa diz respeito à mesma inteligência narrativa do enredo. A questão então é saber com o que a categoria narrativa da personagem contribui para a discussão da identidade pessoal. A tese aqui defendida será de que a identidade da personagem é compreendida por transferência para ela da operação de composição do enredo antes aplicada à ação narrada; a personagem, digamos, é composta em enredo.

Lembremos rapidamente de que maneira a teoria narrativa explica a *correlação* entre ação e personagem.

A correlação entre história narrada e personagem é simplesmente postulada por Aristóteles na *Poética*. Parece até tão estreita que assume a forma de subordinação. Com efeito, é na história narrada, com seus caracteres de unidade, articulação interna e completude, conferidos pela operação de composição do enredo, que a personagem conserva ao longo de toda a história uma identidade correlativa à da própria história[4].

A narratologia contemporânea tentou conferir a essa correlação o estatuto de injunção semiótica, implícita em certo sentido na decomposição conceitual do *mŷthos* em "partes" por Aristóteles. Propp deu impulso a essa investigação num nível de abstração que discuto em *Tempo e narrativa* e ao qual não vol-

---

4. Comentei em *Tempo e narrativa* esse primado da criação do enredo (*mŷthos*) sobre a personagem (p. 64). Na sequência das seis "partes" da tragédia segundo Aristóteles, o enredo vem à cabeça antes dos caracteres e do pensamento (*diánoia*), que, com o enredo, constituem o "o quê" da imitação da ação. Aristóteles leva a subordinação a ponto de declarar: "a tragédia é representativa [*mímese*] não de homens, mas de ação, de vida e de felicidade (a infelicidade também reside na ação), e o objetivo visado é uma ação, não uma qualidade [...]. Ademais, sem ação, não poderia haver tragédia, ao passo que poderia haver tragédia sem caracteres" (Aristóteles, *La Poétique*, texto, trad. e notas de R. Dupont-Roc e J. Lallot, Paris, Éd. du Seuil, 1980, VII, 1450 a 16-24). Esta última hipótese nos deterá adiante, quando mencionarmos o desaparecimento da personagem numa parte da produção romanesca contemporânea.

tarei aqui[5]. O autor de *Morfologia do conto*[6] começa pela dissociação entre as "funções" – a saber, os segmentos recorrentes de ação – e as personagens, a fim de definir o conto apenas pelo encadeamento das funções. Mas, no momento de retomar a unidade sintética da cadeia, precisa levar em conta o papel desempenhado pelas personagens. Assim, ele é o primeiro a tentar uma tipologia desses papéis, estabelecida apenas com base em sua recorrência[7]. Ora, a lista dos papéis não é independente da lista das funções; elas se cruzam em vários pontos que Propp chama de esferas de ação: "Numerosas funções se agrupam logicamente segundo certas esferas. Essas esferas correspondem às personagens que cumprem as funções" (*Morphologie du conte*, p. 96). "O problema da distribuição das funções pode ser resolvido, no nível do problema da distribuição das esferas de ação entre as personagens" (*ibid.*, p. 97). Citando essas declarações de Propp em *Tempo e narrativa II* (*Temps et Récit II*, pp. 60-1), indago se toda composição de enredo não procede de uma gênese mútua entre o desenvolvimento de um caráter e o de uma história narrada. Adoto o axioma enunciado por Frank Kermode, segundo o qual, para desenvolver um caráter, é preciso narrar mais[8].

Foi isso o que Claude Bremond ressaltou perfeitamente em sua *Lógica da narrativa*[9]; para ele, o *papel* só poderia ser definido pela "atribuição a um sujeito-pessoa de um predicado-processo eventual, em ato, ou acabado" (p. 134). Pode-se ver nessa

---

5. Em *Tempo e narrativa II*, tive a preocupação de ressaltar a filiação de sentido entre a *inteligência* narrativa, imanente à competência do espectador, do ouvinte ou do leitor, e a *racionalidade* narratológica que considero derivada da primeira. Esse problema de preeminência não me diz respeito aqui. Procuro de preferência na narratologia uma confirmação da pré-compreensão que temos, no nível da inteligência narrativa, da coordenação entre enredo e personagem.
6. *Morphologie du conte*, trad. fr. de M. Derrida, T. Todorov e C. Kahn, Paris, Ed. du Seuil, col. "Points", 1965 e 1970.
7. Recordo a lista de Propp: agressor, doador (ou provedor), auxiliar, pessoa procurada, mandante, herói, falso herói. Cf. *Temps et Récit*, t. II, Paris, Éd. du Seuil, 1984, p. 60.
8. F. Kermode, *The genesis of secrecy, on the interpretation of narrative*, Cambridge, Harvard University Press, 1979, pp. 75-99.
9. Claude Bremond, *Logique du récit*, Paris, Éd. du Seuil, 1973.

atribuição a solução narrativa, discutida nos estudos anteriores, do problema da adscrição da ação ao agente. A sequência elementar de uma narrativa contém já essa correlação. Além disso, a referência, na própria definição do papel, aos três estágios da eventualidade, da passagem ou não ao ato, da conclusão ou da falta de conclusão, já de saída situa o papel num dinamismo de ação. Com base nessa definição da sequência elementar, torna-se possível compor o repertório mais completo possível dos papéis, levando em conta uma série de enriquecimentos referentes tanto ao sujeito-pessoa quanto ao predicado-processo. É interessante que a primeira grande dicotomia seja a dos pacientes, afetados por processos modificadores ou conservadores, e, por correlação, dos agentes iniciadores desses processos. Assim é levada em conta a pré-compreensão que temos de que as narrativas são a respeito de agentes e de *pacientes*. Por minha vez, nunca deixo de falar do homem atuante e padecente. O problema moral, como se dirá adiante, insere-se no reconhecimento dessa dissimetria essencial entre aquele que faz e aquele que padece, culminando na violência do agente poderoso. Ser afetado por um curso de acontecimentos narrados, eis aí o princípio organizador de toda uma série de papéis de pacientes, segundo a ação exercida seja uma influência, uma melhoria ou uma deterioração, uma proteção ou uma frustração. Um enriquecimento notável da noção de papel diz respeito à introdução deste último no campo das valorizações, por intermédio das transformações de que acabamos de falar, e depois no das retribuições, em que o paciente aparece beneficiário de méritos ou vítima de deméritos, segundo o agente se revele paralelamente distribuidor de recompensas e de punições. Bremond nota, com razão, que é nesses estágios apenas que agentes e pacientes são elevados ao nível de pessoas e de iniciadores de ação. Assim se comprova no plano narrativo, por intermédio dos papéis pertencentes ao campo das valorizações e do das retribuições, a conexão estreita entre teoria da ação e teoria ética que consideraremos adiante.

    É com o modelo *actancial* de Greimas que a correlação entre enredo e personagem é levada ao nível mais elevado de radicalismo, anteriormente a qualquer figuração sensível. Por isso, não se fala aí de personagem, mas de *actante*, a fim de subordinar a representação antropomórfica do agente à sua posição de operador de ações no percurso narrativo. A radicalização prossegue em duas linhas: do lado do actante e do lado do percurso narrativo. Na primeira linha, a lista ainda empírica das personagens do conto russo, segundo Propp, é substituída por um modelo estabelecido com base em três categorias: desejo (princípio da busca de objeto, uma pessoa, um valor), comunicação (princípio de toda relação de destinador a destinatário), ação propriamente dita (princípio de toda oposição entre adjuvantes e oponentes). Eis, portanto, um modelo em que, inversamente ao de Propp, se parte das relações possíveis entre actantes em direção à rica combinatória de ações, sejam estas chamadas contratos, provas, buscas ou lutas. Na segunda linha, a dos percursos narrativos, eu gostaria de insistir no lugar ocupado – num plano mediano entre estruturas profundas e plano figurativo – por uma série de noções que só têm espaço numa concepção narrativa da coesão íntima da vida: primeiramente, a de *programa narrativo* e depois a de relação *polêmica* entre dois programas, donde resulta a oposição entre sujeito e antissujeito. Encontramos aí aquilo que pré--compreendemos no plano da simples inteligência narrativa, a saber, que ação é interação, e a interação, competição entre projetos que ora são rivais e ora convergem. Acrescentem-se também todas as translações ou transferências de objetos-valores que narrativizam o intercâmbio. Finalmente, seria preciso explicar a topologia subjacente à mudança de "lugares" – lugares iniciais e lugares finais de transferência –, a partir do que se pode falar de *sequência performática*[10].

Se cruzarmos as duas linhas de análise que acabo de resumir grosseiramente (remetendo a *Temps et Récit II*, pp. 71-91), vemos que se reforçam mutuamente uma semiótica do actante e uma semiótica dos percursos narrativos, até o ponto em

---

10. Tal como a propósito de Propp e Bremond, em relação a Greimas não volto às dificuldades epistemológicas ligadas à iniciativa de descronologização das estruturas narrativas. Mais uma vez, só me interessa o que legitima a *correlação* entre enredo e personagem intuitivamente compreendida no plano da simples inteligência narrativa.

que estes aparecem como percurso da personagem. Para concluir esse tema da correlação necessária entre enredo e personagem, gostaria de insistir numa categoria muito enfatizada por Greimas em *Maupassant*[11], apesar de presente já no primeiro modelo actancial, a saber, a do destinador. O par destinador/destinatário prolonga o do mandato em Propp ou do contrato inaugural no primeiro modelo actancial de Greimas, contrato em virtude do qual o herói recebe a competência de fazer. Os destinadores – que podem ser entidades individuais, sociais ou mesmo cósmicas, como se vê na novela "Dois amigos" – em *Maupassant* fazem parte daquilo que Greimas chama de estatuto "protoactancial" (p. 63)[12].

Não foi inútil lembrar a maneira como a estrutura narrativa faz a conjunção dos dois processos de criação do enredo: o da ação e o da personagem. Essa conjunção é a verdadeira resposta para as aporias da adscrição mencionadas já no primeiro estudo. Continua sendo verdadeiro que, do ponto de vista paradigmático, as perguntas *quem?, o quê?, como?* etc. podem designar os termos discretos da rede conceitual da ação. Mas, do ponto de vista sintagmático, as respostas a essas perguntas formam uma cadeia que outra não é senão o encadeamento da narrativa. Narrar é dizer quem fez o quê, por quê e como, estendendo no tempo a conexão entre esses pontos de vista. Também continua sendo verdadeiro que se pode descrever separadamente os predicados psíquicos tomados sem nenhuma atribuição a uma pessoa (o que é a própria condição da descrição do "psíquico"). Mas é na narrativa que se recompõe a atribuição. Do mesmo modo, a articulação entre enredo e personagem possibilita tratar ao mesmo tempo de uma investigação praticamente infinita no plano da pesquisa dos motivos e de uma investigação em princípio finita no plano da atribuição a alguém. As duas investigações intricam-se no processo duplo de identificação do enredo e da personagem. Não há temí-

---

11. A. J. Greimas, *Maupassant: la sémiotique du texte, exercices pratiques*, Paris, Éd. du Seuil, 1976.
12. Encontra-se uma boa síntese da abordagem semiótica da categoria de personagem em P. Hamon, "Statut sémiologique du personage", in R. Barthes *et al.*, *Poétique du récit*, Paris, Éd. du Seuil, 1977.

vel aporia da adscrição que não encontre réplica na dialética entre personagem e enredo. Confrontada com a terceira antinomia kantiana, a adscrição parece dividida entre a tese, que propõe a ideia de começo de uma série causal, e a antítese, que lhe opõe a ideia de encadeamento sem começo nem interrupção. A narrativa resolve a seu modo a antinomia, por um lado conferindo uma iniciativa à personagem, ou seja, o poder de começar uma série de acontecimentos, sem que esse começo constitua um começo absoluto, um começo do tempo; por outro lado, dando ao narrador como tal o poder de determinar o começo, o meio e o fim de uma ação. Fazendo assim coincidir a iniciativa da personagem e o começo da ação, a narrativa satisfaz a tese sem infringir a antítese. Constitui, em seus múltiplos aspectos, a *réplica poética* que a noção de identidade narrativa dá às aporias da adscrição. Retomo de propósito a expressão réplica poética aplicada por *Tempo e narrativa III* à relação entre as aporias do tempo e a função narrativa. Dizia eu então que a função narrativa não dá uma resposta especulativa a essas aporias, mas as torna produtivas em outro registro da linguagem. É do mesmo modo que a dialética entre personagem e enredo torna produtivas as aporias da adscrição, e que se pode dizer que a identidade narrativa lhes dá uma réplica poética.

2. Dessa correlação *entre* ação e personagem da narrativa resulta uma dialética *interna* à personagem, que é o exato corolário da dialética entre concordância e discordância desenvolvida pelo enredo da ação. A dialética consiste em que, segundo a linha de concordância, a personagem haure singularidade da unidade de sua vida considerada como a totalidade temporal, também singular, que a distingue de qualquer outra. Segundo a linha de discordância, essa totalidade temporal é ameaçada pelo efeito de ruptura dos acontecimentos imprevisíveis que a pontuam (encontros, acidentes etc.); a síntese concordante-discordante faz que a contingência do acontecimento contribua para a necessidade de algum modo retroativa da história de uma vida, à qual se iguala a identidade da personagem. Assim, o acaso é transmudado em destino. E a identidade da personagem que se pode dizer parte do enredo só se

deixa compreender sob o signo dessa dialética. A tese da identidade que Parfit chama não reducionista recebe daí mais que reforço, recebe completo remanejamento. A pessoa, entendida como personagem de narrativa, não é uma entidade distinta de *suas* "experiências". Ao contrário: ela compartilha o regime da identidade dinâmica própria à história narrada. A narrativa constrói a identidade da personagem, que pode ser chamada de sua identidade narrativa, construindo a identidade da história narrada. É a identidade da história que faz a identidade da personagem.

É essa dialética da concordância discordante da personagem que agora precisa ser inscrita na dialética entre mesmidade e ipseidade. A necessidade dessa reinscrição impõe-se assim que confrontamos a concordância discordante da personagem com a exigência de permanência no tempo vinculada à noção de identidade, cuja equivocidade mostramos no estudo anterior: por um lado – dizíamos –, a mesmidade de um caráter; por outro, a ipseidade da manutenção de si. Trata-se agora de mostrar como a dialética da personagem se inscreve no intervalo entre esses dois polos da permanência no tempo para fazer mediação entre eles.

Essa função *mediadora* que a identidade narrativa da personagem exerce entre os polos da mesmidade e da ipseidade é essencialmente comprovada pelas *variações imaginativas* a que a narrativa submete essa identidade. Na verdade, essas variações não são apenas toleradas pela narrativa: esta as engendra e busca. Nesse sentido, verifica-se que a literatura consiste num vasto laboratório para experiências intelectuais nas quais passam pela prova da narrativa os recursos de variação da identidade narrativa. O benefício dessas experiências intelectuais é tornar manifesta a diferença entre as duas significações da permanência no tempo, fazendo variar a relação entre uma e outra. Na experiência cotidiana, como se disse, elas tendem a sobrepor-se e confundir-se; assim, contar com alguém é ao mesmo tempo confiar na estabilidade de um caráter e esperar que o outro cumpra a palavra, sejam quais forem as mudanças capazes de afetar as disposições duradouras pelas quais ele é reconhecido. Na ficção literária, é imenso o espaço de variações aberto para as relações entre as duas modalidades de identidade. Numa extremidade, a personagem é um caráter identificável e reidentificável como mesmo: é mais ou menos o estatuto da personagem dos contos de fadas e do folclore. Quanto ao romance clássico – da *Princesa de Clèves* ou do romance inglês do século XVIII a Dostoievski e Tolstoi –, pode-se dizer que explorou o espaço intermediário de variações em que, através das transformações da personagem, a identificação do mesmo decresce sem desaparecer. Aproximamo-nos do polo inverso com o chamado romance de formação e, mais ainda, o romance do fluxo de consciência. A relação entre enredo e personagem parece então inverter-se: ao contrário do modelo aristotélico, o enredo é posto a serviço da personagem. É então que a identidade desta, escapando ao controle do enredo e de seu princípio de ordem, é posta realmente à prova. Atinge-se assim o polo extremo de variação, em que a personagem deixou de ser um caráter. É nesse polo que se encontram os casos-limite em que a ficção literária se presta à confrontação com os *puzzling cases* da filosofia analítica. É nessa confrontação que vem culminar o conflito entre uma versão narrativista e uma versão não narrativista da identidade pessoal.

Que a narratividade também tem seus casos desconcertantes é algo que o teatro e o romance contemporâneo ensinam sobejamente. À primeira vista, esses casos podem ser descritos como ficções da perda de identidade. Com Robert Musil, por exemplo, *O homem sem qualidades* – ou mais exatamente sem propriedades (*ohne Eigenschaften*) – torna-se, em última análise, não identificável, num mundo, como se diz, de qualidades (ou de propriedades) sem homens. A ancoragem do nome próprio torna-se derrisória a ponto de tornar-se supérflua. O não identificável torna-se inominável. Para tornar mais preciso o que está em jogo, filosoficamente, em semelhante eclipse da identidade da personagem, é importante notar que, à medida que a narrativa se aproxima do ponto de anulação da personagem, o romance também vai perdendo suas qualidades propriamente narrativas, mesmo que interpretadas, como acima, do modo mais flexível e mais dialético possível. À perda de identidade da personagem corresponde, assim, a perda da configuração da narrativa e, em particular, uma crise da conclusão da narrativa[13]. Ocorre assim um contrachoque da personagem sobre o enredo. É um mesmo cisma – para falar como Frank Kermode, em *The Sense of an Ending*[14] – que afeta ao mesmo tempo a tradição do enredo levado até um termo que equivale à conclusão e a tradição do herói identificável. A erosão dos paradigmas – ainda Kermode – atinge ao mesmo tempo a figuração da personagem e a configuração do enredo; assim, no caso de Robert Musil, a decomposição da forma narrativa, paralela à perda de identidade da personagem, leva a extrapolar as fronteiras da narrativa e atrai a obra literária para as proximidades do ensaio. Não é por acaso que várias autobiografias contemporâneas – a de Leiris, por exemplo – se afastam deliberadamente da forma narrativa e também se aproximam do gênero literário menos configurado que é o ensaio, precisamente.

Mas o que significa aqui perda de identidade? Mais exatamente, de que modalidade de identidade se trata? Minha tese é que, situados no âmbito da dialética entre o *idem* e o *ipse,* esses casos desconcertantes da narratividade podem ser reinterpretados como desnudamento da ipseidade por perda de suporte da mesmidade. É nesse sentido que eles constituem o polo oposto ao do herói identificável por sobreposição entre ipseidade e mesmidade. O que agora se perde, com o título de "propriedade", é o que possibilitava igualar a personagem a seu caráter.

Mas o que é a ipseidade depois de perder o suporte da mesmidade? É isso o que a comparação com as *puzzling cases* de Parfit possibilitará explicitar.

As ficções literárias diferem fundamentalmente das ficções tecnológicas pelo fato de serem variações imaginativas em torno de um invariante, a condição corporal vivenciada como mediação existencial entre si e o mundo. As personagens de teatro e de romance são humanas como nós. Uma vez que o corpo próprio é uma dimensão do si, as variações imaginativas

---

13. Sobre essa crise da conclusão, cf. *Temps et Récit,* t. III, *op. cit.,* pp. 35-48.
14. F. Kermode, *The Sense of an Ending, Studies in the Theory of Fiction,* Londres, Oxford; Nova York, Oxford University Press, 1966.

em torno da condição corporal são variações sobre o si e sua ipseidade. Além disso, em virtude da função mediadora do corpo próprio na estrutura do ser no mundo, o traço de ipseidade da corporeidade estende-se à do mundo, uma vez que corporalmente habitado. Esse traço qualifica a condição terrestre enquanto tal e dá à Terra a significação existencial que, com diversas feições, Nietzsche, Husserl e Heidegger lhe reconhecem. A Terra é aqui mais que planeta e algo diferente de planeta: é o nome mítico de nossa ancoragem corporal no mundo. Eis o que é afinal pressuposto pela narrativa literária na medida em que é submetida à injunção que faz dela uma mimese da ação. Pois a ação "imitada" na ficção e pela ficção também continua submetida à injunção da condição corporal e terrestre.

Ora, o que os *puzzling cases* marcam em cheio com uma contingência radical é essa condição corporal e terrestre que a hermenêutica da existência, subjacente à noção do agir e do padecer, considera insuperável. E qual é o operador dessa inversão de sentido pelo qual a invariante existencial se torna a variável de uma nova montagem imaginária? É a técnica; ou melhor: para além da técnica disponível, a técnica concebível, em suma, o sonho tecnológico. Segundo esse sonho, o cérebro é considerado o equivalente comutável da pessoa. É o cérebro o ponto de aplicação da alta tecnologia. Nas experiências de bissecção, transplante, reduplicação, teletransporte, o cérebro representa o ser humano como algo manipulável. É a esse sonho tecnológico, exemplificado pelas manipulações cerebrais, que se associa o tratamento impessoal da identidade no plano conceitual. Nesse sentido, pode-se dizer que as variações imaginativas da ficção científica são variações relativas à mesmidade, enquanto as da ficção literária são relativas à ipseidade, ou mais exatamente à ipseidade em sua relação dialética com a mesmidade.

A verdadeira perplexidade, a partir daí, não reside no interior de um ou de outro campo de variações imaginativas, mas, se for possível dizer, *entre* um e outro. Acaso seremos capazes já não digo de efetuar, mas de conceber, variações tais que a própria condição corporal e terrestre se torne simples variável, uma variável contingente, se o indivíduo teletransportado não transportar consigo alguns traços residuais dessa condição, sem os quais não se poderia dizer que ele age ou padece, a não ser pela pergunta que ele se faz de saber se vai sobreviver? Talvez essa perplexidade de segundo grau não possa ser resolvida no plano do imaginário de que ambas as partes tiram proveito. Só pode sê-lo no plano ético ao qual chegaremos na última seção deste estudo, quando confrontarmos a identidade narrativa, oscilando entre mesmidade e ipseidade, e identidade ética, que requer uma pessoa responsável por seus atos. É em relação a essa capacidade de imputação que se pode dizer que as manipulações cerebrais afetam a identidade pessoal e, portanto, violam um direito, o direito da pessoa à sua integridade física. Mas, para que a capacidade de imputação, cuja significação é puramente moral e jurídica, não seja arbitrariamente atribuída às pessoas, não será preciso que a invariante existencial da corporeidade e da mundaneidade, em torno da qual giram as variações imaginativas da ficção literária, seja considerada insuperável num plano ontológico? O que as manipulações imaginárias sobre o cérebro violam não será mais que uma regra, mais que uma lei, a saber, a condição existencial de possibilidade de que haja regras, leis, ou seja, preceitos dirigidos à pessoa como atuante e padecente? Em outras palavras: o inviolável não será a diferença entre o si e o mesmo já no plano da corporeidade?

Deixo em suspenso o que acabo de chamar de perplexidade de segundo grau. Pois, se um imaginário que respeite a invariante da condição corporal e terrestre tem mais afinidade com o princípio moral da imputação, uma censura ao outro imaginário, aquele que marca de contingência essa invariante, não seria por sua vez imoral de outro ponto de vista, como proibição de sonhar? Provavelmente um dia será preciso proibir que se faça aquilo que a ficção científica se limita a sonhar. Mas o sonho acaso não foi sempre transgressão do interdito? Portanto, sonhemos com Parfit. Mas desejemos apenas que os cirurgiães-manipuladores desses sonhos nunca tenham os meios nem, sobretudo, o direito de fazer aquilo que continua sendo perfeitamente lícito imaginar[15].

---

15. Minha última palavra sobre Parfit ainda não está dita. Adiante se perguntará se não se reconstitui certa convergência entre as ficções literárias que

2. Entre descrever e prescrever: narrar

Falta justificar na segunda seção deste percurso a asserção feita já na introdução geral e retomada no início do quinto estudo, segundo a qual a teoria narrativa ocupa no percurso completo de nossa investigação uma posição de articulação entre a teoria da ação e a teoria ética. Em que sentido, portanto, é ilegítimo ver na teoria do enredo e da personagem uma transição significativa entre a adscrição da ação a um agente que pode e sua imputação a um agente que deve?

A questão, está claro, tem duas vertentes; na primeira, voltada para os estudos "logico-práticos" anteriores, o importante é mostrar em que medida a conexão entre enredo e personagem, revelada pela teoria narrativa, além das novas luzes que lança sobre as dificuldades vinculadas à relação entre a ação a seu agente, acarreta uma *extensão* considerável do campo prático, se a ação descrita tiver de igualar-se à ação narrada. Na segunda vertente, voltada para os estudos "morais" que se seguem, a questão é dos *apoios* e *antecipações* que a teoria narrativa propõe à interrogação ética. A relação entre enredo e personagem só lança novas luzes sobre a relação entre a ação e seu agente em troca da *extensão* do campo prático, para além dos segmentos de ação que a gramática lógica inscreve com a maior facilidade em frases de ação e até mesmo para além das cadeias de ação cujo único interesse reside no modo de conexão lógica pertinente a uma praxiologia. É notável que Aristóteles, a quem devemos a definição de tragédia como imitação de ação, entenda por ação uma combinação (*sýstasis, sýnthesis*) de incidentes, fatos, de tal natureza que possam dobrar-se à configuração narrativa. Ele explica: "O mais importante desses elementos [da tragédia] é a organização dos fatos em sistema. Com efeito, a tragédia é representação [*mímesis*] não de homens, mas de ação de vida [*bíon*] e de felicidade (a infelicidade também reside na ação): e o objetivo visado [*télos*] é uma

---
associo à ipseidade e as da ficção científica que, a meu ver, só afetam a mesmidade quando se levam em conta as implicações éticas da narratividade; há talvez, para nós também, uma maneira de dizer: a identidade não é o que importa.

ação [*praxis tis*], não uma qualidade [*ou poiotés*]; ora, é de acordo com seu caráter que os homens têm esta ou aquela qualidade, mas é de acordo com suas ações que eles são felizes ou o contrário."[16] Seria impossível dizer melhor que uma revisão da relação entre ação e agente exige ademais uma revisão do próprio conceito de ação, se ele tiver de ser levado ao nível da configuração narrativa desenvolvida na escala de uma vida.

Por revisão se deve entender bem mais que um prolongamento das conexões entre os segmentos de ação conformados pela gramática das frases de ação. É preciso pôr à mostra uma hierarquia de unidades práxicas que, cada uma em seu nível, comporte um princípio de organização específica que integre uma diversidade de conexões lógicas.

1. As primeiras unidades compostas são as que merecem o nome de *práticas* (em francês, a forma verbal *"pratiquer"* – praticar um esporte, a medicina etc. – é mais usada que a forma nominal [*pratique*] que adoto aqui com base no modelo do termo inglês *practice*).

Os exemplos mais familiares são os ofícios, as artes, os jogos[17]. Pode-se ter uma primeira ideia do que são as práticas partindo-se da descrição das ações básicas na teoria analítica da ação. Todos lembram que Danto define esta última subtraindo das ações ordinárias a relação "em vista de". Restam ações básicas, a saber, aquelas ações que sabemos executar e executamos de fato, sem termos de fazer outra coisa em vista de executarmos o que executamos; tais são, *grosso modo*, gestos, posturas, ações corporais elementares, que por certo aprendemos a coordenar e dominar, mas cujos rudimentos realmente não aprendemos. Por contraste, todo o resto do campo prático é construído com base na relação "em vista de": para fazer Y, antes é preciso fazer X. Fazemos Y chegar obtendo X. Seria então possível objetar à introdução do conceito de prática que ele é su-

---

16. Aristóteles, *La Poétique, op. cit.*, VI, 1450 a 7,15-19.
17. Mostraremos no próximo capítulo em que sentido a escolha, em conformidade com a escolha feita por Aristóteles, dessas primeiras unidades da práxis se coaduna com sua versão teleológica da ética.

pérfluo. Para igualar o conceito de ação ao de práxis, acaso não bastará, por um lado, prolongar as cadeias de meios e fins, como faz E. Anscombe no famoso exemplo de *Intention*, considerado acima, e, por outro, coordenar entre si os segmentos de causalidade física e os segmentos intencionais, formalizados em silogismos práticos, no interior de um modelo misto, por exemplo o proposto por G. von Wright em *Explanation and Understanding*?[18] Seriam então obtidas longas cadeias de ação em que a passagem do ponto de vista sistêmico para o ponto de vista teleológico seria garantida em cada ponto da cadeia pelo fato de o agente ser capaz de tomar efeitos de causalidade como circunstâncias de decisão, enquanto, em contrapartida, os resultados desejados ou não desejados das ações intencionais se tornam novos estados de coisas que acarretam novas cadeias causais. Essa intricação de finalidade e causalidade, de intencionalidade e conexões sistemáticas, é certamente constitutiva dessas ações longas que são as práticas. Contudo, falta-lhe a unidade de configuração que recorta um ofício, um jogo, uma arte, nessas longas cadeias de ações.

Uma segunda espécie de conexão contribui para a delimitação das práticas enquanto unidades de segunda ordem; já não se trata das relações lineares que acabamos de considerar, mas de relações de imbricação. O vocabulário vinculado a nosso repertório de poderes expressa maravilhosamente essas relações de subordinação mais que de coordenação; assim, o ofício de agricultor inclui ações subordinadas, tais como lavrar, semear, colher; por sua vez, lavrar implica dirigir um trator, e assim por diante, descendo até ações básicas, do tipo puxar ou empurrar. Ora, essa ligação de imbricação, portanto de subordinação das ações parciais a uma ação total, só se articula com base no nexo de coordenação entre segmentos sistêmicos e segmentos teleológicos na medida em que as conexões de ambas as espécies são unificadas sob as leis de sentido que fazem do ofício de agricultor uma prática. Isso seria dito sobre outras práticas; assim como a agricultura é uma prática, no sentido de ofício, e não o é lavrar e muito menos pôr o trator em marcha,

---

18. G. H. von Wright, *Explanation and Understanding, op. cit.*

também a manutenção de uma casa, no sentido grego de *oîkos* – ao qual devemos a palavra economia – ou o exercício de uma função pública no Estado – exemplo ao qual voltaremos adiante – designam práticas sem que os comportamentos subordinados mereçam esse título: compor um cardápio, proferir um discurso numa reunião pública; assim também pintar é uma prática, tanto como ofício quanto como arte, e não o é pôr uma mancha de tinta sobre a tela. Um último exemplo nos levará para o caminho de uma transição útil: mover um peão sobre o tabuleiro é em si apenas um gesto, mas, considerado na prática do jogo de xadrez, esse gesto ganha a significação de um lance numa partida.

Este último exemplo comprova que a unidade de configuração constitutiva de uma prática baseia-se numa relação particular de sentido, a expressa pela noção de regra constitutiva, que foi extraída precisamente da teoria dos jogos antes de ser estendida à teoria dos atos de discurso, logo reintegrada, como faço aqui, na teoria da práxis. Por regra constitutiva entendem-se preceitos cuja única função é estatuir que, por exemplo, um gesto de mover um peão sobre o tabuleiro "conta como" um lance numa partida de xadrez. O lance não existiria, com essa significação e esse efeito na partida, sem a regra que "constitui" o lance como fase da partida de xadrez. A regra é constitutiva no sentido de que não é acrescentada, ao modo de um regulamento exterior aplicado a movimentos que já teriam sua própria organização (como os sinais luminosos em relação ao trânsito de motoristas, cada um com seu próprio projeto). A regra, por si só, reveste o gesto de significação: mover um peão; a significação decorre da regra a partir do momento em que a regra é constitutiva: constitutiva precisamente da significação, do "valer como". A noção de regra constitutiva pode ser estendida do exemplo do jogo a outras práticas, pela simples razão de que os jogos são excelentes modelos práticos. Assim, J. Searle pôde estender a noção para o campo dos atos de discurso, uma vez que estes também são ações ou fases de práticas mais amplas; assim, os atos ilocutórios, tais como prometer, mandar, advertir, constatar, distinguem-se pela "força", constituída esta, por sua vez, pela regra que diz, por exemplo, que prometer é pôr-se na obrigação de fazer amanhã o que declaro hoje que farei.

É importante notar que as regras constitutivas não são regras morais. Elas estatuem apenas sobre a *significação* de gestos particulares e, como se disse acima, fazem tal gesto da mão "contar como", por exemplo, cumprimentar, votar, chamar um táxi etc. Sem dúvida, as regras constitutivas abrem caminho para as regras morais, uma vez que estas regem as condutas capazes de assumir uma significação. Mas esse é apenas o primeiro passo em direção à ética. Mesmo a regra constitutiva da promessa, tal como enunciada acima, não tem, enquanto tal, significação moral, embora comporte em seu enunciado referência a uma obrigação; limita-se a definir o que "conta como" promessa, o que constitui sua "força" ilocutória. Somente a regra moral, que pode ser chamada de regra de fidelidade, segundo a qual devemos cumprir as promessas, tem estatuto deôntico[19].

A introdução da noção de regra constitutiva neste estágio da análise tem também a virtude de introduzir na estrutura das práticas relações específicas de significação; além disso, tem a virtude de ressaltar o caráter de *interação* vinculada à maioria das práticas. Esse caráter não é destacado na teoria analítica da ação, porque as frases de ação estão fora de seu ambiente social. É apenas sob o aspecto pragmático que a recepção, por parte de um alocutário, do sentido atribuído a uma frase de ação por um locutor se incorpora à significação da frase. Assim mesmo, a interlocução constitui apenas a dimensão verbal da ação. As práticas baseiam-se em ações nas quais um agente, por princípio, leva em conta a ação de outrem; é assim que Max Weber define sucessiva e conjuntamente os termos ação e ação social no início de sua grande obra *Economia e sociedade*: "Entenda-se por 'atividade' [*Handeln*] um comportamento humano (pouco importa que seja um ato exterior ou íntimo, uma omissão [*Unterlassen*] ou uma tolerância [*Dulden*]), sempre que e se o agente ou os agentes lhe comunicarem um sentido subjetivo. E por atividade 'social' a atividade que, de acordo com seu sentido visado [*gemeinten Sinn*] pelo agente ou pelos agentes, se reporte

---

19. Cf., adiante, oitavo estudo.

ao comportamento de outrem, em relação ao qual se orienta seu desenrolar."[20]

Reportar-se a, levar em conta a conduta dos outros agentes: trata-se da expressão mais geral e mais neutra para abarcar a multidão de relações de interação encontradas no nível dessas unidades de ação que são as práticas. Essas interações podem ser arroladas nas rubricas reservadas por Max Weber às ações intencionais consideradas de acordo com sua significação subjetiva. As maneiras "externas", "abertas" de levar em conta o comportamento dos outros agentes encontram-se nas interações que se escalonam do conflito à cooperação, passando pela competição. A interação torna-se também uma relação "interna" – interiorizada –, por exemplo na relação de aprendizado, pouco a pouco absorvida na competência adquirida; pode-se assim jogar sozinho, fazer jardinagem sozinho, mais ainda praticar sozinho uma pesquisa no laboratório, na biblioteca ou no escritório; mas as regras constitutivas de tais práticas vêm de muito mais longe que o executante solitário; é de alguma outra pessoa que se aprende a prática de uma habilidade, de um ofício, de um jogo, de uma arte; e o aprendizado e o treino baseiam-se em tradições que podem ser transgredidas, sem dúvida, mas que devem primeiro ser assumidas; tudo o que dissemos alhures sobre a tradicionalidade e sobre a relação entre tradição e inovação volta a ganhar sentido aqui no âmbito do conceito de interação interiorizada. Gostaria de acrescentar a esse exemplo canônico de interação, em que a referência a outrem se tornou interior, o sutil exemplo que Hegel se compraz em mencionar no capítulo V de *Fenomenologia do espírito*: corresponde ao momento em que a consciência dimensiona a desproporção entre a obra, enquanto efetividade limitada, determinada, e a potência de *obrar* que comporta o destino universal da razão operante. No momento em que a obra se destaca de seu autor, todo o seu ser é recolhido pela significação que o outro lhe dá. Para o autor, a obra, na qualidade de índice de sua individualidade, e não de sua vocação universal, é

---

20. M. Weber, *Economie et Société*, trad. fr. de J. Freund, P. Kamnitzer, P. Bertrand, E. de Dampierre, J. Maillard e J. Chavry, Paris, Plon, 1971, p. 4.

simplesmente remetida ao efêmero[21]. Essa maneira de a obra receber só do outro o seu sentido e até sua existência como obra ressalta a extraordinária precariedade da relação entre obra e autor, a tal ponto a mediação do outro é constitutiva de seu sentido.

Seria, afinal, ceder ao espírito de simetria oferecer um paralelo em termos de interação a essas maneiras como um agente compreende subjetivamente a ação no modo negativo da omissão (*Unterlassen*) e da tolerância (*Dulden*)? Na verdade, omitir e suportar ou mesmo submeter-se e padecer são fatos de interação tanto quanto fatos de compreensão subjetiva. Esses dois termos lembram que no plano da interação e no da compreensão subjetiva o não agir ainda é um agir: negligenciar, deixar de fazer também é deixar que outro faça, às vezes de modo criminoso; quanto a suportar é manter-se, querendo ou por força, sob o poder de agir de outrem; alguma coisa é feita a alguém por alguém; suportar torna-se padecer, que confina com sofrer. Nesse ponto, a teoria da ação estende-se dos homens atuantes aos homens padecentes. Essa adjunção é tão essencial que governa grande parte da reflexão acerca do poder, como algo exercido por alguém sobre alguém, e acerca da violência como destruição da capacidade de agir de um sujeito por outrem, levando ao mesmo tempo ao limiar da ideia de justiça, como regra que tem em vista igualar pacientes e agentes da ação[22]. Na verdade, toda ação tem seus agentes e seus pacientes.

Tais são algumas das complexidades da ação para as quais a operação narrativa chama a atenção, até porque se mantém

---

21. "A obra *é*, ou seja, é para outras individualidades, e para estas é uma realidade efetiva alheia, em lugar da qual *elas* devem pôr a sua própria, para terem, mediante sua própria operação, consciência de *sua unidade* com a realidade efetiva; em outros termos, o interesse *delas* por essa obra, posta através da própria natureza originária delas, é um interesse diferente do interesse específico e particular dessa obra que, por isso mesmo, é transformada em alguma outra coisa. A obra, portanto, é em geral alguma coisa efêmera que se extingue pelo jogo contrário das outras forças e dos outros interesses, e que apresenta a realidade da individualidade mais como desaparecendo do que como consumada" (Hegel, *Phénomenologie de l'Esprit,* trad. fr. de J. Hyppolite, Paris, Aubier-Montaigne, 1947, t. I, p. 332).

22. Cf., adiante, oitavo estudo.

numa relação mimética quanto a ela. Não que as práticas comportem, como tais, roteiros narrativos totalmente constituídos; mas porque a organização delas lhes confere uma qualidade pré-narrativa que apresentei outrora sob o título de *Mimèsis 1* (prefiguração narrativa). Essa relação estreita com a esfera narrativa é reforçada pelos aspectos de interação próprios às práticas: é a eles mesmos que a narrativa confere a forma polêmica de competição entre programas narrativos.

2. A mesma relação entre práxis e narrativa se repete num grau mais elevado de organização: lembramos aquele texto da *Poética* em que Aristóteles aproxima práxis e *bíos:* "Com efeito, a tragédia é representação [*mímesis*] não de homens, mas de ação, de vida..." Antes de considerar aquilo que MacIntyre chama de "unidade narrativa de uma vida"[23], dando assim um colorido narrativo à expressão diltheyana "conexão de uma vida", vale a pena nos determos num nível mediano entre as práticas – ofícios, jogos, artes – e o projeto global de uma existência; chamaremos de *planos de vida* essas amplas unidades práticas que designamos vida profissional, vida familiar, vida de lazer etc.; esses planos de vida ganham forma – forma móvel e revogável, aliás – graças a um movimento de vaivém entre os ideais mais ou menos longínquos, que agora é preciso especificar, e a ponderação das vantagens e desvantagens da escolha de tal plano de vida no nível das práticas. No próximo estudo, desenvolveremos as aplicações propriamente éticas dessa formação dos planos de vida, e na ocasião, sob a orientação de Gadamer, a análise aristotélica da *phrónesis* e do *phrónimos*. O que queremos elucidar é o simples fato de que o campo prático não se constitui de baixo para cima, por composição do mais simples ao mais elaborado, mas segundo um duplo movimento de complexificação ascendente a partir das ações básicas e das práticas, e de especificação descendente a partir do horizonte vago e móvel dos ideais e dos projetos, à luz dos quais uma vida humana se apreende em sua unicidade. Nesse sentido, o

---

23. *After Virtue, a Study In Moral Theory,* Notre Dame (Ind.), University of Notre Dame Press, 1981.

que MacIntyre chama de "unidade narrativa de uma vida" não resulta apenas da soma das práticas numa forma englobadora, mas é regido com igualdade por um projeto de vida, por mais incerto e móvel que seja, e por práticas fragmentárias, que têm sua própria unidade, enquanto os planos de vida constituem a zona mediana de intercâmbio entre a indeterminação dos ideais diretores e a determinação das práticas. Na verdade, ocorre de, nesse intercâmbio, o projeto global ser o primeiro firmemente desenhado, como nos casos de vocação precoce ou imperiosa, e, sob o impulso dessa injunção vinda de cima, as práticas perderem seus contornos conferidos pela tradição e reforçados pelo aprendizado. O campo prático aparece assim submetido a um duplo princípio de determinação que o aproxima da compreensão hermenêutica de um texto pelo intercâmbio entre todo e parte. Nada é mais propício à configuração narrativa que esse jogo de dupla determinação.

3. Chegou a hora de dizer algumas palavras sobre a noção de "unidade narrativa de uma vida" que MacIntyre põe acima das de práticas e planos de vida. Cabe dizer que nele essa noção não designa o último grau da escala da práxis. Numa perspectiva deliberadamente ética, que só adotaremos em nosso próximo estudo, a ideia de concentração da vida em forma de narrativa é destinada a servir de ponto de apoio à visada da vida "boa", fulcro de sua ética, como será da nossa. Como um sujeito de ação poderia dar uma qualificação ética à própria vida, considerada por inteiro, se essa vida não fosse concentrada? E como ela o seria, senão, precisamente, em forma de narrativa?

Fico alegre com esse feliz encontro entre minhas análises de *Tempo e narrativa* e as de *After Virtue*. Contudo, não gostaria de identificar sem mais exame a posição de MacIntyre e a minha. O primeiro tem principalmente em vista as histórias contadas ao vivo da ação cotidiana e não atribui importância decisiva, pelo menos para a investigação ética na qual está empenhado, à distância entre as ficções literárias e as histórias que ele diz em ato (*enacted*). Ora, em meu próprio tratamento da função *mimética* da narrativa, a ruptura operada pela entrada da narrativa no campo da ficção é levada tão a sério que passa a ser um problema bem espinhoso fazer literatura e vida unir-se de novo por *intermédio* da leitura. Para MacIntyre, as dificuldades ligadas à ideia de refiguração da vida pela ficção não se apresentam. Em compensação, ele não tira vantagem, como procuro fazer, do fato de que é na ficção literária que a união entre a ação e seu agente é mais bem apreendida e de que a literatura se revela como um amplo laboratório para experiências intelectuais em que essa junção é submetida a um sem-número de variações imaginativas. É verdade que essa vantagem de dar uma volta pela ficção tem seu reverso. E surge uma dificuldade que Macintyre não conhece. Qual seja: como as experiências intelectuais provocadas pela ficção, com todas as implicações éticas de que falaremos adiante, contribuem para o autoexame na vida real?[24] Se for tão grande quanto parece o fosso entre ficção e vida, como pudemos, em nosso próprio percurso dos níveis da práxis, situar a ideia de unidade narrativa da *vida* no ápice da hierarquia das práticas múltiplas? Seria possível pensar que o fosso foi transposto pela teoria da leitura que proponho em *Tempo e narrativa III*, com o intuito de pôr em contato o mundo do texto e o mundo do leitor[25]. Mas é pre-

---

24. Segundo palavras de Louis O. Mink, grande teórico da narrativa histórica, "as histórias não são vivenciadas, mas narradas". "History and fiction as modes of comprehension", *New Literary History, op. cit.*, I, 1979, pp. 557-8. Sobre Louis O. Mink, cf. *Temps et Récit*, t. I, pp. 219-28. Os principais ensaios de Louis O. Mink sobre filosofia da história foram reunidos por Brian Fay *et al.* num volume póstumo: *Louis O. Mink, Historical Understanding*, Cornell University Press, 1987.

25. Retenho aqui das análises de *Tempo e narrativa III* que a leitura, em vez de ser uma imitação preguiçosa, é, no melhor de si mesma, uma luta entre duas estratégias, a estratégia de sedução de que se vale o autor disfarçado em narrador mais ou menos fiável e com a cumplicidade da *"Willing suspension of disbelief"* (Coleridge) que marca o ingresso na leitura, e a estratégia de suspeição, de que se vale o leitor vigilante, que não ignora que é ele que leva o texto à significância, favorecido por suas lacunas calculadas ou não. A essas anotações de *Tempo e narrativa* acrescentarei hoje que a condição de possibilidade da aplicação da literatura à vida, quanto à dialética da personagem, repousa no problema da *identificação-com*, que, conforme dissemos acima, é um componente do caráter. Por meio da identificação com o herói, a narrativa literária contribui para a narrativização do caráter. Sobre esse tema, cf. H. R. Jauss, "La jouissance esthétique: les experiences fondamentales de la *poièsis*, de l'*aisthèsis* e de la *ca-*

cisamente do ato de ler que, no trajeto de volta da ficção à vida, surgem os obstáculos de que falaremos.

Em primeiro lugar, o que ocorre com a relação entre autor, narrador e personagem, cujos papéis e discursos são bem distintos no plano da ficção? Quando interpreto nos termos de uma narrativa de vida, sou ao mesmo tempo os três, como na narrativa autobiográfica[26]? Narrador e personagem, sem dúvida, mas de uma vida de que, diferentemente dos seres de ficção, não sou autor, porém no máximo, segundo palavras de Aristóteles, coautor, *synaition*[27]. Mas, levando-se em conta essa ressalva, a noção de autor acaso não padece de equivocidade quando se passa da escrita à vida?

Outra dificuldade: no próprio plano da forma narrativa, que se desejaria semelhante na ficção e na vida, sérias diferenças afetam as noções de começo e fim. Sem dúvida, na ficção, nem o começo nem o fim são necessariamente os dos acontecimentos narrados, mas os da própria forma narrativa. Assim, *Em busca do tempo perdido* começa com a famosa frase: "Durante muito tempo, deitei-me cedo." Esse "durante muito tempo", seguido de um perfeito consumado, remete a um anterior quase imemorial. Isso não impede que essa frase seja a primeira do livro e equivalha ao começo narrativo. O mesmo ocorre com os futuros condicionais do fim do "Tempo reencontrado", que abrem para um futuro indeterminado, em que

---

tharsis", *Poétique*, nº 39, Paris, Éd. du Seuil, set. de 1979. É no âmbito da luta entre as duas estratégias próprias ao ato de ler e sob o signo da narrativização do caráter (e da identificação-com que é um de seus componentes) que deve ser situado o que se segue.

26. Cf. P. Lejeune, *Le Pacte autobiographique*, Paris, Éd. du Seuil, 1975.

27. Cf. acima, quarto estudo, p. 86. MacIntyre, em *After Virtue*, não vê dificuldade em unir as características das narrativas de ficção e as das narrativas de vida. Para ele, as histórias de vida são "narrativas em ação" (*enacted narratives*). Contudo, depois de dizer: "O que chamei de história é uma narrativa dramática em ação na qual as personagens também são autores" (p. 215), MacIntyre precisa admitir que, em razão da dependência em que as ações de uns estão em relação às ações dos outros, "a diferença entre personagens imaginárias e personagens reais não reside na forma narrativa daquilo que elas fazem, mas no grau em que elas são autoras dessa forma e de suas próprias ações" (*ibid.* [trad. do autor]).

a escritura da obra é conjurada a ganhar a corrida contra a chegada da morte. No entanto, há uma última página que equivale ao fim da narrativa[28]. É esse encerramento, esse encerramento literário, digamos, que falta àquilo que A. MacIntyre, em *After Virtue,* chama de unidade narrativa da vida, de que ele faz uma condição da projeção da "vida boa". A vida precisa ser concentrada para poder situar-se na visada da verdadeira vida. Se minha vida não puder ser apreendida como uma totalidade singular, nunca poderei desejar que ela seja bem-sucedida, plena. Ora, nada na vida real tem valor de começo narrativo; a memória perde-se nas brumas da primeira infância; meu nascimento e, com mais razão, o ato pelo qual fui concebido pertencem mais à história dos outros, no caso a de meus pais, que a mim mesmo. Quanto à minha morte, só será um fim narrado na narrativa aqueles que sobreviverem a mim; estou sempre a caminho de minha morte, o que exclui que eu a apreenda como fim da narrativa.

A essa dificuldade fundamental se soma outra, que não deixa de ter relação com a anterior; sobre o percurso conhecido de minha vida, posso traçar vários itinerários, tramar vários enredos, em suma, contar várias histórias, uma vez que a cada uma falta o critério da conclusão, o *"sense of an ending"* em que Kermode tanto insiste.

Vamos mais longe: enquanto cada romance expõe um mundo textual que lhe é próprio, sem que na maioria das vezes seja possível relacionar os enredos (de algum modo incomensuráveis) de várias obras (com exceção, talvez, de certas séries como as dos romances de gerações: *Os Buddenbrook* de Thomas Mann, *Os homens de boa vontade* de Jules Romains com base no modelo de continuidade das histórias dos patriarcas na Bíblia), as histórias vividas por uns estão intricadas nas histórias dos outros. Pedaços inteiros de minha vida fazem parte da história da vida dos outros, de meus pais, meus amigos, meus companheiros de trabalho e lazer. O que dissemos

---

28. Em *Tempo e narrativa,* t. II, *op. cit.,* discuti esse problema da distinção entre encerramento da narrativa e abertura pelas duas extremidades da série das coisas ditas.

acima sobre as práticas e as relações de aprendizado, cooperação e competição que elas comportam, confirma esse intricamento da história de cada um na história de muitos outros. Foi esse mesmo ponto que MacIntyre ressaltou com mais veemência, indo mais longe, provavelmente sem saber, do que aquilo que Wilhelm Schapp já escrevera com o título *In Geschichten verstrickt* (envolvido em histórias)[29]. Ora, é precisamente por esse intricamento, assim como por seu caráter aberto nas duas extremidades, que as histórias de vida diferem das histórias literárias, sejam estas do âmbito da historiografia ou da ficção. Será ainda possível falar então de unidade narrativa da vida?

Última objeção: na compreensão de si, a *mímesis práxeos* parece só conseguir abranger a fase já passada da vida e precisar articular-se com previsões e projetos, segundo um esquema semelhante ao proposto por R. Koselleck em *Vergangene Zukunft*[30], em que a dialética entre "espaço de experiência" e "horizonte de expectativa" põe em relação a seleção dos acontecimentos narrados e as previsões pertinentes àquilo que Sartre chamava de projeto existencial de cada um.

Todos esses argumentos são perfeitamente plausíveis: equivocidade da noção de autor; falta de acabamento "narrativo" da vida; intricamento das histórias de vida umas nas outras; inclusão das narrativas de vida numa dialética de rememoração e previsão. Contudo, eles não me parecem capazes de tirar do jogo a própria noção de *aplicação* da ficção à vida. As objeções só valem contra uma concepção ingênua de *mímesis,* a mesma que é posta em cena por certas ficções dentro da ficção, tais como o primeiro *Dom Quixote* ou *Madame Bovary.* Deve-se menos refutá-las do que integrá-las numa compreensão mais sutil e mais dialética da *apropriação*. É no contexto da luta entre o texto e o leitor, mencionada acima, que devem ser situadas as objeções anteriores. Equivocidade da autoria? Mas esta não deverá ser mais preservada que resolvida? Ao fazer a narrativa de uma vida cujo autor não sou quanto à existência, faço-me seu coautor quanto ao sentido. Bem mais: não foi por

---

29. Cf. *Temps et Récit,* t. I, *op. cit.,* p. 114.
30. Cf. *Temps et Récit,* t. III, Paris, Éd. du Seuil, 1985, pp. 301-13.

acaso nem por abuso que, em sentido inverso, vários filósofos estoicos interpretaram a vida, a vida vivida, como desempenho de um papel numa peça que não escrevemos e cujo autor, por conseguinte, recua para além do papel. Esses intercâmbios entre os múltiplos sentidos dos termos "autor" e "autoria" (*authorship*) contribuem para a riqueza de sentido da noção de poder de agir (*agency*) discutida no quarto estudo.

Quanto à noção de unidade narrativa da vida, também é preciso ver nela um misto instável entre fabulação e vivência. É precisamente em razão do caráter evasivo da vida real que temos necessidade do socorro da ficção para organizá-la retrospectivamente após os acontecimentos, mesmo que seja preciso considerar revisável e provisória toda e qualquer figura de enredo extraída da ficção ou da história. Assim, é com a ajuda dos começos narrativos com os quais a leitura nos familiarizou que, forçando de algum modo a mão, estabilizamos os começos reais constituídos pelas iniciativas – no sentido forte do termo – que tomamos. E também temos a experiência, que se pode dizer inexata, do que quer dizer terminar um curso de ação, um segmento de vida. A literatura nos ajuda de algum modo a fixar o contorno desses fins provisórios. Quanto à morte, as narrativas que a literatura faz dela acaso não têm a virtude de embotar o aguilhão da angústia em face do nada desconhecido, dando-lhe imaginariamente o contorno desta ou daquela morte, exemplar por uma razão ou por outra? Assim, a ficção pode concorrer para a aprendizagem do morrer. Desse modo, a meditação sobre a Paixão de Cristo acompanhou mais de um crente até o último limiar. Quando F. Kermode ou W. Benjamin proferem a respeito a palavra "consolação", não se deve bradar depressa demais que há autoengano. Na qualidade de contradesolação, a consolação pode ser uma maneira lúcida – lúcida como a catarse de Aristóteles – de carregar o luto de si mesmo. Aqui pode instaurar-se um intercâmbio frutuoso entre a literatura e o ser-para-a(ou em direção à)-morte.

O intricamento entre as histórias de vida será recalcitrante à inteligência narrativa que alimenta a literatura? Acaso não encontra um modelo de inteligibilidade na imbricação de uma narrativa na outra, de que a literatura dá tantos exemplos? E cada história fictícia, pondo em confronto no seu âmago os diferentes destinos de múltiplos protagonistas, acaso não oferece modelos de interação nos quais o intricamento é aclarado pela competição entre os programas narrativos?

A última objeção baseia-se num equívoco que nem sempre é fácil desfazer. Tende-se a acreditar que a narrativa literária, por ser retrospectiva, só pode instruir a meditação sobre a parte passada de nossa vida. Ora, a narrativa literária só é retrospectiva num sentido bem preciso: somente aos olhos do narrador os fatos narrados parecem ter transcorrido outrora. O passado de narração é apenas o quase passado da voz narrativa[31]. Ora, entre os fatos narrados num tempo passado, têm lugar projetos, expectativas e previsões pelos quais os protagonistas da narrativa são orientados para seu futuro mortal: prova disso são as últimas páginas, poderosamente prospectivas, de *Em busca do tempo perdido,* já citadas acima quando tratamos do encerramento aberto da narrativa de ficção. Em outras palavras, a narrativa também conta a preocupação. Em certo sentido, só conta a preocupação. Por isso não há absurdo em falar da unidade narrativa de uma vida, sob o signo de narrativas que ensinam a articular narrativamente retrospecção e prospecção.

Dessa discussão resulta que narrativas literárias e histórias de vida, em vez de se excluírem, completam-se, apesar ou por causa de seu contraste. Essa dialética nos lembra que a narrativa faz parte da vida antes de se exilar da vida na escrita; e retorna à vida seguindo os múltiplos caminhos da apropriação e pagando o preço das tensões inexpugnáveis de que acabamos de falar.

3. Implicações éticas da narrativa

O que ocorre, na segunda vertente de nossa investigação, com as relações entre teoria *narrativa* e teoria *ética*? Ou, para

---

31. Sobre essa interpretação cujo caráter exploratório não deixei de ressaltar, cf. *Temps et Récit,* t. II, *op. cit.,* pp. 131-49, especialmente pp. 147-8.

retomar os termos propostos acima: de que maneira o componente narrativo da autocompreensão atrai como complemento as determinações éticas próprias à imputação moral da ação a seu agente?

Também aqui a noção de identidade narrativa ajuda a explicitar relações entre narratividade e ética que foram antecipadas no que antecede, sem serem aclaradas; mas será preciso dizer que, também neste caso, ela produz dificuldades novas, ligadas à confrontação entre a versão narrativa e a versão ética da ipseidade.

Que a função narrativa não deixa de ter implicações éticas é algo que o enraizamento da narrativa literária no solo da narrativa oral, no plano da prefiguração da narrativa, já dá a entender. Em seu famoso ensaio sobre "o narrador"[32], W. Benjamin lembra que, em sua forma mais primitiva, ainda discernível na epopeia e já em vias de extinção no romance, a arte de narrar é a arte de trocar *experiências*; por experiências, ele não entende a observação científica, mas o exercício popular da sabedoria prática. Ora, essa sabedoria não deixa de comportar apreciações e avaliações que incidem sob as categorias teleológicas e deontológicas que elaboraremos no próximo estudo; na troca de experiências que a narrativa realiza, as ações não deixam de ser aprovadas ou desaprovadas, e os agentes, de ser louvados ou censurados.

Caberá dizer que a narrativa literária, no plano da configuração narrativa propriamente dita, perde essas determinações éticas em benefício de determinações puramente estéticas? Isso seria enganar-se em relação à própria estética. O prazer que sentimos em acompanhar o destino das personagens sem dúvida implica suspendermos qualquer juízo moral real, ao mesmo tempo que deixamos suspensa a ação efetiva. Mas, no circuito irreal da ficção, não deixamos de explorar novas maneiras de valorar ações e personagens. As experiências intelectuais

---

32. W. Benjamin, "Der Erzähler, Betrachtungen zum Werk Nicolaj Lesskows", in *Illuminationen*, Frankfurt, Suhrkamp, 1969; trad. fr. de M. de Gandillac, "Le narrateur", in *Poésie et Révolution*, Paris, Denoël, 1971; reproduzido in *Rastelli raconte et autres récits*, Paris, Éd. du Seuil, 1987.

que fazemos no grande laboratório do imaginário também são explorações realizadas no reino do bem e do mal. Transvalorar ou mesmo desvalorar ainda é valorar. O juízo moral não é abolido, mas é submetido às variações imaginativas próprias à ficção.

Graças a esses exercícios de valoração na dimensão da ficção a narrativa pode afinal exercer sua função de descoberta e também de transformação em relação ao sentir e ao agir do leitor, na fase de refiguração da ação pela narrativa. Em *Tempo e narrativa III*, arrisquei-me até a dizer que a forma de narrativa que mais pretende ser neutra nesse aspecto, a saber, a narrativa historiográfica, nunca atinge o grau zero da estimativa. Sem manifestar preferência pessoal pelos valores desta ou daquela época, o historiador, que se pretende mais movido pela curiosidade do que pelo gosto de comemorar ou execrar, nem por isso deixa de ser remetido, por essa mesma curiosidade, à maneira como os homens visaram, atingiram ou deixaram de atingir o que consideravam constituir a verdadeira vida. É pelo menos no modo da imaginação e da simpatia que ele leva a reviver maneiras de valorar que continuam pertencendo à nossa humanidade profunda. Com isso, a historiografia é chamada à sua relação de dívida no que se refere aos homens do passado. Em certas circunstâncias, especialmente quando o historiador se vê confrontado com o hediondo, figura-limite da história das vítimas, a relação de dívida se transforma em dever de não esquecer[33].

Contudo, não é com as certezas referentes às implicações éticas da função narrativa que quero concluir este estudo. As-

---

33. Retomarei o problema em sentido inverso no próximo estudo. Se as histórias narradas oferecem tantos pontos de apoio ao juízo moral, não será porque este tem necessidade da arte de narrar para, digamos, esquematizar sua visada? Além das regras, normas, obrigações e legislações que constituem aquilo que se pode chamar moral, há – diremos então – a visada da verdadeira vida, que MacIntyre, retomando Aristóteles, põe no topo da hierarquia dos níveis da práxis. Ora, essa visada, para tornar-se visão, não pode deixar de se introduzir em narrativas graças às quais pomos à prova diversos cursos de ação, jogando, no sentido forte do termo, com possibilidades contrárias. Nesse aspecto, pode-se falar de imaginação ética, que se alimenta de imaginação narrativa. Cf. P. Kemp, "Ethics and narrativity", *Aquinas*, Roma, Lateran University Press, 1988, pp. 435-58, e *Ethique et Médecine*, Paris, Tierce-Médecine, 1987.

sim como, na primeira vertente, surgiram dificuldades específicas no ponto de cruzamento entre teoria narrativa e teoria da ação, surgem dificuldades simétricas no ponto em que a teoria narrativa inflete como teoria ética. Estas têm relação com o destino distinto ou mesmo oposto da *identidade,* tema diretor deste estudo em ambos os registros. Na seção dedicada à problemática da identidade, admitimos que a identidade-ipseidade abrange um espectro de significações desde um polo extremo em que se sobrepõe à identidade do mesmo até o outro polo extremo, em que dela se dissocia inteiramente. Esse primeiro polo pareceu-nos simbolizado pelo fenômeno do caráter, pelo qual a pessoa se torna identificável e reidentificável. O segundo polo, por sua vez, pareceu-nos representado pela noção, essencialmente ética, da manutenção de si. A manutenção de si, para a pessoa, é a maneira de comportar de tal modo que outrem pode *contar* com ela. Visto que alguém conta comigo, eu *presto contas* de minhas ações perante outrem. O termo responsabilidade reúne as duas significações: contar com..., prestar contas de... Ela os reúne, acrescentando a ideia de *resposta à* pergunta: "Onde estás?", feita pelo outro que me procura. Essa resposta é: "Eis-me"[34], resposta que expressa a manutenção de si.

Opondo polarmente a manutenção de si ao caráter, a intenção foi delimitar a dimensão propriamente ética da ipseidade, sem consideração pela perpetuação do caráter. Assim, ficou clara a distância entre duas modalidades da permanência no tempo, bem expresso pela expressão manutenção de si, oposta à expressão perpetuação do mesmo. Onde afinal se situa a identidade narrativa nesse espectro de variações entre o polo de ipseidade-mesmidade do caráter e o polo de pura ipseidade da manutenção de si?

A essa pergunta a resposta já parece dada: a identidade narrativa fica de permeio; ao narrativizar o caráter, a narrativa lhe devolve o movimento abolido nas disposições adquiridas, nas identificações-com sedimentadas. Ao narrativizar a visada da

---

34. E. Lévinas, *Autrement qu'être ou au-delà de l'essence,* Haia, 1974, M. Nijhoff, p. 180.

verdadeira vida, ela lhe dá as características reconhecíveis de personagens amadas ou respeitadas. A identidade narrativa mantém unidas as duas pontas da cadeia: a permanência do caráter no tempo e a permanência da manutenção de si.

Onde então está a dificuldade? A dificuldade decorre dos casos desconcertantes com que concluímos a seção anterior. Esses casos-limite parecem propor uma *problematização* tal da identidade narrativa que esta, ao invés de se justapor à identidade ética figurada pela manutenção de si, parece, ao contrário, retirar-lhe qualquer ponto de apoio. Por isso, enquanto a linha divisória passava entre os casos perturbadores da ficção literária e os *puzzling cases* da ficção científica, os primeiros exerciam uma espécie de função *apologética* em benefício da ipseidade e às expensas de sua confusão com a mesmidade. Por que, afinal, nos interessaríamos pelo drama da dissolução da identidade da personagem de Musil e por meio dele mergulharíamos na perplexidade, se o não-sujeito não continuasse sendo uma figura do sujeito, mesmo que no modo negativo? Um não-sujeito é nada, como lembra a semiótica do sujeito de discurso ou de ação[35]. Essa defesa da ipseidade, documentada pelos casos perturbadores da ficção literária, começa a virar o contrário quando, com a volta da ficção à vida, o leitor em busca da identidade se vê diante da hipótese de sua própria perda de identidade, da *Ichlosigkeit* que foi o tormento de Musil e, ao mesmo tempo, o efeito de sentido interminavelmente cultivado por sua obra. O si aqui refigurado pela narrativa é na realidade posto diante da hipótese de seu próprio nada. Sem dúvida, esse nada não é o nada do qual não há nada que dizer. Essa hipótese, ao contrário, dá muito que dizer, como demonstra a imensidade de uma obra como *O homem sem qualidades*. A frase: "Não sou nada" deve manter sua forma paradoxal: "nada" não significaria mais nada, se "nada" não fosse atribuído a "eu". Mas quem é ainda *eu* quando o sujeito diz que não é nada? Um si privado do socorro da mesmidade, dissemos e repetimos.

---

35. Adoto aqui o vocabulário de J. Coquet em *Discours et son Sujet: 1. Essai de grammaire modale. 2. Pratique de la grammaire modale*, Paris, Klincksieck, 1984-1985.

Que seja. Nesse aspecto, a hipótese não carece de verificações existenciais: poderia ser que as transformações mais dramáticas da identidade pessoal tivessem de atravessar a prova desse nada de identidade, nada que seria o equivalente da casa vazia nas transformações tão prezadas por Lévi-Strauss. Várias narrativas de conversão dão testemunho de tais noites da identidade pessoal. Nesses momentos de despojamento extremo, a resposta nula à pergunta *quem sou?* não remete à nulidade, mas à própria nudez da pergunta.

Ora, o que reabre o debate é precisamente essa nudação da pergunta *quem?*, confrontada com a altiva resposta: "Eis-me!" Como manter juntos o caráter *problemático* do *ipse* no plano narrativo e seu caráter *assertivo* no plano do compromisso moral? Somos tentados a dizer que os casos perturbadores da ficção literária levam paradoxalmente à proximidade da conclusão ética que Parfit extraía da indecidibilidade de seus *puzzling cases:* a identidade pessoal não é o que importa; apagam-se então não só a identidade do mesmo, mas também a identidade do si, que se acreditara salva do desastre da primeira. Em certo sentido isso é verdade: as narrativas que contam a dissolução do si podem ser vistas como narrativas interpretativas daquilo que poderia ser chamado de apreensão apofática do si[36]. A apófase do si consiste no fato de que a passagem do *"Quem"* sou? ao *"O que"* sou? perdeu pertinência. Ora, o "que" do "quem", como dissemos acima, é o caráter, ou seja, o conjunto das disposições adquiridas e das identificações-com sedimentadas. A impossibilidade absoluta de reconhecer alguém por sua maneira duradoura de pensar, sentir e agir talvez não seja praticável, mas pelo menos é pensável em última análise. Sem dúvida só é praticável o fracasso de uma sequência indefinida de tentativas de identificação, que servem de matéria a essas narrativas de valor interpretativo em relação à retração do si.

---

36. Sobre a categoria da narrativa interpretativa, cf. meu artigo "Le récit interprétatif. Exégèse et théologie dans les récits de la Passion" [A narrativa interpretativa. Exegese e teologia nas narrativas da Paixão], *Recherches de science religeuse*, 1985.

Como então manter no plano ético um si que, no plano narrativo, parece apagar-se? Como dizer ao mesmo tempo "Quem sou eu?" e "Eis-me!"? Não será possível, em última análise, fazer a distância entre identidade narrativa e identidade moral trabalhar a favor da dialética viva entre uma e outra? É desse modo que vejo a oposição transmudar-se em tensão frutuosa.

Por um lado, não é de duvidar que o "Eis-me!" com que a pessoa se reconhece sujeito de imputação marca uma parada na errância à qual pode levar o confronto de si mesmo com uma multidão de modelos de ação e de vida, alguns dos quais chegam a paralisar a capacidade de firme compromisso.

Entre a imaginação que diz "Posso experimentar tudo" e a voz que diz "Tudo é possível, mas nem tudo é benéfico [entenda-se: a outrem e a ti mesmo]", instala-se uma surda discórdia. É essa discórdia que o ato da promessa transforma em frágil concórdia: "Posso experimentar tudo", claro, mas: "É aqui que estou!"

Por outro lado, a angustiante pergunta *Quem sou eu?*, exposta pelos casos perturbadores da ficção literária, pode, de certo modo, incorporar-se à altiva declaração: "É aqui que estou!" A pergunta passa a ser: "Quem sou eu, tão versátil, para que, *apesar disso*, contes comigo?" A distância entre a pergunta na qual se abisma a imaginação narrativa e a resposta do sujeito responsabilizado pela expectativa do outro torna-se falha secreta no próprio coração do compromisso. Essa falha secreta faz a diferença entre a modéstia da manutenção de si e o orgulho estoico da rígida constância em si. É nesse ponto exatamente que o caminho aqui seguido cruza com o de Parfit. Em certo sentido, a caracterização da ipseidade por meio da relação de posse (ou pertencimento) entre a pessoa e seus pensamentos, suas ações, suas paixões, em suma, suas "experiências", não deixa de ter ambiguidade no plano ético. Ou essa relação não se presta a nenhuma confusão no plano gramatical dos dêiticos (meu/o meu; teu/o teu; seu, sua/o seu, a sua etc.), ou fica suspeito no plano em que Parfit trava seu combate contra o princípio do *self-interest*. Numa filosofia da ipseidade como a nossa, é preciso poder dizer: a posse não é o que importa. O que sugerem os casos-limite engendrados pela imaginação narrativa é uma dialética entre a posse e o desapossamento, a preocupação e a despreocupação, a autoafirmação e o autoapagamento. Assim, o nada imaginado do si torna-se "crise" existencial do si[37].

Está claro que esse despojamento, mencionado por pensadores tão diferentes como Jean Nabert, Gabriel Marcel, Emmanuel Lévinas, está relacionado com o primado ético do outro sobre o si. Mas também é preciso que a irrupção do outro, fraturando o fechamento do mesmo, encontre a cumplicidade desse movimento de apagamento pelo qual o si se torna disponível para o outro. Pois não seria preciso que a "crise" da ipseidade tivesse por efeito substituir a estima a si mesmo pelo ódio a si mesmo.

---

37. Sobre a categoria da crise, cf. P. Landsberg e É. Weil, *Logique de la philosophie*, Paris, Vrin, 1950, cap. XII, "Personnalité", pp. 293-6.

SÉTIMO ESTUDO
O SI E A VISADA ÉTICA

Tomados em conjunto, os três estudos que se iniciam aqui acrescentam às dimensões linguística, prática e narrativa da ipseidade uma dimensão nova, ao mesmo tempo ética e moral (ressalvando-se a distinção que proporei em breve entre os dois termos frequentemente considerados sinônimos). Uma dimensão nova, mas que não marca nenhuma ruptura metodológica com as anteriores.

Como foi dito no Prefácio, os quatro subconjuntos que compõem estes estudos até o limiar do décimo correspondem a quatro maneiras de responder à pergunta *quem?*: quem fala? quem age? quem se narra? quem é o sujeito moral da imputação? Não saímos do problema da ipseidade durante o tempo em que ficamos na órbita da pergunta *quem?* O quarto subconjunto que abordamos aqui, tal como os três anteriores, obedece à regra fundamental do desvio da reflexão pela análise: assim, os predicados "bom" e "obrigatório", aplicados à ação, desempenham o mesmo papel que a proposição discursiva em relação ao locutor que se autodesigna proferindo-a, ou que as frases de ação em relação à posição do agente capaz de fazer, ou que as estruturas narrativas em relação à constituição da identidade narrativa. As determinações éticas e morais da ação serão tratadas aqui como predicados de um novo tipo, e sua relação com o sujeito da ação será tratada como uma nova mediação no caminho de retorno para o si-mesmo.

A determinação da ação por predicados tais como "bom" e "obrigatório" só marcaria uma ruptura radical com tudo o que precede no que tange à tradição de pensamento oriunda de Hume, para a qual dever-ser opõe-se a ser, sem transição possível. Prescrever significa então coisa bem diferente de descrever. Pode-se já encontrar nos estudos anteriores várias razões para recusar essa dicotomia.

Em primeiro lugar, os "seres" sobre os quais meditamos são bem especiais: são falantes e agentes; ora, é próprio da ideia de ação ser acessível a *preceitos* que, na forma de conselho, recomendação ou instrução ensinam a ter sucesso, portanto a fazer direito o que se começou. Sem dúvida, nem todos os preceitos são de ordem moral – de modo algum: podem ser preceitos técnicos, estratégicos, estéticos etc.; pelo menos as regras morais se inscrevem no círculo mais amplo dos preceitos, que estão intimamente ligados às práticas que eles mesmos contribuem para delimitar.

Em segundo lugar, situando a teoria narrativa na articulação da teoria da ação com a teoria moral, fizemos da narração uma transição natural entre descrição e prescrição; é assim que, nas últimas páginas do estudo anterior, a noção de identidade narrativa pôde servir de ideia diretiva para a ampliação da esfera prática além das ações simples descritas no âmbito das teorias analíticas da ação; ora, essas ações complexas são refiguradas por ficções narrativas ricas em previsões de caráter ético; narrar – observou-se – é abrir um espaço imaginário para experiências intelectuais nas quais o juízo moral é exercido de modo hipotético.

Que dizer agora da distinção proposta entre ética e moral? Nada na etimologia ou na história do emprego dos termos nos impõe isso. Um vem do grego, o outro do latim; e os dois remetem à ideia intuitiva de *costumes,* com a dupla conotação que tentaremos decompor, daquilo que é *considerado bom* e do que *se impõe* como obrigatório. Portanto, é por convenção que reservarei o termo ética para a *visada* de uma vida plena e o termo moral para a articulação dessa visada com *normas* caracterizadas pela pretensão à universalidade e pelo efeito de coerção (na hora certa diremos o que interliga essas duas características). Será fácil reconhecer na distinção entre visada e norma a oposição entre duas heranças, uma herança aristotélica, em que a ética é caracterizada por sua perspectiva *teleológica*, e uma herança kantiana, em que a moral é definida pelo caráter de obrigação da norma, portanto por um ponto de vista *deontológico*. Propomo-nos estabelecer, sem preocupação com a ortodoxia aristotélica ou kantiana, mas não sem grande atenção aos textos fundadores dessas duas tradições: 1) a primazia da ética sobre a moral; 2) a necessidade de a visada ética passar pelo crivo da norma; 3) a legitimidade de um recurso da norma à visada, quando a norma conduz a impasses práticos, que lembrarão nesse novo estágio de nossa meditação as diversas situações aporéticas que nossa meditação sobre a ipseidade precisou enfrentar. Em outras palavras, segundo a hipótese de trabalho proposta, a moral constituiria apenas uma efetivação limitada, embora legítima e até indispensável, da visada ética, e a ética nesse sentido envolveria a moral. Portanto, não veríamos Kant substituir Aristóteles, apesar de uma tradição respeitável. Ao contrário, estabelecer-se-ia entre as duas heranças uma relação tanto de subordinação quanto de complementaridade, que o recurso final da moral à ética viria finalmente reforçar.

Em que essa articulação de tipo muito particular entre visada teleológica e momento deontológico afeta nosso exame da ipseidade? A articulação entre visada teleológica e momento deontológico, primeiramente percebida no nível dos predicados aplicados à ação – predicado "bom", predicado "obrigatório" –, encontrará finalmente sua réplica no plano da autodesignação: à visada ética corresponderá o que chamaremos a partir de agora estima a si mesmo e ao momento deontológico, respeito a si mesmo. Segundo a tese proposta aqui, deveria ficar claro: 1) que a estima a si mesmo é mais fundamental que o respeito a si mesmo; 2) que o respeito a si mesmo é o aspecto assumido pela estima a si mesmo sob o regime da norma; 3) que as aporias do dever criam situações em que a estima a si mesmo não aparece apenas como fonte, mas como recurso do respeito, quando nenhuma norma certa oferece mais guia seguro para o exercício *hic et nunc* do respeito. Assim, estima a si mesmo e o respeito a si mesmo representarão conjuntamente os estágios mais avançados desse crescimento que é ao mesmo tempo uma expansão da ipseidade.

Para concluir esta breve introdução aos três estudos que leremos, diremos com poucas palavras de que maneira a distinção entre ética e moral responde à objeção humiana de fosso lógico entre prescrever e descrever, entre dever-ser e ser. Pode-se esperar que a concepção teleológica com a qual se caracterizará a ética se encadeie de modo direto com a teoria da ação prolongada por meio da teoria da narração. Com efeito, é em avaliações ou estimativas imediatamente aplicadas à ação que se expressa o ponto de vista teleológico. Em compensação, os predicados deônticos pertinentes a uma moral do dever parecem impor-se a partir de fora – ou do alto – ao agente da ação, na forma de uma coerção denominada, precisamente, moral, o que dá peso à tese da oposição irredutível entre dever-ser e ser. Mas, se chegarmos a mostrar que o ponto de vista deontológico está subordinado à perspectiva teleológica, então a distância entre dever-ser e ser parecerá menos intransponível que numa confrontação direta entre a descrição e a prescrição ou, segundo terminologia próxima, entre juízos de valor e juízos de fato.

1. Visar à "vida boa"...

Este estudo se limitará a estabelecer a primazia da ética sobre a moral, ou seja, da visada sobre a norma. A tarefa do estudo seguinte consistirá em dar à norma moral seu justo lugar sem lhe dar a última palavra.

Inquirir sobre a visada ética, com abstração do momento deontológico, será acaso renunciar a todo e qualquer discurso sensato e deixar o terreno livre para a expansão de "bons" sentimentos? Nada disso. A definição que segue, ao contrário, em vista de seu caráter articulado, suscita um trabalho intelectual que ocupará o restante deste estudo. Chamaremos de "visada ética" *a visada da "vida boa" com e para outrem em instituições justas.* Os três momentos fortes dessa definição serão, sucessivamente, objeto de uma análise distinta. Esses mesmos três componentes, nos dois estudos seguintes, formarão os pontos de apoio sucessivos de nossa reflexão sobre a relação da norma moral com a visada ética.

A principal vantagem de entrar na problemática ética pela noção de "vida boa" é não fazer diretamente referência à ipseidade na forma de estima a si mesmo. E, embora a estima a si mesmo efetivamente extraia sua primeira significação do movimento reflexivo por meio do qual a avaliação de certas ações consideradas boas se transfere para o autor dessas ações, essa significação continuará abstrata enquanto lhe faltar a estrutura dialógica introduzida pela referência a outrem. Por sua vez, essa estrutura dialógica fica incompleta sem a referência a instituições justas. Nesse sentido, a estima a si mesmo só tem sentido completo no fim do percurso de sentido demarcado pelos três componentes da visada ética.

O primeiro componente da visada ética é aquilo que Aristóteles chama de "viver-bem", "vida boa": "vida verdadeira", seria possível dizer na esteira de Proust. A "vida boa" é aquilo que deve ser nomeado em primeiro lugar porque é o próprio objeto da visada ética. Seja qual for a imagem que cada um tenha de uma vida plena, esse coroamento é o fim último de sua ação. É o momento de se lembrar da distinção que Aristóteles faz entre o bem tal como visado pelo homem e o Bem platônico. Na ética aristotélica, só se pode tratar do bem para nós. Essa relatividade a nós não impede que ele não esteja contido em nenhum bem particular. É, ao contrário, o que falta a todos os bens. Toda a ética pressupõe esse uso não saturável do predicado "bom".

O discurso estará mais uma vez ameaçado de informidade? Não. A primeira grande lição que tiraremos de Aristóteles foi a de ter buscado na práxis a ancoragem fundamental da visada da "vida boa"[1]. A segunda é ter tentado erigir a teleo-

---

1. As primeiras linhas da *Ética nicomaqueia I* nos põem no caminho: "Toda arte [*tékhne*] e toda investigação [*méthodos*], tal como toda ação [*práxis*] e toda escolha preferencial [*prohaíresis*] tendem para algum bem, ao que parece. Por isso se declarou com razão que o Bem é aquilo a que todas as coisas tendem" (trad. Tricot modificada, I, 1,1094 a 1-3). Deixemos em suspenso a equação entre bem e felicidade. Fiquemos na enumeração de contornos indecisos das atividades

logia interna à práxis como princípio estruturante da visada da "vida boa". Nesse aspecto, não é indubitável que Aristóteles tenha resolvido o paradoxo aparente, segundo o qual a práxis, pelo menos a boa práxis, seria em si mesma seu próprio fim, ao mesmo tempo que visasse um fim ulterior. O paradoxo seria resolvido se fosse encontrado um princípio hierárquico tal que as finalidades fossem incluídas umas nas outras, de algum modo que o superior fosse como que o excesso do inferior. Ora, a sequência dos livros da *Ética nicomaqueia* não parece expor uma análise coerente dessa hierarquia das ações e dos fins correspondentes. Numerosos são os comentadores que veem discordância entre os livros III e IV. Uns a consideram insuperável; outros, não. A discordância consiste no seguinte: no livro III, tal como foi lembrado no quarto estudo, tudo assenta no elo entre escolha preferencial e deliberação. Ora, o mesmo livro propõe um modelo de deliberação que parece excluir esta da ordem dos fins. Essa limitação da deliberação aos meios é repetida três vezes: "deliberamos não sobre os próprios fins [observe-se o plural], mas sobre os meios de atingir os fins [*ta pros to télos*]" (III, 5, 1112 b 12). Sem dúvida, entende-se que seja eliminado do campo da deliberação tudo o que escape a nosso poder: por um lado, as entidades eternas; por outro, todos os acontecimentos que não poderiam ser produzidos por nós. Mas daí a reduzir a meios as coisas que dependem de nós, há um passo que é dado nos exemplos que seguem: o médico não se pergunta se deve curar, nem o orador se deve persuadir, nem o político se deve estabelecer boas leis. Cada um, depois de estabelecer um fim, examina como e por qual meio o

---

assim teleologicamente orientadas. *Tékhne* é o primeiro termo citado; forma par com *méthodos*, e o prático em geral é, assim, coordenado com o teórico em geral; depois *tékhne* é simplesmente justaposto a *práxis* e a *prohaíresis* sem que seja proposta nenhuma hierarquia. Além disso, *práxis* ainda não se opõe a *poíesis*. É só no livro VI que a práxis, mais exatamente a "ciência prática", será oposta à "ciência poética": ficamos então sabendo que a *práxis* é uma atividade que não produz nenhuma obra distinta do agente e não tem outro fim senão a própria ação, a "eupraxia", "pois a boa prática é seu próprio fim" (trad. Tricot, VI, 5, 1140 b 6), ao passo que *poíesis* (e a ciência poética que lhe corresponde) "tem um fim que não é ela mesma" (*ibid.*).

realizará, e a deliberação recairá na escolha do meio mais apropriado. Restringindo ainda mais o alcance da deliberação, Aristóteles apressa-se a equiparar essa escolha dos meios à construção de uma figura pelo geômetra, e a figura por construir funcionará como fim para as operações intermediárias.

Sem dúvida, compreende-se a predileção de Aristóteles por esse modelo: se a deliberação deve referir-se às coisas que dependem de nós, os meios de nossos fins são exatamente o que está mais em nosso poder; a visada dos fins deve então ser remetida para o campo do desejo (*boúlesis*), que em geral se refere a coisas fora de nosso poder. Além disso – e esse argumento talvez seja o mais forte –, "se tivéssemos de deliberar sempre, iríamos ao infinito" (*Ét. nic.*, III, 5, 1113 a 2). Ora, acaso não foi dito que "é preciso parar em algum lugar [*anánke stenai*]", e que a felicidade é, de algum modo, o que põe um ponto final à corrida do desejo? O argumento, porém, deixa perplexo: Aristóteles teria ignorado que um homem pode estar colocado na situação de escolher entre tornar-se médico em vez de orador ou político? A escolha entre vários cursos de ação acaso não é uma escolha sobre os fins, ou seja, sobre sua conformidade, mais ou menos estreita ou distante, com um ideal de vida, com aquilo que cada um considera sua visada da felicidade, sua concepção da "vida boa"? Essa perplexidade, que adiante alimentará nossa reflexão, obriga a admitir que o modelo meio-fim não abrange todo o campo da ação, mas apenas a *tékhne*, desde que ela se subtraia a uma reflexão fundamental que, precisamente, será feita pela *phrónesis* do livro VI. Pior: o modelo meio-fim parece de fato levar a um falso caminho, uma vez que convida a construir todas as relações entre fins subordinados e fim último com base numa relação que continua sendo fundamentalmente instrumental[2].

---

2. Alguns comentadores se esforçaram por atenuar a dificuldade, questionando a tradução clássica do grego *pròs to télos* como "meio"; ocorre que a expressão grega, que, segundo eles, deveria ser traduzida por "as coisas relativas ao fim", daria ensejo a uma pluralidade de interpretações. Segundo D. Wiggins ("Deliberation and practical reason", in A. O. Rorty (org.), *Essays on Aristotle's ethics*, University of California Press, 1980, pp. 222-5), são relativos ao fim não só os instrumentos da ação, mas também os elementos constitutivos do próprio

Em compensação, o livro VI, que – cabe lembrar – versa sobre as virtudes dianoéticas, e não mais sobre as virtudes do caráter, tratadas nos livros II-V (coragem, moderação, liberalidade, justiça), apresenta um modelo mais complexo de deliberação. Nele, a deliberação é o caminho seguido pela *phrónesis*, a sabedoria prática (palavra que os latinos traduziram por *prudentia*[3]) e, mais precisamente, o caminho seguido pelo homem da *phrónesis* – o *phrónimos* – para dirigir sua vida[4]. A indagação

---

fim. O erro dos exemplos escolhidos por Aristóteles é limitar o *pros to télos* a um caso típico, aquele em que o fim já está fixado, e o singular é tomado no sentido distributivo: o fim do médico, o do orador, o do político. Em suma, o médico já é médico e não se pergunta todos os dias se teve alguma razão para escolher tornar-se ou permanecer médico, o que seria deliberar sobre o fim e, como teme Aristóteles, deliberar sem fim. Um médico, um arquiteto, um político, transformados em Hamlet, já não seriam, para Aristóteles, um bom médico, um bom arquiteto, um bom político. O fato é que esses casos típicos não poderiam esgotar o sentido do *pròs to télos* e deixam a porta aberta à espécie de deliberação na qual estaria em jogo o seguinte: o que vai contar para mim como descrição adequada do fim de minha vida? Se essa for de fato a questão última, a deliberação assumirá um curso bem diferente da escolha entre meios; consistirá em especificar essa nebulosa de sentido que chamamos "vida boa", em torná-la mais determinada na prática, em levar à sua cristalização.

3. Pierre Aubenque, *La Prudence chez Aristote*, Paris, PUF, 1963.

4. Leiamos VI, 5, 1140 a 24·28: "Um modo como poderíamos apreender a natureza da sabedoria prática [Tricot: a prudência] é considerar quais são as pessoas que chamamos de sábios [prudentes]. É opinião geral que é próprio de um homem sábio ser capaz de deliberar corretamente sobre o que é bom e vantajoso para si mesmo, não acerca de um ponto parcial (como, por exemplo, que tipos de coisas são favoráveis à saúde ou ao vigor do corpo), mas, de modo geral, que tipos de coisas, por exemplo, conduzem à vida feliz. Prova disso é que também chamamos de sábios aqueles que o são num campo determinado, quando calculam com justeza em vista de atingir um fim particular digno de apreço, em questões nas quais não se trate de arte [*tékhne*]; disso resulta que, em sentido geral também, será sábio aquele que for capaz de deliberação" (trad. Tricot modificada). Leiamos também VI, 5, 1141 b 8-16: "Ora, a sabedoria prática [prudência] tem relação com as coisas humanas e com as coisas que admitem deliberação: pois o sábio, dizemos, tem como obra principal deliberar bem, mas nunca se delibera sobre as coisas que não podem ser diferentes do que são, nem sobre aquelas que não comportam nenhum fim por atingir, fim que consista num bem realizável. O bom deliberador no sentido absoluto é o homem que se esforça por atingir o melhor dos bens realizáveis para o homem e que o faz por raciocínio" (trad. Tricot modificada).

aqui parece ser esta: o que conta como a especificação mais apropriada aos fins últimos visados? A esse respeito, o ensinamento mais forte do livro VI refere-se ao elo estreito estabelecido por Aristóteles entre a *phrónesis* e o *phrónimos,* elo que só ganha sentido se o homem de julgamento sábio determinar ao mesmo tempo a regra e o caso, apreendendo a situação em sua plena singularidade. É a esse uso da *phrónesis* que voltaremos no nono estudo, quando seguirmos o movimento de retorno da norma moral à visada ética em situações singulares inéditas[5].

Acompanhados por esses esboços de soluções e por essas perplexidades, procuraremos, na revisão do conceito de ação proposta no estudo anterior, o meio de, se não resolver as dificuldades do texto de Aristóteles – em sentido arqueológico e filológico –, pelo menos responder-lhes com os recursos do pensamento contemporâneo.

Todos se lembram de que maneira, sob a pressão da teoria narrativa, fomos conduzidos não só a ampliar, mas também a hierarquizar o conceito de ação de tal forma que fosse possível elevá-lo ao nível do de práxis: assim, em alturas diferentes na escala da práxis, colocamos práticas e planos de vida, reunidos pela previsão da unidade narrativa da vida. Então fizemos a tônica recair no princípio unificador próprio a cada uma dessas entidades práticas. É a mesma hierarquia da práxis que vamos percorrer de novo, dessa vez do ponto de vista de sua integração ética sob a ideia de "vida boa".

O princípio unificador de uma *prática* – ofício, jogo, arte – não reside apenas em relações lógicas de coordenação ou mesmo de subordinação ou imbricação[6], nem mesmo no papel

---

5. Mencionemos desde já VI, 9, 1142 a 22-31: Aristóteles não hesita em aproximar a singularidade da escolha segundo a *phrónesis* daquilo que é a percepção (*aísthesis*) na dimensão teorética. O argumento assim acrescentado não deixará de surpreender: "pois nessa direção também será preciso parar" (*ibid.*). A sabedoria prática parece, assim, ter dois limites: um limite superior, a felicidade, e um limite inferior, a decisão singular.

6. Esse elo entre coordenação e subordinação na conexão lógica de uma prática autoriza a reinterpretação prudente da relação entre *poíesis* e *práxis* em Aristóteles. Do ponto de vista da coordenação linear, o elo se assemelha mais à *poíesis* de Aristóteles, no qual a ação tem resultado fora do agente, no sentido de que o resultado é exterior ao segmento considerado ao qual o agente confia

das regras constitutivas, no sentido da teoria dos jogos e da teoria dos atos de discurso, cuja neutralidade ética deve ser lembrada. No entanto, é a dimensão significativa oferecida pela noção de regra constitutiva que abre o espaço de sentido no qual podem desdobrar-se apreciações de caráter avaliativo (e ulteriormente normativo), vinculadas aos preceitos do bem fazer. A qualificação propriamente ética desses preceitos é garantida por aquilo que MacIntyre chama de "padrões de excelência" (*standards of excellence*), que possibilitam qualificar de bons um médico, um arquiteto, um pintor, um enxadrista[7]. Esses padrões de excelência são regras de comparação aplicadas a resultados diferentes, em função de ideais de perfeição comuns a certa coletividade de executantes, interiorizados pelos mestres e pelos virtuosos da prática considerada. Percebe-se como é precioso esse recurso aos padrões de excelência da prática para refutar ulteriormente qualquer interpretação solipsista da estima a si mesmo, em cujo trajeto colocamos as práticas. As práticas, como observamos na esteira de MacIntyre, são atividades colaborativas cujas regras constitutivas são estabelecidas socialmente; os padrões de excelência que lhes correspondem no nível desta ou daquela prática vêm de mais longe do que o executante solitário. Esse caráter colaborativo e tradicional das práticas não exclui, mas, ao contrário, suscita controvérsia, principalmente quanto à definição dos padrões de excelência que também têm sua própria história. Continua sendo verdade, porém, que a competição entre executantes e a controvérsia referente aos padrões de excelência não ocorreriam se não existisse na cultura comum aos praticantes um acor-

---

seu poder-fazer; do ponto de vista da subordinação, o elo se assemelha mais à práxis, no sentido de que lavrar é feito *pròs to télos*, em vista do fim, ao passo que exercer o ofício de agricultor é uma ação feita "por ela mesma", mas só enquanto o agricultor não questionar a escolha de seu ofício. Se nossa análise for correta, nenhuma ação é apenas *poíesis* ou apenas *práxis*. Ela deve ser *poíesis* em vista de ser *práxis*. Essa observação priva de grande parte do interesse a distinção, aliás pouco estável em Aristóteles, entre *poíesis* e *práxis*: a epopeia que narra a ação dos heróis e a tragédia que a põe em cena acaso não são formas de *poíesis*?

7. A. MacIntyre, *After Virtue*, op. cit.

do bastante duradouro sobre os critérios que definem os níveis de sucesso e os graus de excelência.

De que maneira esses padrões de excelência se relacionam com a visada ética do bem viver? De duas maneiras. Por um lado, antes de qualificar como bom o executante de uma prática, os padrões de excelência possibilitam dar sentido à ideia de *bens imanentes* à prática. Esses bens imanentes constituem a teleologia interna à ação, conforme expressam no plano fenomenológico as noções de interesse e de satisfação que não devem ser confundidas com as de prazer. Esse conceito de bem imanente, prezado por MacIntyre, oferece, assim, um primeiro ponto de apoio ao momento reflexivo da estima a si mesmo, uma vez que, apreciando nossas ações, nos apreciamos como autor delas. Por outro lado, o conceito de bens imanentes deve ser mantido como reserva em vista de uma retomada ulterior no âmago da concepção propriamente normativa da moral, quando se tratar de dar um conteúdo à forma vazia do imperativo categórico. Nesse sentido, a ideia de bens imanentes ocupa em nossa empreitada dupla posição estratégica.

É a essa noção de bens imanentes à prática que a integração das ações parciais na unidade mais ampla dos *planos de vida* confere extensão paralela. Todos se lembram de que maneira a teoria narrativa provocou a consideração desse grau mais elevado de integração das ações em projetos globais, incluindo, por exemplo, vida profissional, vida familiar, vida de lazer, vida associativa e política. Um segundo olhar lançado sobre essa noção possibilita voltar a uma das dificuldades encontradas na *Ética nicomaqueia*, referente à validade da relação meio-fim. Segundo esse modelo, o médico já é médico, não se pergunta se deseja continuar sendo; suas escolhas são de natureza puramente instrumental: tratar ou operar, purgar ou fazer uma incisão. Mas que dizer da escolha da vocação médica? Aqui o modelo meio-fim já não basta. Trata-se mais de especificar os vagos ideais referentes ao que é considerado "vida boa" em relação ao homem por inteiro, usando aquela *phrónesis* que, como mostramos acima, escapa ao modelo meio-fim. As configurações de ação que chamamos planos de vida procedem então de um movimento de vaivém entre ideais distantes, que agora é preciso especificar, e a ponderação das vantagens e desvantagens da escolha de tal plano de vida no nível da prática. É nesse sentido que Gadamer interpreta a *phrónesis* aristotélica[8].

Mais uma observação sobre a expressão "plano de vida". O aparecimento da palavra "vida" merece reflexão. Ela não é tomada em sentido puramente biológico, mas no sentido ético-cultural, bem conhecido dos gregos, quando comparavam os respectivos méritos dos *bioi* oferecidos à escolha mais radical: vida de prazer, vida ativa no sentido político, vida contemplativa. A palavra "vida" designa o homem inteiro em oposição às práticas fragmentadas. Assim, Aristóteles – ele de novo! – perguntava se há um *érgon* – uma função, uma tarefa para o homem como tal, assim como há uma tarefa para o músico, para o médico, para o arquiteto... Tomada como termo singular, a palavra "vida" recebe a dimensão apreciativa, avaliativa, do *érgon* que qualifica o homem como tal. Esse *érgon* está para a vida, tomada em seu conjunto, assim como o padrão de excelência está para uma prática particular.

É esse elo entre o *érgon* do homem – o que chamamos "plano de vida" – e os padrões de excelência especificados por cada prática que possibilita responder à dificuldade da *Ética nicomaqueia*, mencionada acima: como – perguntávamos – se pode defender, ao mesmo tempo, que cada práxis tem um "fim em si mesma" e que toda ação tende para um "fim último"? É na relação entre prática e plano de vida que reside o segredo da imbricação das finalidades; uma vez escolhida, uma vocação confere aos gestos que a põem em ação esse caráter de "fim em si mesmo"; mas não paramos de retificar nossas escolhas iniciais; às vezes as invertemos inteiramente, quando a comparação se desloca do plano da execução das práticas já escolhidas para a questão da adequação entre a escolha de uma prática e nossos ideais de vida, por mais vagos que eles sejam, apesar de mais imperiosos às vezes do que a regra do jogo de um ofício que até então consideramos invariável. Aqui a *phrónesis* provoca uma deliberação muito complexa, em que o *phrónimos* não está menos implicado que ela.

---

8. *Verité e Méthode*, Paris, Éd. du Seuil, 1973, segunda parte, cap. II, 2: "La pertinence hermeneutique d'Aristote".

Não voltarei aqui ao lugar que MacIntyre atribui à "unidade narrativa de uma vida" entre as práticas e planos de vida e àquilo que Aristóteles designa bem viver. O termo vida que figura três vezes nas expressões "plano de vida", "unidade narrativa de uma vida" e "vida boa" designa tanto o enraizamento biológico da vida quanto a unidade do homem inteiro a lançar sobre si mesmo o olhar da apreciação. Na mesma perspectiva, Sócrates pôde dizer que uma vida não examinada não é digna desse nome. Quanto ao termo "unidade narrativa", o que destacamos aqui é menos a função de aglutinação exercida pela narrativa no topo da escala da práxis do que a junção que a narrativa opera entre as estimativas aplicadas às ações e a avaliação das próprias personagens. A ideia de unidade narrativa de uma vida garante-nos, assim, que o sujeito da ética outro não é senão aquele a que a narrativa confere uma identidade narrativa. Além disso, enquanto a noção de plano de vida põe a tônica no lado voluntário ou mesmo voluntarista daquilo que Sartre chamava projeto existencial, a noção de unidade narrativa põe a tônica na composição entre intenções, causas e acasos, que se encontra em toda narrativa. O homem aparece aí tanto como padecente quanto como atuante e submetido às vicissitudes da vida que levam a excelente helenista e filósofa Martha Nussbaum a falar de *fragility of goodness,* que seria preciso traduzir como fragilidade da boa qualidade do agir humano.

A série de intermediários que acabamos de percorrer, se não encontra uma conclusão, encontra pelo menos um horizonte ou, digamos, uma ideia-limite, na noção várias vezes mencionada de "vida boa". Mas não devemos nos enganar sobre o conteúdo e o estatuto dessa noção na teoria da práxis.

Com referência ao conteúdo, a "vida boa" é, para cada um, a nebulosa de ideais e sonhos de realização em relação à qual uma vida é considerada mais ou menos realizada ou não realizada. É o plano do tempo perdido e do tempo reencontrado. Nesse sentido é "aquilo em vista de que" tendem essas ações que, no entanto, dissemos terem seu fim em si mesmas. Mas essa finalidade na finalidade não arruína a autossuficiência das práticas, quando seu fim já estiver posto e enquanto continuar posto; essa abertura, que fratura práticas que pareceriam fechadas em si mesmas, quando somos dominados pela dúvida quanto à orientação de nossa vida, mantém uma tensão, na maioria das vezes discreta e tácita, entre o fechado e o aberto na estrutura global da práxis. O que aqui deve ser pensado é a ideia de uma finalidade superior que não deixasse de ser interior ao agir humano.

O estatuto epistêmico desse horizonte ou dessa ideia-limite, por sua vez, põe em jogo de modo decisivo o elo mencionado acima entre a *phrónesis* e o *phrónimos*. Numa linguagem mais moderna, diríamos que é num trabalho incessante de interpretação da ação e de si mesmo que prossegue a procura de adequação entre o que nos parece o melhor para o conjunto de nossa vida e as escolhas preferenciais que governam nossas práticas. Há vários modos de introduzir o ponto de vista hermenêutico nesse estágio final. Em primeiro lugar, entre nossa visada da "vida boa" e nossas escolhas particulares, desenha-se uma espécie de círculo hermenêutico em virtude do jogo de vaivém entre a ideia de "vida boa" e as decisões mais marcantes de nossa existência (carreira, amores, lazer etc.). Isso ocorre como um *texto* no qual o todo e a parte são compreendidos um por meio do outro. Em segundo lugar, a ideia de interpretação acrescenta à simples ideia de significação a de significação por alguém. Para o agente, interpretar o texto da ação é autointerpretar-se. Chego aqui a um tema importante de Ch. Taylor em seus *Philosophical Papers:* o homem, segundo diz ele, é um *self-interpreting animal*[9]. Ao mesmo tempo, nosso conceito do si sai muitíssimo enriquecido dessa relação entre interpretação do texto da ação e autointerpretação. No plano ético, a autointerpretação torna-se estima a si mesmo. Em contrapartida, a estima a si mesmo segue o destino da interpretação. Tal como esta, dá ensejo à controvérsia, à contestação, à rivalidade, em suma ao conflito das interpretações, no exercício do juízo prático. Isso significa que a procura de adequação entre nossos ideais de vida e nossas decisões, também vitais, não é passível da espécie de verificação que se pode esperar das ciên-

---

9. Ch. Taylor, *Philosophical Papers*, 2 vols., Cambridge University Press 1985, t. I, *Human Agency and Language*, cap. II, p. 45.

cias baseadas na observação. A adequação da interpretação diz respeito a um exercício do juízo que, na melhor das hipóteses, pode prevalecer-se da plausibilidade, pelo menos aos olhos dos outros, ainda que aos olhos do agente sua própria convicção confine com a espécie de evidência experiencial que, no fim do livro VI da *Ética nicomaqueia*, levava a comparar *phrónesis* e *aísthesis*. Essa evidência experiencial é a nova figura assumida pela *atestação*, quando a certeza de ser o autor de seu próprio discurso e de seus próprios atos se faz convicção de bem julgar e bem agir, numa aproximação momentânea e provisória do bem viver.

2. ...com e para o outro...

Foi de um só jato, sem aparente solução de continuidade, que no início deste estudo se proferiu a definição da perspectiva ética: *visar à verdadeira vida com e para o outro em instituições justas*. No segundo estágio de nossa meditação a pergunta feita é a seguinte: como o segundo componente da visada ética, que designamos com o belo nome de *solicitude*, se encadeia com a primeira? A pergunta assume um cunho paradoxal que suscita discussão a partir do momento em que caracterizamos como estima a si mesmo o aspecto reflexivo dessa visada. A reflexividade parece realmente carregar em seu bojo a ameaça de um retraimento, de um fechamento, ao arrepio da abertura para a amplidão, para o *horizonte* da "vida boa". Apesar desse perigo certo, minha tese é que a solicitude não se soma a partir de fora à estima a si mesmo, mas expande sua dimensão dialogal até aqui omitida. Por expandir, como já se disse em outro contexto, entendo, sim, uma ruptura na vida e no discurso, mas uma ruptura que cria as condições para uma continuidade de segundo grau, de tal modo que a estima a si mesmo e a solicitude não possam ser vividas e pensadas uma sem a outra.

A solução aqui esboçada para o paradoxo não ser *impensável* é tudo o que se pode afirmar no fim da análise anterior.

Observemos em primeiro lugar que não por acaso se falou constantemente de estima a si mesmo, e não de estima a mim mesmo. *Dizer si não é dizer mim.* Sem dúvida o sempre-meu está implicado de certo modo na ipseidade, mas a passagem da ipseidade ao sempre-meu é marcada pela cláusula "a cada vez" (alemão: *je*), que Heidegger tem o cuidado de somar à posição de meu. O si-mesmo, diz ele, é a cada vez meu[10]. Ora, em que se baseia esse "a cada vez", senão na referência não dita ao outro? Com base nesse "a cada vez", a minha posse de minhas experiências está de algum modo distribuída por todas as pessoas gramaticais. Mas em que condição esse outro será não uma reduplicação de mim, um outro eu, um *alter ego*, mas realmente um outro que não eu? Nesse aspecto, a reflexividade da qual procede a estima a si permanece abstrata, no sentido de que ignora a diferença entre mim e ti.

Outra observação preliminar: se perguntarmos a que título o si é declarado digno de estima, será preciso responder que não é principalmente por suas realizações, mas fundamentalmente por suas capacidades. Para entender bem esse termo *capacidade*, é preciso voltar ao "eu posso" de Merleau-Ponty e estendê-lo do plano físico ao plano ético. Sou esse ser que pode avaliar suas ações e, estimando bons os objetivos de algumas delas, é capaz de avaliar-se, estimar-se bom. O discurso do "eu posso" é sem dúvida um discurso em *eu*. Mas a tônica principal deve ser posta no verbo, no poder-fazer, ao qual corresponde no plano ético o poder-julgar. A questão é então saber se a mediação do outro não é necessária no trajeto da capacidade à efetivação.

A questão não é absolutamente retórica. Nela, como defendeu Charles Taylor, está em jogo o destino da teoria política. Assim, várias filosofias do direito natural pressupõem um sujeito completo já coberto de direitos antes de ingressar na sociedade. Daí resulta que a participação desse sujeito na vida comum é por princípio contingente e revogável, e o indivíduo – pois assim deve ser chamada a pessoa nessa hipótese – tem motivos para esperar do Estado a proteção de direitos constituídos fora dele, sem que pese sobre ele a obrigação intrínseca de participar dos encargos ligados ao aperfeiçoamento do vínculo

---

10. Heidegger, *Ser e tempo*, § 25.

social. Essa hipótese de um sujeito de direito, constituído anteriormente a qualquer vínculo social, só poderá ser refutada se sua raiz for cortada. Ora, a raiz é o desconhecimento do papel *mediador* do outro entre capacidade e efetivação.
É exatamente esse papel mediador que Aristóteles celebra em seu tratado da *amizade* (*philía* – *Ét. nic.*, VIII-IX)[11]. Não me desagrada caminhar por um momento com Aristóteles num estudo cujo tom é aristotélico de cabo a rabo. Mas as razões dessa escolha são mais tópicas. Em primeiro lugar, no próprio Aristóteles, a amizade estabelece a transição entre a visada da "vida boa", que vimos refletir-se na estima a si mesmo, virtude solitária na aparência, e na justiça, virtude de caráter político de uma pluralidade humana. Em segundo lugar, a amizade não é primordialmente da alçada de uma psicologia dos sentimentos de afeição e apego pelos outros (o que o tratado aristotélico é também em muitos aspectos), mas sim de uma ética: a amizade é uma virtude – uma excelência –, em ação em deliberações escolhidas e capaz de elevar-se à categoria de *habitus*, sem deixar de exigir um exercício efetivo, sem o que ela deixaria de ser uma atividade. Por fim, e principalmente, o tratado, que durante muito tempo parece dar espaço àquilo que dá a impressão de ser uma forma refinada de egoísmo, com o título de *philautia*, acaba por desembocar, de modo quase inesperado, na ideia de que "o homem feliz tem necessidade de amigos" (*ibid.*, IX, 9). A alteridade encontra assim os direitos que a *philautia* parecia precisar ocultar. Ora, é em ligação com as noções de capacidade e efetivação, ou seja, de *potência* e de *ato*[12], que se abre espaço para a *falta* e, pela mediação da falta, para o *outro*. A famosa aporia, que consiste em saber se é preciso amar-se para amar outrem, não deve, portanto, nos cegar. É ela de fato que conduz diretamente ao cerne da problemática

---

11. Sobre o lugar da filosofia aristotélica da amizade na filosofia antiga, cf. J.-C. Fraisse, *Philia. La notion d'amitié dans la philosophie antique*, Paris, Vrin, 1984, pp. 189-286.

12. Veremos em IX, 9, a análise da amizade avizinhar-se do difícil problema da potência e do ato, da atividade (*enérgeia*) e do ato no sentido forte (*entelékheia*), que assumimos o risco de enfrentar diretamente no décimo estudo, segunda seção.

do si e do outro[13]. Contudo, não atacaremos de frente essa questão discutida, suscitada tanto pelos ditados populares e pelas lembranças literárias (Homero, Tucídides, os Trágicos...) quanto pelas polêmicas de escola, iniciadas com o *Lísis* de Platão e envenenadas pelos sucessores deste na direção da Academia. Preliminarmente, devemos estabelecer duas teses.

Em primeiro lugar, é preciso apoiar-se com solidez na definição por meio da qual Aristóteles pretende distinguir-se, justamente no plano ético, de seus predecessores e concorrentes: a amizade – declara Aristóteles logo de início – não é de uma espécie única; é uma noção essencialmente *obscura*, que só pode ser esclarecida interrogando-se a espécie de coisa que lhe dá origem, seu "objeto", nesse sentido, os *phileta*. Por isso, cabe distinguir três tipos de amizade: segundo o "bom", segundo o "útil", segundo o "agradável". Nunca seria demais ressaltar, na perspectiva da famosa aporia do "egoísmo", essa distinção entre três objetos-motivos. O lado "objetivo" do amor a si mesmo fará precisamente que a *philautia* – que faz de cada um o amigo de si mesmo – nunca seja predileção não mediada por si mesmo, mas desejo orientado pela referência ao *bom*.

Segunda tese preliminar: seja qual for o lugar da *philautia* na gênese da amizade, esta se apresenta já de saída como uma relação *mútua*. A reciprocidade pertence à sua definição mais elementar e implica desde aí a questão discutida do primado da *philautia*. Este nunca passará de aspecto relevante da gênese de sentido, e não da cronologia dos sentimentos de mutualidade. Essa reciprocidade, como se verá, chega até a comunhão do "viver junto" (*suzen*) – em suma, até a intimidade.

Essa segunda característica importa tanto quanto a primeira para nossa própria investigação; não só a amizade efetivamente é pertinente à ética, tal qual a primeira expansão do desejo de viver bem, como, sobretudo, traz para o primeiro plano a problemática da reciprocidade, autorizando-nos assim a reservar para uma dialética de segundo grau, herdada da dialé-

---

13. Nesse sentido, ficaremos especialmente atentos ao jogo sutil e perfeitamente controlado entre o pronome *autos* (ele) e sua forma reflexiva *heautón*, *heautoû*, *heautô* (si mesmo, de si mesmo, a si mesmo), sempre declinada no acusativo e nos casos indiretos.

tica platônica dos "grandes gêneros" – o Mesmo e o Outro –, a questão da alteridade como tal[14]. A ideia de mutualidade tem exigências próprias que não serão eclipsadas nem pela gênese a partir do Mesmo, como em Husserl, nem pela gênese a partir do Outro, como em Lévinas. Segundo a ideia de mutualidade, cada um ama o outro *pelo que ele é* (VIII, 3, 1156 a 17). Não é exatamente o caso da amizade utilitária, em que um ama o outro em razão da vantagem esperada; menos ainda da amizade agradável. Vê-se assim que se impõe, desde o plano ético, a reciprocidade, que, no plano moral, na hora da violência, será exigida pela regra áurea e pelo imperativo categórico do respeito[15]. Esse "pelo que" (pelo que o outro é) previne qualquer desvio egológico ulterior: é constitutivo da mutualidade. Esta, em contrapartida, não se deixa pensar sem a relação com o bom, no si-mesmo, no amigo, na amizade, de tal modo que a reflexividade do si-mesmo não é abolida pela mutualidade, mas como que desdobrada por ela, sob o controle do predicado "bom", aplicado tanto aos agentes quanto às ações[16].

Acrescente-se que, pela mutualidade, a amizade confina com a justiça; o velho adágio "amizade-igualdade" designa exa-

---

14. A definição provisória que se lê em VIII, 2, 1156 a 2-5 marca bem a combinação das duas características da amizade no plano ético: primado da amizade virtuosa sobre a amizade utilitária e agradável, mutualidade dos sentimentos de benevolência (ao que Aristóteles acrescenta a não ignorância, que reencontraremos adiante em relação com o conceito técnico de consciência): "Portanto, é preciso que haja benevolência mútua, desejando cada um o bem do outro; que essa benevolência não seja ignorada pelos interessados; e que ela tenha por motivo um dos objetos de que falamos" (trad. Tricot, p. 387).

15. É notável, nesse aspecto, que o primeiro uso do pronome reflexivo está ligado à mutualidade mediada pelo bom: "Assim, pois, aqueles cuja amizade recíproca tem como fonte a utilidade não se amam reciprocamente por si mesmos [*kath-'hautous*], mas por haver algum bem que extraem um do outro [*autois par'allellôn*]" (VIII, 3, 1156 a 10-12). Esse jogo entre o termo não reflexivo (*autois*) e as formas reflexivas (*heautón*...) percorre os livros VIII e IX.

16. "Mas a perfeita amizade é a dos homens virtuosos que sejam semelhantes em virtudes: pois esses amigos desejam o bem igualmente uns aos outros na medida em que são bons, e são bons por eles mesmos [*kath'hautous*]" (VIII, 4, 115 6 b 7-9); e um pouco adiante: "E, amando o amigo, eles amam o que é bom para eles mesmos [*hautois*], pois o homem bom, ao se tornar amigo, torna-se um bem para aquele que é seu amigo" (VIII, 7, 1157 b 31-2).

tamente a zona de intersecção: cada um dos dois amigos devolve ao outro o mesmo que recebe. Amizade, porém, não é justiça, uma vez que esta rege as instituições, e aquela, as relações interpessoais. Por essa razão, a justiça envolve numerosos cidadãos, ao passo que a amizade tolera um pequeníssimo número de parceiros; além disso, na justiça a igualdade é essencialmente igualdade proporcional, levando-se em conta a desigualdade das contribuições, ao passo que a amizade só reina entre pessoas de bem de igual nível; nesse sentido, a igualdade é pressuposta pela amizade, ao passo que, nas cidades, ela continua sendo um alvo por atingir. Por isso só a amizade pode visar à intimidade – à *synetheia* – (VIII, 7, 1158 a 15) de uma vida compartilhada (*suzén*).

Percebe-se assim que vem se preparando de longe a resposta cheia de nuances que será dada à questão discutida, para se saber se é preciso ser amigo de si mesmo para ser amigo do outro. O tratamento dessa dificuldade herdada da tradição está inteiramente subordinada à referência ao bom nos desejos que os amigos formulam em relação um ao outro. Pois o si-mesmo que alguém ama é o melhor de si, chamado várias vezes de pensamento ou intelecto (*noûs*) ou mesmo alma, a saber, o que no si-mesmo é o mais duradouro, o mais estável, o menos vulnerável à mudança dos humores e dos desejos, bem como aos acidentes da fortuna. Bem antes de chegar (em IX, 4 e 8) à famosa questão discutida, Aristóteles declara que o maior bem que o amigo deseja a seu amigo é que ele continue sendo o que é, e não, por exemplo, um deus; a isso ele acrescenta: "talvez nem sequer lhe deseje todos os maiores bens, pois é sobretudo para si mesmo [*haulô*] que todo homem deseja as coisas que são boas" (VIII, 9, 1159 a 11-12). O amor do homem bom por si mesmo contradiz tanto menos o desinteresse preconizado por Platão no *Lísis* porque o que alguém ama em si mesmo não é a parte desejante que motiva a amizade utilitária ou agradável, mas a melhor parte de si mesmo[17].

---

17. Deixo de lado a casuística da amizade que atravessa sem interrupção os dois tratados que a *Ética nicomaqueia* dedica à amizade. O filósofo está constantemente jogando nos limites, quer se trate de amizade entre iguais ou desi-

Essa solidez do ser racional, que põe o si-mesmo até ao abrigo do arrependimento, da penitência, pode parecer-nos bem distante da fragilidade e da vulnerabilidade que nossa reflexão sobre a identidade pessoal ressaltou. Veremos em breve o limite dessa pretensão, quando falarmos da necessidade, portanto da carência, que leva o si-mesmo em direção ao outro. É pelo menos a essa estabilidade da melhor parte de si mesmo que devemos a bela fórmula segundo a qual o amigo é "um outro si-mesmo" (*allas autos*) (IX, [217] 4, 1166 a 32)[18]. Isso se torna então uma simples questão acadêmica, que Aristóteles soma a outras questões discutidas, de saber se é preciso amar-se a si mesmo e não a outro. Seu veredicto é claro: os adversários da *philautia* terão razão se esta for do âmbito da espécie utilitária ou agradável de amizade; mas estarão errados se fingirem ignorar que o que é digno de estima em cada um é o melhor do si-mesmo, a parte pensante, o intelecto. O que Aristóteles sugere aqui, mas não parece pôr em questão, é que a reflexividade adere ao racional, em sendo verdade que "o intelecto sempre escolhe o que há de mais excelente para si mesmo [*heautô*]" (IX, 8 1169 a 18); o argumento pede apenas que essa reflexividade seja compartilhada em termos de igualdade entre si e o outro. Desse modo, ela não impede que a amizade seja desinteressada, até o ponto do sacrifício (IX, 8), pois o desinteresse já está enraizado na relação de si para si, em virtude do elo originário entre intelecto, excelência e reflexividade. Podemos apenas lamentar que Aristóteles tenha deixado em suspenso a questão de se pode haver amizade entre si e si mesmo; essa questão, diz Aristóteles, "podemos deixar de lado por ora" (IX, 4, 1166 a 32). A verdadeira resposta deve ser buscada fazendo-se um rodeio pelo exame de questão mais fundamental que todas as anteriores, a saber, "se o homem feliz terá ou não *necessidade* de amigos" (IX, 9).

---

guais, quer se trate de situações na fronteira do desinteresse, do interesse e do prazer. Interessa-me apenas a dialética entre o si-mesmo e o outro no tratamento dos *conceitos* que estruturam a amizade entre pessoas de bem.

18. É de notar mais uma vez o jogo sutil entre *autos* não reflexivo e *heautón* reflexivo que se encontra na fórmula: é preciso ser amigo de si mesmo (*dei philauton einai*, IX, 8, 1169 a 12).

A pergunta aqui formulada é tão pouco secundária que, para resolvê-la, Aristóteles põe em ação a mais impressionante bateria de argumentos de todo o tratado duplo sobre a amizade[19]. Com a necessidade e a carência, o que passa para o primeiro plano é a alteridade do "outro si" (*héteros autos*) (IX, 9, 1169 b 6-7 e 1170 b 6). O amigo, em sendo esse outro si, tem o papel de prover aquilo que o outro é incapaz de obter por si mesmo (*di'hautou*) (IX, 9, 1169 b 6-7). "A posse dos amigos – lê-se com espanto – costuma ser considerada o maior dos bens exteriores" (*ibid.*, b 10). É notável que, para desatar esse nó, Aristóteles é obrigado a jogar os principais trunfos de sua metafísica, a saber, a distinção entre *ato* e *potência*, à qual se refere a noção de posse aqui em jogo.

Se o homem bom e feliz precisa de amigos é porque a amizade é uma "atividade" (*enérgeia*), que, evidentemente, é um "devir", portanto apenas a atualização inacabada da potência. Por isso, ela está em carência em relação ao ato, no sentido forte do termo (*entelékheia*). A porta está assim aberta para uma retificação da concepção intelectualista da amizade desenvolvida até aqui. Sob a égide da necessidade, cria-se um elo entre atividade e *vida* e por fim entre felicidade e prazer. Portanto, a amizade contribui para as condições de efetivação da *vida*, considerada em *sua bondade intrínseca e seu prazer fundamental*. É preciso ir mais longe: às noções de vida e de atividade, deve-se somar a de *consciência*[20]. A consciência não é apenas consciência da percepção e da atividade, mas consciência da vida. Uma vez que a consciência da vida é agradável, pode-se dizer que o sentido profundo da *philautia* é *desejo*: a própria existência do homem de bem é desejável para ele mesmo; portanto, a existência de seu amigo é igualmente desejável para ele. Assim, tendo reunido num único feixe atividade e vida,

---

19. Tricot (*op. cit.*, pp. 464-5) e Gauthier-Jolif (*op. cit.*, t. II, *Commentaires*, segunda parte, pp. 757-9) não enumeram menos de uma dezena de "protossilogismos" e de "argumentos" – ou raciocínios (G.-J.) – na parte do capítulo em que Aristóteles diz que vai examinar "de mais perto a natureza das coisas" (*physikôtéron* – trad. Tricot; G.-J. traduzem: "ir mais ao fundo de nossa natureza").

20. O verbo *synaisthesthai*, aqui usado (IX, 9, 1170 b 4), prefigura exatamente o latim *con-scientia*.

desejável e agradável, consciência de existir e alegria da consciência de existir, Aristóteles pode afirmar como conclusão parcial de seu raciocínio complicado: "Nessas condições, assim como sua própria existência é uma coisa desejável para cada um de nós, também a existência de seu amigo é desejável para ele no mesmo grau, ou mais ou menos no mesmo grau" (IX, 9, 1170 b 7-8). E o argumento pode recomeçar: "Mas dissemos que o que torna desejável sua existência é a consciência que ele tem de sua própria bondade, e tal consciência é agradável por ela mesma. Por conseguinte, ele precisa participar também da consciência que seu amigo tem de sua própria existência" (IX, 9, 1170 b 9-11). Isso só pode realizar-se no "viver junto" (*suzén, ibid.*, 1. 11).

De que modo esse raciocínio tortuoso responde à questão de saber em que sentido um homem pode ser amigo de si mesmo? A resposta, pelo menos parcial, está na afirmação proferida acima: "a própria existência do homem de bem é desejável para ele mesmo". Esse desejável próprio, se é que se pode falar assim, não é estranho à necessidade de amigos que o homem feliz sente. Essa necessidade está ligada não só àquilo que há de ativo e inacabado no viver junto, mas também à espécie de carência ou falta ligada à própria relação do si com sua própria existência. Ao mesmo tempo, a garantia de estabilidade em que se baseia a amizade entendida como comunhão puramente intelectual de opiniões e de pensamentos vê-se secretamente ameaçada por essa referência ao desejável e ao agradável, à existência e à consciência de existir de que se sustenta o viver junto. *É assim que a carência habita o coração da mais sólida das amizades.*

Todos concordarão que não há lugar para um conceito franco de alteridade em Aristóteles. *O ágape* cristão bastará para lhe fazer justiça? Ou será preciso esperar que a ideia de *luta* reflua do campo político para o campo interpessoal, rendendo, como em Hegel na *Fenomenologia do espírito,* o conflito contemporâneo do desdobramento da consciência em duas consciências de si? Ou é só na atualidade que um pensador como Lévinas ousa derrubar a fórmula: "não há o outro do si-mesmo sem um si-mesmo", para substituí-la pela fórmula inversa: "não há um si-mesmo sem um outro que o convoque à responsabilidade"? Apenas no décimo estudo, quando tivermos encerrado nossa investigação ético-moral, teremos os meios de levar o debate ao nível daquilo que, lembrando Platão, chamarei de "grandes gêneros" do Mesmo e do Outro.

De Aristóteles só quero ficar com a ética da mutualidade, da comunhão, do viver junto. Esse tema da intimidade, com o qual se conclui sua análise em IX, 12, mantém em suspenso as duas interpretações contrárias, que contraporemos no momento propício. Quanto à ideia de que só um si-mesmo pode ter outro que não si-mesmo[21], parece-me coerente com todos os

---

21. Concordo aqui com algumas análises de Rémi Brague em *Aristote et la question du monde* (Paris, PUF, 1988), livro no qual me deterei no décimo estudo. O autor, preocupado em trazer à baila o não dito da ontologia aristotélica sob a condução de uma temática heideggeriana, admite no si-mesmo uma função de abertura em relação à estrutura englobadora do ser-no-mundo. *Tudo* se relaciona com o si-mesmo. R. Brague encontra essa centralidade do si precisamente em numerosos textos de Aristóteles, afora aqueles que comento aqui, não sem deplorar a confusão entre o *si*, tema fenomenológico, e o *homem*, tema antropológico. No momento propício direi por que não acompanho R. Brague nessa dicotomia, contrária ao papel mediador que atribuo a todas as objetividades (predicados discursivos, práxicos, narrativos, prescritivos) no processo reflexivo do si. Dito isto, presto minha homenagem às análises precisas e às maravilhosas traduções que ele faz, entre outras coisas, de fragmentos que põem em cena o si-mesmo (*op. cit.*, pp. 132, 137, 142, 171, 173, 183, 187). Na epígrafe de sua interpretação, ele cita "Eu mesmo sei" (*autos aida*) de Xenófanes (*op. cit.*, p. 11), em que o termo não reflexivo *autos* quer dizer "em pessoa" ou "pessoalmente", como no alemão *Selbstgegebenheit*, "autodoação". Para que haja mundo, é preciso que eu esteja lá em pessoa, sem que o si faça número com as coisas que povoam o mundo. É nesse sentido que o reflexivo *hautón* vem acentuar essa não totalização do si e das coisas do mundo. Nesse sentido, o tratado sobre a amizade deve ser aproximado do tratado sobre a *phrónesis* (*Ét. nic.*, VI). É nele que se encontra a expressão: "o fato de saber [o que é bom] para si..." (VI, 8, 1141 b 33). A *phrónesis* é um tal "saber de si" (*to hautô eidénai* de VI, 9, 1141 b 34) que pode ser interpretado como: "saber que é de si de...". Por isso R. Brague não parece nem um pouco chocado com o fato de a amizade em Aristóteles ser construída sobre esse autointeresse, perfeitamente compatível com o desinteresse no sentido moral do termo. O outro, afinal, só é outro e não o si porque é um outro si, ou seja, si como nós mesmos: "Desejamos que o que há de bom seja nosso porque somos, de modo definitivo e inevitável, um 'nós-mesmos'" (Brague, *op. cit.*, p. 141). E por que é assim? Porque nos é impossível ser outrem e desconhecer esse fato primitivo. "'Eu é outro', para Aristóteles, é uma fórmula impossível" (*ibid.*, p. 134). Convenho com R. Brague que Aristó-

nossos estudos anteriores; ela encontra a legitimação mais próxima na ideia de que a estima a si é o momento reflexivo originário da visada da vida boa. À estima de si, a amizade acrescenta, sem nada subtrair. O que ela acrescenta é a ideia de mutualidade no intercâmbio entre humanos, cada um dos quais estima a si mesmo. O corolário da mutualidade, a saber, a igualdade, leva a amizade para o caminho da justiça, em que a comunhão de vida entre um pequeníssimo número de pessoas cede lugar a uma distribuição de papéis numa pluralidade em escala de comunidade política histórica.

No fim desse percurso em companhia de Aristóteles, a questão é saber que características atribuímos à solicitude que não estejam já descritas no capítulo da amizade.

Não me demorarei nesses caracteres da *philía* antiga que dizem mais respeito à história das mentalidades do que à análise conceitual, tais como o elo entre amizade e lazer – tributário este da condição de cidadão livre, do qual estão excluídos os escravos, os metecos, as mulheres e as crianças –, e a redução do viver junto a um pensar junto, orientado este para a contemplação do sábio, segundo o último livro da *Ética nicomaqueia*. Partirei da relação entre *autos* e *heautón* para elaborar um conceito abrangente de solicitude, baseado fundamentalmente no intercâmbio entre *dar e receber*[22]. A amizade, mesmo desvencilhada das limitações socioculturais da *philía*, parece-me constituir apenas um ponto frágil de equilíbrio em que o dar e o receber são iguais por hipótese. Na verdade, é essa igualdade que Aristóteles tem em vista quando define o caráter *mútuo* da amizade. Ora, esse ponto de equilíbrio pode ser considerado o meio de um espectro cujos extremos opostos são marcados

---

teles não dá meios para compreender em que sentido "o intelecto é o *ipse* ou mesmo o *ipsissimum* do homem" (*ibid*., p. 173), ou, mais grave ainda, dizer que o homem é o mais próximo de si mesmo, a ponto de ser seu próprio amigo. De minha parte, acreditei ter encontrado uma resposta parcial para essa dificuldade na ideia de que o si é estruturado pelo desejo de sua própria existência. E, se Aristóteles não tem resposta completa para essas questões, será realmente porque o conceito de homem (antropológico) abafa o conceito de si (fenomenológico), conceito este que só uma ontologia do cuidado possibilitaria constituir?

22. Peter Kemp, *Ethique et Médecine*, op. cit.

por disparidades inversas entre o dar e o receber, conforme prevaleça, na iniciativa do intercâmbio, o polo do si ou o do outro. Cuidemos inicialmente da primeira hipótese. Toda a filosofia de E. Lévinas assenta na iniciativa do outro na relação intersubjetiva. Na verdade, essa iniciativa não instaura nenhuma relação, uma vez que o outro representa a exterioridade absoluta em relação a um eu definido pela condição de separação. O outro, nesse sentido, se exime de qualquer relação. Essa irrelação define a própria exterioridade[23].

Em virtude dessa irrelação, o "assomar" do Outro em seu *rosto* subtrai-se à visão das formas e até à escuta das vozes. Na verdade, o rosto não aparece, não é fenômeno, é epifania. Mas de quem é esse rosto? Não tenciono limitar indevidamente o alcance das análises, aliás admiráveis, de *Totalidade e infinito*, para não mencionar *Autrement qu'être ou au-delà de l'essence*, dizendo que esse rosto é o de um mestre de justiça, de um mestre que *instrui* e só instrui do modo ético: ele proíbe o homicídio e ordena a justiça. Que dizer da relação entre essa instrução, essa injunção, e a amizade? O que impressiona imediatamente é o contraste entre a reciprocidade da amizade e a dissimetria da injunção. Sem dúvida, o si é "convocado à responsabilidade" pelo outro. Mas, visto que a iniciativa da injunção cabe ao outro, o si é atingido pela injunção apenas no *acusativo*. E a convocação à responsabilidade só tem diante de si a passividade de um mim convocado. A questão é então saber se, para ser ouvida e acatada, a injunção não precisa fazer apelo a uma resposta que compense a dissimetria do face a face. Tomada ao pé da letra, de fato, uma dissimetria não compensada romperia o intercâmbio do dar e do receber e excluiria a instrução pelo rosto do campo da solicitude. Mas como semelhante instrução se inseriria na dialética do dar e do receber, se uma capacidade de dar em troca não fosse liberada pela própria iniciativa do outro? Ora, de quais recursos poderá tratar-se, se não

---

23. Só expressarei aqui uma pequena parte de minha dívida para com Lévinas, reservando para o décimo estudo a discussão do tema imenso da alteridade, que, como sugiro acima, faz parte de uma investigação dos "grandes gêneros" do discurso filosófico, na junção da ética com a ontologia.

de recursos de *bondade* que só poderiam brotar de um ser que não se detestasse a ponto de deixar de ouvir a injunção do outro? Falo aqui de bondade: de fato, é notável que, em numerosas línguas, a bondade se refira tanto à qualidade ética dos objetivos da ação quanto da orientação da pessoa em relação a outrem, como se uma ação não pudesse ser considerada boa se não fosse realizada em favor de outrem, por *consideração* a ele. É essa noção de consideração que deve agora nos deter.

Para delimitá-la, precisamos voltar à hipótese de trabalho que rege este estudo e o seguinte, a saber, o primado da ética sobre a moral. Desse ponto de vista, o vocabulário da convocação, da injunção, talvez já seja demasiado "moral" e, admitindo-se isso, rondado por justos motivos pela Guerra e pelo Mal[24]; por isso o Outro, por trás da figura do mestre de justiça e mesmo da de perseguidor, que passa para o primeiro plano em *Autrement qu'être ou au-delà de l'essence,* deve forçar as defesas de um mim separado. Mas já se está na ordem do imperativo, da norma. Nossa aposta é que há a possibilidade de escavar por debaixo da camada da obrigação e atingir um sentido ético que não esteja tão enterrado sob as normas que não possa ser invocado como recurso quando essas normas ficam mudas diante de casos indecidíveis de consciência. Por esse motivo nos parece tão importante conferir à solicitude um estatuto mais fundamental que a obediência ao dever[25]. Esse estatuto é o de uma *espontaneidade benevolente,* intimamente ligada à estima a si mesmo no âmbito da visada da vida "boa". É do fundo dessa espontaneidade benevolente que o receber se iguala ao dar da responsabilização, na forma de reconhecimento por parte do si-mesmo da superioridade da autoridade que lhe injunge agir segundo a justiça[26]. Essa igualdade certamente não é a da

---

24. A palavra Guerra é proferida já na primeira página do Prefácio de *Totalidade e infinito*.
25. No próximo estudo, interpretaremos a regra de ouro como sendo a estrutura de transição entre a solicitude e o imperativo categórico que impõe tratar a humanidade em minha pessoa e na de outrem como um fim em si, e não apenas como um meio.
26. Sobre essa relação entre autoridade e reconhecimento de superioridade, cf. H. G. Gadamer, *Verité et Méthode, op. cit.,* pp. 118 ss.

amizade, em que o dar e o receber se equilibram por hipótese. Ela compensa a dissimetria inicial, resultante do primado do outro na situação de instrução, por meio do movimento de retorno do reconhecimento.

Qual é então, na outra extremidade do espectro da solicitude, a situação inversa da situação da instrução pelo outro na forma do mestre de justiça? E que nova desigualdade ela se dedica a compensar? A situação inversa da injunção é o *padecimento*. O outro é agora esse ser *padecente* cujo lugar não deixamos de indicar indiretamente em nossa filosofia da ação, ao designarmos o homem como atuante *e* padecente: o padecimento não é definido unicamente pela dor física, nem mesmo pela dor mental, mas pela diminuição ou até pela destruição da capacidade de agir, do poder-fazer, sentidas como um atentado à integridade do si-mesmo. Aqui a iniciativa, em termos precisamente de poder-fazer, parece competir exclusivamente ao si-mesmo que *dá* sua simpatia, sua compaixão, tomados estes termos no sentido forte de desejo de compartilhar o sofrimento de outrem. Diante dessa beneficência ou mesmo dessa benevolência, o outro parece reduzido à condição de apenas *receber*. Em certo sentido é assim mesmo. E é desse modo que o padecer-com se apresenta, à primeira vista, como o inverso da responsabilização pela voz do outro. E, de maneira diferente do caso anterior, ocorre uma espécie de igualação cuja origem é o outro padecente, graças a que a simpatia é poupada de confundir-se com a simples piedade, em que o si se regozija secretamente por ter sido poupado. Na simpatia verdadeira, o si, cuja potência de agir é no início maior que a de seu outro, vê-se afetado por tudo o que o outro padecente lhe oferece em contrapartida. Pois procede do outro padecente um dar que já não é precisamente extraído de seu poder de agir e de existir, mas de sua fraqueza. Talvez a prova suprema da solicitude esteja em que a desigualdade de poder vem a ser compensada por uma autêntica reciprocidade no intercâmbio, que, na hora da agonia, se refugia no murmúrio compartilhado das vozes ou no frágil enlace de mãos que se apertam. Talvez seja nesse ponto que Aristóteles, preocupado demais com a distinção entre a amizade virtuosa e o par formado por amizade útil e amizade agradável – distinção inseparável da atenção quase exclusiva que ele dá à amizade intelectual dedicada à busca da sabedoria –, tenha passado ao largo de outra dissimetria que não aquela sobre a qual E. Lévinas constrói sua ética, aquela que opõe o padecer ao gozar. Compartilhar a dor do padecimento não é o simétrico exato de compartilhar o prazer[27]. Nesse sentido, a filosofia não deve parar de ser ensinada pela tragédia: a trilogia "purificação" (*kathársis*), "terror" (*phóbos*), "piedade" (*eleos*) não se deixa encerrar na subcategoria da amizade agradável. O anverso da "fragilidade da bondade" – segundo fórmula feliz de Martha C. Nussbaum à qual voltaremos adiante[28] – vem corrigir, se não desmentir, a pretensão da *philautia* à estabilidade, à duração. Um si chamado de volta à vulnerabilidade da condição mortal pode receber da fraqueza do amigo mais do que lhe dá, haurindo em suas próprias reservas de força. Aqui, a magnanimidade – outra virtude grega, ainda celebrada por Descartes – deve reconhecer-se inferior. No décimo estudo, teremos oportunidade de voltar à categoria do ser-afetado em sua relação com o "grande gênero" do Outro. No nível fenomenológico em que ainda nos mantemos aqui, os sentimentos são considerados como afetos incorporados no curso da motivação no nível de profundidade que Aristóteles designava com o termo disposição, termo que voltará com outra forma em Kant: *Gesinnung*. Aqui nos limitaremos a ressaltar a parte que cabe aos *sentimentos* – que, em última instância, são afetos – na solicitude. O que o padecimento do outro, tanto quanto a injunção moral oriunda do outro, revela no si são sentimentos espontaneamente dirigidos para outrem[29]. É essa união íntima entre a visada ética da solicitude e

---

27. Aristóteles, é verdade, inclui no viver junto o compartilhamento das alegrias e das dores (*Ét. nic.*, IX, 9). Ele escreve até que "a amizade consiste mais em amar que em ser amado" (VIII, 8, 1159 a 27).
28. M. C. Nussbaum, *The Fragility of Goodness. Luck and Ethics in Greek Tragedy and Philosophy*, Cambridge University Press, 1986.
29. Nesse sentido, os sentimentos de piedade, compaixão, simpatia, outrora exaltados pela filosofia de língua inglesa, merecem ser reabilitados. Aproveitando o ensejo, as análises de Max Scheler dedicadas à simpatia, ao ódio e ao amor continuam sem igual no que se refere principalmente à importante dis-

o cerne afetivo dos sentimentos que me pareceu justificar a escolha do termo "solicitude".

Para concluir, tentemos uma visão de conjunto de todo o leque das atitudes que se estendem entre os dois extremos da convocação à responsabilidade, em que a iniciativa provém do outro, e da simpatia pelo outro padecente, ou que a iniciativa provém do si que ama, e a amizade se mostra como um ambiente no qual o si e o outro compartilham igualmente o mesmo desejo de conviver. Enquanto na amizade a igualdade é pressuposta, no caso da injunção vinda do outro ela só é restabelecida pelo reconhecimento da superioridade da autoridade do outro por parte do si; e, no caso da simpatia que vai de si para o outro, a igualdade só é restabelecida pela confissão compartilhada da fragilidade e, afinal, da mortalidade[30].

O que define o lugar da solicitude na trajetória da ética é essa busca de igualdade através da desigualdade, seja esta resultante de condições culturais e políticas particulares, como na amizade entre desiguais, seja ela constitutiva das posições iniciais do si e do outro na dinâmica da solicitude. À estima a si mesmo, entendida como momento reflexivo do desejo de "vida boa", a solicitude acrescenta essencialmente a da *carência*, que nos faz ter *necessidade* de amigos; por contrachoque da solicitude sobre a estima a si, o si se apercebe *como* um outro entre os outros. É o sentido do "um ao outro" (*allelous*) de Aristóte-

---

tinção entre a simpatia e a fusão ou confusão afetiva, assim como o jogo de distância e proximidade no amor (Max Scheler, *Zur Phänomenologie der Sympathiegefühle und von Liebe und Hasse*, Halle, Niemeyer, 1913; trad. fr. de M. Lefebvre, *Nature et Formes de la sympathie*, Paris, Payot, 1928; s/ed., "Petite Bibliothèque Payot", 1971). Diga-se de passagem, é de lamentar que, com exceção de Stephan Strasser, em seu grande livro *Das Gemüt* (Utrecht, Vitgeverijet Spectrum, 1956), os fenomenólogos tenham negligenciado demais a descrição dos sentimentos, como se tivessem medo de incidir em alguma *affective fallacy*. Isso é esquecer que, tanto quanto os pensamentos, os sentimentos foram trabalhados pela linguagem com muita força e elevados às mesmas alturas da dignidade literária.

30. Werner Marx, *Ethos und Lebenswelt. Mitleidenkönnen als Mass*, Hamburgo, Felix Meiner Verlag, 1986. Também houve quem dissesse que só na obra teatral é possível exercer essa justiça superior que reconhece em cada um dos protagonistas sua parcela de verdade e, ao mesmo tempo, lhe dirige sua parcela igual de estima (G. Fessard, *Théâtre et Mystère*, prefácio a Gabriel Marcel, *La Soif*, Paris, Desclée de Brouwer, 1938).

les, que torna *mútua* a amizade. Essa apercepção é analisada em vários elementos: *reversibilidade, insubstituibilidade, semelhança*. Quanto à *reversibilidade*, temos um primeiro modelo na linguagem sob a roupagem da interlocução. Nesse sentido, a troca dos pronomes pessoais é exemplar; quando digo "tu" a outro, ele compreende "eu" para si mesmo. Quando ele se dirige a mim na segunda pessoa, sinto-me referido na primeira pessoa; a reversibilidade incide simultaneamente sobre os papéis de alocutor e alocutário, bem como sobre uma capacidade de se autodesignar que é supostamente igual no destinatário do discurso e em seu destinador. Mas apenas os *papéis* são reversíveis. Apenas a ideia de *insubstituibilidade* leva em conta as pessoas que desempenham esses papéis. Em certo sentido, a insubstituibilidade também é pressuposta na prática do discurso, mas de modo diferente do da interlocução, a saber, em relação à ancoragem do "eu" em uso[31]. Essa ancoragem faz que eu não saia do lugar e não suprima a distinção entre aqui e acolá, enquanto em imaginação e simpatia me ponho no lugar do outro. O que a linguagem ensina, precisamente em sendo prática, é verificado por todas as práticas. Os agentes e os pacientes de uma ação são tomados em relações de troca que, tal como a linguagem, conjugam reversibilidade dos papéis e irreversibilidade das pessoas. O que a *solicitude* acrescenta é a dimensão de valor que faz cada pessoa ser *insubstituível* em nossa afeição e em nossa estima. Nesse aspecto, é na experiência do caráter irreparável da perda do outro amado que, por transferência de outrem para nós mesmos, ficamos sabendo do caráter insubstituível de nossa própria vida. É primordialmente para o outro que sou insubstituível. Nesse sentido, a solicitude responde à estima do outro por mim. Mas, se essa resposta não fosse, de certa maneira, espontânea, de que modo a solicitude não se reduziria a um monótono dever?

Finalmente, acima das ideias de reversibilidade dos papéis e de irreversibilidade das pessoas – elevada esta última ideia até a ideia de insubstituibilidade –, porei a *semelhança*, que não é apenas o apanágio da amizade, mas, do como foi dito, de todas as formas inicialmente desiguais do elo entre o si-mesmo

---

31. Cf. acima, segundo estudo, p. 31.

e o outro. A semelhança é fruto do intercâmbio entre estima a si e solicitude para com outrem. Esse intercâmbio autoriza a dizer que não posso estimar-me sem estimar outrem *como a mim mesmo*. Como a mim mesmo significa: tu *também* és capaz de começar alguma coisa no mundo, de agir por razões, de hierarquizar tuas preferências, de avaliar os objetivos de tua ação e, ao fazeres isso, és capaz de estimar-te a ti mesmo assim como eu mesmo me estimo. A equivalência entre o "tu também" e o "como eu mesmo" assenta numa confiança que pode ser vista como extensão da atestação em virtude da qual creio que posso e que valho. Todos os sentimentos éticos mencionados acima são pertinentes a essa fenomenologia do "tu também" e do "como eu mesmo". Pois expressam bem o paradoxo incluído nessa equivalência, paradoxo do intercâmbio no próprio espaço do insubstituível. Tornam-se assim fundamentalmente equivalentes a estima ao *outro como um si-mesmo* e a estima a *si mesmo como outro*[32].

3. ...nas instituições justas

O fato de a visada do bem viver implicar de alguma maneira o sentido de justiça é algo que está implicado na própria noção de outro. O outro é também o outro do "tu". Correlativamente, a justiça se estende mais longe que o face a face.

Duas asserções estão aqui em jogo: de acordo com a primeira, o bem viver não se limita às relações interpessoais, mas estende-se à vida das *instituições*. De acordo com a segunda, a justiça apresenta características éticas que não estão contidas na solicitude, a saber, essencialmente a exigência de *igualdade*. A instituição como ponto de aplicação da justiça e a igualdade como conteúdo ético do sentido da justiça são os dois cernes

---

32. Estará aí o segredo do paradoxal mandamento: "Amarás o próximo como a ti mesmo"? Esse mandamento seria mais pertinente à ética do que à moral, se, na esteira de Rosenzweig em *Estrela da redenção*, fosse possível considerar a ordem "Ama me", que a amante dirige ao amado no espírito do Cântico dos Cânticos, anterior e superior a todas as leis (Franz Rosenzweig, *Der Stern der Erlösung*, Haia, Martinus Nijhoff, 1976, p. 210; trad. fr. de A. Derczanski e J. L. Schlegel, *L'Étoile de la rédemption*, Paris, Éd. du Seuil, 1982).

da investigação referente ao terceiro componente da visada ética. Dessa dupla investigação resultará uma nova determinação do si, a do cada um: a cada um seu direito.

Por instituição entendemos aqui a estrutura do *viver junto* de uma comunidade histórica – povo, nação, região etc. –, estrutura irredutível às relações interpessoais, porém vinculadas a elas num sentido notável, que a noção de distribuição possibilitará esclarecer em breve. A ideia de instituição caracteriza-se fundamentalmente por usos e costumes comuns, e não por regras coercitivas. Somos assim conduzidos ao *éthos*, do qual deriva o substantivo ética. Uma maneira interessante de ressaltar a primazia ética do viver junto sobre as coerções ligadas aos sistemas jurídicos e à organização política consiste em deixar clara, como fez Hannah Arendt, a distância que marca a separação entre o *poder-em-comum* e a *dominação*. Todos lembram que Max Weber, em sua ordenação dos principais conceitos da sociologia no início de *Economia e sociedade,* especificara a instituição política entre todas as instituições pela relação de dominação que distingue governantes e governados[33]. Essa relação marca, ao mesmo tempo, uma *cisão* e uma referência à *violência*, ambas pertinentes ao plano moral com base no qual será estabelecido o próximo estudo[34]. Mais fundamental que a relação de dominação é a de poder-em-comum. Segundo Arendt, o poder procede diretamente da categoria de ação irredutível às categorias de trabalho e de obra: essa categoria reveste significação política, no sentido lato da palavra, irredutível a estatal, se for ressaltada, por um lado, a condição de *pluralidade*[35] e, por outro, a de *acordo*[36].

---

33. *Op. cit.*, cap. l, § 16, *Macht, Herrschaft.*
34. Em "O ofício e a vocação de homem político" (in *Le Savant e le Politique,* trad. fr. de J. Freund, Paris, Plon, 1959; reed., UGE, col. "10/18", 1963), conferência dirigida a jovens pacifistas alemães tentados pela não violência logo após o resultado desastroso da Primeira Guerra Mundial, Max Weber assim define o Estado: "uma relação de dominação [*Herrschaft*] do homem sobre o homem, baseada no meio da violência legítima (ou seja, a violência considerada legítima)" (*op. cit.*, p. 101).
35. "A ação, única atividade que cria diretamente relações entre os homens sem a intermediação de objetos nem da matéria, corresponde à condição humana da pluralidade", *La Condition de l'homme moderne, op. cit.*, p. 15.
36. "O *poder* corresponde à aptidão do homem para agir, e agir de modo concertado. O poder nunca é uma propriedade individual; pertence a um gru-

Com a ideia de *pluralidade* sugere-se a extensão das relações inter-humanas a todos aqueles que, como terceiros, ficam fora do face a face entre o "eu" e o "tu". Mas já de saída o terceiro é, sem jogo de palavras, *terceiro incluído* pela pluralidade constitutiva do poder. Assim é imposto um limite a toda e qualquer tentativa de reconstruir o elo social apenas com base numa relação dialogal estritamente diádica. A pluralidade inclui terceiros que nunca serão rostos. Uma defesa do anônimo, no sentido próprio do termo, é assim incluída na visada mais ampla da verdadeira vida[37]. Essa inclusão do terceiro, por sua vez, não deve ser limitada ao aspecto *instantâneo* do querer agir junto, mas estendida na *duração*. É justamente da instituição que o poder recebe essa dimensão temporal. Ora, esta não diz apenas respeito ao passado, à tradição, à fundação mais ou menos mítica, coisas estas que Arendt põe sob o título da Autoridade, lembrança da *auctoritas* romana – *potestas in populo, auctoritas in senatu* –, porém diz respeito ainda mais ao futuro, à ambição de durar, ou seja, não de passar, mas de ficar. Esse já era o propósito de Maquiavel: como subtrair as repúblicas à efemeridade? É também uma preocupação de Arendt[38]. Como

---

po e continua a pertencer-lhe enquanto esse grupo não estiver dividido" (*Du mensonge à la violence*, trad. fr. de G. Durand, Paris, Calmann-Lévy, 1972, p. 153). E na sequência do texto é mencionada a *isonomia* segundo Péricles, a *civitas* romana, mas também a experiência dos sovietes e dos conselhos operários, a insurreição de Budapeste, a primavera de Praga e os múltiplos exemplos de resistência à ocupação estrangeira. Portanto, nada há de nostálgico nessa reabilitação do poder de todos, não só contra a violência, mas até contra a relação de dominação. Só importa o caráter não hierárquico e não instrumental da relação de poder: "O que dá poder às instituições de um país é a sustentação popular, e essa sustentação é apenas a consequência natural do consentimento [*consent*] que começou por dar origem às leis existentes" [*ibid.*, p. 150).

37. Essa inclusão do longínquo no projeto ético podia ser prevista com base no que foi dito acima sobre as práticas (ofícios, jogos, artes); como dissemos, são interações regradas; nesse sentido, instituições. Os padrões de excelência que situam essas práticas na escala da práxis e, assim, na trajetória do bem viver, comportam já de saída uma dimensão "corporativa", inseparável da dimensão de tradicionalidade correlativa da dimensão de inovação.

38. Num prefácio da *Condição humana*, escrito em 1983, proponho interpretar a passagem da primeira grande obra de Arendt, *Origens do totalitarismo*, à *condição humana*, a partir da tese de que o totalitarismo assenta no mito segun-

a *vita activa* reage à dura condição temporal de ser mortal? A ação, em sua dimensão política, constitui a tentativa mais elevada de conferir imortalidade, na falta da eternidade, a coisas perecíveis. Sem dúvida, o poder tem sua própria fragilidade, pois existe durante o tempo em que os homens agem em conjunto e desvanece-se quando eles se dispersam. Nesse sentido, o poder é o modelo de uma atividade em comum que não deixa nenhuma obra atrás de si e, tal como a práxis segundo Aristóteles, esgota sua significação em seu próprio exercício. Contudo, a fragilidade do poder já não é a vulnerabilidade bruta e nua dos mortais enquanto tais, mas a fragilidade em segundo grau das instituições e de todos os negócios humanos que gravitam em torno delas.

    A ideia de *acordo* é mais difícil de fixar, se não quisermos entrar depressa demais nos detalhes das estruturas institucionais próprias às diferentes esferas de atividade em comum, como será feito com prudência e parcimônia no fim do próximo estudo. H. Arendt limita-se a falar da ação pública como uma teia (*web*) de relações humanas em cujo âmago cada vida humana estende sua breve história. A ideia de espaço público e a de publicidade a ela vinculada nos são familiares desde a época do Iluminismo. São elas que Arendt retoma com o título de "espaço público de aparição", dentro do qual vêm à luz as atividades que chamamos práticas. Mas a publicidade, tomada nesse sentido, como bem sabemos, é uma tarefa, mais que um dado. Cumpre admitir, como faz a própria H. Arendt, que esse

---

do o qual "tudo é permitido, tudo é possível", de acordo com o qual, portanto, o líder pode fabricar um homem novo. A tarefa é então pensar as condições de um universo não totalitário: "o critério mais apropriado à nova busca pode então consistir na avaliação das diferentes atividades humanas do ponto de vista temporal de sua duração" (Hannah Arendt, *La Condition de l'homme moderne*, *op. cit.*, prefácio de Paul Ricoeur, p. 15). Essa abordagem não diz respeito apenas ao fato político, mas a todas as categorias da obra, inclusive à tríade trabalho, obra, ação. O caráter consumptível dos produtos do trabalho denuncia sua precariedade. A função do artifício resumido na obra é oferecer aos mortais uma estada mais duradoura e mais estável que eles mesmos (cf. *La Condition de l'homme moderne*, *op. cit.*, p. 171). Nesse sentido, o tempo do trabalho é passagem, o da obra é duração. A ação encontra, enfim, estabilidade na coerência de uma história narrada que diz o "quem" da ação.

estrato do poder caracterizado pela pluralidade e pelo acordo é em geral *invisível*, a tal ponto é recoberto pelas relações de dominação, sendo trazido à luz apenas quando está prestes a ser arruinado e deixando o campo livre para a violência, como ocorre nos grandes desastres históricos. Por isso talvez seja razoável conceder a essa iniciativa comum, a esse querer viver junto, o estatuto do *esquecido*[39]. É por isso que esse fundamental constitutivo só se deixa discernir em suas irrupções descontínuas na cena pública nos momentos mais sensíveis da história. É por isso também que só nos lembramos, no comum dos dias, dessa amplificação constituída pela autoridade, de que hoje talvez só falemos no passado[40].

Por mais evasivo que seja o poder em sua estrutura fundamental, por mais frágil que ele seja sem o socorro de uma autoridade que o articule com uma fundação cada vez mais antiga, é ele que, na qualidade de querer-agir e viver-junto, traz para a visada ética o ponto de aplicação de sua indispensável terceira dimensão: a *justiça*.

Será de fato ao plano ético e teleológico, e não ao moral e deontológico, que pertence o senso de justiça? A obra de Rawls, que discutiremos no próximo estudo, não será, de cabo a rabo, a confirmação de que a ideia de justiça pode ser repensada numa linha kantiana, logo fundamentalmente deontológica, em oposição a *uma* tradição teleológica encarnada pelo utilitarismo? É incontestável que a reconstrução que Rawls faz da ideia de justiça se insere numa perspectiva antiteleológica. Mas é a uma outra teleologia, não a dos utilitaristas de língua inglesa, que a ideia de justiça se vincula. Teleologia oportunamente lembrada pelo emprego do termo "virtude" na declaração preliminar de *Uma teoria da justiça*, segundo a qual: "A jus-

---

39. P. Ricoeur, "Pouvoir et violence", in *Ontologie et Politique. Hannah Arendt*, Paris, Tierce, 1989, pp. 141-59.

40. No ensaio dedicado ao conceito de autoridade (in *La Crise de la culture*, trad. fr. de *Between past and future*, Paris, Gallimard, 1972), H. Arendt lembra que esta remete a alguns acontecimentos fundadores mais ou menos mitificados. Mas, para dizer a verdade, quase não se conhecem sociedades que não se refiram a tais acontecimentos fundadores. Assim, a *auctoritas* constitui ainda em nossos dias a amplificação (*augere*) que o poder extrai da energia transmitida desses primórdios.

tiça é a primeira virtude das instituições sociais, assim como a verdade é a primeira virtude dos sistemas de pensamento"[41].

O *justo*, ao que me parece, volta-se para dois lados: para o lado do *bom*, marcando a extensão das relações interpessoais para as instituições, e para o lado do *legal*, em que o sistema judiciário confere coerência e direito de coerção à lei[42]. Neste estudo nos limitaremos exclusivamente à primeira vertente.

Essa atitude é legitimada por duas razões. Por um lado, a origem quase imemorial da ideia de justiça, sua emergência para fora do molde mítico na tragédia grega, a perpetuação de suas conotações divinas até nas sociedades secularizadas comprovam que o senso de justiça não se esgota na construção dos sistemas jurídicos, apesar de nunca deixar de suscitá-los. Por outro lado, a ideia de justiça é mais bem designada *senso* de justiça no nível fundamental em que permanecemos aqui. Senso do justo e do injusto, seria melhor dizer; pois é à injustiça que somos mais sensíveis: "É injusto! Que injustiça!" – exclamamos. É de fato na forma de queixa que penetramos no campo do injusto e do justo. E, mesmo no plano da justiça instituída, diante dos tribunais de justiça, continuamos a nos comportar como "queixosos" e a "oferecermos queixa-crime". Ora, o senso de injustiça não é apenas mais pungente, como também mais perspicaz que o senso de justiça; pois na maioria das vezes a justiça é o que falta, e a injustiça, o que reina. E os homens têm uma visão mais clara do que falta às relações humanas do que da maneira correta de organizá-las. É por isso que, mesmo entre os filósofos, é a injustiça que primeiramente põe o pensamento em movimento. Provas disso são os *Diálogos* de Platão e a ética aristotélica, com sua igual preocupação de denominar em conjunto o injusto e o justo.

Aristóteles! Talvez se objetará à nossa tentativa de arregimentá-lo para a nossa causa que, se ele situou a justiça no cam-

---

41. J. Rawls, *A Theory of Justice*, Harvard University Press, 1971; trad. fr. Audard, *Théorie de la justice*, Paris, Éd. du Seuil, 1987, p. 29.

42. A palavra "direito" [*droit*], em francês, abrange os dois usos; falamos de um homem direito [*droit*] e de sua retidão [*droiture*], em sentido não jurídico, mas também falamos do direito como uma disciplina que em outros lugares se chama lei (*law school*).

po das virtudes, portanto da ética no sentido teleológico que vinculamos a esse termo, foi porque aplicava às transações diretas de homem a homem a sua definição inicial – seu esboço, como diz – extraído do senso comum e das ideias prontas (*éndoxa*): "Observamos que todos pretendem significar por *justiça* essa espécie de disposição [*héxis*] que torna os homens aptos a realizar as ações [*praxeis*] justas e os faz agir com justeza e a querer as coisas justas" (*Ética nicomaqueia*, trad. fr. Tricot, V, 1, 1129 a 6-9). E, para ancorar melhor a justiça no plano das virtudes, procura qual "medianidade" – que justa medida, meio-termo –, que *mesótes* entre dois extremos confere à justiça um lugar entre as virtudes filosoficamente refletidas. Ora, a *mesótes* é o traço racional comum a todas as virtudes de caráter privado ou interpessoal.

Mas, cabe responder, são os traços próprios à *mesótes*, pelos quais o justo se distingue do injusto, que fazem passar sem transição do plano interpessoal ao plano institucional. A decisão metodológica mais importante tomada por Aristóteles, no início de seu capítulo sobre a justiça (*ibid.*, V), é de fato fazer recortes na vasta polissemia do justo e do injusto[43].

A intersecção entre o aspecto privado e o aspecto público da justiça distributiva deixa-se reconhecer em todos os estágios da análise.

---

43. "Ora, ao que parece, a justiça é tomada em vários sentidos, e a injustiça também, mas, pelo fato de que as diferentes significações são vizinhas, sua homonímia escapa e com elas não ocorre o mesmo que com as noções afastadas uma da outra, em que a homonímia é mais visível" (*Ét. nic.*, V, 2, 1129 a 26-27). A homonímia do injusto é primeiramente tomada por guia: "geralmente se considera como injusto ao mesmo tempo aquele que transgride a lei, aquele que toma mais do que lhe é devido e aquele que desrespeita a igualdade" (*ibid.*, 1. 32). Mas, quando se passa do injusto ao justo, só restam a observância à lei e o respeito à igualdade. Passando além, do agente à ação, será dito: "o justo, portanto, é o que está em conformidade com a lei e o que respeita a igualdade, e o injusto é o que é contrário à lei e o que desrespeita a igualdade" (*ibid.*, a 35 – b 1). Assim, tomar mais do que lhe é devido e desrespeitar a igualdade têm uma parte em comum, que é precisamente a *anisotes* – a desigualdade – do *pleonoktês* – do ávido, do cúpido. Sobre o ávido se diz "que também desrespeita a igualdade, pois a desigualdade é uma noção que envolve as duas coisas ao mesmo tempo e lhes é comum" (*ibid.*, 1129 b 10). Resta, pois, a homonímia da conformidade à lei e da igualdade.

Em primeiro lugar, Aristóteles considera o domínio por ele circunscrito como uma "parte" (*méros*) do campo "total" (*hólos*) das ações prescritas pelas leis (*nómima*). Nesse nível abrangente, a intermediação institucional é indubitável, uma vez que a lei positiva é que define a legalidade. Aqui, ética e política se cruzam[44]. Por conseguinte, a virtude "parcial", à qual Aristóteles se limita, não poderia ser menos ético-política que a Virtude total que a engloba.

Outra razão para se considerar indispensável a mediação institucional: é sempre em relação a bens exteriores e precários, em relação à prosperidade e à adversidade, que se determinam o vício de querer ter cada vez mais – a *pleonexia* – e a desigualdade. Ora, esses males e esses bens contrários são precisamente bens para repartir, encargos para dividir. É essa repartição que não pode deixar de passar pela instituição. De fato, a primeira espécie de justiça particular se define exatamente por uma operação *distributiva* que implica a comunidade política, quer se trate de distribuir "honras, riquezas ou outras vantagens que se repartem entre os membros da comunidade política" (V, 5, 1130 b 30-33)[45].

Caberá desaprovar Aristóteles por ter limitado demais o campo da justiça, definindo-a como justiça distributiva? A meu ver, neste estágio de nossa análise, é preciso dar ao termo distribuição a maior flexibilidade possível, ou seja, trazer à baila

---

44. "Ora, as leis pronunciam-se sobre todas as espécies de coisas e têm em vista a utilidade comum [...]; por conseguinte, de certa maneira, chamamos de justas todas as ações que tendem a produzir ou a conservar a felicidade com os elementos que a compõem, para a comunidade política" (V, 3, 1129 b 14-18). Além disso, é de notar que Aristóteles chama de "justiça total" a conformidade com a lei, no sentido de que a lei também ordena que se realizem os atos que se conformam a todas as outras virtudes; a justiça torna-se assim o *pros'héteron*, a relação com outrem, de todas as virtudes (*ibid.*, 1. 26-31).

45. Aqui nada diremos sobre a justiça corretiva que, segundo Aristóteles, se refere às transações privadas, sejam elas voluntárias (compra, venda, empréstimo), sejam involuntárias (danos de todas as espécies e atos de vingança). A mediação institucional não está ausente, mas é indireta, ou porque a lei determina o dano, ou porque os tribunais dirimem conflitos. Assim, a *relação com outrem* é o elo forte que permanece, apesar da homonímia dos termos "justo" e "injusto" (V, 5, 1130 b 1).

o elemento de distinção que falta à noção de querer agir junto[46]. É esse aspecto de distinção que passa para o primeiro plano com o conceito de *distribuição* que, de Aristóteles aos medievais e a John Rawls, está estreitamente ligado ao de justiça. Esse conceito não deve ser limitado ao plano econômico, como complemento do conceito de produção. Designa um traço fundamental de todas as instituições, uma vez que estas regram a repartição de papéis, tarefas, vantagens e desvantagens entre os membros da sociedade. O próprio termo repartição merece atenção: ele expressa a outra face da ideia de partilha, sendo a primeira o fato de tomar parte de uma instituição; a segunda face seria a da distinção das partes destinadas a cada um no sistema de distribuição. Tomar parte em é uma coisa, receber uma parte em é outra. E as duas se apoiam. Pois na medida em que as partes distribuídas são coordenadas entre si é que se pode dizer que os portadores de partes participam da sociedade considerada, segundo expressão de Rawls, como uma empresa de cooperação. A meu ver seria preciso introduzir neste estágio de nossa análise o conceito de distribuição, a fim de garantir a transição entre o nível interpessoal e o nível social na visada ética. A importância do conceito de distribuição reside no fato de que ele rechaça igualmente os protagonistas de um falso debate sobre a relação entre indivíduo e sociedade. Na linha do sociologismo ao modo de Durkheim, a sociedade sempre é mais que a soma de seus membros; do indivíduo para a sociedade não há continuidade. Inversamente, na linha do individualismo metodológico, os conceitos-chave da sociologia não designam nada mais que a probabilidade de os indivíduos virem a se comportar de certa maneira[47]. Com a ideia

---

46. Já tínhamos deparado com esse perigo de ceder ao pendor fusional da relação com outrem quando no plano interpessoal opusemos a ideia de simpatia à ideia de fusão emocional, na esteira de Max Scheler.

47. Já deparamos acima (p. 214) com a definição da dominação concentrada no Estado, dada por Max Weber: "uma relação do homem sobre o homem baseada no instrumento da violência legítima (ou seja, da violência considerada legítima)". Ela se insere numa sequência de definições em que a ideia de probabilidade (*chance* em alemão) dispensa a cada vez de introduzir entidades distintas dos indivíduos.

de probabilidade é evitada qualquer coisificação, bem como, afinal, qualquer ontologia das entidades sociais. A concepção de sociedade como sistema de distribuição transcende os termos da oposição. A instituição como regulação da distribuição dos papéis, portanto como sistema, é bem mais que os indivíduos que desempenham tais papéis e também diferente deles. Em outras palavras, a relação não se reduz aos termos da relação. Mas uma relação tampouco constitui uma entidade suplementar. A instituição considerada como regra de distribuição só existe desde que os indivíduos participem dela. E essa participação, no sentido de tomar parte, presta-se às análises probabilistas que não têm apenas como ponto de aplicação os comportamentos individuais. Não é o objetivo deste estudo avançar mais na discussão epistemológica. Esta breve incursão num campo que não é meu só tinha o propósito de reforçar a única ideia que importa à nossa investigação, a saber, que a consideração da instituição pertence à visada ética tomada em toda a sua amplitude. Não deveria elevar-se um muro entre o indivíduo e a sociedade, impedindo qualquer transição do plano interpessoal para o plano social. Uma interpretação distributiva da instituição contribui para derrubar esse muro e garante a coesão entre os componentes individuais, interpessoais e sociais de nosso conceito de visada ética.

Delimitado o âmbito ético-jurídico da análise, pode ser dado um nome ao núcleo ético comum à justiça distributiva e à justiça reparadora. Esse núcleo comum é a *igualdade* (*isótes*). Correlativamente, o injusto, muitas vezes citado antes do justo, tem como sinônimo o *desigual*. É o desigual que deploramos e condenamos. Assim, Aristóteles continua uma grande tradição grega, mais precisamente ateniense, marcada por Sólon e Péricles. Mas o traço de gênio – duplo, na verdade – foi ter conferido conteúdo filosófico à ideia recebida da tradição. Por um lado, Aristóteles encontra no igual o caráter de medianidade entre dois extremos, que ele transporta de virtude em virtude. Isto porque onde há partilha pode haver excesso e insuficiência. O injusto é aquele que toma demais em termos de vantagens (e se encontra a *pleonexía*, o querer ter mais) ou o insuficiente em termos de encargos[48]. Por outro lado, ele delimita com cuidado a espécie de medianidade, a saber, a *igualdade proporcional,* que define a justiça distributiva. O fato de a igualdade aritmética não convir decorre, segundo ele, da natureza das pessoas e das coisas partilhadas. Por um lado as pessoas, numa sociedade antiga, têm partes desiguais (*axía*), ligadas a méritos desiguais, aliás definidas diferentemente pelas diversas constituições; por outro, as próprias partes fora da justiça são desiguais, ou deveríamos dizer passíveis de partilha selvagem, como na guerra e na pilhagem. A justiça distributiva consiste então em tornar iguais duas relações entre uma pessoa e um mérito de cada vez. Portanto, ela assenta numa relação de proporcionalidade de quatro termos: duas pessoas e duas partes[49].

Assim, Aristóteles formulava o temível problema, inteiramente retomado por Rawls, de justificar certa ideia de igualdade sem defender o igualitarismo. Nosso problema não é saber se a igualdade sempre pode ser definida em termos de medianidade e se a ideia de igualdade proporcional não é um ninho de dificuldades inextricáveis; é mais captar a força convincente e duradoura da ligação entre justiça e igualdade. Nesse aspecto, medianidade e igualdade proporcional não passam de procedimentos secundários para "salvar", filosófica e eticamente, a igualdade. A *igualdade,* seja qual for a maneira como a modulemos, *está para a vida nas instituições como a solicitude está para as relações interpessoais.* A solicitude põe diante do si um outro que é um rosto, no sentido forte que Emmanuel Lévinas nos ensinou a dar-lhe. A igualdade o põe diante de um outro que é um *cada um.* Com o que o caráter distributivo do "cada um" passa do plano gramatical, em que o encontramos

---

48. A medianidade "é o igual, pois em toda espécie de ação que admita o mais e o menos há também o igual. Portanto, se o injusto é desigual, o justo é igual, e essa é uma opinião unânime, sem outro raciocínio" (*Ét. nic.*, V, 6, 1131 a 12-13). O recurso à opinião comum é uma constante em Aristóteles. Não será menor em Kant, como se dirá no próximo estudo. Por isso falamos em senso de justiça.

49. "Por conseguinte, o justo é uma espécie de proporção [...] em que a proporção é uma igualdade de relações e pressupõe quatro termos pelo menos" (*ibid.*, V, 6, 1131 a 29-32).

já no Prefácio, para o plano ético. Assim, o senso de justiça não suprime nada da solicitude; ela a pressupõe, uma vez que considera que as pessoas são insubstituíveis. Em contrapartida, a justiça soma à solicitude, uma vez que o campo de aplicação da igualdade é a humanidade inteira.

Não há dúvidas de que a ideia de justiça é profundamente afetada por certa ambiguidade, já percebida com a introdução da ideia de distribuição. A ideia de partes justas remete, por um lado, à de pertencimento, que chega até a ideia de infinito *endividamento mútuo*, e esta não deixa de lembrar o tema levinasiano do refém; por outro lado, a ideia de partes justas, na melhor das hipóteses, conduz à ideia de mútuo desinteresse pelos interesses uns dos outros, que será encontrada em Rawls: na pior, leva de volta à ideia – levinasiana também – de separação.

OITAVO ESTUDO
O SI-MESMO E A NORMA MORAL

Da tese proposta no início do estudo anterior, somente a primeira das três proposições que a compõem foi desenvolvida com alguma amplitude, a saber, a afirmação da primazia da ética sobre a moral. Assim, construímos com base apenas no predicado "bom" as três fases de um discurso que vai da visada da vida boa ao senso de justiça, passando pela solicitude. A essa estrutura tripartite do predicado "bom" aplicado às ações correspondeu, por via reflexiva, à estrutura homóloga da *estima a si mesmo*. A este estudo compete a tarefa de justificar a segunda proposição, a saber, que é necessário submeter a visada ética à prova da norma. Restará mostrar de que modo os conflitos ensejados pelo formalismo, por sua vez estreitamente associado ao momento deontológico, levam de volta da moral à ética, mas a uma ética enriquecida pela passagem pela norma e investida no juízo moral em situação. É no elo entre *obrigação* e *formalismo* que se concentrará este estudo, não para denunciar apressadamente as fraquezas da moral do dever, mas para falar de sua grandeza, por toda a distância pela qual puder nos levar um discurso cuja estrutura tripartite replicará exatamente a da visada ética.

Na primeira etapa de nosso novo percurso, a visada da "vida boa" será submetida à prova da norma, sem consideração da estrutura dialógica da própria norma. Essa estrutura estará no centro da segunda etapa, como eco da solicitude que designa a relação originária, no plano ético, entre o si e o outro que não o si. Ao longo da terceira etapa daremos prosseguimento à nossa investigação do senso de justiça, no momento em que este se torna regra de justiça, sob a égide do formalismo moral, estendido das relações interpessoais às relações sociais e às instituições subjacentes a tais relações. Daí resulta que o respeito a si, que, no plano moral, corresponde à estima a si do plano ético, só atingirá sua plena significação ao cabo da terceira etapa, quando o respeito à norma se tiver desenvolvido como respeito a outrem e a "si mesmo como outro", e este estiver estendido a quem quer que tenha o direito de esperar sua justa parte numa partilha equitativa. O respeito a si tem a mesma estrutura complexa que a estima a si. O respeito a si é a estima a si sob o regime da lei moral. Por isso sua estrutura triádica é homóloga à da estima a si.

1. Visada da "vida boa" e obrigação

O fato de adiarmos o exame do momento dialógico da norma não significa que tenhamos dado precedência à reciprocidade das pessoas por qualquer solipsismo moral. Cabe lembrar que o si não é o eu. Trata-se preferencialmente de isolar o momento de *universalidade* que, a título de ambição ou pretensão – discutiremos isso no próximo estudo –, marca o fato de submeter à prova da norma o desejo de viver bem. Correlativamente, será nessa mesma universalidade que o si se fundamentará no plano reflexivo. Há boas razões para objetarmos ao caráter abstrato de uma exigência da norma que não leve em conta as pessoas: é precisamente essa abstração que nos levará da primeira à segunda configuração da norma. Em compensação, não seria possível tornar essa abstração associada a algum ponto de vista *egológico*, seja ele qual for. O universal nesse estágio não é propriamente nem vós, nem eu.

Sem negar de modo algum a ruptura operada pelo formalismo kantiano em relação à grande tradição teleológica e eudemonista, não é inapropriado deixar claros, por um lado, os traços pelos quais esta última tradição acena em direção ao formalismo e, por outro, aqueles pelos quais a concepção deontológica da moral continua vinculada à concepção teleológica da ética. Tratando-se das antecipações do universalismo implícitas na perspectiva teleológica, acaso não seria possível dizer que o estabelecimento, por parte de Aristóteles, de um critério comum a todas as virtudes – a saber, a *mesótes*, o meio-termo, a medianidade – assume, retrospectivamente, o sentido de um início de universalidade? E quando, ainda na esteira de Aristóteles, demos por objeto à estima a si *capacidades* tais como a iniciativa da ação, a escolha por razões, a avaliação e a valoração dos objetivos da ação, acaso não conferimos, implicitamente, um sentido universal a essas capacidades como aquilo *em virtude de que* as consideramos estimáveis, e a nós mesmos por acréscimo?[1] De modo semelhante, quando, na esteira de Heidegger, reconhecemos o *sempre-meu* de um caráter atribuído "a cada vez" ao si-mesmo, esse "a cada vez" acaso não designa o traço que pode ser dito universal, graças ao qual se pode escrever: *das Dasein, das Selbst*? Não é contestável que o aspecto universal daquilo a que, entretanto, damos o nome de existenciais não põe em questão a distinção entre duas identidades, a do *ipse* e a do *idem*: em virtude desses universais que são os existenciais, dizemos, precisamente, *na qualidade de que o ipse* se distingue do *idem* ou, de modo equivalente, na qualidade de que o *quem?* é digno de estima.

Ora, enquanto a ética acena para o universalismo pelos traços que acabamos de lembrar, a obrigação moral tampouco deixa de ter vínculos com a visada da "vida boa". Essa ancoragem do momento deontológico na visada teleológica foi manifestada pelo lugar ocupado em Kant pelo conceito de boa vontade na abertura dos *Fundamentos da metafísica dos costumes*: "De tudo o que é possível conceber no mundo e mesmo em

---

1. A teoria moral de Alan Gewirth em *Reason and Morality* (Chicago University Press, 1978) baseia-se na explicitação da dimensão universal vinculada ao reconhecimento dessas capacidades em cada um. Se ele fala em traços "genéricos", não é em relação à classificação por gêneros e espécies, mas para designar o caráter universal das capacidades *em razão* das quais nos reconhecemos como membros do gênero humano – ou da espécie humana –, em um sentido único dos termos "gênero" e "espécie".

geral fora do mundo, não há nada que possa sem restrição [*ohne Einschränkung*] ser considerado bom, a não ser uma *vontade boa*."² Nessa declaração preliminar estão incluídas duas afirmações que preservam certa continuidade entre o ponto de vista deontológico e a perspectiva teleológica, apesar da ruptura significativa de que falaremos adiante. Em primeiro lugar, entende-se que "bom moralmente" significa "bom sem restrição", ou seja, sem consideração pelas condições interiores e pelas circunstâncias exteriores da ação; enquanto o predicado "bom" conserva a marca teleológica, a ressalva "sem restrição" anuncia que fica fora do jogo tudo o que possa privar o uso do predicado bom de sua marca moral³. Segunda afirmação: o que comporta o predicado "bom" agora é a *vontade*. Aqui também é preservada certa continuidade com a perspectiva ética: pode-se equiparar o conceito kantiano de vontade com o poder de pôr um começo no curso das coisas, de decidir com base em razões, poder que, como dissemos, é objeto da estima a si mesmo. Mas na moral kantiana a vontade tem o lugar que o desejo racional ocupava na ética aristotélica; o desejo é reconhecido

---

2. *Fondements de la métaphysique des mœurs* (Ak.393, trad. fr. V. Delbos revista e modificada por F. Alquié in E. Kant, *Œuvres philosophiques, op. cit.*, t. II, 1985, p. 250). Vale notar as múltiplas ocorrências dos termos "estima", "estimar", "estimável" na primeira seção dos *Fundamentos*, sempre em relação com a boa vontade. O que esses termos expressam não é apenas a ancoragem na tradição teleológica, mas a ancoragem na experiência moral ordinária; tal como em Aristóteles, a filosofia moral em Kant não parte do nada; sua tarefa não é inventar a moral, mas extrair o *sentido do fato* da moralidade, como diz É. Weil acerca da filosofia kantiana em seu conjunto; cf. Éric Weil, *Problèmes kantiens*, Paris, Vrin, 1970, "Sens et fait", pp. 56-107.

3. Otfried Höffe, em sua *Introduction à la philosophie pratique de Kant (la morale, le droit, la religion)* (trad. fr. F. Rüegg e S. Gillioz, Friburgo, Albeuve, Suíça, ed. Castella, 1985), qualifica de "metaética" essa primeira afirmação que faz do conceito do bem sem restrição "a condição necessária e suficiente para determinar definitivamente a questão do bem" (p. 59). Chamarei simplesmente de ética essa declaração preliminar, a fim de destacar seu elo com a visada ética. Além disso, O. Höffe tem razão de ressaltar que a ideia normativa de bom sem restrição tem tal amplitude que abrange os campos justapostos da práxis pessoal, à qual se limitam os *Fundamentos* e a *Crítica da razão prática,* e da práxis pública, este tratado apenas na parte da *Metafísica dos costumes* dedicada à *Doutrina do direito*. Voltaremos a isso na seção "justiça" deste estudo.

por sua visada; a vontade, por sua relação com a lei[4]; ela é o lugar da pergunta: "Que devo fazer?" Num vocabulário mais próximo de nós, dir-se-ia que o querer se expressa em atos de discurso pertinentes à família dos *imperativos*, enquanto as expressões verbais do desejo – inclusive a felicidade – são atos de discurso de tipo *optativo*.

Entramos na problemática kantiana pelo portal da universalidade. Mas essa problemática, por si só, não basta para caracterizar uma moral da obrigação. À ideia de universalidade liga-se indissociavelmente a de *coerção*, característica da ideia de *dever*; isso, em virtude das limitações que caracterizam uma vontade finita. Por sua constituição fundamental, a vontade nada mais é que a razão prática, comum em princípio a todos os seres racionais; por sua constituição finita, é empiricamente determinada por inclinações sensíveis. Disso resulta que o elo entre a noção de vontade boa – porta de acesso à problemática deontológica – e a noção de ação realizada por dever é tão estreito que as duas expressões se tornam intercambiáveis[5]. Uma vontade boa sem restrição é inicialmente uma von-

---

4. A definição de vontade dada por Kant, em seu sentido mais geral, traz a marca dessa referência à norma; diferentemente dos fenômenos naturais que exemplificam leis, a vontade é a faculdade de agir "de acordo com a *representação* das leis" (*Fondements...* trad. fr. Delbos [IV, 412], p. 274); a definição é característica do estilo legislativo que permeia toda a obra de Kant, como observa Simone Goyard-Fabre no início de sua obra *Kant et le Problème du droit*, Paris, Vrin, 1975.

5. A fim de "desenvolver o conceito de vontade soberanamente estimável em si mesma, de vontade boa independentemente de qualquer intenção ulterior", é preciso "examinar o conceito de *dever*, que contém o de boa vontade, com algumas restrições, é verdade, e certos entraves subjetivos; mas que, em vez de dissimulá-lo e torná-lo irreconhecível, fazem-no destacar-se por contraste e o tornam ainda mais brilhante" (*Fondements...*, trad. fr. Delbos [IV, 397], p. 255). É aqui que se dá a ruptura entre a crítica e o senso moral ordinário: "Há porém nessa ideia de valor absoluto da simples vontade, nesse modo de estimar sem levar em conta nenhuma utilidade, algo tão estranho que, mesmo apesar do acordo completo que há entre ela e a razão comum, pode surgir uma suspeita: talvez no fundo só haja uma transcendente quimera, e talvez isso seja compreender falsamente a intenção com a qual a natureza delegou a razão ao governo de nossa vontade. Por isso, desse ponto de vista, vamos pôr essa ideia à prova [*Prüfung*]" (*Fondements...*, trad. fr. Delbos [IV, 394-395], p. 252). Essa ideia de *pôr à prova* será o fio condutor de nossa reconstrução da moral da obrigação.

tade constitucionalmente submetida a limitações. Para esta o bom sem restrição reveste a forma de dever, de imperativo, de coerção moral. Todo esforço crítico consiste em retroceder dessa condição finita da vontade para a razão prática concebida como autolegislação, como *autonomia*. Só nesse estágio o si terá encontrado a primeira base de seu estatuto moral, sem prejuízo da estrutura dialógica que, sem se acrescentar a partir de fora, desenvolve o sentido dele na dimensão interpessoal.

Aquém desse ápice, a reflexão moral é um paciente *ato de pôr à prova* os candidatos ao título de bom sem restrição e, por implicação, em virtude do estatuto de vontade finita, ao título de categoricamente imperativo. O estilo de uma moral da obrigação pode então ser caracterizado pela estratégia progressiva de distanciamento, depuração, exclusão, ao fim da qual a vontade boa sem restrição será igualada à vontade autolegisladora, segundo o princípio supremo de autonomia.

Se abordarmos essa estratégia do ponto de vista daquilo que é assim afastado, deverão ser distinguidos vários estágios. No primeiro estágio, a inclinação, signo de finitude, só é afastada em virtude de sua inadequação puramente epistêmica em relação ao critério de universalidade. Para a discussão ulterior, é importante separar a impureza *empírica* da inclinação, da recalcitrância e, portanto, da desobediência virtual, que explicam o caráter de coerção do imperativo moral. As problemáticas da universalidade e da coerção são, sem dúvida, difíceis de distinguir em decorrência da constituição finita da vontade. Mas pode-se pelo menos *conceber* um modo de determinação subjetiva que não carreie a marca do antagonismo entre a razão e o desejo. Nenhuma reprovação seria então vinculada à retirada da inclinação do circuito: ela seria desqualificada apenas por sua empiricidade. Esse estágio pode perfeitamente ser isolado no percurso kantiano. Ele corresponde à submissão das máximas da ação à *regra de universalização*[6]. É apenas por intermédio dessas máximas, ou seja, de "proposições que encerram uma

---

6. Segundo feliz expressão de O. Höffe, em sua notável análise da máxima enquanto "objeto da universalização" (*op. cit.*, pp. 82-102), as máximas são as regularidades que o próprio agente constitui ao adotá-las.

determinação geral da vontade de que dependem várias regras práticas"[7], que as inclinações podem ser postas à prova. De fato, como poderia eu saber se, durante a ação, a estima a uma coisa é adequada à estima absoluta à vontade boa, a não ser formulando a seguinte pergunta: a máxima de minha ação é universalizável? A mediação oferecida aqui pela máxima pressupõe que, na formulação pela vontade de um projeto de alguma amplitude, seja potencialmente incluída uma *pretensão à universalidade* que a regra de universalização vem precisamente pôr à prova[8]. Cumpre admitir que, assim caracterizada, a noção de máxima não tem precedente na tradição teleológica, a despeito dos vestígios de universalismo que identificamos acima. De fato, não era a pretensão à universalidade, mas a teleologia interna que, primeiro em Aristóteles, caracterizava a noção de "desejo racional", e depois, em nossas próprias análises da práxis, as noções de práticas, planos de vida e unidade narrativa de uma vida. Estas últimas noções podem certamente ser retranscritas no vocabulário da máxima, graças a seu parentesco com o caráter de generalidade da máxima no plano de uma fenomenologia da práxis; mas é a *prova de universalização* que confere significação específica à máxima, ao mesmo tempo que essa prova define pela primeira vez o formalismo, como demonstra a formulação mais geral do imperativo categórico: "Age unicamente de acordo com a máxima que te faça querer ao mesmo tempo que ela se torne uma lei universal" (*Fundamentos...*, trad. fr. Delbos [IV, 421], p. 285). Nesse estágio, nenhuma recalcitrância da inclinação é tomada em consideração; apenas o critério de universalização torna manifesta a inadequação da *pretensão* à universalidade vinculada à máxima, em comparação com a *exigência* de universalidade inscrita na razão prática[9].

---

7. *Crítica da razão prática*, trad. fr. F. Picavet, Paris, PUF, 1943, 4ª ed., 1965 [V, 19], p. 17. Citaremos *Cr.R.Pr.* cf. também Kant, *Oeuvres philosophiques*, ed. Alquié, *op. cit.*, t. II, p. 627.

8. Sobre a noção kantiana de máxima, cf., além de O. Höffe, B. Carnois, *La cohérence de la doctrine kantienne de la liberté*, Paris, Éd. du Seuil, 1973, pp. 137-9 e *passim*.

9. No próximo estudo questionaremos esse privilégio concedido por Kant à regra de universalização e a versão estreita que ele lhe dá em termos exclusivos de não contradição.

É com o segundo e o terceiro grau da cisão que uma moral da obrigação assume as características que a opõem mais radicalmente a uma ética baseada na visada da "vida boa". Na análise anterior, isolou-se o aspecto universal do aspecto coercitivo do dever, apesar da estreita ligação entre eles na estrutura da vontade finita, ou seja, empiricamente determinada. O aspecto coercitivo merece, por sua vez, um exame distinto, visto ser ele que determina a forma do *imperativo* assumida pela regra da universalização. Ora, considerado do ponto de vista da teoria dos atos de discurso, o imperativo apresenta um problema específico: além das condições de sucesso (uma ordem terá sido efetivamente emitida de acordo com as convenções que a autorizam?), os atos de discurso são submetidos a condições de satisfação (essa ordem terá sido seguida de *obediência* ou não?)[10]. Essa relação entre comando e obediência marca uma nova diferença entre a norma moral e a visada ética. Ora, é notável que, na linguagem ordinária, essa espécie de ato de discurso exige um locutor e um alocutário distintos: um comanda, o outro é obrigado a obedecer em virtude da condição de satisfação do imperativo. É essa situação que Kant interiorizou ao colocar no mesmo sujeito o poder de comandar e o de obedecer ou de desobedecer. A inclinação passa então a ser definida por seu poder de desobediência. Esse poder Kant equipara à passividade inerente à inclinação, que o leva a qualificar de "patológico" o desejo[11].

Nesse ponto, é difícil não repetir a clássica acusação de rigorismo, segundo a qual Kant consideraria o desejo intrinsecamente hostil à racionalidade[12]. Pode-se resistir até certo

---

10. Sobre a distinção entre condições de sucesso e condições de satisfação, cf. Daniel Vanderveken, *Les Actes de discours*, Liège, Bruxelas, Mariaga, 1988.

11. "Na vontade afetada patologicamente de um ser racional, pode haver conflito [*Widerstreit*] entre as máximas e as leis práticas reconhecidas pelo próprio ser" (*C.R.Pr.*, trad. fr. F. Picavet, cap. I, § 1, escólio [V, 19], p. 17; cf. ed. Alquié, t. II, pp. 627-8).

12. Kant de fato parece estar próximo de Platão, distinguindo entre a parte da alma que comanda, porque irracional, e a que, porque irracional, é capaz de rebelião. Nem mesmo o *thymós* platônico, colocado no meio, deixa de ter paralelo na análise kantiana do ato voluntário, que, por sua vez, se divide entre a vontade determinada pela lei (*Wille*) e a vontade capaz de hesitar *entre* a lei e o desejo, e, por esse motivo, colocada na posição de árbitro entre as duas: é o

ponto a essa acusação fazendo, como Kant, a linha divisória passar pelo interior da família dos imperativos e estabelecendo a distinção, como bem se conhece, entre o imperativo categórico e os imperativos simplesmente hipotéticos, os da habilidade e os da prudência. Essa distinção mostra-se como homólogo exato, na ordem da coerção, da distinção introduzida pelo critério de universalização. Se admitirmos que a forma imperativa é exigida pela estrutura de uma vontade finita, então o imperativo categórico será o imperativo que passou com sucesso pela prova da universalização.

A novidade introduzida pelo caráter de coerção da obrigação só é plenamente explicitada pelos primeiros *Teoremas* e pelos dois *Problemas* da *Analítica da razão pura prática*. O que aí se teoriza é precisamente o que o imperativo categórico exclui, a saber, a motivação própria aos outros imperativos[13]. Um segundo limiar de formalismo é assim transposto: a mediação pelas máximas não é esquecida, mas as máximas subjetivas são reduzidas em bloco à sua fonte única, a "faculdade de desejar", e as máximas objetivas à simples (*blosse*) forma de uma legislação[14].

O limiar decisivo da cisão é transposto com a ideia de autolegislação ou *autonomia*[15]. Já não se trata apenas de vonta-

---

que significa exatamente *arbitrium*, que em Kant se tornou *Willkühr*, que caberia traduzir simplesmente por "arbítrio".

13. O *Teorema I* enuncia que um princípio que só se baseie na capacidade de sentir prazer ou dor pode servir de máxima, mas não de lei. O papel da desobediência possível – do "conflito" – é rigorosamente definido pelo estado final daquilo que até aqui foi chamado de inclinação, a saber, o prazer e a dor erigidos a princípios determinantes do arbítrio. O *Teorema II* alinha ao prazer e à dor afetos tão diferentes do ponto de vista fenomenológico como agrado, satisfação, contentamento, felicidade (nesse aspecto, o vocabulário dos afetos é de uma riqueza insuspeitada). A faculdade de desejar é assim unificada em virtude de sua posição antagonista, e o amor a si mesmo e a felicidade pessoal encontram-se sob a mesma rubrica.

14. "Todas as regras práticas *materiais* situam o princípio determinante da vontade na *faculdade inferior de desejar*, e se não houvesse nenhuma lei simplesmente formal da vontade que a determinasse suficientemente, não haveria como admitir nenhuma *faculdade superior de desejar*" (§ 3, Teorema II, Corolário, trad. fr. Picavet, p. 21; cf. ed. Alquié, t. II, p. 633).

15. O. Höffe caracteriza com razão a autonomia como "metacritério", a fim de distingui-la da regra de universalização, critério único do "bom sem

de, mas de liberdade. Ou melhor, a liberdade designa a vontade (*Wille*) em sua estrutura fundamental, e não mais segundo sua condição finita (*Willkühr*). Dessa liberdade a Dialética da *Crítica da razão pura* só pudera estabelecer o caráter simplesmente pensável. Eis a liberdade justificada na prática: primeiramente, em termos negativos, pela independência total em relação à "lei natural dos fenômenos em sua relação mútua, ou seja, da lei da causalidade" (*Problema I, C. R. Pr.*, trad. fr. Picavet, p. 28; cf. ed. Alquié [V, 29], p. 641); depois, positivamente, como autoimposição da lei (*Teorema IV*). Com a *autonomia*, a cisão, cujo destino acompanhamos de grau em grau, atinge a expressão mais radical: à autonomia opõe-se a *heteronomia* do arbítrio, em virtude do qual a vontade se impõe apenas "o preceito de obediência racional a uma lei patológica" (*Teorema IV*, trad. fr. Picavet, p. 33; cf. ed. Alquié [V, 33], p. 648). Com essa oposição – esse *Widerstreit* – entre autonomia e heteronomia, o formalismo é levado ao ápice; Kant pode proclamar: a moral reside onde "a simples forma legislativa das máximas é por si só o princípio suficiente de determinação da vontade" (*C. R. Pr.*, trad. fr. Picavet, p. 28; cf. ed. Alquié [V, 28], p. 640). Sem dúvida, não saímos do vocabulário do imperativo: mas de algum modo o sublimamos: quando a autonomia substitui a obediência ao outro pela obediência a si mesmo, a obediência perdeu qualquer caráter de dependência e de submissão. A obediência verdadeira, seria possível dizer, é a autonomia.

A reconstrução acima do conceito kantiano de moralidade foi reduzida aos elementos que bastam para caracterizar o ponto de vista deontológico em face da concepção teleológica

---

restrição" (*op. cit.*, p. 127). Ele nota a origem da ideia de autolegislação em Rousseau: "A obediência à lei que nos prescrevemos é liberdade" (*Contrato social*, livro 1, cap. VIII, citado por Höffe, p. 128). A autonomia torna-se, assim, o equivalente de um contrato firmado por alguém consigo mesmo: "Uma vontade à qual a pura forma legislativa da máxima pode servir de lei é uma vontade livre" (*Problema I*, p. 28). Esse elo entre o formalismo moral e a tradição contratualista interessa-nos muito porque reencontraremos esta última quando tratarmos da regra formal de justiça. Sobre o lugar da autonomia na "árvore genealógica" dos diferentes conceitos de liberdade em Kant, cf. B. Carnois, *op. cit.*, pp. 70 ss. e 191-3.

da ética: boa vontade como determinação do bom sem restrição, critério de universalização, legislação apenas pela forma, enfim, autonomia. Os antagonismos característicos da fundação kantiana foram ordenados segundo os graus de uma lógica de exclusão. A oposição entre autonomia e heteronomia mostrou-se, assim, constitutiva da ipseidade moral. No espírito do kantismo, a afirmação do si legislador não deve ser confundida com uma tese egológica. Como foi dito acima em termos gerais, o caráter abstrato desse primeiro momento da estrutura triádica da moralidade é proporcional ao grau de universalidade atingida pelo juízo moral em geral. Por conseguinte, o princípio de autonomia pretende escapar à alternativa entre monólogo e diálogo. Segundo a fórmula de Kant nos *Fundamentos*, será observada uma progressão de um tipo muito especial quando se passar da formulação geral do imperativo categórico à segunda e à terceira formulação, que regerão a segunda e a terceira etapa de nosso próprio itinerário. A progressão, diz Kant, é feita a partir da *"forma*, que consiste na universalidade", para a *"matéria"*, em que as pessoas são apreendidas como fins em si mesmas, e daí à *"determinação completa* de todas as máximas", com a noção de reino dos fins[16]. "O progresso – acrescenta Kant – ocorre aqui de algum modo segundo as categorias, indo da *unidade* da forma da vontade (sua universalidade) à *pluralidade* da matéria (dos objetos, ou seja, dos fins) e daí à *totalidade* ou integralidade do sistema" (*Fundamentos...* [IV, 436], p. 304)[17]. Unidade, pluralidade, totalidade certamente são categorias da quantidade, mas é apenas "de

---

16. *Fundamentos...* [IV, 436] pp. 303-4. Kant ressalta com insistência que cada fórmula "contém em si e por si mesma as duas outras" (*ibid.*); acrescenta: "Há, porém, entre elas uma diferença que, na verdade, é mais subjetiva que objetivamente prática, e cujo objetivo é aproximar (segundo certa analogia) uma ideia de razão da intuição e assim do sentimento" (*ibid.* [IV, 436], p. 303).

17. Nem por isso deixa de haver preeminência da primeira fórmula: "em se tratando de proferir um *juízo* moral, é melhor sempre proceder segundo o método estrito e tomar por princípio a fórmula universal do imperativo categórico: *Age segundo a máxima que pode ao mesmo tempo erigir-se a lei universal*. Contudo, se ao mesmo tempo se quiser poupar à lei moral o *acesso* das almas, é muito útil fazer a mesma ação passar pelos três conceitos indicados e assim a aproximar, o máximo possível, da intuição" (*ibid.* [IV, 436-7], p. 304).

algum modo" que a *unidade* da forma é distinguida da *pluralidade da* matéria. Essa unidade não é a de um *ego* solitário. É a da *universalidade* de querer, apreendida no momento abstrato em que ainda não se distribuiu entre a pluralidade das pessoas. Essa progressão apenas pedagógica ou psicagógica ("poupar a lei moral do *acesso* das almas"!) será objeto de discussão rigorosa quando tivermos terminado o percurso inteiro das formulações da moralidade.

Antes de passarmos da autonomia do si, em sua dimensão universal, ao regime de pluralidade que caracterizara nossa segunda etapa, designaremos três "lugares" que, antes de qualquer crítica dirigida a partir de fora contra a moralidade kantiana, são apontadas pelo próprio texto kantiano como lugares de virtual aporia[18].

O primeiro desses "lugares" tem relação com a natureza da "dedução" que Kant declara ter extraído do princípio da autonomia.

---

18. Foi a propósito que, numa reconstrução preocupada em situar com precisão o momento de maior distância entre o ponto de vista deontológico e a perspectiva teleológica, não se levou em conta a contribuição original da *Dialética da razão pura prática*. Esta, digamos, abre uma nova perspectiva de trabalho com o tema do *soberano bem*. Sob a égide desse termo, Kant se interroga sobre o que convém chamar de "objeto inteiro de uma razão pura prática" (trad. fr. Picavet, p. 117; ed. Alquié [V, 109], p. 741), ou mesmo "totalidade incondicionada" desse objeto. Seria possível dizer que essa nova interrogação leva Kant de volta às águas da teleologia aristotélica. Certas expressões, como "o bem completo e perfeito enquanto objeto da faculdade de desejar de seres racionais e finitos" (trad. fr. Picavet, p. 119; ed. Alquié [V, 119], p. 742), dão algum crédito a essa interpretação. Mas, além do fato de que a conjunção de natureza não analítica, mas sintética, entre virtude e felicidade cria por si mesma um problema específico, que, por sua vez, redunda no problema ainda mais considerável dos postulados da razão prática, é importante repetir, na esteira de Kant, que a *Dialética* não desfaz o que a *Analítica* construiu: é apenas para a vontade autônoma que se inicia a carreira dessa nova problemática do soberano bem e da felicidade. Além disso, o que impressiona é que, ao se concentrar na natureza do elo "identitário ou não, entre virtude e felicidade", Kant não tivesse razões para cruzar com Aristóteles em seu caminho; entre seus antecessores, ele só encontrava o epicurismo e o estoicismo (*ibid.*, trad. fr. Picavet, pp. 120 ss.; ed. Alquié [V, 112 ss.], pp. 745 ss.). O formalismo da moralidade lhe vedava formular o problema do soberano bem em termos de dinâmica e visada, a despeito das expressões aparentemente tão próximas de Aristóteles mencionadas há pouco.

Se, como se deve, entendermos por dedução, no sentido jurídico da *quaestio juris*, o retorno a pressuposições últimas, caberá admitir que, no caso da autonomia, esse retorno se detém na atestação de um fato, o famoso *Factum der Vernunft* – o "fato da razão" –, que provocou tantos comentários. Sem dúvida, Kant só fala de fato a propósito da consciência (*Bewusstsein*) que tomamos da capacidade autolegisladora do sujeito moral (*C. R. Pr.*, trad. fr. Picavet, p. 31; ed. Alquié [V, 31], p. 645). Mas essa consciência é o único acesso que temos à espécie de relação sintética que a autonomia instaura entre a liberdade e a lei. Nesse sentido, o fato da razão outra não é senão a consciência que temos dessa ligação originária. Minha tendência é reconhecer nessa consciência a forma específica assumida pela atestação do *quem?* em sua dimensão moral; em outras palavras, o testemunho dado sobre o estatuto prático da vontade livre[19]. O vocabulário de Kant o confirma: nesse *factum* – diz ele – "a razão pura se manifesta [*sich beweist*] como realmente prática em nós" (*C. R. Pr.*, trad. fr. Picavet, p. 41; ed. Alquié [V, 42], p. 658); é nesse sentido particularíssimo que a própria autonomia é chamada de fato "apodicticamente certo" (*C. R. Pr.*, trad. fr. Picavet, p. 47; ed. Alquié [V, 47), p. 664)[20]. A relação entre

---

19. Minha interpretação é próxima da de O. Höffe: "Com o termo 'fato da razão prática', Kant quer indicar que a moral existe efetivamente" (*op. cit.*, p. 136). Mais adiante: "Kant fala de um fato [*factum*] porque considera a consciência da lei moral como uma realidade, como algo real e não fictício, simplesmente admitido" (*op. cit.*, p. 137).

20. A primeira ocorrência do termo "fato da razão" se lê aqui: "no entanto, para não se enganar, admitindo-se essa lei *como dada*, é preciso notar que ela não é um fato empírico, mas o fato único da razão, que se anuncia, assim, como originariamente legislativa (*sic volo, sic jubeo*)" (*C. R. Pr.*, trad. fr. Picavet, p. 31; ed. Alquié [V, 31], p. 645). Devem ser notadas outras expressões: "carta de crédito [*Creditiv*] da lei moral", "garantia [*Sicherung*] de seu problemático conceito de liberdade" (trad. fr. Picavet, p. 49; ed. Alquié [V, 49], p. 667). Também se diz que esse fato tem "significação puramente prática" (trad. Picavet, p. 50; ed. Alquié [V, 50], p. 668), e que é "inexplicável por todos os dados do mundo sensível" (trad. Picavet, p. 42; cf. Alquié [V, 43], p. 659). E verdade que Kant parece identificar essa atestação prática com uma verdadeira incursão na ordem numenal até a "natureza suprassensível dos seres racionais em geral" (*ibid.*, cf. Alquié [V, 43], p. 659). Mas a ressalva que se segue não deve ser omitida: uma natureza sensível que seja conhecida apenas por leis de caráter prá-

modelo e cópia, arquétipo e éctipo, mundo do entendimento puro e mundo sensível, justifica o uso analógico da natureza na primeira formulação secundária do imperativo categórico, "como se uma ordem natural devesse ser parida por nossa vontade" (trad. fr. Picavet, p. 44; cf. ed. Alquié [V, 44], p. 661)[21]. No fim da prova e da triagem dos concorrentes do dever, encontramos a confiança situada inicialmente na experiência moral comum. Mas essa autoatestação poderá ser equiparada a uma autoafirmação? Não haverá aí, dissimulado sob o orgulho da asserção de autonomia, a confissão de certa receptividade, uma vez que a lei, ao determinar a liberdade, a *afeta*?

Essa desconfiança encontra alguma confirmação no tratamento reservado pela *Crítica da razão prática* ao *respeito*. Em certo sentido, pode parecer prematuro falar do respeito antes de tê-lo também desenvolvido de acordo com os três membros da moralidade, segundo a distinção que acaba de ser feita entre unidade (ou universalidade), pluralidade e totalidade. O respeito, que tornamos título emblemático de toda a doutrina da moralidade, só terá recebido sua significação plena depois de garantida sua estrutura triádica. No entanto, é no nível do princípio de autonomia, na nudez da relação entre liberdade e lei, quando as pessoas ainda não têm a prerrogativa de serem fins em si mesmas, que o respeito revela sua estranha natureza[22]. Esta decorre do lugar do respeito, enquanto sentimento,

---

tico "nada mais é que uma *natureza sob a autonomia da razão pura prática*" (trad. Picavet 43; cf. ed. Alquié [V, 43], p. 660).

21. Sobre esses textos difíceis, cf. D. Henrich, "Der Begriff der sittlichen Einsicht und Kants Lehre von Fakturn der Vernunft" (in G. P. Prauss [org.], *Kant*, Colônia, Kieperheuer und Witsch, 1973, pp. 223-4; cf. também B. Camois, *op. cit.*, pp. 93-117).

22. O que confirma que o respeito pode ser considerado indiferentemente sob o ângulo da fórmula geral do imperativo categórico, que outro não é senão a regra de universalização erigida em princípio, ou sob o ângulo da segunda formulação desse princípio, em que é levada em conta a pluralidade das pessoas, é a justaposição entre textos nos quais o respeito incide na lei moral e textos nos quais incide nas pessoas; assim, lê-se que "o respeito sempre se aplica unicamente às pessoas, nunca às coisas" (*C. R. Pr.*, trad. fr. Picavet, p. 80; ed. Alquié [V, 76], p. 701), ao passo que a expressão "respeito à lei moral" é a que aparece com mais frequência. Essa aparente oscilação é explicada pelo fato de

entre os "*móbeis da razão pura prática*" (*Analítica*, cap. III). O respeito é um móbil no sentido de que, nos moldes de uma afetação passivamente recebida, inclina a "fazer da lei uma máxima" (trad. fr. Picavet, p. 80; ed. Alquié [V, 76], p. 701)[23].

Ora, é notável que Kant não tenha pensado no problema da relação entre o caráter de quase autoafirmação da autonomia por si e o caráter virtual de afetação pelo outro, implicado pelo estatuto do respeito enquanto móbil. Ele acreditou que a dificuldade podia de algum modo ser resolvida antes de ser formulada nesses termos, *cindindo* em duas a afetividade e envidando todos os seus esforços nessa cisão. Supõe que só a ideia de um sentimento impresso no coração humano apague o fogo antes que ele se acenda. Daí em diante tudo ocorre a partir da separação, no campo dos afetos, entre os que continuam pertencendo à patologia do desejo e os que podem ser considerados marca da razão no sentimento, a saber: no modo negativo, a humilhação do amor-próprio e, no modo positivo, a veneração pelo poder da razão em nós.

Essa cisão que divide em duas a afetividade não pode deixar de dizer respeito à nossa investigação sobre o elo – nunca rompido, a nosso ver – entre norma moral e visada ética. A estima a si mesmo, se for exatamente como admitimos, ou seja, expressão reflexiva da visada da "vida boa", parece incidir sob o cutelo kantiano, que a relega para o lado ruim da linha divisória[24]. Mas para nós a questão nunca foi harmonizar o tom

---

que o que está em jogo aqui realmente não é o *objeto* do respeito, mas seu estatuto de *sentimento*, portanto afeto, em relação ao princípio de autonomia.

23. Nossa insistência na noção de máxima, na esteira de O. Höffe, encontra aí uma justificação suplementar. A equiparação entre máxima e móbil é quase perfeita na expressão: "um princípio subjetivo de determinação, ou seja, móbil para essa ação pela influência que ela exerce sobre a moralidade do sujeito e pelo sentimento que provoca, sentimento favorável à influência da lei sobre a vontade" (trad. Picavet, p. 79; ed. Alquié [V, 75], pp. 699-700).

24. A condenação moral do amor a si (*Selbstliebe*) atinge este último na forma dupla de amor-próprio (*Eigenliebe*), no sentido de benevolência excessiva para consigo, e de presunção (*Eigendünkel*), ou complacência para consigo (*Wohlgefallen*). O texto mais preciso nesse sentido é o seguinte: "Pode-se chamar de amor a si mesmo essa tendência a fazer de si mesmo – de acordo com os princípios subjetivos de determinação do livre-arbítrio [*Willkühr*] – o princípio

kantiano e o tom aristotélico. Na realidade, a verdadeira questão não está aí. Pois é perfeitamente legítimo ver no respeito kantiano a variante da estima a si que passou com sucesso pela prova do critério de universalização. Antecipando o que diremos adiante sobre o lugar do mal numa concepção deontológica da moralidade, pode-se dizer que o que é "derrubado", "humilhado", é essa variante da estima a si mesmo que Kant chama de *Selbstliebe* e que constitui sua perversão sempre possível e, de fato, comum[25]. Nesse sentido, a retirada do "amor a si" do circuito exerce, em relação à estima a si mesmo, uma função crítica e, por referência ao mal, uma função purgativa. O amor a si – arrisco-me a dizer – é a estima a si pervertida por aquilo que em breve chamaremos de tendência ao mal[26]. E o respeito é a estima a si mesmo passada pelo crivo da

---

objetivo de determinação da vontade [*Willen*] em geral; e, se ele for dado como legislador e princípio prático incondicionado, pode chamar-se presunção" (*C. R. Pr.*, trad. fr. Picavet, p. 78; ed. Alquié [V, 74], p. 698). O que chamamos de estima a si mesmo não parece escapar a essa condenação: "Todas as pretensões à estima a si mesmo [*Selbstschätzung*] que precedam o acordo com a lei moral são nulas e ilegítimas" (trad. fr. Picavet, p. 77; ed. Alquié [V, 73], p. 697).

25. Uma expressão de Kant torna plausível essa interpretação: mencionando o sentimento de elevação (*Erhebung*), face positiva inversa do sentimento de coerção (*Zwang*) na constituição contrastada do respeito, ele propõe chamar "o efeito subjetivo sobre o sentimento [...] relativamente a essa elevação, simplesmente de *aprovação a si mesmo* [*Selbstbilligung*]" (trad. fr. Picavet, p. 85; ed. Alquié [V, 81], p. 706). Uma razão para acreditar que a crítica do *Selbstliebe* não rompe todas as ligações possíveis com uma avaliação positiva de si mesmo como titular da autonomia é dada pelas numerosas considerações finalistas, tão presentes na *Crítica da faculdade de julgar*, referentes ao pleno exercício das inclinações constitutivas da natureza humana: ora, a personalidade é posta no topo da hierarquia dessas inclinações, como será lembrado adiante a propósito do *Ensaio sobre o mal radical*. No capítulo da *Crítica da razão prática* dedicado aos móbeis lê-se o seguinte: "o que eleva a homem acima de si mesmo nada mais é que a *personalidade*, ou seja, a liberdade e a independência em relação ao mecanicismo da natureza inteira, considerado, porém, como um poder de um ser submetido a leis especiais, ou seja, às leis puras práticas dadas por sua própria razão, de modo que a pessoa, pertencendo ao mundo sensível, está submetida à sua própria personalidade, uma vez que ele pertence ao mesmo tempo ao mundo inteligível" (trad. fr. Picavet, p. 91; ed. Alquié [V, 87], pp. 713-4).

26. É de observar que aqui, tal como no *Ensaio sobre o mal radical*, Kant fala do amor a si como tendência, propensão (*Hang*), a fazer das inclinações a condição prática suprema.

norma universal e coercitiva, em suma, a estima a si mesmo sob o regime da lei. Dito isto, o problema mais temível apresentado pelo respeito enquanto *móbil* é a introdução de um fator de *passividade* no próprio cerne do princípio da autonomia. É essa conjunção no respeito entre a autoafirmação e a autoafetação que nos autorizará a questionar, no próximo estudo, a independência do princípio de autonomia – orgulho da concepção deontológica da moralidade – em relação à perspectiva teleológica, em outras palavras, a pôr em dúvida a autonomia da autonomia.

O terceiro "lugar" de virtual aporia, em relação à posição eminente destinada à autonomia na *Analítica*, deve ser buscado no *Ensaio sobre o mal radical* com que se inicia *A religião nos limites da simples razão*. Tudo o que, nesse ensaio, tende a desculpar o desejo e a inclinação, transfere, ao mesmo tempo, para o (livre)-arbítrio a fonte de todas as cisões cuja progressão acompanhamos acima: inadequação da inclinação, como algo empírico, a passar pela prova da regra de universalização, oposição do desejo patológico ao imperativo categórico, resistência da tendência à heteronomia ao princípio de autonomia. Se o desejo é inocente[27], o mal deve ser situado no nível da *formação das máximas*, antes de nos interrogarmos – em vão, decerto – sobre sua origem e declará-la *inescrutável*. O mal é, no sentido próprio da palavra, perversão, a saber, inversão da ordem que impõe colocar o respeito à lei acima da inclinação. Trata-se aí de um uso ruim do (livre)-arbítrio, e não de nocividade do desejo (tampouco, aliás, da corrupção da razão prática, o que tornaria o homem diabólico, e não simplesmente – ousamos dizer – malvado)[28]. Mais uma vez, tudo ocorre no

---

27. O princípio do mal não pode ser situado na sensibilidade e nas inclinações dela decorrentes, "pois estas não têm relação direta com o mal" (*La Religion dans les limites de la simple raison*, trad. fr. Gibelin, Paris, Vrin, 1968, p. 559; cf. E. Kant, *Oeuvres philosophiques, op. cit.*, t. III, 1986 [VI, 34], p. 48).

28. "A diferença entre o homem bom e o homem mau deve necessariamente estar não na diferença que eles admitem nas máximas (não na matéria destas), mas na sua subordinação (sua forma)" (*A religião...* trad. fr. Gibelin, p. 57; cf. ed. Alquié [VI, 36], p. 50). É notável que Kant não se demore na litania das queixas referentes à maldade humana, mas vá diretamente para a figura mais

plano das máximas. Mas dessa vez se dá lugar a uma máxima ruim que seria o fundamento subjetivo de todas as máximas ruins. Nessa máxima primordial consiste a *propensão* (*Hang*) ao mal. Sem dúvida, Kant toma o cuidado de distinguir essa propensão ao mal da disposição (*Anlage*) ao bem, que ele considera inerente à condição de uma vontade finita e, por conseguinte, de afirmar a contingência dessa propensão na escala da história humana. O fato, porém, é que a propensão ao mal *afeta* o uso da liberdade, a capacidade de agir por dever, em suma, a *capacidade* de ser efetivamente autônomo. Para nós, é aí que está o verdadeiro problema. Pois essa *afetação* da liberdade, mesmo que não atinja o princípio da moralidade, que continua sendo a autonomia, põe em xeque o seu exercício, sua efetivação. É essa situação insólita, aliás, que abre para a religião um espaço distinto do da moral – a religião, segundo Kant, não tem outro tema senão a *regeneração* da liberdade, ou seja, a restauração do império do bom princípio sobre ela. Além disso, com essa consideração da capacidade – perdida, que deve ser reencontrada – da liberdade, volta ao primeiro plano a do bem e do mal, que uma versão estritamente deontológica da moralidade fizera recuar para um nível subsidiário (*Analítica*, cap. II). Em outras palavras, a questão do bem e do mal volta com a questão do "fundamento subjetivo do uso da liberdade"[29].

---

sutil do mal, aquela em que o amor a si se torna o móbil da conformidade exterior à lei moral, o que define com exatidão a *legalidade* em oposição à moralidade. Quando se aloja na malícia de um coração humano que se ilude sobre a verdadeira natureza de suas intenções, o mal aparece mais ardiloso do que se se identificasse simplesmente com a natureza sensível enquanto tal.

29. Levando a questão do mal para o nível das "disposições" (*Gesinnungen*), Kant reata com a teleologia da *Crítica da faculdade de julgar*. Aliás, ele percorre os graus dessa teleologia aplicada à natureza humana no início do *Ensaio sobre o mal radical*: disposição à *animalidade, à humanidade, à personalidade* (*op. cit.*, p. 45; cf. ed. Alquié [VI, 26], p. 37). Uma vez que o conceito de disposição é pertinente à teleologia, o vocabulário do bom e do mau retorna no presente contexto, é verdade que em sentido bem diferente daquele descartado da *Crítica*, no capítulo II da *Analítica*. Com efeito, é no nível da terceira disposição que se exerce a propensão ao mal, disposição definida aqui como "aptidão para sentir respeito à lei moral *enquanto motivo em si suficiente do livre-arbítrio*" (*ibid.*,

Esse problema refere-se diretamente ao estatuto da autonomia, pela espécie de afetação que parece coextensiva à sua efetivação. Aqui devemos ter em mente duas ideias. A primeira é a ideia tão enfaticamente ressaltada por Nabert de que o mal, em relação à formação das máximas, deve ser pensado em termos de *oposição real*, no sentido do *Ensaio para introduzir em filosofia o conceito de grandeza negativa*[30]. Ora, no plano em que a própria lei moral é motivo é que a inclinação ao mal se erige como "repugnância real", segundo expressão de Nabert, a saber, como "motivo contrário que influi sobre o livre-arbítrio" (*A religião...*, trad. fr. Gibelin, p. 42). Portanto, cumpre admitir que a inclinação para o mal afeta o livre-arbítrio no próprio plano em que o respeito é a afetação específica de que falamos, a afetação da liberdade pela lei. É nesse sentido que o mal é radical (e não originário): "Esse mal é *radical* porque corrompe o fundamento de todas as máximas, e ademais, enquanto inclinação natural, não pode ser extirpado pelas forças humanas" (*A religião...*, trad. fr. Gibelin, p. 58; cf. ed. Alquié [VI, 37], p. 51)[31].

---

p. 47; cf. ed. Alquié [VI, 27J, p. 39). Ora, é mencionado que "todas essas disposições no homem não são apenas (negativamente) *boas* (elas não se opõem à lei moral), mas são também disposições ao *bem* (adiantam seu cumprimento). Elas *são originárias* porque fazem parte da possibilidade da natureza humana" (*ibid.;* cf. ed. Alquié [VI, 28], p. 40). É no terreno disposicional – com alta finalidade! – que a noção de *propensão* ao mal vem situar-se: "por propensão (pendor) entendo o fundamento subjetivo da possibilidade de uma inclinação [...] contingente para a humanidade em geral" (*ibid.,* p. 48; cf. ed. Alquié [VI, 28], p. 40). A propensão ao mal inscreve-se, portanto, na teoria mais geral das disposições, como uma espécie de disposição no segundo grau, uma disposição, profundamente enraizada, a constituir máximas que se afastam das máximas da lei moral. Por isso, só se pode falar delas em termos de *fundamento subjetivo*.

30. Jean Nabert, "Note sur l'idée du mal chez Kant", *Essai sur le mal*, Paris, PUF, 1955, pp. 159-65. Nabert comenta aqui a nota de Kant que se lê em *Religião...* trad. fr. Gibelin, p. 41, n. 1 (cf. ed. Alquié [VI, 22-24], pp. 33-4).

31. Aqui não levo em consideração aquilo que, no *Ensaio sobre o mal radical*, diz respeito à origem "histórica" ou "racional" dessa inclinação. Essa questão leva Kant para as paragens de uma discussão antiga, delimitada pelo conflito entre Agostinho e Pelágio. Percebe-se que Kant está preocupado em preservar alguma coisa da tradição agostiniana – vendo a inclinação ao mal quase como uma natureza, a ponto de poder declarar que é *inata* a inclinação ao mal –

Segunda ideia importante: ao radicalizar o mal, ao introduzir a difícil ideia de uma máxima ruim entre todas as máximas, Kant também radicalizou a ideia do (livre)-arbítrio, pelo simples fato de fazer dele a sede da oposição real à fonte da formação das máximas. Nisso, o mal é o revelador da natureza última do (livre)-arbítrio. O (livre)-arbítrio humano aparece como portador de uma chaga originária que atinge sua capacidade de se determinar a favor da lei ou contra a lei; o enigma da origem do mal reflete-se no enigma que afeta o exercício atual da liberdade; estar essa inclinação sempre já lá em cada ocasião de escolher, mas, apesar disso, ser uma máxima do (livre)-arbítrio, eis algo que não é menos inescrutável que a origem do mal.

Da reunião dessas duas ideias resulta a suposição que passará a reger o percurso inteiro dos momentos da concepção deontológica da moralidade: acaso não é do mal e da inescrutável constituição do (livre)-arbítrio daí resultante que decorre a *necessidade* de a ética assumir as características da moral? Visto que *há* mal, a visada da "vida boa" precisa assumir a prova da obrigação moral, que poderia ser reescrita nos seguintes termos: "Age unicamente de acordo com a máxima tal que possas querer que *não seja* o que *não deveria ser,* a saber, o mal."

2. Solicitude e norma

Do mesmo modo que a solicitude não se soma a partir de fora à estima a si mesmo, também o respeito devido às pessoas não constitui um princípio moral heterogêneo em relação à autonomia do si, mas desenvolve sua estrutura dialógica implícita no plano da obrigação, da regra.

---

ao mesmo tempo que assume uma posição deliberadamente pelagiana! O mal, de certo modo, começa e recomeça com cada má ação, se bem que, de outro modo, ele está desde sempre já lá. Essa ênfase na questão da origem é responsável pela recepção geralmente hostil do *Ensaio* e impediu que se reconhecesse sua verdadeira grandeza, coisa que Karl Jaspers ("O mal radical em Kant", in K. Jaspers, *Bilan et Perspectives,* trad. fr. de H. Naef e J. Hersch, Desclée de Brouwer, 1956, pp. 189-215) e Jean Nabert (*op. cit.*) conseguiram fazer magnificamente.

A justificação dessa tese será apresentada em dois momentos: mostraremos de início por meio de que elo a norma do respeito devido às pessoas permanece vinculado à estrutura dialogal da visada ética, ou seja, precisamente à solicitude. Em seguida, verificaremos que o respeito devido às pessoas mantém, no plano moral, a mesma relação com a autonomia que a solicitude mantém com a visada da vida boa no plano ético. Esse procedimento indireto tornará mais compreensível a transição, abrupta em Kant, da formulação geral do imperativo categórico para a noção de pessoa como fim em si mesma, na segunda formulação secundária do imperativo.

Da mesma maneira que a avaliação da vontade boa como boa sem restrição nos parecera garantir a transição entre a visada da vida boa e sua transposição moral para o princípio da obrigação, é a *regra áurea* que nos parece constituir a fórmula de transição apropriada entre a solicitude e o segundo imperativo kantiano. Tal como ocorria com a estima que temos pela vontade boa, a regra áurea parece fazer parte daqueles *endoxa* de que se vale a ética de Aristóteles, daquelas noções recebidas que o filósofo não tem de inventar, mas esclarecer e justificar. Ora, o que diz a regra áurea? Leiamos Hillel, mestre judeu de são Paulo (Talmude da Babilônia, Shabbat, p. 31a): "Não faças a teu próximo o que detestarias que te fizessem. Essa é a lei inteira; o resto é comentário." A mesma fórmula é lida no Evangelho: "E tal como quereis que os homens vos façam, da mesma maneira fazei-lhes também" (Lc 6,31)[32]. Os méritos respectivos da fórmula negativa (não faças...) e da fórmula positiva (fazei...) equilibram-se; a proibição deixa aberto o leque das coisas não proibidas e assim dá lugar à invenção moral na ordem do permitido; em compensação, o mandamento positivo designa mais claramente o motivo de benevolência que leva a fazer algo em favor do próximo. Nesse aspecto, a fórmula positiva aproxima-se do mandamento que se lê em *Levítico* 19,18 e é reproduzido em *Mateus* 22,39: "Amarás teu próximo como a ti mesmo"; esta última fórmula talvez

---

32. O mesmo em Mateus: "portanto, tudo o que quiserdes que os homens vos façam, fazei-lho também vós, porque essa é a lei e os profetas" (Mt 7,12).

marque mais que as anteriores a filiação entre solicitude e norma. Em contrapartida, a fórmula de Hillel e seus equivalentes evangélicos expressam melhor a estrutura comum a todas essas expressões, a saber, a enunciação de uma *norma de reciprocidade*.

Contudo, o mais notável na formulação dessa regra é que a reciprocidade exigida se destaca sobre o fundo da pressuposição de uma dissimetria inicial entre os protagonistas da ação – dissimetria que põe um na posição de agente e o outro na de paciente. Essa ausência de simetria tem projeção gramatical na oposição entre a forma ativa do fazer e a forma passiva do ser feito, portanto do padecer. Ora, a passagem da solicitude à norma está estreitamente associada a essa dissimetria básica, uma vez que é nesta última que se enxertam todos os desvios maléficos da interação, começando pela influência e terminando no assassinato. No termo extremo desse desvio, a norma de reciprocidade parece desligar-se do ímpeto da solicitude para se concentrar na proibição do assassinato: "Não matarás"; o elo entre essa proibição e a regra áurea parece até completamente obliterada. Por isso não é inútil reconstituir as formas intermediárias da dissimetria na ação pressuposta pela regra áurea, uma vez que o itinerário que vai da solicitude à proibição do assassinato acompanha o da violência através das figuras da não reciprocidade na interação.

A ocasião da violência, para não dizer a guinada para a violência, reside no *poder* exercido *sobre* uma vontade por uma vontade. É difícil imaginar situações de interação em que um não exerça algum poder sobre o outro, pelo próprio fato de agir. Insistimos na expressão "poder sobre". Em vista da extrema ambiguidade do termo "poder", é importante distinguir a expressão "poder-sobre" de dois outros empregos do termo "poder" a que recorremos nos estudos anteriores. Chamamos de *poder-fazer*, ou poder de agir, a capacidade que um agente tem de se constituir como autor de sua ação, com todas as dificuldades e aporias associadas. Também chamamos de *poder--em-comum* a capacidade que os membros de uma comunidade histórica têm de exercer de modo indivisível seu querer-viver junto, e distinguimos meticulosamente esse poder-em-comum da relação de dominação em que se aloja a violência política, tanto a dos governantes quanto a dos governados. O *poder-sobre*, enxertado na dissimetria inicial entre o que um faz e o que é feito ao outro – em outras palavras, o que esse outro padece –, pode ser visto como a ocasião por excelência do mal de violência. É fácil demarcar o declive que vai da influência, forma suave do poder-sobre, à tortura, forma extrema do abuso. No próprio campo da violência física, como uso abusivo da força sobre outrem, as figuras do mal são inúmeras, desde o simples uso da ameaça até o assassinato, passando por todos os graus da coação. Com essas formas diversas, a violência equivale à diminuição ou à destruição do poder-fazer de outrem. Mas há ainda pior: na tortura, o que o carrasco procura atingir e às vezes – infelizmente! – consegue vergar é a estima da vítima por si mesma, estima que a passagem pela norma levou ao nível de respeito por si mesmo. Aquilo que se chama humilhação – caricatura horrível da humildade – nada mais é que a destruição do respeito por si mesmo, para além da destruição do poder-fazer. Aqui parece ser atingido o fundo do mal. Mas a violência também pode se dissimular na linguagem enquanto ato de discurso, portanto enquanto ação; é o momento de anteciparmos a análise da promessa, que faremos adiante: não é por acaso que Kant inclui a falsa promessa entre os principais exemplos de máximas rebeldes tanto à regra de universalização quanto ao respeito pela diferença entre a pessoa-fim-em-si e a coisa-meio. A traição à amizade, figura inversa da fidelidade, embora não se iguale ao horror da tortura, diz muito sobre a malícia do coração humano. Com uma visão ampla da linguagem, Eric Weil, no início de sua grande obra *Lógica da filosofia*, opunha globalmente violência e discurso. Oposição semelhante seria facilmente encontrada na ética da comunicação em J. Habermas ou em K. O. Apel, na figura daquilo que poderia ser chamado recusa do melhor argumento. Em sentido diferente, a categoria do ter designa um campo imenso no qual o dano a outrem assume inúmeras feições. Na *Metafísica dos costumes*, Kant esboçou uma configuração do dano com base na distinção entre *o meu* e *o teu*; essa insistência pode ser específica de uma época em que o direito à propriedade ocupa um espaço excessivo no aparato jurídico e, sobretudo, em que a transgressão a esse direito provoca reação desmedida, expressa na escala das punições. Mas não se conhece regime político ou social no qual a distinção entre o meu e o teu desapareça, ainda que no plano do *habeas corpus*. Nesse sentido, a categoria do ter continua sendo um referencial indispensável numa tipologia do dano. Combinação notável entre a traição no plano verbal e o dano no plano do ter seria o ardil, forma viciosa ao mesmo tempo da ironia e da habilidade. Com ele, a confiança alheia sofre dois abusos. Que dizer ainda da persistência teimosa das formas de violência sexual, desde o assédio das mulheres até o estupro, passando pelo calvário das mulheres surradas e das crianças maltratadas? Nessa intimidade dos corpos insinuam-se as formas insidiosas da tortura.

Esse percurso sinistro – e não exaustivo – das figuras do mal na dimensão intersubjetiva instaurada pela solicitude tem contrapartida na enumeração das prescrições e das proibições oriundas da regra áurea segundo a variedade dos compartimentos da interação: não mentirás, não roubarás, não matarás, não torturarás. A cada vez a moral replica à violência. E, se o mandamento não pode deixar de assumir a forma de proibição, é precisamente por causa do mal: a todas as figuras do mal responde o *não* da moral. Aí reside, sem dúvida, a razão última pela qual a forma negativa da proibição é inexpugnável. A filosofia moral o admitirá de bom grado porque, ao longo dessa descida ao inferno, não será perdido de vista o primado da ética sobre a moral. Isto porque, no plano da visada ética, a solicitude, na qualidade de intercâmbio de estimas a si mesmo, é afirmativa de cabo a rabo. Essa afirmação, que se pode dizer originária, é a alma oculta da proibição. É ela que, em última análise, arma nossa indignação, ou seja, nossa recusa à *indignidade* infligida a outrem.

Abordemos agora a segunda fase de nosso argumento, a saber, que o respeito devido às pessoas, apresentado na segunda fórmula do imperativo kantiano[33], tem, no plano moral,

---

33. Lemos a fórmula kantiana: "Age de tal modo que trates a humanidade tão bem em tua pessoa quanto na pessoa de qualquer outro sempre ao mesmo

a mesma relação com a autonomia que a solicitude tinha, *no plano ético, com a visada da "vida boa"*. Ora, o que este último elo tinha de particular era que o preço da continuidade entre o primeiro e o segundo momento da visada ética era um verdadeiro salto em que a alteridade vinha destruir o que Lévinas chama de "separação" do eu; só a esse preço a solicitude pôde aparecer *a posteriori* como a expansão da visada da "vida boa". Ora, em Kant, parece que a coisa é bem diferente: a segunda fórmula do imperativo categórico é tratada explicitamente como um desenvolvimento da fórmula geral do imperativo: "Age de tal modo que a máxima de tua vontade possa sempre valer ao mesmo tempo como princípio de uma *legislação* universal."[34] À luz da dialética íntima da solicitude, o segundo imperativo kantiano mostra ser a sede de uma tensão entre os dois termos-chave: a humanidade e a pessoa como fim em si. A ideia de humanidade, como termo singular, é introduzida no prolongamento da universalidade abstrata que rege o princípio de autonomia, sem prerrogativa de pessoas; em contrapartida, a ideia das pessoas como fins em si mesmas exige que seja levada em conta a pluralidade das pessoas, mas sem que se possa levar essa ideia até a ideia de alteridade. Ora, tudo na argumentação explícita de Kant visa a privilegiar a continuidade (garantida pela ideia de humanidade) com o princípio de autonomia, à custa da descontinuidade inconfessa que marca a introdução súbita da ideia de fim em si e das pessoas como fins em si mesmas.

Para trazer à tona essa tensão dissimulada no enunciado kantiano, pareceu oportuno usar como apoio a regra áurea, uma vez que ela representa a fórmula mais simples de transição entre a solicitude e o segundo imperativo kantiano. Colocando a regra áurea nessa posição intermediária, criamos a possibilidade de tratar o imperativo kantiano como formalização da regra áurea.

---

tempo como fim, e nunca simplesmente como meio" (trad. fr. Delbos [IV, 429], p. 295).

34. Acima mencionamos os textos dos *Fundamentos...*, segundo os quais a explicação seguiria o fio das categorias: "da forma da vontade (de sua universalidade) à pluralidade da matéria (dos objetos, ou seja, dos fins) e daí à totalidade ou à integralidade do sistema" (*ibid.* [IV, 436], p. 304).

É a regra áurea que impõe já de saída o terreno novo no qual o formalismo vai procurar impor-se. O que Kant chama *matéria* ou *pluralidade* é exatamente esse campo de interação em que uma vontade exerce um poder-sobre outra e em que a regra de reciprocidade replica à dissimetria inicial entre agente e paciente. Aplicado a essa regra de reciprocidade que iguala agente e paciente, o processo de formalização tende a repetir, nesse campo novo da pluralidade, a prova pela regra de universalização que garantirá o triunfo do princípio de autonomia. É aí que entra em jogo a noção *de humanidade* sobreposta à polaridade entre agente e paciente. Nesse aspecto, a noção de humanidade pode ser vista como expressão plural da exigência de universalidade que presidia a dedução da autonomia, portanto para o desenvolvimento plural do próprio princípio de autonomia. Introduzida como termo mediador entre a diversidade das pessoas, a noção de humanidade tem o efeito de atenuar, até o ponto de esvaziar, a alteridade que está na raiz dessa diversidade e dramatiza a relação dissimétrica de poder de uma vontade sobre outra, enfrentada pela regra áurea.

Essa intenção formalizante expressa pela ideia mediadora de humanidade aparece claramente quando se dimensiona a distância que Kant assume em relação à regra áurea (que, aliás, ele raramente cita e, quando o faz, é com algum desdém). Essa desconfiança se explica pelo caráter imperfeitamente formal da regra áurea. Esta sem dúvida pode ser considerada parcialmente formal, pelo fato de não dizer o que outrem gostaria ou detestaria que lhe fizessem. Em compensação, é imperfeitamente formal porque faz referência ao amar e ao detestar: introduz assim algo da ordem das inclinações. A prova de universalização opera aí plenamente: elimina qualquer candidato que não passe em seu teste. Todos os graus do processo de depuração realizado acima a favor do princípio de autonomia estão aí. Amor e ódio são os princípios subjetivos de máximas que, em sendo empíricas, não se ajustam à exigência de universalidade; por outro lado, o amor e o ódio são virtualmente desejos hostis à regra, entrando, portanto, no conflito entre princípio subjetivo e princípio objetivo. Além disso, se levarmos em conta a corrupção de fato desses afetos, teremos de admitir que a regra de reciprocidade carece de um critério discriminador capaz de discernir com clareza esses afetos e distinguir entre demanda legítima e demanda ilegítima. Dessa crítica resulta que nenhum elo direto entre si mesmo e o outro pode ser estabelecido sem que seja nomeado o que, em minha pessoa e na de outrem, é digno de respeito. Ora, a humanidade, não entendida no sentido extensivo ou enumerativo da soma dos humanos, mas no sentido compreensivo ou principial daquilo que torna digno de respeito, nada mais é que a universalidade considerada do ponto de vista da *pluralidade* das pessoas: o que Kant chama "objeto" ou "matéria"[35].

Nesse aspecto, a intenção kantiana não deixa dúvidas: a quem objetasse que a ideia de humanidade serve de anteparo no face a face direto entre o si-mesmo e o outro, caberia responder, segundo o espírito de Kant: se admitirem que a regra de universalização é uma condição necessária da passagem da visada ética à norma moral no nível de seu primeiro componente, será preciso encontrar para seu segundo componente o equivalente do universal exigido para o primeiro; esse equivalente outro não é senão a ideia de humanidade: esta apresenta a mesma estrutura dialógica da solicitude, mas elimina toda a sua alteridade radical, limitando-se a conduzir para a pluralidade o princípio de autonomia da unidade, que não faz menção a pessoas. Ao fazer isso, essa pluralização, interna ao universal,

---

35. Essa inflexão da unidade para a pluralidade encontra apoio na teleologia da *Crítica da faculdade de julgar,* mencionada acima por ocasião dos desenvolvimentos sobre o mal radical, que colocam a disposição à personalidade como ser racional e responsável acima da disposição do homem como ser que vive na animalidade (*Religião...,* trad. fr. Gibelin, p. 45; cf. ed. Alquié [VI, 26], p. 37). Não é fácil dissociar inteiramente essa teleologia baseada na noção de disposição original ao bem, na natureza humana, da teleologia de estilo aristotélico que permanece ancorada numa antropologia do desejo. Nesse aspecto, a ruptura kantiana talvez não seja tão radical quanto Kant desejara. Nossa crítica da *Crítica* terá aí um de seus pontos de aplicação. Um dos efeitos da crise inaugurada pelo formalismo moral será reintroduzir, no nível das condições de efetivação da liberdade e dos princípios morais que a regulam, alguma coisa como "bens genéricos", "bens sociais". Sem essa adjunção de conceitos nitidamente teleológicos, não se vê o que a ideia "material" de humanidade acrescenta à ideia "formal" de universalidade.

verifica retrospectivamente que o si implicado reflexivamente pelo imperativo formal não era de natureza monológica, mas apenas indiferente à distinção das pessoas e, nesse sentido, capaz de inserção no campo da pluralidade das pessoas. Ora, é precisamente essa inserção que constitui problema. Caso se bastasse, o argumento a favor do primado do imperativo categórico, em sua formulação geral, com relação à segunda formulação do imperativo redundaria em privar de originalidade o respeito devido às pessoas em sua diversidade.

É aí que a noção de *pessoa* como fim em si mesma vem equilibrar a noção de *humanidade*, uma vez que introduz na própria formulação do imperativo a distinção entre "tua pessoa" e "a pessoa de qualquer outro". Só com a pessoa vem a pluralidade. Essa sutil tensão no interior de uma fórmula que parece homogênea permanece dissimulada pelo fato de que a prova de universalização, essencial à posição de autonomia, prossegue com a eliminação da máxima oposta: nunca tratar a humanidade *simplesmente como meio.* O princípio de utilidade não seria o primeiro candidato ao posto de "bom sem restrição" eliminado já nas primeiras páginas dos *Fundamentos*...? Mas o paralelismo do argumento mascara a secreta descontinuidade introduzida pela ideia de pessoa como fim em si mesma. Alguma coisa nova é dita quando as noções de "matéria", de "objeto" do dever são identificadas às de fim em si. O que de novidade se diz aí é exatamente o que a regra áurea enunciava no plano da sabedoria popular, antes de ser passada pelo crivo da crítica. Pois é de fato sua intenção profunda que ressurge aqui clarificada e purificada. Com efeito, o que é tratar a humanidade como *meio,* em minha pessoa e na de outrem, senão exercer *sobre* a vontade de outrem esse poder que, cheio de pudor na influência, irrompe em todas as formas da violência e culmina na tortura? E o que dá ensejo a esse resvalar da violência do poder exercido por uma vontade *sobre* outra senão a dissimetria inicial entre o que um faz e o que é feito ao outro? A regra áurea e o imperativo do respeito devido às pessoas não têm apenas o mesmo terreno de exercício, mas também a mesma visada: estabelecer a reciprocidade onde reinar a falta de reciprocidade. E, atrás da regra áurea, volta à superfície a intuição (inerente à solicitude) da alteridade verdadeira na raiz da pluralidade das pessoas. A esse preço, a ideia unificadora e unitária de humanidade deixa de aparecer como dublê da universalidade em ação no princípio de autonomia, e a segunda formulação do imperativo categórico recobra sua originalidade integral.

Com isso cometemos alguma violência contra o texto kantiano? A originalidade que reivindicamos para a ideia de pessoa como fim em si mesma é ratificada pelos textos dos *Fundamentos da metafísica dos costumes* que dão uma "demonstração" independente da correlação entre pessoa e fim em si: "Mas, supondo-se que haja alguma coisa *cuja existência em si mesma* tenha valor absoluto, alguma coisa que, como *fim em si*, poderia ser um princípio de leis determinadas, é então nisso, e nisso apenas, que se encontraria o princípio de um imperativo categórico possível, ou seja, de uma lei prática. Ora, digo: o homem e, em geral, todo ser racional, *existe* como fim em si, e *não simplesmente como meio* de que esta ou aquela vontade possa usar a seu bel-prazer; em todas as suas ações, tanto naquelas que dizem respeito a ele mesmo quanto naquelas que dizem respeito a outros seres racionais, ele sempre deve ser considerado *ao mesmo tempo como fim*" (trad. fr. Delbos [IV, 428], p. 293). Cria-se assim um estranho paralelismo entre o princípio de autonomia e o do respeito às pessoas; não mais no nível dos conteúdos, mas no nível da "demonstração". Da mesma maneira que *se atestam* diretamente a autonomia e a noção de pessoa como fim em si. A consciência da autonomia, como observamos acima, é chamada de "fato da razão", a saber, fato de que a moral *existe*. Mas agora se diz que a moral existe porque a própria pessoa existe (*existiert*) como fim em si[36]. Em outras palavras, sempre soubemos a diferença entre pessoa e coisa: a segunda pode ser obtida, permutada, usada; a maneira de existir da pessoa consiste precisamente no fato de que ela

---

36. Kant volta a esse ponto com insistência: "Eis o fundamento desse princípio: *a natureza racional existe como fim em si*. O homem representa necessariamente assim sua própria existência [*sein eignes Dasein*]" (trad. fr. Delbos [IV, 429], p. 294).

não pode ser obtida, utilizada, permutada[37]. A existência assume aí um caráter ao mesmo tempo prático e ontológico: prático, no sentido de que é na maneira de agir, de *tratar* o outro, que se verifica a diferença entre os modos de ser; ontológico, no sentido de que a proposição "a natureza racional existe como fim em si" é uma proposição existencial. Se não diz o ser, diz o ser-assim. Essa proposição, que se pode dizer de natureza ôntico-prática, impõe-se sem intermediário. Alguém objetará que essa proposição se encontra na segunda seção dos *Fundamentos...*, portanto antes da conjunção realizada na terceira seção entre mundo numenal e liberdade prática; por esse motivo Kant observa em nota: "Adianto essa proposição aqui como postulado. Suas razões serão encontradas na última seção" (*ibid.* [IV, 429], p. 294). Mas o pertencimento dos seres racionais a um mundo inteligível, não sendo objeto de nenhum *conhecimento,* não acrescenta nenhum complemento à conjunção aí postulada entre o estatuto de pessoa e a existência como fim em si: "Ao se introduzir assim pelo *pensamento* num mundo inteligível, a razão prática não ultrapassa em nada seus limites; só os ultrapassaria se, *entrando* nesse mundo, quisesse *aperceber-se* nele, *sentir-se* nele" (*ibid.* [IV, 458], p. 330).

Afinal de contas, Kant, no plano deontológico em que se mantém, conseguiu fazer a distinção entre respeito devido às pessoas e autonomia? Sim e não. Sim na medida em que a noção de *existir como fim em si* continua distinta da noção de *impor uma lei a si mesmo*; por conseguinte, a pluralidade, que faltava à ideia de autonomia, é introduzida diretamente com a ideia de pessoa como fim em si. Não, na medida em que, em expressões como "o homem", "todo ser racional" e "a natureza racional", a alteridade é como que impedida de se desenvolver pela universalidade que a encerra, por intermédio da ideia de humanidade[38].

---

37. "... os seres racionais são chamados *pessoas*, porque sua natureza as designa já como fins em si, em outras palavras, como algo que não pode ser empregado simplesmente como meio" (*ibid.* [IV, 428], p. 294).

38. É de observar a alternância entre singular e plural nas fórmulas kantianas. Singular: "a natureza racional existe como fim em si". Plural: "os seres racionais são chamados pessoas porque sua natureza os designa já como fins".

Para trazer à luz essa sutil discordância no âmago do imperativo kantiano, não seria legítimo ver nesse imperativo a formalização da regra áurea, que designa obliquamente a dissimetria inicial da qual procede o processo de vitimização a que a regra áurea opõe a exigência de reciprocidade? E não seria também legítimo fazer ouvir, por trás da regra áurea, a voz da solicitude, que pede que a pluralidade das pessoas e sua alteridade não sejam obliteradas pela ideia englobadora de humanidade?

3. Do senso de justiça aos "princípios de justiça"

Não é de surpreender que, no plano das instituições, a regra de justiça expresse a mesma exigência normativa e a mesma formulação deontológica expressa pela autonomia no nível pré-dialógico e pelo respeito às pessoas no nível dialógico e interpessoal, a tal ponto a *legalidade* parece resumir a visão moral do mundo. Em contrapartida, exige justificação distinta a filiação da concepção deontológica da justiça – que, como Ch. Perelman, chamaremos de *regra de justiça* – a partir de um senso de justiça ainda pertinente à visada da ética. Essa filiação deve ser fortemente argumentada, se for preciso compreender depois que espécie de recurso o senso de justiça continua sendo quando a deontologia se enleia nos conflitos que provoca.

Lembremos o que foi aprendido nas páginas dedicadas ao senso de justiça no estudo anterior. É às instituições, dizíamos, que se aplica de início a virtude da justiça. E por instituições entendíamos as estruturas variadas do querer viver junto, que garantem a este último duração, coesão e distinção. Disso resultou um tema, o de distribuição, que encontramos implicado na *Ética nicomaqueia* no título da justiça distributiva. É esse

---

Neste segundo registro destaca-se a ideia de *insubstituibilidade* das pessoas, diretamente derivada da oposição entre fim e meio. As pessoas "são *fins objetivos,* ou seja, coisas cuja existência é um fim em si mesma e até mesmo um fim tal que não pode ser substituído por nenhum outro, a serviço do qual os fins objetivos deveriam pôr-se *simplesmente* como meios" (*ibid.* [IV, 428], p. 294).

conceito de distribuição que mostraremos estar situado na articulação entre a visada ética e o ponto de vista deontológico. É também à visada ética que pertencem as ideias de partilha justa e de parte justa, sob a égide da ideia de igualdade. Mas, se a ideia de parte justa é o legado que a ética dá à moral, esse legado está carregado de pesadas ambiguidades que caberá ao ponto de vista deontológico esclarecer, mesmo que seja para, ulteriormente, remetê-las ao juízo em situação com acuidade maior. A primeira ambiguidade diz respeito à própria ideia de parte justa, conforme a tônica recaia na *separação* entre o que pertence a um com exclusão do outro, ou no elo de *cooperação*, que a partilha instaura ou reforça. Pudemos concluir nossas reflexões sobre o senso de justiça dizendo que ele tende ao mesmo tempo para o senso de débito mútuo e para o do interesse desinteressado. Veremos que o ponto de vista normativo faz o segundo sentido (que pende para o individualismo) prevalecer ao primeiro, que se pode dizer mais comunitário. Outra ambiguidade: se a igualdade é o motor ético da justiça, como justificar o desdobramento da justiça em função de dois usos da igualdade, a igualdade simples ou aritmética, segundo a qual todas as partes são iguais, e a igualdade proporcional, segundo a qual a igualdade é uma igualdade de relações que supõe quatro termos, e não uma igualdade de partes? Mas relação entre o quê e o quê? Que podemos dizer hoje para justificar certas desigualdades de fato em nome de um sentido mais complexo de igualdade? Aqui também a norma pode decidir, mas a que preço? Não será de novo em benefício de um cálculo prudencial cuja vítima será o senso de pertencimento? Mas o principal legado da ética à moral é a própria ideia de *justo,* que a partir daí se volta para dois lados: do lado do "bom" enquanto extensão da solicitude ao "cada um" dos sem-rosto da sociedade; do lado do "legal", a tal ponto o prestígio da justiça parece dissolver-se no da lei positiva. É a preocupação em esclarecer essa importante ambiguidade que anima as tentativas para retirar qualquer base teleológica da ideia de justiça e garantir-lhe um estatuto puramente deontológico. Foi por meio de uma formalização muito semelhante à que vimos ser aplicada na seção anterior à regra áurea que pôde ser proposta uma interpretação puramente deontológica da justiça. É dessa formalização que trataremos exclusivamente nas páginas que seguem.

Antecipando nosso argumento final, podemos anunciar que é numa concepção puramente *procedimental da* justiça que semelhante formalização atinge seu objetivo. A questão será então saber se essa redução a procedimento não deixa um resíduo que exige certo retorno a um ponto de vista teleológico, não à custa da renegação dos procedimentos formalizantes, e sim em nome de uma demanda à qual esses mesmos procedimentos dão voz, do modo como diremos no momento oportuno. Mas é preciso conquistar o direito a essa crítica acompanhando o máximo possível o processo de formalização da ideia de justiça do qual o ponto de vista deontológico extrai sua glória.

A abordagem deontológica só pode firmar-se no campo institucional no qual se aplica a ideia de justiça graças a uma conjunção com a tradição contratualista, mais precisamente com a *ficção* de um contrato social em virtude do qual certo agrupamento de indivíduos consegue superar um suposto estado primitivo de natureza para ter acesso ao estado de direito. Esse encontro entre uma perspectiva deliberadamente deontológica em matéria moral e a corrente contratualista não tem nada de contingente. A ficção do contrato tem como objetivo e função separar o *justo* do *bom,* substituindo qualquer compromisso preliminar referente a um pretenso bem comum pelo procedimento de uma deliberação imaginária. Segundo essa hipótese, é o procedimento contratual que supostamente engendra o(s) princípio(s) de justiça.

Se essa for a questão principal, a seguinte será saber se uma teoria contratualista é capaz de substituir por uma abordagem procedimental toda e qualquer fundamentação da ideia de justiça, qualquer convicção referente ao bem comum do todo, da *politeia,* da república ou do *Commonwealth*. Seria possível dizer que, no plano das instituições, o contrato ocupa o lugar que a autonomia ocupa no plano fundamental da moralidade. A saber: uma liberdade suficientemente desvencilhada da ganga das inclinações impõe a si mesma uma lei que é a própria lei da liberdade. Mas, enquanto se pode dizer que a autonomia é um fato de razão, ou seja, o fato de que a moralidade existe, o contrato só pode ser uma ficção, uma ficção fundadora, é verdade, como diremos, mas mesmo assim uma ficção, porque a república não é um fato, como é fato a consciência nascida do saber confuso, mas firme, de que só uma vontade boa é o bom sem restrição – e que sempre compreendeu e admitiu a regra áurea que iguala o agente e o paciente da ação. Mas os povos subjugados durante milênios acaso sabem, com esse saber pertinente à atestação, que são soberanos? Ou será fato que a república ainda não está fundada, que ainda está por fundar e que nunca o será realmente? Resta então a ficção do contrato para igualar uma concepção deontológica da justiça ao princípio moral da autonomia e da pessoa como fim em si.

O enigma não resolvido da fundação da república transpira através da formulação do contrato tanto em Rousseau[39] quanto em Kant[40]. No primeiro, é preciso recorrer a um legislador para sair do labirinto da esfera política. No segundo, é pressuposto, mas não justificado, o elo entre a autonomia ou autolegislação e o contrato social pelo qual cada membro de uma multidão abandona a liberdade selvagem tendo em vista recuperá-la na forma de liberdade civil como membro de uma república.

---

39. *O contrato social*, livro II, cap. VII.

40. Lê-se no § 46 da *Doutrina do direito*: "O Poder Legislativo só pode pertencer à vontade unificada do povo. Como é dela que deve proceder todo direito, ela não deve por sua lei *poder* fazer, absolutamente, injustiça a quem quer que seja." E mais adiante, no § 47: "O ato pelo qual um povo se constitui como Estado, propriamente a Ideia daquele, a única que possibilita pensar sua legalidade, é o *contrato originário*, de acordo com o qual todos [*omnes et singuli*] abandonam no *povo* sua liberdade exterior, para reencontrá-la como membro de uma república, ou seja, de um povo considerado como Estado [*universi*], e não se pode dizer que o homem no Estado sacrificou por uma finalidade uma *parte* de sua liberdade exterior inata, mas que abandonou inteiramente a liberdade selvagem e sem lei, para reencontrar sua liberdade em geral numa dependência legal, ou seja, num Estado jurídico, portanto inteira, pois essa dependência procede de sua própria vontade legisladora" (*La Métaphysique des moeurs*, primeira parte, *Doctrine du droit*, trad. fr. A. Philonenko, Paris, Vrin, 1971, pp. 196-8; cf. E. Kant, *Oeuvres philosophiques*, ed. Alquié, *op. cit.*, t. III, 1986 [VI, 313], p. 578 e [VI, 315-316] p. 581).

A esse problema não resolvido Rawls tentou dar solução, uma das mais fortes oferecidas na atualidade[41]. Se o termo *fairness,* traduzido por *equidade,* é proposto como chave do conceito de justiça, é porque a *fairness* caracteriza a situação original do contrato do qual se supõe derivar a justiça das instituições básicas. Rawls, portanto, assume inteiramente a ideia de contrato original entre pessoas livres e racionais, preocupadas em promover seus interesses individuais. Contratualismo e individualismo avançam assim de mãos dadas. Se a tentativa desse certo, a concepção puramente procedimental da justiça não só se libertaria de todas as pressuposições referentes ao bem, como também libertaria definitivamente o justo da tutela do bem, primeiro no nível das instituições, depois, por extensão, no dos indivíduos e dos Estados-nação considerados como grandes indivíduos. Para ter justa medida da orientação antiteleológica da teoria rawlsiana da justiça, é preciso dizer que sua teoria é dirigida explicitamente apenas contra uma versão teleológica particular da justiça, a saber, a do utilitarismo, que predominou durante dois séculos no mundo de língua inglesa e encontrou em John Stuart Mill e Sidgwick os advogados mais eloquentes. Platão e Aristóteles só dão ensejo a algumas notas de rodapé. O utilitarismo é, com efeito, uma doutrina teleológica, uma vez que define a justiça pela maximização do bem para a maioria. Quanto a esse bem, aplicado a instituições, não passa da extrapolação de um princípio de escolha construído no nível do indivíduo, segundo o qual os prazeres simples e as satisfações imediatas deveriam ser *sacrificados* em benefício de prazeres ou satisfações maiores, ainda que distantes. A primeira ideia que vem à mente é a de que há um fosso entre a concepção teleológica do utilitarismo e a concepção deontológica em geral; extrapolando do indivíduo ao todo social como faz o utilitarismo, a noção de sacrifício assume feição temível; já não é um prazer pessoal o sacrificado, mas toda uma camada social; o utilitarismo, como sustenta um discípulo francês de René Girard, Jean-Pierre Dupuy[42], implica tacitamente um

---

41. J. Rawls, *Uma teoria da justiça, op. cit.*
42. J.-P. Dupuy, "Les paradoxes de *Théorie de la justice* (John Rawls)", *Esprit,* nº 1, 1988, pp. 72 ss.

princípio sacrificial que equivale a legitimar a estratégia do bode expiatório. A resposta kantiana seria que o menos favorecido numa divisão desigual de vantagens não deveria ser sacrificado, porque é uma pessoa, o que é um modo de dizer que, na linha do princípio sacrificial, a vítima potencial da distribuição seria tratada como meio, e não como fim. Em certo sentido, essa é também a convicção de Rawls, como tentarei mostrar adiante. Mas, se for sua convicção, não é seu argumento. Ora, é este que conta. O livro inteiro é uma tentativa de deslocar a questão da fundação em benefício da questão de acordo mútuo, o que é o próprio tema de toda teoria contratualista da justiça. A teoria rawlsiana da justiça é sem dúvida alguma uma teoria deontológica, enquanto oposta à abordagem teleológica do utilitarismo, mas é uma deontologia sem fundamentação transcendental. Por quê? Porque é função do contrato social derivar os conteúdos dos princípios de justiça de um procedimento equitativo (*fair*) sem nenhum compromisso com critérios pretensamente objetivos do justo, segundo Rawls para não acabar reintroduzindo algumas pressuposições referentes ao bem. Dar solução procedimental à questão do justo é o objetivo declarado de *Uma teoria da justiça*. Um procedimento equitativo em vista de um arranjo justo das instituições, é isso exatamente o que quer dizer o título do capítulo I, "A justiça como equidade [*fairness*)".

Concluídas essas considerações preliminares, consideremos as respostas que Rawls dá para as três indagações seguintes: o que garantiria a equidade da situação de deliberação da qual poderia resultar um acordo referente a uma organização justa das instituições? Que princípios seriam escolhidos nessa situação fictícia de deliberação? Que argumento poderia convencer as partes deliberantes a escolherem unanimemente os princípios rawlsianos de justiça em vez de, digamos, uma variante qualquer do utilitarismo?

À primeira pergunta correspondem a suposição da *posição original* e a famosa alegoria que a acompanha, o *véu de ignorância*. Nunca seria demais insistir no caráter não histórico, mas hipotético dessa posição⁴³. Um esforço enorme de especulação é envidado por Rawls para tratar das condições nas quais a situação original pode ser considerada equitativa em todos os aspectos. É a fazer o cálculo dessas coerções que se destina a fábula do véu de ignorância⁴⁴. O paralelismo, mas também a falta de semelhança indicados acima entre a fundamentação kantiana da autonomia e o contrato social, explicam a complexidade das respostas que Rawls dá à indagação sobre o que os indivíduos devem conhecer sob o véu de ignorância, para que de sua escolha dependa uma distribuição de vantagens e desvantagens numa sociedade real em que, por trás dos direitos, há interesses em jogo. Daí a primeira injunção: que cada parceiro tenha conhecimento suficiente da psicologia geral da humanidade no que se refere às paixões e às motivações fundamentais⁴⁵. Segunda injunção: os parceiros devem saber o que se presume que todo ser racional deseje possuir, a saber,

---

43. Na verdade, a posição original substitui o estado de natureza por ser uma posição de igualdade. Todos lembram que em Hobbes o estado de natureza era caracterizado pela guerra de todos contra todos e, conforme ressalta Leo Strauss, como um estado em que cada um é motivado pelo temor da morte violenta. Portanto, o que está em jogo em Hobbes não é a justiça, mas a segurança. Rousseau e Kant, sem compartilharem a antropologia pessimista de Hobbes, descrevem o estado de natureza como sem lei, ou seja, sem nenhum poder de arbitragem entre reivindicações opostas. Em compensação, os princípios da justiça podem tornar-se o propósito de uma escolha comum se e apenas se a posição original é equitativa, ou seja, igual. Ora, ela só pode ser equitativa numa situação hipotética.

44. A ideia é a seguinte: "Entre as características essenciais dessa situação, há o fato de que ninguém conhece seu lugar na sociedade, sua posição de classe ou seu estatuto social, assim como ninguém conhece o destino que lhe é reservado nas distribuições das capacidades e dos dons naturais, por exemplo a inteligência, a força etc. Chegarei até a afirmar que os parceiros ignoram suas próprias concepções do bem ou suas tendências psicológicas particulares" (John Rawls, *Théorie de la justice, op. cit.*, p. 38).

45. Rawls reconhece francamente que sua antropologia filosófica está muito próxima da de Hume no *Tratado da natureza humana*, livro III, no que concerne a necessidades, interesses, fins, reivindicações conflituosas, inclusive a "interesses de um eu que considera que sua concepção de bem merece ser reconhecida e em seu favor faz reivindicações, exigindo que sejam satisfeitas" (*Théorie de la justice, op. cit.*, p. 160). Rawls chama essas injunções de "contexto de aplicação [*circumstances*] da justiça" (*ibid.*, p. 22).

bens sociais primários sem os quais o exercício da liberdade seria uma reivindicação vazia. Nesse aspecto, é importante notar que o respeito a si mesmo pertence a essa lista de bens primários[46]. Terceira injunção: como a escolha é feita entre várias concepções de justiça, os parceiros precisam ter informações convenientes sobre os princípios de justiça que competem entre si. Precisam conhecer os argumentos utilitários e, evidentemente, os princípios rawlsianos de justiça, pois a escolha não é entre leis particulares, mas entre concepções globais de justiça[47]. A deliberação consiste precisamente em conferir uma *categoria* às teorias alternativas de justiça. Outra injunção: todos os parceiros devem ser iguais em termos de informação; por isso a apresentação das alternativas e dos argumentos deve ser pública[48]. Mais uma injunção: o que Rawls chama de estabilidade do contrato, ou seja, a previsão de que ele será coercitivo na vida real, sejam quais forem as circunstâncias prevalecentes.

Tantas precauções demonstram a dificuldade do problema que deve ser resolvido, ou seja, "estabelecer um procedimento equitativo [*fair*] de tal modo que sejam justos todos os princípios com base nos quais ocorra um acordo. O objetivo é utilizar a noção de justiça procedimental pura como base da teoria". O que a situação original deve anular, mais que qualquer outra coisa, são os efeitos contingenciais, devidos tanto à natureza quanto às circunstâncias sociais, e o pretenso mérito é incluído por Rawls nesses efeitos contingenciais. A expectativa do teórico é então imensa: "como os parceiros ignoram o que os diferencia, e como são todos igualmente racionais e es-

---

46. Nesse sentido, são levadas em conta considerações teleológicas, mas do ponto de vista dos parceiros que estão deliberando, e não como cláusulas do próprio contrato; cf. § 15, "Bens sociais primários como bases das expectativas". Nos estudos seguintes voltaremos a essa noção de expectativa.
47. Essa é uma das razões pelas quais, em *Uma teoria da justiça*, os princípios de justiça são descritos e interpretados *antes do* tratamento sistemático da posição original.
48. Nesse aspecto, Rawls fala de "injunções formais do conceito de justo" (§ 23) para designar as injunções que valem para a escolha de todo e qualquer princípio moral, e não apenas para os da justiça.

tão na mesma situação, é claro que serão todos convencidos pela mesma argumentação" (§ 24, p. 171)[49].

Formula-se agora a segunda indagação: *que princípios* seriam escolhidos sob o véu de ignorância? A resposta a essa questão está na descrição dos dois princípios de justiça e em sua ordenação correta. Esses princípios – cabe dizer antes de enunciá-los – são princípios de distribuição. O estudo anterior nos familiarizou com essa noção de distribuição e suas implicações epistemológicas referentes à falsa alternativa entre a transcendência da sociedade e o individualismo metodológico: a noção de parceiro social satisfaz ambas as exigências, uma vez que a regra de distribuição define a instituição como sistema, e essa regra só existe na medida em que os titulares de partes, tomados em conjunto, façam da instituição um empreendimento cooperativo (*cooperative venture*). Rawls não só assume essa pressuposição, como também a estende, ao diversificá-la. Com efeito, a justiça distributiva estende-se a todas as espécies de vantagens passíveis de ser tratadas como partes por distribuir: direitos e deveres, por um lado, benefícios e encargos, por outro. Está claro que, para Rawls, a tônica não deve recair na significação própria das coisas por compartilhar, em *avaliação como bens distintos,* para não reintroduzir um princípio teleológico e, por conseguinte, abrir as portas para a ideia de diversidade de bens ou mesmo para a ideia de conflitos irredutíveis entre bens. O formalismo do contrato tem o efeito de neutralizar a diversidade dos bens em benefício da regra de partilha. Esse primado do procedimento não deixa de lembrar as inclinações postas entre parênteses na determinação kantiana do princípio de universalização. Mais uma vez, voltamos à diferença entre a problemática da autonomia e a do contrato. Enquanto a primeira pode usar como fundamento um fato de razão – seja qual for seu sentido –, o mesmo não ocorre com o segundo, uma vez que o que está em jogo nele é uma atribuição de partes. Na exata medida em que a sociedade se apre-

---

49. E também: "Se alguém, depois de madura reflexão, preferir uma concepção da justiça a outra, então todos a preferirão, e se chegará a um acordo unânime" (*ibid.*).

senta como sistema de distribuição, toda partilha é *problemática* e está aberta a alternativas igualmente razoáveis; como há várias maneiras plausíveis de repartir vantagens e desvantagens, a sociedade inteira é um fenômeno consensual-conflituoso; por um lado, qualquer atribuição de partes pode ser contestada, especialmente, como veremos, no contexto de uma repartição desigual; por outro lado, para ser estável, a distribuição requer consenso em torno dos procedimentos que tenham em vista arbitrar entre reivindicações concorrentes. Os princípios que consideraremos agora tratam exatamente dessa situação problemática engendrada pela exigência de repartição equitativa e estável.

Rawls, como Aristóteles no passado, vê-se diante do paradoxo central introduzido pela equiparação entre justiça e igualdade. É notável, nesse aspecto, que, tanto em Rawls como em Aristóteles e provavelmente em todos os moralistas, o que põe o pensamento em movimento é o escândalo da desigualdade. Rawls pensa em primeiro lugar nas desigualdades que afetam as oportunidades iniciais de entrada na vida, aquilo que pode ser chamado de "posições de partida" (*the starting places*)[50]. Evidentemente, ele também pensa nas desigualdades ligadas à diversidade das contribuições dos indivíduos para a marcha da sociedade, nas diferenças de qualificação, competência e eficácia no exercício da responsabilidade etc.: desigualdades das quais nenhuma sociedade conhecida pôde ou quis desfazer-se. O problema é então, como em Aristóteles, definir a igualdade de tal modo que as desigualdades sejam reduzidas ao mínimo inevitável. Mas, também nesse caso, assim como o procedimento único de deliberação na situação original faz passar para o segundo plano a diversidade dos bens vinculados às coisas partilhadas, a igualdade dos contratantes na situação fictícia confere de antemão às desigualdades consentidas pelos termos do contrato o selo da *fairness* característica da condição original.

---

50. Não deixa de ter importância notar que, desde o início, o mérito (*merit or desert*) é afastado, seja como variedade de oportunidade inicial, seja como justificação indevida das desigualdades que afetam as posições de partida.

Essa égide da *fairness* não impede que a ideia de justiça dê origem a dois princípios de justiça, e que o segundo comporte dois momentos. O primeiro garante liberdades iguais da cidadania (liberdades de expressão, de assembleia, de voto, de elegibilidade para as funções públicas). O segundo princípio aplica-se às condições inevitáveis de desigualdade mencionadas acima; apresenta na primeira parte as condições nas quais certas desigualdades devem ser consideradas preferíveis tanto a desigualdades maiores quanto à distribuição igualitária; na segunda parte, iguala o máximo possível as desigualdades ligadas às diferenças de autoridade e responsabilidade: donde o nome de "princípio de diferença"[51]. Tão importante quanto o conteúdo desses princípios é a regra de prioridade que os interliga. Rawls fala aí da ordem serial ou lexical[52], chocando-se

---

51. "A primeira apresentação dos dois princípios é a seguinte: *Em primeiro lugar: cada pessoa deve ter direito igual ao sistema mais extenso de liberdades básicas iguais para todos que seja compatível com o mesmo sistema para os outros. Em segundo lugar: as desigualdades sociais e econômicas devem ser organizadas de tal modo que, ao mesmo tempo, (a) se possa razoavelmente esperar que elas sejam vantajosas para cada um, e (b) estejam vinculadas a posições e funções abertas para todos*" (Rawls, *Théorie de la justice, op. cit.*, p. 91). E adiante: "O segundo princípio aplica-se, numa primeira abordagem, à divisão dos rendimentos e da riqueza e às linhas gerais das organizações que utilizem diferenças de autoridade e responsabilidade [donde o nome princípio de diferença]. Se a divisão da riqueza e dos rendimentos não precisar ser igual, deverá ser vantajosa para cada um, e, ao mesmo tempo, as posições de autoridade e de responsabilidade deverão ser acessíveis a todos. Aplica-se o segundo princípio mantendo as posições abertas, e depois, sempre se respeitando essa injunção, organizam-se as desigualdades econômicas e sociais de tal maneira que cada um se beneficie" (*op. cit.*, p. 92). Pode-se indagar o peso das considerações conhecidas da economia de mercado na formulação do segundo princípio. No nível econômico, admitimos, a soma por partilhar não é fixada de antemão, mas depende do modo como é dividida. Além disso, resultam diferenças de produtividade da maneira como a distribuição é organizada. Num sistema de igualdade aritmética, a produtividade poderia ser tão baixa que o mais desfavorecido seria mais desfavorecido ainda. Portanto, existiria um limiar em que as transferências sociais se tornariam contraprodutivas. É nesse momento que entra em jogo o princípio de diferença.

52. Essa ordem lexical ou lexicográfica é fácil de comentar: a primeira letra de uma palavra qualquer é *lexicalmente* primeira, no sentido de que nenhuma compensação no nível das letras seguintes poderá apagar o efeito negativo que resultaria da substituição por qualquer outra letra nessa primeira posição;

de frente com o marxismo tanto quanto com o utilitarismo. Aplicada aos princípios de justiça, a ordem serial ou lexical significa que "atentados às liberdades básicas iguais para todos que são protegidas pelo primeiro princípio não podem ser justificados nem compensados por vantagens sociais ou econômicas maiores" (Rawls, p. 92). Além disso, a ordem lexical impõe-se entre as duas partes do segundo princípio: os menos favorecidos em termos econômicos devem ser lexicalmente prioritários em relação a todos os outros parceiros. É o que J.-P. Dupuy ("Os paradoxos de *Uma teoria da justiça* (John Rawls)") designa como implicação antissacrificial do princípio de Rawls: aquele que poderia ser vítima não deveria ser sacrificado nem mesmo em benefício do bem comum. O princípio de diferença seleciona assim a situação mais igual compatível com a regra de unanimidade[53].

Esta última asserção conduz à terceira indagação: *por quais razões* os parceiros, situados sob o véu de ignorância, prefeririam esses princípios em sua ordem lexical em vez de qualquer versão do utilitarismo? O argumento, que ocupa lugar considerável em *Uma teoria da justiça*, é extraído da teoria da decisão num contexto de incerteza; é designado com o termo de *maximin*, pela razão de que os parceiros devem escolher o arranjo que maximize a parte mínima. A força total do argumento se dá na situação original sob o véu de ignorância. Ninguém sabe qual será seu lugar na sociedade real. Portanto, ele raciocina em torno de simples possibilidades. Ora, os contratantes

---

essa impossível substituição confere peso infinito à primeira letra. Contudo, a ordem seguinte não é desprovida de peso, pois as letras seguintes fazem a diferença entre duas palavras que tenham o mesmo começo. A ordem lexical confere a todos os constituintes um peso específico sem os tornar mutuamente substituíveis.

53. Dessa distinção entre dois princípios de justiça o resultado é que Rawls fica entre dois grupos de adversários. À direita, é acusado de igualitarismo (prioridade aos mais desfavorecidos); à esquerda, é acusado de legitimar a desigualdade. Ao primeiro grupo ele responde: numa situação de desigualdade arbitrária as vantagens dos mais favorecidos seriam ameaçadas pela resistência dos pobres ou simplesmente pela falta de cooperação por parte deles. Ao segundo grupo: uma solução mais igualitária seria rejeitada unanimemente, porque todos seriam perdedores.

se comprometem uns com os outros em virtude de um contrato cujos termos foram publicamente definidos e aceitos por unanimidade. Se duas concepções da justiça estiverem em conflito e uma delas possibilitar uma situação que alguém possa não aceitar enquanto o outro excluísse essa possibilidade, então a segunda prevalecerá. Assim, a questão é saber até que ponto um pacto "anistórico" pode *vincular* uma sociedade "histórica". Só o fato de essa questão se apresentar confirma até que ponto o contrato social presumido, pelo qual se supõe que uma sociedade se autoimpõe suas instituições básicas, difere da autonomia em virtude da qual se supõe que uma liberdade pessoal se autoimpõe sua lei. Aqui, não há fato de razão por assumir, e sim o recurso laborioso à teoria da decisão num contexto de incerteza. São as dificuldades ligadas a essa situação sem paralelo na teoria da moralidade que impõem a questão de princípio – que seria melhor chamar de questão de confiança –, ou seja, saber se não é ao sentido ético de justiça que, de certo modo, a teoria deontológica da justiça recorre. Em outros termos: uma concepção puramente procedimental de justiça consegue romper as amarras com um sentido de justiça que a precede e acompanha do começo ao fim?

Minha tese é que, na melhor das hipóteses, essa concepção apresenta a formalização de um sentido de justiça que não deixa de ser pressuposto[54]. Como o próprio Rawls admite, o

---

54. Em artigo especialmente dedicado ao "Círculo da demonstração em *Uma teoria da justiça* (John Rawls)" (*Esprit*, nº 2, 1988, p. 78), observo que a obra em seu conjunto não obedece à ordem lexical prescrita pelo enunciado dos princípios, mas a uma ordem circular. Assim, os princípios da justiça são definidos e até desenvolvidos (§§ 11 e 12) antes do exame das circunstâncias da escolha (§§ 20 a 25), por conseguinte antes do tratamento temático do véu de ignorância (§ 24) e, de modo mais significativo, antes da demonstração de que esses princípios são os únicos racionais (§§ 26, 30). De fato, anuncia-se muito cedo (§ 3) que os princípios de justiça são aqueles "que seriam aceitos por pessoas livres e racionais, desejosas de favorecer seus próprios interesses e situadas numa posição inicial de igualdade, princípios que definiriam, segundo elas, os termos fundamentais de sua associação" (J. Rawls, *Théorie de la justice, op. cit.*, p. 37). Não é apenas o critério da situação original que assim se antecipa, mas também suas características principais, a saber, a ideia de que os parceiros têm interesses, porém não sabem quais, e, além disso, que se interessam pelos inte-

argumento no qual se baseia a concepção procedimental não possibilita edificar uma teoria independente, mas assenta numa pré-compreensão do que significa injusto e justo, que permite definir e interpretar os dois princípios de justiça antes que se possa provar – se é que se conseguirá – que esses seriam exatamente os princípios escolhidos na situação original sob o véu de ignorância. A bem da verdade, Rawls nunca renega sua ambição de apresentar uma prova independente da verdade de seus princípios de justiça, mas, de modo mais complexo, reivindica para sua teoria aquilo que chama de *equilíbrio reflexivo* entre a teoria e nossas "convicções sopesadas" (*considered convictions*)[55]. Essas convicções devem ser bem sopesadas, pois, embora em certos casos flagrantes de injustiça (intolerância religiosa, discriminação racial) o juízo moral ordinário pareça seguro, nossa segurança é bem menor quando se trata de repartir equitativamente a riqueza e a autoridade. Como diz Rawls, é preciso buscar um meio de dissipar nossas dúvidas. Os argumentos teóricos então desempenham o mesmo papel de prova que Kant atribui à regra de universalização das máximas[56]. Todo o aparato argumentativo pode assim ser considerado uma racionalização progressiva dessas convicções, quando estas são afetadas por prejulgamentos ou enfraquecidas por dúvidas. Essa racionalização consiste num processo complexo de ajuste mútuo entre a convicção e a teoria[57].

---

resses uns dos outros (*ibid.*). Desse modo, a teoria é apresentada como um todo, independentemente de qualquer ordem serial encadeadora, como tentamos em nossa reconstituição, da situação original, da formulação dos princípios submetidos a exame e do argumento racional a favor deles.

55. "Pode-se, porém, justificar de outro modo uma descrição particular da posição original. É observando se os princípios que seriam escolhidos se coadunam com nossas convicções bem sopesadas sobre o que é justiça ou se as prolongam de maneira aceitável" (Rawls, *op. cit.*, p. 46).

56. "Podemos [...] testar o valor de uma interpretação da situação inicial pela capacidade dos princípios que a caracterizam de se coadunarem com nossas convicções bem sopesadas e de nos fornecerem um fio condutor quando necessário" (*ibid.*).

57. "Por um processo de ajuste, mudando às vezes as condições das circunstâncias do contrato, em outros casos extraindo juízos e adaptando-os aos princípios, presumo que acabaremos por encontrar uma descrição da situação

No fim desse percurso, delineiam-se duas conclusões. Por um lado, pode-se mostrar em que sentido uma tentativa de fundamentação puramente procedimental da justiça aplicada às instituições básicas da sociedade leva ao ápice a ambição de fazer o ponto de vista deontológico da moral libertar-se da perspectiva teleológica da ética. Por outro lado, fica claro que é também com essa tentativa que se ressalta melhor o limite dessa ambição.

A libertação do ponto de vista deontológico de toda e qualquer tutela teleológica tem origem na proposição por Kant de um critério de moralidade definido como exigência de universalidade. Nesse sentido, o imperativo kantiano, em sua forma mais radical ("Age unicamente de acordo com a máxima que te faça querer ao mesmo tempo que ela se torne uma lei universal"), não diz respeito apenas à constituição de uma vontade pessoal racional, nem mesmo à postulação da pessoa como fim em si, mas à regra de justiça em sua formulação procedimental.

Nos três momentos da análise, a ambição universalista da regra teve como primeiro corolário o formalismo do princípio; este significa que nenhum conteúdo empírico passa com sucesso pela prova do critério de universalização; o formalismo equivale assim a uma rejeição cuja expressão pode ser acompanhada em cada uma das três esferas do formalismo: rejeição

---

inicial que expresse condições prévias razoáveis e, ao mesmo tempo, conduza a princípios que se coadunem com nossos juízos bem sopesados, devidamente desbastados e remanejados. Qualifico esse estado final como equilíbrio reflexivo [*reflective equilibrium*]" (*op. cit.*, p. 47). O livro inteiro pode ser visto como a procura desse equilíbrio reflexivo. Nossa crítica partirá do ponto em que *Uma teoria da justiça* parece encontrar seu próprio equilíbrio. Situemos sem esperar o lugar do debate: a espécie de circularidade que a procura do equilíbrio reflexivo parece presumir mostra-se ameaçada pelas forças centrífugas exercidas pela hipótese contratualista à qual a abordagem deontológica ligou seu destino. A partir da hipótese do véu de ignorância, todo o curso do argumento obedece a uma tendência artificialista e construtivista que reforça a reivindicação de autonomia em favor do argumento teórico. Será possível conciliar a completa autonomia do argumento com o desejo inicial de preservar a relação de ajuste [*fitness*] entre teoria e convicção? O fardo incômodo de toda teoria contratualista pode ser o de derivar de um procedimento acordado por todos os princípios de justiça que, de modo paradoxal, motivam já a busca de um argumento racional independente.

da inclinação na esfera da vontade racional, do tratamento de outrem simplesmente como meio na esfera dialógica, do utilitarismo na esfera das instituições. Nesse aspecto, nunca é demais ressaltar que a exclusão do utilitarismo na situação original tem a mesma significação das duas exclusões que acabamos de mencionar e se constrói de algum modo com base nessas duas exclusões prévias. Por fim, o ponto de vista deontológico é por três vezes fundamentado num princípio que, por sua vez, se autofundamenta: a autonomia na primeira esfera, a posição da pessoa como fim em si na segunda, o contrato social na terceira. Também aí é preciso afirmar com veemência que a autonomia rege as três esferas; supõe-se que a ideia da pessoa como fim em si seja sua expressão dialogal; e o contrato é seu equivalente no plano das instituições,

Quanto aos limites inerentes a tal empreitada de libertação do ponto de vista deontológico, são percebidos nas dificuldades crescentes encontradas pela espécie de autofundamentação suposta por tal libertação. Essas dificuldades me parecem atingir ponto crítico com a versão contratualista da justiça. É preciso voltar ao ponto de partida: o princípio de autonomia. Este se fundamenta apenas em si mesmo. Donde o estatuto difícil, na *Crítica da razão prática,* do famoso "fato da razão". Se admitirmos, como certos comentadores, que esse fato da razão significa apenas que a moralidade *existe,* que ela goza da mesma autoridade na ordem prática que a experiência na ordem teórica, então será preciso dizer que essa existência só pode ser *atestada,* que essa atestação remete à declaração que inicia os *Fundamentos...,* a saber, que "de tudo o que é possível conceber no mundo e mesmo em geral fora do mundo, não há nada que possa sem restrição ser considerado bom a não ser apenas uma vontade boa". Ora, essa confissão reenraíza o ponto de vista deontológico na perspectiva teleológica. O mesmo problema e a mesma dificuldade se encontram na afirmação de que a pessoa *existe* como fim em si, que esse modo de ser pertence à *natureza* dos seres racionais. Sabemos desde sempre que não se obtém uma pessoa como uma coisa, que esta tem um preço e aquela um valor. Essa pré-compreensão prática é o exato paralelo da atestação do fato da razão no plano dialógico da razão prática. É aqui que se mostra instrutiva a comparação da hipótese contratualista, em que se fundamenta a teoria da justiça, com as duas modalidades anteriores de atestação. O contrato ocupa no plano das instituições o lugar que a autonomia reivindica no plano fundamental da moralidade. Mas, enquanto se pode dizer que a autonomia é um "fato da razão", o contrato social parece só poder fundamentar-se numa ficção, uma ficção fundadora, é verdade, mas ficção. Por que é assim? Será porque a autofundamentação do corpo político carece da atestação básica em que se fundamentam a boa vontade e a pessoa como fim em si? Será porque os povos, subjugados durante milênios a um princípio de dominação que transcende seu querer-viver junto, não sabem que são soberanos, não em virtude de um contrato imaginário, mas em virtude do querer--viver junto que eles *esqueceram*? Consumado esse esquecimento, só resta a ficção para igualar o contrato ao princípio de autonomia e ao da pessoa como fim em si. Se agora, por um movimento inverso, transferirmos essa dúvida que afeta a ficção do contrato para o princípio de autonomia, este último acaso também não corre o risco de descobrir-se como uma ficção destinada a preencher o esquecimento da fundamentação da deontologia no *desejo de viver bem com e para os outros em instituições justas*?

NONO ESTUDO
O SI-MESMO E A SABEDORIA PRÁTICA: A CONVICÇÃO

Abordamos agora a terceira faceta da tese que orienta os estudos aqui dedicados à dimensão ética do si-mesmo: uma moral da obrigação, conforme anunciamos, engendra situações conflituosas em que a sabedoria prática, a nosso ver, não tem outro recurso senão recorrer, no âmbito do juízo moral em situação, à intuição inicial da ética, a saber, a visão ou a visada da "vida boa" com e para os outros em instituições justas. Dito isto, devem ser evitados dois mal-entendidos.

Primeiramente, não se trata de somar à perspectiva ética e ao momento do dever uma terceira instância, a da *Sittlichkeit* hegeliana, a despeito dos empréstimos pontuais que tomaremos às análises hegelianas referentes, precisamente, à efetivação concreta da ação sensata. Com efeito, o recurso a tal instância, declarada superior à moralidade, põe em jogo um conceito de espírito – *Geist* – que, apesar do vigor com que conjuga uma conceitualidade superior com um sentido agudo da efetividade, pareceu supérfluo numa investigação centrada na ipseidade. A passagem das máximas gerais da ação ao juízo moral em situação só exige, a nosso ver, o despertar dos recursos de singularidade inerentes à visada da verdadeira vida. Se o juízo moral desenvolve a dialética de que falaremos, a única saída disponível é a convicção, sem nunca constituir uma terceira instância por acrescentar àquilo que chamamos até aqui de visada ética e norma moral.

Segundo mal-entendido que deve ser dissipado: não se deve vincular a essa remissão da moral à ética o significado de renegação da moral da obrigação. Além de esta última não deixar de nos parecer uma prova a que devem ser submetidas as ilusões sobre nós mesmos e sobre o sentido de nossas inclinações que obscurecem a visada da vida boa, o que confere verdadeira gravidade ao juízo moral em situação são os conflitos suscitados pelo rigor do formalismo. Sem a travessia dos conflitos que abalam a prática guiada pelos princípios da moralidade, sucumbiríamos às seduções de um situacionismo moral que nos entregaria indefesos à arbitrariedade. Não há caminho mais curto que aquele para se atingir o tino graças ao qual o juízo moral em situação e a convicção que o habita são dignos do título de *sabedoria prática*.

INTERLÚDIO
O TRÁGICO DA AÇÃO

também para Olivier

Para restituir ao conflito o lugar que todas as análises feitas até agora evitaram conceder-lhe, pareceu-nos apropriado fazer ouvir outra voz que não a da filosofia – ainda que moral ou prática –, uma das vozes da não-filosofia: *a da tragédia grega. Dessa irrupção intempestiva esperamos o choque capaz de despertar nossa desconfiança em relação não só às ilusões do coração, como também às ilusões nascidas de* hýbris *da razão prática. Diremos em breve por que, como Hegel, escolhemos* Antígona *em vez de, por exemplo,* Édipo Rei *para guiar esta instrução insólita do ético pelo trágico*[1].

O caráter intempestivo com que o trágico irrompe neste ponto de nossa meditação se deve à sua dimensão não filosófica. Esta não poderia ser ocultada por aquilo que acaba de ser chamado de instrução pelo trágico. Muito pelo contrário, em vez de produzir um ensinamento direto e unívoco, a sabedoria trágica submete a sabedoria prática apenas à prova do juízo moral em situação.

Uma característica que deve ser lembrada com brevidade, mas firmeza, é que o trágico resiste à "repetição" integral no discurso da ética e da moral, para que a filosofia não seja tentada a tratar a tragédia como uma jazida por explorar, de onde ela extrairia as mais belas rochas para em seguida talhar segundo seu soberano talante. Sem dúvida, a tragédia tem por tema a ação, como adiante se verá Hegel ressaltar. É, assim, obra de agentes e de sua individualidade.

---

1. Sófocles, *Antígona*, trad. fr. P. Mazon, Paris, Les Belles Lettres, 1934.

Mas, como demonstra a Antígona de Sófocles, esses agentes estão a serviço de grandezas espirituais que não só os superam, como também abrem caminho para energias arcaicas e míticas que são, ademais, fontes imemoráveis da infelicidade.

Assim, a obrigação que coage Antígona a garantir para o irmão uma sepultura de acordo com os ritos, ainda que ele tenha se tornado inimigo da cidade, faz mais do que expressar os direitos da família perante os direitos da cidade. O vínculo que une a irmã ao irmão e ignora a distinção política entre amigo e inimigo é inseparável do serviço às divindades inferiores, que transforma o laço familiar num pacto tenebroso com a morte. Por sua vez, a cidade – a cuja defesa Creonte subordina os laços familiares que também são seus, privando de sepultura o amigo que se tornou inimigo – recebe de sua fundação mítica e de sua estrutura religiosa duradoura uma significação mais que política. Para só tratar de um sintoma do trágico, manifesto na superfície do texto e da ação, diremos que o modo totalmente discordante como os dois protagonistas traçam a linha que separa amigo e inimigo, phílos e ekhthrós, é tão sobrecarregada de sentido que essa determinação prática não se deixa reduzir a uma simples modalidade da escolha e da deliberação, tal como descrita por Aristóteles e por Kant. E a paixão que impele cada um dos dois protagonistas aos extremos enraíza-se num fundo tenebroso de motivações que nenhuma análise da intenção moral esgota. Uma teologia, inconfessável especulativamente, da cegueira divina mistura-se de modo inextricável à reivindicação não ambígua, que cada um faz, de ser o único autor responsável por seus atos[2]. Disso resulta que a finalidade do espetáculo trágico extrapola infinitamente qualquer intenção diretamente didática. Como se sabe, a catarse, sem deixar de ser um aclaramento, um esclarecimento, que se pode legitimamente relacionar com a compreensão do enredo, não deixa de ser uma purificação proporcional à profundeza daquilo que está no fundo da ação e que acabamos de sondar com brevidade; nesse sentido, ela não pode

---

2. "Erros [*hamartemata*] de minha insensata sabedoria" (v. 1261), exclama mais tarde Creonte. Contudo, adiante: "Ai! Dessas desgraças sou eu mesmo autor e elas nunca poderão ser lançadas sobre outro" (vv. 1317-1318). Sobre essa teologia que só pode ser mostrada, cf. minha análise antiga do trágico em *La Symbolique du Mal, Philosophie de la volonté*, t. II, *Finitude e Culpabilité*, Paris Montaigne, 1960, 1988.

ser despojada de seu contexto de culto a Dioniso, invocado numa das últimas odes líricas do coro. Por isso, se o trágico pode dirigir-se indiretamente a nosso poder de deliberar, é porque a catarse se dirigiu diretamente às paixões que ela não se limita a suscitar, mas está destinada a purificar. Essa metaforização do phobos *e do* eleos *– terror e piedade – é a condição de toda e qualquer instrução propriamente ética.*

Essas são as características que marcam o caráter não filosófico da tragédia: potências míticas contrárias replicando os conflitos identificáveis entre os papéis; mistura indecomponível de coerções ditadas pelo destino e de escolhas deliberadas; efeito purificador exercido pelo próprio espetáculo no âmago das paixões que este engendra[3].

No entanto, a tragédia ensina. E se escolhi Antígona *é porque essa tragédia diz algo único sobre o caráter inelutável do conflito na vida moral e, além disso, esboça uma sabedoria – a sabedoria trágica de que Karl Jaspers*[4] *falava? – capaz de nos orientar nos conflitos de natureza totalmente diferente, que abordaremos adiante, na esteira do formalismo em moral.*

Se a tragédia de Antígona ainda pode nos ensinar, é porque o próprio conteúdo do conflito – apesar do caráter perdido e não repetível do fundo mítico de que ele emerge e do ambiente festivo que cerca a celebração do espetáculo – conservou uma permanência indelével[5]. *A tragédia* Antígona *toca naquilo que, na esteira de Steiner, pode ser chamado de fundo agonístico da provação humana, em que se defrontam interminavelmente homem e mulher, velhice e juventude, sociedade e indivíduo, vivos e mortos, homens e divin-*

---

3. Essa estranheza do trágico, não repetível como racionalidade, é veementemente lembrada por J.-P. Vernant em "Tensions et ambiguïtés dans la tragédie grecque", in J.-P. Vernant e P. Vidal-Naquet, *Mythe et Tragédie en Grèce ancienne*, Paris, La Découverte, 1986, t. I, pp. 21-40, e George Steiner no início e ao longo de seu grande livro *Antigones*, Oxford, Clarendon Press, 1984 (trad. fr., *Les Antigones*, Paris, Gallimard, 1986).

4. K. Jaspers, *Von der Wahrheit*, Munique, Piper Verlag, 1947, pp. 915-60. P. Aubenque, in *La Prudence chez Aristote* (*op. cit.*, pp. 155-77), está atento à "fonte trágica" da *phronesis* em Aristóteles, que lembra o *phronein* de *Antígona*.

5. Esse contraste provoca o insistente espanto de G. Steiner, cuja reflexão em grande parte se refere às reapropriações de *Antígona*, em especial no século XIX, antes que Freud desse preferência a *Édipo Rei*. Simone Fraisse fez um trabalho comparável no âmbito francês: *Le Mythe d'Antigone*, Paris, Colin, 1973.

dades. O autorreconhecimento se dá à custa de duro aprendizado adquirido durante uma longa viagem através desses conflitos persistentes, cuja universalidade é inseparável de sua localização insuperável a cada vez.

A instrução da ética pelo trágico acaso se limita à admissão, em forma de constatação, do caráter intratável, não negociável, desses conflitos? Será preciso traçar um caminho intermediário entre o conselho direto, que se revelará bem decepcionante, e a resignação ao insolúvel. Nesse aspecto, a tragédia é comparável àquelas experiências-limite, geradoras de aporias, das quais não escapou nenhum de nossos estudos anteriores. Tentemos, pois.

O que Antígona *ensina sobre o móbil trágico da ação foi bem percebido por Hegel em* Fenomenologia do espírito *e em* Cursos de estética, *a saber, a estreiteza do ângulo de inserção de cada uma das personagens. Talvez seja preciso ir mais longe, como Martha Nussbaum*[6], *num sentido que, como se verá, não é tão anti-hegeliano quanto ela acredita, e discernir nos dois protagonistas principais uma estratégia de evitar os conflitos internos às suas respectivas causas. É nesse segundo ponto, mais ainda que no primeiro, que poderá inserir-se a sabedoria trágica capaz de orientar uma sabedoria prática.*

A concepção que Creonte tem de seus deveres para com a cidade não só não esgota a riqueza de sentido da pólis *grega, como também não leva em conta a variedade e talvez a heterogeneidade das tarefas da cidade. Para Creonte, como já aludimos, a oposição amigo-inimigo está encerrada numa categoria política estreita sem nuances nem exceções. Essa estreiteza de visão reflete-se em sua apreciação de todas as virtudes. Só é "bem" o que serve a cidade, "mal" o que a prejudica; só é "justo" o bom cidadão, e a "justiça" só rege a arte de governar e ser governado. A "piedade", virtude considerável, restringe-se a vínculo cívico, e os deuses são intimados a só honrarem os cidadãos mortos pela pátria. É essa visão empobrecida e simplificada de sua própria cidade que leva Creonte à perdição. Sua reviravolta tardia faz dele o herói que aprende tarde demais*[7].

---

6. M. C. Nussbaum, *The Fragility of Goodness, op. cit.*

7. O corifeu: "Ai! é muito tarde, parece-me que vês o que é justo [*ten diken*]." Voltaremos adiante ao sentido de uma lição que não pode curar nem mesmo tratar.

Devemos convir com Hegel que a visão do mundo de Antígona não é menos estreita e isenta de contradições internas que a de Creonte. Sua maneira de decidir entre philos *e* ekhthros *não é menos rígida que a de Creonte; o que conta é apenas o elo familiar, aliás magnificamente concentrado na "sororidade". Mesmo esse elo*[8] *é privado do* eros *que se refugia em Hêmon e é celebrado pelo coro numa de suas mais belas odes líricas (vv. 781-801). Em última análise, só o parente morto é* philos. *Antígona situa-se nesse ponto-limite. As leis da cidade são então descoroadas de sua auréola sagrada: "Pois não foi Zeus que promulgou para mim essa defesa, e* Dikê, *aquela que habita com os deuses subterrâneos, não estabeleceu tais leis entre os homens" (vv. 450 ss.). Ora, é outra* Dikê, *não menos tenebrosa, que o corifeu celebra: "Chegaste a um excesso de audácia e te chocaste com violência, minha filha, contra o trono elevado de* Dikê: *expias alguma culpa paterna" (vv. 854-856). São de fato duas visões parciais e unívocas da justiça que opõem os protagonistas. A estratégia de simplificação, como diz Nussbaum, que sela a lealdade única aos mortos – "Ó túmulo, quarto nupcial..." (v. 892) – não torna Antígona menos inumana que Creonte. Finalmente, a companhia dos mortos a deixará sem concidadãos, privada do socorro dos deuses da cidade, sem esposo e sem descendência, até mesmo sem amigos para pranteá-la (vv. 880-882). A figura a afastar-se de nós não sofre apenas: ela é o sofrimento (vv. 892-928).*

Por que, apesar disso, nossa preferência recai em Antígona? Será porque sua vulnerabilidade de mulher nos comove? Será porque, sendo figura extrema da não violência em face do poder, só ela não cometeu violência contra ninguém? Será porque a "sororidade" revela uma qualidade de philia *que não altera o* eros? *Será porque o ritual da sepultura comprova um vínculo entre vivos e mortos em que se revela o limite da política, mais precisamente o limite da relação de dominação, que, por sua vez, não esgota o vínculo político? Esta última sugestão é apoiada pelos versos que mais marcaram a tradição, citados por Hegel duas vezes em* Fenomenologia do espírito: *"Eu tampouco acreditava que teu edito tivesse força suficiente*

---

8. Note-se, a respeito, o estranho elo entre *eros* e as "leis [*thesmôn*] supremas do mundo", que introduz o conflito no âmago do divino ("pois, irresistível, burla de nós a deusa Afrodite" – vv. 795-799).

para dar a um ser mortal o poder de infringir os decretos divinos, que nunca foram escritos e são imutáveis: não é de hoje nem de ontem que existem; são eternos e ninguém sabe a que passado remontam" (Antígona, vv. 452-455). *Em certo sentido, a própria Antígona restringiu às exigências fúnebres essas leis não escritas. Mas, ao invocá-las para fundamentar sua convicção íntima, ela estabeleceu o limite que denuncia o caráter humano, demasiado humano, de toda instituição.*

A instrução do ético pelo trágico procede do reconhecimento desse limite. Mas a poesia não procede conceitualmente. É sobretudo através da sucessão das Odes líricas do coro (e também das palavras atribuídas a Hêmon e Tirésias) que se esboça não um ensinamento no sentido didático do termo, mas uma conversão do olhar, que a ética terá como tarefa prolongar em seu discurso próprio. A celebração do sol, na primeira Ode, é a de um olho – "olho do dia fulgurante" – menos parcial que o dos mortais[9]. *Vem um pouco adiante, proferida de modo gnômico, a famosa declaração que inicia a Ode sobre o homem: "Numerosos são os* deina *da natureza, mas de todos o mais* deinon *é o homem" (vv. 332-333). Caberá traduzir* deinon *por "maravilha" como faz Mazon? De fato, o* deinon, *mencionado várias vezes na peça, tem o sentido que a expressão "formidable" às vezes tem em francês: oscilando entre o admirável e o monstruoso*[10]. *Mais* deinon *que qualquer homem, nesse sentido ambíguo da palavra, é o herói trágico. Mais adiante ainda, quando o destino dos protagonistas estiver selado, o coro, ficando sem o recurso*

---

9. Nussbaum ressalta uma expressão que o coro aplica a Polinice e foi traduzida por Mazon como "litigiosas discórdias"; ora, o grego, observado com mais atenção, sugere a ideia de "argumentos de dois lados" (*amphilogon*, v. p. III). É para um olho não humano que o litígio de Polinice encerra semelhante anfibologia (Nussbaum, *The Fragility of Goodness, op. cit.,* p. 71).

10. Nussbaum, a quem devo essa sugestão, observa como, afinal, é ambíguo o elogio ao homem; "dotado de inesperada engenhosidade em sua indústria, ele ora tende ao mal, ora ao bem e, quando está no governo de uma cidade, confunde as leis da terra e o direito [*dikan*] que jurou observar em nome dos deuses" (vv. 365-369). Cabe observar algumas outras ocorrências do termo *deinan:* "mas o poder do destino é *deiná*" (v. 951). Testemunho disso é a provação de Licurgo, submetido ao "jugo" da necessidade: "Assim caiu o furor terrível [*deinón*] de sua loucura" (v. 959). Creonte, vencido, confessa: "Ceder é *deinón*, mas resistir e bater contra a infelicidade não é menos *deinón*" (vv. 1096-1097).

do aviso, só pode gemer: "Quando os deuses sacodem uma casa, a desgraça se encarniça sem trégua sobre a multidão de seus descendentes" (vv. 584-585). E também: "Na vida dos mortais, nenhuma prosperidade excessiva chega sem mescla de desgraça" (vv. 612-613). Aqui o trágico se revela na dimensão não filosófica de que falamos. Em face do desastre, os velhos apenas oscilarão de uma opinião à outra, inclinando-se ora para o lado de Hêmon, ora de Tirésias. Dirigindo-se a Creonte: "Príncipe, se ele der uma opinião oportuna [trata-se de Hêmon], convém ouvi-lo, e tu faze o mesmo com ele: dos dois lados [diple] todos falastes bem" (vv. 724-726). Apenas o elogio a Eros confere ao lamento uma altura de visão comparável à atingida no hino ao sol. Mas nessa altura não saberiam manter-se aqueles que se sabem "mortais e oriundos de mortais" (v. 835). É só a memória das derrotas imemoriais que o coro saberá cantar: Dânae, Licurgo, a jovem sem nome, todos paralisados, imobilizados, petrificados, lançados para fora da práxis (vv. 944-987). O único conselho ainda disponível será, fazendo eco à objurgação de Tirésias: "Cede ao morto, não surres um cadáver" (v. 1029). O Corifeu terá, de qualquer maneira, uma palavra, que para nós será uma chave; a Creonte, que exclamou "Ceder é duro, mas resistir e bater contra a desgraça não é menos duro", ele replicará "É preciso prudência [euboulías] – filho de Meneceu, Creonte" (v. 1098). E depois de uma invocação a Baco, no tom da Ode ao sol e da Ode a Eros, que preserva a altura do sagrado na indigência do conselho, o coro reincide na vã lamentação: "É muito tarde, parece-me que vês o que é justo [ten diken]" (v. 1270). A última palavra do coro é de uma modéstia dolorosa: "A sabedoria [tò phroneîn] é a primeiríssima fonte de felicidade: não se deve ser ímpio em relação aos deuses. As palavras arrogantes, pelos grandes danos com que recompensam os orgulhosos, ensinam-lhes [edidaxan], mas só quando são velhos, a serem sábios [tò phroneîn]" (vv. 1347-1353).

Qual é a instrução, então? Este último apelo a tò phroneîn oferece, nesse aspecto, um fio que merece ser seguido[11]. *Um apelo a*

---

11. Martha C. Nussbaum, com base no *Lexican Sofocleum* de Ellendt, enumera, só na peça *Antígona*, cinquenta ocorrências (entre as cento e oitenta das sete peças de Sófocles) de termos relativos à deliberação que partim das raízes *boul, phren/phron*. Caberia acrescentar *manthanein*, aprender, próxima de *phroneîn* em 1031-1032.

"bem deliberar" (euboulía) *atravessa obstinadamente a peça: como se "pensar justo" fosse a réplica buscada para "suportar o terrível"* (pathein tò deinón) *(v. 96)*[12].

De que maneira a filosofia moral responderá a esse apelo a *"pensar justo"*, a *"bem deliberar"*? Se da instrução trágica esperássemos o equivalente a um ensinamento moral, estaríamos totalmente enganados. A ficção forjada pelo poeta é a ficção de conflitos que Steiner tem razão em considerar intratáveis, inegociáveis. A tragédia, tomada como tal, engendra uma aporia ético-prática que se soma a todas as aporias que demarcaram nossa investigação da ipseidade; duplica, em especial, as aporias da identidade narrativa acumuladas num estudo anterior. Nesse aspecto, uma das funções da tragédia em relação à ética é criar uma distância entre *sabedoria trágica* e *sabedoria prática*. Recusando-se a dar "solução" aos conflitos que a ficção tornou insolúveis, a tragédia, depois de ter desorientado o olhar, condena o homem da práxis a reorientar a ação, por sua própria conta e risco, no sentido de uma sabedoria prática em situação que *corresponda melhor à sabedoria trágica*. Essa resposta, adiada pela contemplação festiva do espetáculo, faz da convicção o além da catarse.

Resta dizer como a catarse trágica, apesar do fracasso do conselho direto, abre caminho para o momento da convicção.

Essa transição da *catarse* à *convicção* consiste essencialmente numa meditação sobre o inevitável lugar do conflito na vida moral. É nesse caminho que nossa meditação cruza a de Hegel. A primeira coisa que devemos dizer aqui é: se tivermos de "renunciar a Hegel" em algum ponto, não é no seu tratamento da tragédia; pois a "síntese", que em geral se reprova Hegel por querer impor a todas as

---

12. Creonte não quer ser ensinado a *phroneîn* por um jovem como Hêmon (v. 727), que ousa dizer-lhe que ele perdeu o senso de *euphronein* (v. 747). É precisamente do pensar justo *(euphroneîn)* que Creonte também acredita ser mestre. A Tirésias, que acaba de perguntar "como a sabedoria [*eubaulía*] sobrepuja os outros bens", Creonte responde: "Acredito que da mesma maneira como a imprudência [*me phroneîn*] é o maior dos males" (v. 1051). Tarde demais, Creonte confessa sua loucura *(dysbouliais)* (v. 1269). Resta ao coro proferir a sentença: "a sabedoria [*tò phroneîn*] é a primeiríssima fonte de felicidade", mas é ao velho alquebrado que os golpes do destino "ensinaram a ser sábio [*tò phraneîn*]" (v. 1353). O ciclo do *phroneîn* está fechado.

divisões que sua filosofia tem o gênio de descobrir ou inventar, ele não encontra precisamente na tragédia. E, se alguma frágil conciliação se anuncia, só recebe sentido das verdadeiras conciliações que a Fenomenologia do espírito *encontra apenas em estágio consideravelmente mais avançado da dialética. Nesse aspecto, não poderíamos deixar de observar que a tragédia só é evocada no início do longo percurso ocupado por todo o capítulo VI, intitulado* Geist *(o que indica ser esse capítulo homólogo à totalidade da obra): a verdadeira reconciliação só advém bem no final desse percurso, no desenlace do conflito entre a consciência julgadora e o homem atuante; essa reconciliação baseia-se numa renúncia efetiva de cada partido à sua parcialidade e ganha valor de um perdão em que cada um é de fato reconhecido pelo outro. Ora, é precisamente tal conciliação por renúncia, tal perdão por reconhecimento, que a tragédia – pelo menos a de* Antígona *– é incapaz de produzir. Para que as potências éticas que os protagonistas servem subsistam juntas, o preço que deve ser pago é o* desaparecimento *de sua existência particular. Assim os heróis-vítimas do drama*[13] *não gozam da "certeza de si" que é o horizonte do processo educativo no qual a consciência de si se empenha.*

---

13. Na *Fenomenologia do espírito*, o trágico é aquele momento do espírito em que a unidade harmoniosa da bela cidade é rompida por uma ação *(Handlung)*, a ação de individualidades particulares, da qual procede o conflito entre os caracteres. Essa *Entzweiung* – essa divisão em dois – tem o efeito de cindir os poderes éticos que estão acima deles: o divino contra o humano, a cidade contra a família, o homem contra a mulher. Nesse aspecto, as mais belas páginas são as que atribuem à irmã – mulher que não é nem filha, nem mãe, nem esposa – a guarda do vínculo familiar que reúne os mortos e os vivos. Por meio da sepultura concedida ao irmão, Antígona eleva a morte acima da contingência natural. Mas, se há um sentido em tudo isso, não é "para eles", e sim "para nós". "Para eles", o desaparecimento na morte; "para nós", a lição indireta desse desastre. A calma reconciliação cantada pelo coro não poderia funcionar como perdão. A unilateralidade de cada um dos caracteres, inclusive o de Antígona, exclui tal reconhecimento mútuo. Por isso Hegel passa de *Antígona* a *Édipo rei*, no qual vê a tragédia da ignorância e do reconhecimento de si mesmo concentrada na mesma individualidade trágica. A consciência de si dá aqui mais um passo, mas sem ainda ter acesso à espécie de reconciliação proposta no fim do capítulo VI. Antes será preciso atravessar o conflito ligado à cultura *(Bildung)*, que é o do "espírito alienado a si mesmo" *(der sich entfremdete Geist)*, para perceber essa saída. Por isso Hegel não podia esperar que a tragédia extraísse de si a solução dos conflitos por ela engendrados.

O tratamento da tragédia no Curso de estética *confirma e reforça esse diagnóstico. Aqui, a tragédia não está colocada na trajetória que, na* Fenomenologia, *conduz ao "espírito certo de si mesmo"; ela simplesmente está oposta à comédia no plano dos gêneros poéticos. Ora, na qualidade de um dos gêneros da poesia dramática, a tragédia se distingue da comédia porque, na primeira, as individualidades que encarnam as potências espirituais* (die geistige Mächte) *e são arrastadas para uma colisão inevitável em virtude da unilateralidade que as define, devem desaparecer na morte; na comédia, por intermédio do riso o homem permanece como testemunha lúcida da não essencialidade dos objetivos que se destroem reciprocamente*[14]. *Se tivermos de tomar um caminho diferente do de Hegel, o ponto de separação não está onde é situado com demasiada frequência, como se Hegel tivesse imposto uma solução teórica ao conflito, e como se o conflito tivesse de ser saudado como fator subversivo em relação à tirania de uma razão totalitária*[15]. *Para nós, que partimos de uma ética de estilo aristotélico e assumimos em seguida os rigores de uma moral de estilo kantiano, a questão é identificar os conflitos que a moralidade provoca no nível dessas potências espirituais que Hegel parece considerar não contaminados pelo conflito, sendo a fonte do trágico a unilateralidade dos caracteres. O trágico, ao estágio atingido por nossa investigação, não deve ser buscado apenas na aurora da vida ética, mas, ao contrário, no estágio avançado da moralidade, nos conflitos que se erguem no caminho, conduzindo da regra ao juízo moral em situação. Essa via é não hegeliana no sentido de assumir o risco de privar-se dos recursos de uma filosofia do* Geist. *Expliquei-me acima sobre as razões dessa ressalva. Essas razões estão ligadas à desconfiança sentida em relação à* Sittlichkeit, *que uma filosofia do* Geist *exige colocar acima da mo-*

---

14. "Enquanto a tragédia ressalta o substancial eterno e o mostra em seu papel de agente de conciliação, de que ele se desincumbe livrando as individualidades que se combatem de sua falsa unilateralidade e aproximando-as por aquilo que há de positivo no querer de cada um, na *comédia*, ao contrário, é *a subjetividade* que, em sua certeza infinita, constitui o elemento dominante" (*Esthétique*, trad. fr. S. Jankélévitch, Paris, Flammarion, col. "Champs", t. IV, 1979, p. 267).

15. M. Gellrich, *Tragedy and Theory, the Problem of Conflict since Aristotle*, Princeton University Press, 1988.

ralidade, e em relação à filosofia política, mais especificamente à teoria do Estado, na qual todos esses desenvolvimentos redundam. Minha aposta é que a dialética entre ética e moralidade, no sentido definido nos estudos anteriores, ata-se e desata-se no juízo moral em situação, sem a adjunção, na posição de terceira instância, da Sittlichkeit, *o que de mais precioso há numa filosofia do* Geist *na dimensão prática.*

Assim, duas indagações são formuladas no ponto em que a catarse trágica inflete para a convicção moral: o que torna inevitável o conflito ético? E que solução a ação é capaz de lhe dar? Para a primeira indagação, a resposta proposta será a seguinte: não só a unilateralidade dos caracteres é fonte de conflitos, mas também a própria unilateralidade dos princípios *morais confrontados com a complexidade da vida. Para a segunda indagação, a resposta esboçada será: nos conflitos provocados pela moralidade, só o recurso ao fundo ético sobre o qual a moral se destaca pode suscitar a sabedoria do juízo em situação. Do* phronein *trágico à* phronesis *prática: essa seria a máxima capaz de subtrair a convicção moral à alternativa ruinosa de univocidade ou arbitrariedade.*

* * *

1. Instituição e conflito

É a tragicidade da ação, eternamente ilustrada por *Antígona* de Sófocles, que reintegra o formalismo moral no centro nevrálgico da ética. O conflito é sempre o aguilhão desse recurso, nas três regiões trilhadas já duas vezes: o si universal, a pluralidade das pessoas e o ambiente institucional.

Várias razões me convenceram a refazer esse percurso na ordem inversa. Primeira razão: ao levar o conflito primeiramente ao plano da instituição, logo nos vimos diante da defesa hegeliana da *Sittlichkeit*, essa moral efetiva e concreta que supostamente substitui a *Moralität*, moral abstrata, e, precisamente, tem seu centro de gravidade na esfera das instituições e naquela que as coroa todas, a do Estado. Se conseguíssemos mostrar que o trágico da ação apresenta nessa mesma esfera algumas de suas figuras exemplares, rejeitaríamos a hipótese hegeliana quanto à sabedoria prática instruída pelo conflito. A *Sittlichkeit* então já não designaria uma terceira instância superior à ética e à moral, mas sim um dos lugares nos quais é exercida a sabedoria prática, a saber, a hierarquia das mediações institucionais que essa sabedoria prática deve atravessar para que a justiça mereça realmente o título de equidade. Uma segunda razão guiou a escolha da ordem aqui seguida. Visto que nosso problema não é somar uma filosofia política à filosofia moral, mas determinar as novas características da ipseidade correspondentes à *prática política,* os conflitos pertinentes a essa prática serviram de pano de fundo para os conflitos engendrados pelo próprio formalismo no plano interpessoal entre a norma e a solicitude mais singularizante. Só quando tivermos atravessado essas duas zonas conflituosas poderemos confrontar a ideia de autonomia que fica em última análise como peça-mestra do dispositivo da moral kantiana: é aí que os conflitos mais dissimulados designam o ponto de inflexão da moral para uma sabedoria prática que não teria esquecido sua passagem pelo dever.

Retomemos a regra de justiça no ponto em que a deixamos no fim do estudo anterior. A possibilidade do conflito já nos parecera presente na estrutura equívoca da ideia de distribuição justa. Terá ela em vista delimitar interesses individuais mutuamente desinteressados ou reforçar o elo de cooperação? As expressões *parte* e *partilha* nos pareceram denunciar esse equívoco no próprio nível da linguagem. Em vez de resolver essa equivocidade, a formalização realizada por Rawls a confirma e pode até reforçá-la. A falha entre as duas versões da ideia de distribuição justa nos pareceu apenas mascarada pela ideia de um equilíbrio reflexivo entre a teoria que dá seu título ao livro e nossas convicções sopesadas[16]. Segundo a teoria, os indivíduos colocados na situação original são indivíduos racionais independentes uns dos outros e preocupados em promover seus respectivos interesses sem levar em conta os dos demais. Por isso, o princípio de *maximin,* considerado sozinho, poderia

---

16. Cf. acima, oitavo estudo, p. 270.

reduzir-se a uma forma refinada de cálculo utilitário. Isso aconteceria, se ele não estivesse precisamente equilibrado por convicções sopesadas em que o ponto de vista do mais desfavorecido é tomado como termo de referência. Ora, essa consideração baseia-se, em última análise, na regra de reciprocidade, próxima da regra áurea, cuja finalidade é corrigir a dissimetria inicial ligada ao poder que um agente exerce sobre o paciente de sua ação e que a violência transforma em exploração.

Essa esgarçadura interna à regra de justiça ainda indica apenas o possível lugar do conflito. Surge uma situação realmente conflituosa quando, escavando por sob a pura regra de procedimento, deixa-se descoberta a diversidade entre os bens distribuídos que tende a obliterar a formulação dos dois princípios de justiça. Como dissemos, a diversidade das coisas por partilhar desaparece no procedimento de distribuição. Perde-se de vista a diferença qualitativa entre coisas por distribuir numa enumeração que emenda rendimentos e patrimônios, vantagens sociais e encargos correspondentes, posições de responsabilidade e de autoridade, honras e censuras etc.; em suma, a diversidade das *contribuições* individuais ou coletivas que dão ensejo a um problema de distribuição. Aristóteles deparara com esse problema em sua definição de justiça proporcional, em que a igualdade não se dá entre partes, mas entre a relação da parte de um com sua contribuição e a relação do outro com sua contribuição diferente. Ora, a estimativa do respectivo valor dessas contribuições é considerada variável por Aristóteles, segundo os regimes políticos[17]. Se deslocarmos a tônica do procedimento de distribuição para a diferença entre as coisas por distribuir, surgirão duas espécies de problema que, na literatura posterior ao grande livro de Rawls, foram tratados juntos com mais frequência, mas é importante distingui-los bem. O primeiro indica o reavivamento de conceitos teleológicos que de novo ligam o justo ao bom, por meio da ideia de *bens sociais primários*. Rawls não vê mal nisso e parece à vontade com essa ideia que ele une sem escrúpulos aparentes às expectativas de

---

17. Cf. a nota de Tricot sobre a noção aristotélica de *axía* (in Aristóteles, *Éthique à Nicomaque, op. cit.*, 1131 a 24, trad. fr. p. 228, n. 1).

pessoas representativas[18]. Mas, se perguntarmos o que qualifica como bons esses bens sociais, abriremos um espaço de conflito, uma vez que esses bens se mostram relativos a significações, a avaliações heterogêneas. Apresenta-se um segundo problema, não mais apenas pela diversidade dos bens por partilhar, mas pelo caráter histórica e culturalmente determinado da avaliação desses bens. O conflito aqui se dá entre a pretensão universalista (tomo "pretensão" no sentido positivo de reivindicação, ao modo do *claim* de língua inglesa) e as limitações contextualistas da regra de justiça. Quanto a este segundo problema, remeto à última parte deste estudo, uma vez que o conflito entre universalismo e contextualismo afeta no mesmo grau todas as esferas da moralidade. Portanto, na discussão que segue só nos ateremos à questão da real diversidade dos bens por partilhar.

Num autor como Michael Walzer[19], a consideração dessa real diversidade dos bens, apoiada na das estimativas ou avaliações que determinam como bens as coisas por partilhar, redunda num verdadeiro desmembramento da ideia unitária de justiça em benefício da ideia de "esferas de justiça". Constituem uma esfera distinta as regras que regem a cidadania (*membership*) e tratam, por exemplo, das condições de sua aquisição ou perda, do direito dos residentes estrangeiros, dos imigrantes, dos exilados políticos etc. Vários debates em curso, até mesmo nas democracias avançadas, demonstram que não param de surgir problemas que acabam por remeter a posicionamentos de natureza ética a cuja natureza política voltaremos adiante. Outra é a esfera da segurança e da assistência pública (*welfare*), que atende a necessidades (*needs*) que, em nossas sociedades, são consideradas merecedoras de proteção e socorro por parte do poder público. Outra é a esfera do dinheiro e das mercadorias, delimitada pela questão de se saber o que, por sua natureza de bem, pode ser comprado ou vendido. Portanto, não basta distinguir maciçamente as pessoas que têm

---

18. Rawls, *Théorie de la justice, op. cit.*, p. 95.
19. M. Walzer, *Spheres of Justice, a Defense of Pluralism and Equality*, Nova York, Basic Books, 1983.

valor e as coisas que têm preço; a categoria de mercadoria tem exigências e limites próprios. Outra é a esfera dos empregos (*office*), cuja distribuição não se baseie na hereditariedade ou na fortuna, mas em qualificações devidamente avaliadas por procedimentos públicos (aqui reencontramos a questão da igualdade de oportunidades e da abertura de postos ou posições para todos, de acordo com o segundo princípio de justiça de Rawls).

Nosso problema já não é propor uma enumeração exaustiva dessas esferas de justiça, nem sequer esclarecer o destino da ideia de igualdade em cada uma delas. É a arbitragem exigida pela concorrência entre essas esferas de justiça e pela ameaça de ingerência de uma na outra que dá verdadeiro sentido à noção de conflito social[20].

É aqui que pode haver a tentação da saída hegeliana do conflito, uma vez que as questões de delimitação e prioridade entre esferas de justiça são pertinentes a uma arbitragem aleatória equivalente ao plano institucional da sabedoria prática que Aristóteles chamava *phrónesis*. A solução acaso não será transferir para a esfera política, em especial estatal, o tratamento de conflitos apresentados até aqui em termos de justiça? Ocorrerá então situar a arbitragem do conflito entre esferas de justiça sob a categoria hegeliana de *Sittlichkeit*, e não sob a categoria aristotélica de *phrónesis*.

---

20. A teoria dos bens de Walzer resume-se nas proposições seguintes: "todos os bens com os quais a justiça distributiva lida são bens sociais"; "os homens e as mulheres devem suas identidades concretas à maneira como recebem e criam, portanto possuem e empregam os bens sociais"; "não se pode conceber um único conjunto de bens primários ou básicos que englobe todos os mundos morais e materiais"; "mas é a significação dos bens que determina seus movimentos"; "as significações sociais são históricas por natureza; por isso, as distribuições – justas e injustas – mudam com o tempo"; "quando as significações são distintas, as distribuições devem ser autônomas" (*op. cit.*, pp. 6-10 [trad. do autor]). Daí resulta que só há padrão válido para cada bem social e cada esfera de distribuição em cada sociedade particular; e, como esses padrões são frequentemente transgredidos, os bens usurpados e as esferas invadidas por homens e mulheres dotados de poder, esses fenômenos inelutáveis de usurpação e monopólio fazem da distribuição um lugar de conflito por excelência.

Como eu disse, meu problema não é propor aqui uma filosofia política digna da de Éric Weil, de Cornelius Castoriadis ou de Claude Lefort. É apenas saber se a *prática política* lança mão de recursos de uma moralidade concreta que são exercidos apenas no âmbito de um saber de si de que o Estado, como tal, seria detentor. É isso exatamente o que Hegel ensina em *Princípios da filosofia do direito*[21].

Antes, cabe lembrar que o conceito hegeliano de direito, que envolve toda a obra, extravasa de todos os lados o conceito de justiça. Na introdução se lê: "O sistema do direito é o reino da liberdade efetivamente realizada, o mundo do espírito, mundo que o espírito produz a partir de si mesmo como uma segunda natureza" (§ 4, p. 71); e também: "Direito é uma existência empírica em geral que é existência empírica da vontade. Direito, portanto, é a liberdade em geral enquanto Ideia" (§ 2, p. 88). Essa problemática da realização, da efetivação da liberdade, é também nossa neste estudo. Mas porventura exigirá a restrição drástica do campo da justiça de que falaremos e, sobretudo, a elevação do campo político bem acima da esfera em que a ideia de justiça é válida? No que se refere à limitação do campo de exercício da justiça, ela coincide com a do *direito abstrato*, que tem por função principal elevar a tomada de posse à categoria de propriedade legal numa relação triangular entre uma vontade, uma coisa e outra vontade: relação constitutiva do contrato legal. O campo deste é igualmente reduzido, em contraposição com a tradição contratualista à qual se vincula Rawls, que extrai o conjunto das instituições de um contrato fictício. Daí resulta que o conceito de justiça sofre contração idêntica. É notável, com efeito, que ele seja introduzido com o título negativo de injustiça, na forma de fraude, perjúrio, violência e crime (§§ 82-103); em contrapartida, o direito abstrato se resolve na contraviolência, que replica à violência (*Zwang*) no âmbito em que a liberdade se exterioriza em coisas possuídas: "O direito abstrato é um direito de coerção [*Zwangsrecht*], porque a negação do direito é uma violência exercida

---

21. Hegel, *Principes de la philosophie du droit* ou *Droit naturel et Science de l'État en abrégé, op. cit.*

contra a existência de minha liberdade numa coisa exterior" (§ 94, p. 139)[22]. O que falta fundamentalmente ao direito abstrato, ao contrato e à ideia de justiça a eles associada é a capacidade de interligar os homens organicamente; o direito, como admitira Kant, limita-se a separar o meu do teu[23]. A ideia de justiça padece essencialmente desse atomismo jurídico. Nesse sentido, a falha que acabamos de lembrar, que afeta a sociedade inteira como sistema de distribuição – falha que pressupõe a situação original na fábula de Rawls –, torna-se em Hegel fragilidade insuperável. A pessoa jurídica permanece tão abstrata quanto o direito que a define.

É precisamente em oposição a esse elo contratual externo entre indivíduos racionais independentes, e além da moralidade simplesmente subjetiva, que a *Sittlichkeit* se define como o lugar das figuras do "espírito objetivo" segundo o vocabulário da *Enciclopédia*... E, visto que a sociedade civil, lugar dos interesses em competição, tampouco cria elos orgânicos entre as pessoas concretas, a sociedade política aparece como o único recurso contra a fragmentação em indivíduos isolados.

As razões de "renunciar a Hegel" no plano da filosofia política não são comparáveis às que se me impuseram no plano da filosofia da história[24]. O projeto filosófico de Hegel em *Princípios da filosofia do direito* está muito próximo de mim, uma vez que reforça as teses dirigidas, no sétimo estudo, contra o atomismo político. Admitimos ali que só num meio institucional específico podem desenvolver-se as capacidades e disposições que distinguem o agir humano; o indivíduo, dizíamos então, só se torna humano sob a condição de certas instituições;

---

22. É verdade que a categoria do tribunal reaparece no contexto da "vida ética" (*Sittlichkeit*), mas nos limites da *sociedade civil*; a seção "Administração da justiça" (*ibid.*, §§ 209-229) é assim enquadrada pela teoria da sociedade civil como "sistema das necessidades" e pela da "polícia e corporação".

23. A *Doutrina do direito*, que constitui a primeira parte da *Metafísica dos costumes*, constrói o direito privado com base na distinção entre "o meu e o teu em geral": "*O meu de direito* [*meum juris*] é aquilo a que estou tão ligado, que o uso dele por outro, sem meu consentimento, me lesaria. A *posse* [*Besitz*] é a condição subjetiva da possibilidade do uso em geral" (trad. fr. Philonenko, 119; cf. ed. Alquié [VI, 245], p. 494).

24. *Tempo e narrativa*, t. III, *op. cit.*, II, cap. VI.

e acrescentávamos: se for assim mesmo, a obrigação de servir essas instituições é condição para que o agente humano continue a desenvolver-se. Essas são as razões pelas quais se deve ser grato ao trabalho de hierarquização das modalidades de efetivação da liberdade elaboradas por Hegel em *Princípios da filosofia do direito*. Nessa medida, e nessa medida apenas, a noção de *Sittlichkeit*, entendida, por um lado, no sentido de sistema das instâncias coletivas de mediação intercaladas entre a ideia abstrata de liberdade e sua efetivação "como segunda natureza" e, por outro lado, como triunfo progressivo do elo orgânico entre os homens sobre a exterioridade da relação jurídica – exterioridade agravada pela da relação econômica –, essa noção de *Sittlichkeit* não terminou sua tarefa de nos instruir. Acaso caberia acrescentar que, na esteira de Éric Weil, interpreto a teoria hegeliana do Estado como uma teoria do Estado liberal, uma vez que sua peça-mestra é a ideia de *Constituição*? Nesse sentido, o projeto político de Hegel não foi superado pela história e, no essencial, ainda não foi realizado. A questão, para nós, é antes a seguinte: a obrigação de servir as instituições de um Estado constitucional acaso será de natureza diferente da obrigação moral ou mesmo de natureza superior? Mais precisamente, terá outro fundamento que não a ideia de justiça, último segmento da trajetória da "vida boa"? E terá outra estrutura normativo-deontológica que não a regra de justiça?

A oposição entre *Sittlichkeit* e *Moralität* perderá força e se tornará inútil – se não até nociva, como direi adiante –, se, por um lado, atribuirmos à regra de justiça, por intermédio da regra de distribuição, um campo de aplicação mais amplo que o atribuído pela doutrina kantiana do direito privado e pela doutrina hegeliana do direito abstrato, e se, por outro lado, dissociarmos, tanto quanto possível, as admiráveis análises da *Sittlichkeit* da ontologia do *Geist* – do espírito –, que transforma a mediação institucional do Estado em instância capaz de se pensar a si mesma[25]. Separada da ontologia do *Geist*, a feno-

---

25. "O Estado é a realidade efetiva da Ideia ética enquanto vontade substancial, revelada, clara para si mesma, que se pensa e se sabe, que executa o que sabe e na medida em que o sabe. Tem sua existência imediata nos usos e costu-

menologia da *Sittlichkeit* deixa de legitimar uma instância de juízo superior à consciência moral em sua estrutura triádica: autonomia, respeito pelas pessoas, regra de justiça[26]. O que dá à *Sittlichkeit* aparência de transcendência em relação à moralidade formal é seu elo com instituições cujo caráter irredutível em relação aos indivíduos foi admitido acima. Porém uma coisa é admitir que as instituições não derivam dos indivíduos, mas sempre de outras instituições prévias, e outra é conferir-lhes uma espiritualidade distinta da dos indivíduos. O que, afinal, se mostra inadmissível em Hegel é a tese do espírito objetivo e seu corolário, a tese do Estado erigido em instância superior dotada do saber de si. Sem dúvida é impressionante o ataque dirigido por Hegel contra a consciência moral quando ela se erige em tribunal supremo na ignorância soberba da *Sittlichkeit* em que se encarna o espírito de um povo. Para nós, que atravessamos os acontecimentos monstruosos do século XX, ligados ao fenômeno totalitário, há razões para dar ouvidos ao veredicto inverso, incomparavelmente esmagador, proferido pela própria história pela voz das vítimas. Quando o espírito de um povo é pervertido a ponto de alimentar uma *Sittlichkeit* assassina, é afinal na consciência moral de um pequeno número de indivíduos, inacessíveis ao medo e à corrupção, que se refugia o espírito dos que abandonaram as instituições que se tornaram criminosas[27]. Quem ousaria ridicularizar ainda a bela alma, quando só ela fica para testemunhar contra o herói da ação? Sem dúvida, a dilaceração entre a consciência moral e o espírito do povo nem sempre é tão desastrosa, mas sempre conserva um valor de lembrete e de advertência. Atesta de modo paroxístico a insuperável tragicidade da ação, à qual o próprio Hegel fez justiça em suas belas páginas sobre *Antígona*.

---

mes, sua existência mediata na consciência de si, no saber e na atividade do indivíduo, assim como, por sua convicção, o indivíduo possui sua liberdade substancial nele [Estado] que é sua essência, seu objetivo e produto de sua atividade" (*Principes de la philosophie du droit, op. cit.*, § 257, p. 258).

26. O que Hegel faz no § 258 de *Princípios da filosofia do direito*: "esse objetivo final [*Endzweck*] possui o direito mais elevado em relação aos indivíduos cujo dever supremo é ser membros do Estado" (*ibid.*, p. 258).

27. Vâclav Havel, "Le pouvoir des sem-pouvoir", in *Essais politiques*, Paris, Calmann-Lévy, 1989.

A melhor maneira de desmistificar o Estado hegeliano e, com isso, libertar seus recursos inesgotáveis no plano da filosofia política é interrogar a *prática política* e examinar as formas específicas nela assumidas pela tragicidade da ação.

Ora, por que a prática política seria o lugar de conflitos específicos? E de que modo estes remetem ao sentido ético da justiça?

É preciso partir aqui da diferença entre poder e dominação, em que insistimos tanto na terceira seção do sétimo estudo. O *poder*, admitimos então na esteira de Hannah Arendt, só existe na medida e pelo tempo em que o querer viver e agir em comum subsistirem numa comunidade histórica: esse poder é a expressão mais elevada da práxis aristotélica que não fabrica nada afora a si mesma, mas assume como fim sua própria manutenção, sua estabilidade e sua durabilidade. Contudo, como também admitimos, esse poder é *esquecido* como origem da instância política e encoberto pelas estruturas hierárquicas da dominação entre governantes e governados. Nesse aspecto, nada é mais grave que a confusão entre poder e dominação ou, para lembrar o vocabulário de Espinosa, no *Tratado político,* entre *potentia* e *potestas*[28]. A virtude de justiça, no sentido da *isotes* de Péricles e de Aristóteles, visa precisamente igualar essa relação, ou seja, pôr a dominação de novo sob o controle do poder em comum. Ora, essa tarefa, que talvez defina a democracia, é uma tarefa sem fim, pois cada nova instância de dominação procede de uma instância anterior da mesma natureza, pelo menos em nossas sociedades ocidentais[29].

Essa separação entre dominação e poder é marcada no próprio âmago da estrutura estatal, pela dialética que resumi outrora com a expressão *paradoxo político,* em que a forma e a força[30] não param de defrontar-se na mesma instância. Enquanto a forma se expressa na aproximação, por meio da constituição

---

28. M. Revault d'Allonnes, "Amor Mundi: la persévérance du politique", in *Ontologie et Politique, Hannah Arendt, op. cit.*

29. Seria preciso considerar aqui as pesquisas em sociologia sobre a existência de elos políticos sem Estado em certas sociedades ainda existentes.

30. "Le paradoxe politique", *Esprit,* maio de 1957, reproduzido in *Histoire et Vérité,* Paris, Éd. du Seuil, 1964, 3ª ed. aumentada, 1987.

da relação de reconhecimento mútuo, entre os indivíduos e entre estes e a instância superior, a marca da força está em todas as cicatrizes deixadas pelo nascimento, na violência, de todos os Estados que se tornaram Estados de direito; força e forma conjugam-se no uso legítimo da violência, cujo valor de critério na definição do âmbito político é lembrado por Max Weber[31].

A partir dessa separação entre dominação e poder, constitutiva *do político*, é possível definir a *política* como o conjunto das práticas organizadas em torno da distribuição do poder político, melhor chamado dominação. Essas práticas concernem tanto à relação vertical entre governantes e governados quanto à relação horizontal entre grupos rivais na distribuição do poder político. Os conflitos próprios a essas esferas da práxis podem ser divididos entre três níveis de radicalidade.

Num primeiro nível, o da *discussão* cotidiana num Estado de direito cujas regras do jogo são objeto de amplo assentimento, o conflito é regra nas atividades de deliberação que ponham em jogo as prioridades por estabelecer entre esses bens primeiros aos quais a teoria rawlsiana da justiça atribuiu magra participação, e seus adversários libertarianos ou comunitarianos puseram no centro de sua reflexão; a ameaça de usurpação de monopólio ligada à pluralidade das esferas de justiça determina o primeiro nível em que a deliberação política tem por objeto o estabelecimento provisório e sempre revisável de uma *ordem de prioridade* entre as demandas concorrentes dessas esferas de justiça. A deliberação e a tomada de posição relativas a esses conflitos ordinários constituem a primeira oportunidade que nos é oferecida de fazer a *Sittlichkeit* hegeliana infletir em direção à *phrónesis* aristotélica. No Estado de direito, a noção aristotélica de deliberação coincide com a discussão pública, com o "estatuto público" (*Offentlichkeit*) reivindicado com tanta insistência pelos pensadores do Iluminismo; por sua vez, a *phrónesis* aristotélica tem como equivalente o juízo em situação que, nas democracias ocidentais, procede da eleição livre. Nesse aspecto é vão – quando não perigoso – contar com um consen-

---

31. "Le métier et la vocation de l'homme politique", in *Le Savant et le Politique, op. cit.*

so que ponha fim aos conflitos. A democracia não é um regime político sem conflitos, porém um regime no qual os conflitos são abertos e negociáveis segundo regras de arbitragem conhecidas. Numa sociedade cada vez mais complexa, o número e a gravidade dos conflitos não diminuirão, mas se multiplicarão e se aprofundarão. Pela mesma razão, o pluralismo das opiniões que têm livre acesso à expressão pública não é acidente, doença nem desgraça; é a expressão do caráter não decidível, de modo científico ou dogmático, do bem público. Não existe lugar do qual esse bem possa ser percebido e determinado de maneira tão absoluta que a discussão possa ser considerada encerrada. A discussão política é sem conclusão, embora não seja sem decisão. Mas toda decisão pode ser revogada segundo os procedimentos aceitos e vistos como indiscutíveis, pelo menos no nível deliberativo em que nos mantivemos ainda aqui. Enfrentam-se então numerosas pretensões que manifestam um primeiro grau de indeterminação no espaço público da discussão. Essas pretensões são, em última análise, relativas à prioridade que deve ser dada, em determinada cultura e conjuntura histórica, a este ou àquele dos bens primários que definem as esferas de justiça e, afinal, às *preferências* que presidem a relação dessas esferas de justiça na ausência de uma ordem lexical tão imperativa quanto a dos princípios formais de justiça. Nesse juízo em situação, que as democracias avançadas identificam essencialmente com o voto majoritário, o único equivalente da *euboulía* – a boa deliberação – recomendada pelo coro nas Odes líricas de *Antígona* é o juízo esclarecido que se pode esperar do debate público.

Num segundo nível de discussão, o debate trata daquilo que pode ser chamado de *fins do "bom" governo*; é a discussão de prazo maior, capaz de afetar a própria estrutura do espaço de discussão; os politólogos empíricos ou positivistas tendem a considerar esse debate como o terreno privilegiado da ideologia, no sentido pejorativo do termo[32]. Muito pelo contrário, o

---

32. Para uma apreciação mais matizada da polissemia e da polivalência do conceito de ideologia, cf. meus ensaios sobre o assunto em *Du texte à l'action, op. cit.*, terceira parte, e em meus cursos publicados com o título *Lectures on Ideology and Utopia*, ed. G. H. Taylor, Nova York, Columbia University Press, 1986.

debate sobre o "bom" governo é parte integrante da mediação política através da qual aspiramos a uma vida plena, à "vida boa". Por isso encontramos esse debate no trajeto de retorno da moral à ética no âmbito do juízo político em situação.

A controvérsia ocorre em torno de palavras-chave, como segurança, prosperidade, liberdade, igualdade, solidariedade etc. Aí estão os termos emblemáticos que dominam do alto a discussão política. A função deles não é justificar a obrigação de viver num Estado em geral, mas sim a preferência por uma forma de Estado. O debate ocorre, assim, a meio caminho entre as regras de deliberação no interior de uma forma já consentida de constituição e os princípios de legitimação de que falaremos adiante. Como essas palavras têm uma carga emocional superior a seu teor de sentido e, assim, ficam à mercê da manipulação e da propaganda, tem-se uma situação em que se torna mais necessário o esclarecimento como uma das tarefas da filosofia política. Além disso, elas têm uma história respeitável entre os maiores pensadores políticos: Platão, Aristóteles, Machiavel, Hobbes, Locke, Rousseau, Kant, Hegel, Marx, Tocqueville, Mill. Recolocadas em sua história conceitual, essas expressões resistem à arbitrariedade dos propagandistas que gostariam de fazê-las dizer qualquer coisa. Rejeitá-las pura e simplesmente como valorações emocionais incompatíveis com a análise é consentir precisamente com o mau uso ideológico no pior sentido da palavra. A tarefa, ao contrário, é depreender seu núcleo de sentido, precisamente como termos apreciativos relativos aos fins do bom governo. O que levou a crer que esses conceitos não poderiam ser salvos foi o fato de não se levarem em conta dois fenômenos importantes que uma filosofia da ação de tipo hermenêutico está preparada para reconhecer: primeiro, que cada um desses termos tem uma pluralidade de sentidos insuperável; segundo, que a pluralidade dos fins do "bom" governo talvez seja irredutível; em outras palavras: a questão *do* fim do "bom" governo talvez seja indecidível[33].

---

33. Um exercício notável de aclaramento do termo "liberdade" é devido a Isaiah Berlin em *Four Essays on Liberty* (Londres, 1969; trad. fr., *Eloge de la liberté*, Paris, Calmann-Lévy, 1988). De resto, a polissemia característica daquilo

A irredutível pluralidade dos fins do "bom" governo implica que a realização histórica de tais valores não pode ser obtida sem causar dano a algum outro, em suma, que não é possível servir todos os valores ao mesmo tempo. Disso resulta, mais uma vez, a necessidade de virar a *Sittlichkeit* hegeliana para o lado da *phrónesis* de Aristóteles, elevada desta vez ao nível da procura da "boa" Constituição, quando os acidentes da história criam, precisamente, um vazio constitucional. É numa conjuntura (geográfica, histórica, social, cultural) contingente e, por motivos não transparentes aos atores políticos do momento, que estes podem pretender oferecer uma "boa" Constituição a seu povo. Essa escolha é um novo exemplo do juízo político em situação, em que a *euboulia* não tem outro apoio senão a convicção dos constituintes, afinal seu senso de justiça – virtude das instituições – no momento de uma escolha "histórica".

Uma indecisão mais temível que a resultante da ambiguidade das grandes palavras da prática política atinge, num terceiro nível, as escolhas mais fundamentais que aquelas de dada Constituição democrática. Ela diz respeito ao processo de *legitimação* da democracia por trás da variedade de suas formas. Fala-se com razão de *crise de legitimação* para designar a falta de fundamento que parece afetar a própria escolha de um governo do povo, para o povo e pelo povo. Nossas reflexões sobre a distinção entre dominação e poder ganham aqui plena significação. Se o poder é a fonte esquecida da dominação, como fazer a dominação derivar *visivelmente* do querer viver junto? É aí que a ficção do contrato social, elevada a um grau superior de refinamento pela fábula rawlsiana de situação original caracterizada pela *fairness,* vem preencher um vazio, a saber, como foi sugerido acima, a ausência no contrato social

---

que chamo de grandes palavras da política é reconhecida por Aristóteles no que se refere à própria justiça, já nas primeiras linhas da *Ética nicomaqueia,* V. Se a polissemia dos termos emblemáticos da política é tão fundamental quanto diz Aristóteles sobre a justiça, não há nada de espantoso no fato de um significado particular do termo "liberdade" abranger um significado parcial da igualdade, enquanto outro é inteiramente rechaçado por outro significado parcial do termo contrário.

da espécie de atestação em virtude da qual a autonomia é, para o indivíduo, um "fato de razão", e o respeito às pessoas é uma implicação da "natureza racional" delas. É flagrante a ausência de paralelismo entre a autonomia moral e aquilo que, para um povo, seria a autolegislação pela qual a dominação apenas arrancaria do esquecimento o querer viver e o agir em conjunto de um povo. Aqui, por uma via, convirjo para uma análise que Claude Lefort faz da democracia por contraste com o totalitarismo. O erro – ou melhor, o crime – do totalitarismo foi querer impor uma concepção unívoca daquilo que ele acreditava ser um homem novo e, por esse meio, esquivar-se às perplexidades históricas da compreensão de si por parte do homem moderno. O pensador da democracia começa admitindo uma *"indeterminação* última quanto aos fundamentos do Poder, da Lei e do Saber, e quanto ao fundamento da relação de *um com o outro* em todos os registros da vida social"[34]. A democracia, segundo Claude Lefort, nasce de uma revolução no âmago do simbolismo mais fundamental do qual procedem as formas de sociedade; é o regime que aceita suas contradições a ponto de institucionalizar o conflito[35]. Essa "indeterminação última" não poderia constituir a última palavra: pois os homens têm *razões* para querer um regime tão incerto do fundamento de sua legitimidade em vez do totalitarismo. Essas razões são as mesmas constitutivas do querer viver junto, e uma de suas maneiras de tomar consciência é a projeção da ficção de um contrato social anistórico. Essas razões mesclam pretensões à universalidade e contingências históricas naquilo que Rawls, em ensaio posterior em cerca de quinze anos a *Uma teoria da justiça,* chama de *"overlapping consensus"*[36]. Este entrecruza vá-

---

34. Claude Lefort, *Essais sur le politique,* Paris, Éd. du Seuil, 1986, p. 29.

35. "A democracia revela-se assim a sociedade histórica por excelência, sociedade que, em sua forma, acolhe e preserva a indeterminação em contraste notável com o totalitarismo, que, edificando-se sob o signo da criação do homem novo, na realidade se dispõe contra essa indeterminação, pretende dominar a lei de sua organização e de seu desenvolvimento e desenha-se secretamente no mundo moderno como sociedade sem história" (*op. cit.,* p. 25).

36. John Rawls, "Un consensus par recoupement", *Revue de métaphysique et de morale,* nº 1, 1988, pp. 3-32.

rias heranças culturais: além do projeto de *Aufklärung*, que Habermas considera com razão "inacabado"[37], as formas reinterpretadas das tradições judaicas, gregas e cristãs que passaram com sucesso pela prova crítica da *Aufklärung*. Para responder à crise de legitimação (que, a meu ver, atinge a ideia de dominação mais que a de poder, como querer viver e agir de um povo), não há nada melhor para oferecer que a reminiscência e o entrecruzamento, no espaço público de aparição, das tradições que dão oportunidade à tolerância e ao pluralismo, não por concessão a pressões externas, mas por convicção interna, ainda que tardia. É constituindo a memória de todos os começos e recomeços, bem como de todas as tradições que se sedimentaram em suas bases, que o "bom conselho" pode vencer o desafio da crise de legitimação. Se e na medida em que esse "bom conselho" prevalecer, a *Sittlichkeit* hegeliana – que também se enraíza nas *Sitten*, nos "costumes" – mostrará ser o equivalente da *phrónesis* de Aristóteles: uma *phrónesis* para muitos, ou melhor, pública, como o próprio debate.

Não caberia aqui lembrar a distinção que Aristóteles faz, no fim de seu estudo da virtude de justiça, entre justiça e *equidade*? "Olhando-se com atenção, fica claro que justiça e equidade não são absolutamente idênticas nem genericamente diferentes [...]. Com efeito, o equitativo [*epieikes*], ao mesmo tempo que é superior a certa justiça, é também justo, e não é por pertencer a um gênero diferente que é superior ao justo." E o próprio Aristóteles sugere que a diferença que constitui a superioridade da equidade sobre a justiça tem uma relação com a função singularizante da *phrónesis*: "A razão disso é que a lei é sempre algo geral, e que há casos para os quais não é possível estabelecer um enunciado geral que se aplique com retidão." A equidade repara a justiça "quando o legislador deixa de prever o caso e peca por espírito de simplificação". Ao corrigir a omissão, o decidido público torna-se "intérprete daquilo que o próprio legislador teria dito se estivesse presente naquele momento, e daquilo que ele teria incluído em sua lei se tivesse

---

37. J. Habermas, "La modernité: un projet inachevé", *Critique*, nº 413, outubro de 1981.

conhecido o caso em questão". E Aristóteles conclui: "Tal é a natureza do equitativo: ser um corretivo da lei, sempre que a lei tenha deixado de estatuir por causa de sua generalidade."[38] Quando relemos hoje essas linhas de Aristóteles, somos inclinados a pensar que o debate público e a tomada de decisão resultante constituem a única instância apta a "corrigir a omissão" que hoje chamamos de "crise de legitimação". A equidade, concluiremos, é outro nome do *senso* de justiça depois que este atravessou as provas e os conflitos provocados pela aplicação da *regra* de justiça.

2. Respeito e conflito

Uma segunda região conflitiva é recortada pelas aplicações do segundo imperativo kantiano: tratar a humanidade em sua própria pessoa e na de outrem como um fim em si, e não apenas como um meio. A ideia que vai guiar nossa crítica procede da sugestão feita no estudo anterior, segundo a qual uma fina linha divisória tenderia a separar, por um lado, a vertente universalista do imperativo, representada pela ideia de humanidade, e, por outro, a vertente que se pode chamar de pluralista, representada pela ideia das pessoas como fins em si mesmas. Segundo Kant, aí não há nenhuma oposição, uma vez que humanidade designa a dignidade *como aquilo pelo que* as pessoas são respeitáveis, a despeito – ousamos dizer – de sua pluralidade. Contudo, surge a possibilidade de conflito a partir do momento em que a alteridade das pessoas, inerente à ideia de pluralidade *humana,* se mostra, em certas circunstâncias notáveis, não coordenável com a universalidade das regras subjacentes à ideia de humanidade; o respeito tende então a cindir--se em respeito à lei e respeito às pessoas. Nessas condições, a sabedoria prática pode consistir em dar prioridade ao respeito

---

38. Cf. Aristóteles, *Ética nicomaqueia,* trad. fr. Tricot, V, 14, 1137 b 19-27; V, 14, 1137 a 31 – 1138 a 3. Deve-se observar que Gauthier-Jolif, em seu comentário à *Ética nicomaqueia* (*op. cit.,* t. II, pp. 431-4), consideram esse capítulo XIV como conclusão do livro V.

às pessoas, em nome da solicitude voltada para as pessoas em sua singularidade insubstituível.

Antes de entrar no mérito do argumento, é importante distingui-lo da objeção feita com demasiada frequência ao formalismo de ser vazio, em algum modo por definição. Ao contrário, é porque o imperativo categórico engendra uma multiplicidade de regras que o universalismo presumido dessas regras pode entrar em colisão com as demandas da alteridade, inerentes à solicitude.

A falsidade da equiparação entre formal e vazio decorre do desconhecimento do papel das máximas em Kant[39]. Dois pontos devem ser lembrados: primeiro, a regra de universalização aplica-se a máximas *múltiplas* que são já regularidades de comportamento; sem elas, a regra de universalização não teria, digamos, nada para remoer, nada para pôr à prova. Segundo – e a observação é mais nova –, existem máximas que passam com sucesso pela prova da universalização; são essas, precisamente, que Kant chama de deveres (no plural)[40]. Esses deveres não são deduzidos no sentido lógico do termo, mas *derivados*, uma vez que aquilo que se poderia chamar de *proposições de sentido* oriundas da prática cotidiana – suportar insultos sem vingar-se, resistir à tentação de suicidar-se por desgosto com a vida, não ceder aos atrativos de uma falsa promessa, desenvolver os talentos pessoais em vez de ceder à preguiça, socor-

---

39. Foi em parte na perspectiva dessa discussão que, na esteira de Bernard Carnois e Otfried Höffe, tanto insisti no papel das máximas na moral kantiana.

40. Sem isso seria inconcebível que Kant pudesse ter escrito nos *Fundamentos*...: "Agora vamos enumerar alguns deveres, segundo a divisão ordinária em deveres para conosco e deveres para com os outros, em deveres perfeitos e deveres imperfeitos" (trad. fr. Delbos [IV, 421], p. 285). Esses deveres não são "exemplos", no sentido preciso da palavra (apesar da nota na qual Kant anuncia os desenvolvimentos mais completos e mais bem argumentados da *Metafísica dos costumes* ainda por escrever (*ibid.*). A ideia de moral baseada em exemplos foi descartada um pouco acima por Kant, se entendermos com isso, como na moral popular, um ensinamento direto que prescinda de princípios "puros". A propósito desses "exemplos", Kant fala um pouco adiante de "dedução" (*ibid.* [IV, 424], p. 288), se é que se deva corrigir *Abteilung* (que se lê na edição da Academia) por *Ableitung* (*ibid.*).

rer o próximo etc. – satisfazem a prova de universalização. A pluralidade dos deveres resulta do fato de que a regra formal é aplicada à pluralidade das máximas, que, por sua vez, respondem a uma diversidade de situações. Nesse caso, vem à tona certa produtividade do juízo moral.

É precisamente no âmbito dessa produtividade que o conflito pode aparecer. Kant não lhe abre espaço, porque considera um único trajeto possível para a prova à qual é submetida a máxima: o trajeto ascendente de subsunção da máxima à regra. Ora, o conflito pode aparecer num segundo trajeto, o da aplicação à situação concreta, em que a alteridade das pessoas demanda reconhecimento.

No primeiro trajeto, o caráter moral das máximas é verificado numa prova em dois tempos: primeiro se elabora a máxima em termos tais que se possa perguntar, posteriormente, se, assim formulada, ela passa com sucesso pela prova de universalizacão. O segundo tempo, da prova propriamente dita, é estritamente limitado a uma prova de contradição interna à máxima. Na última seção deste estudo, voltaremos a esse uso limitado da noção kantiana de universalidade.

Verifiquemos isso com o exemplo da falsa promessa, que, na classe dos deveres estritos, ilustra a subclasse dos deveres para com outrem e nos põe assim no cerne de nosso problema das relações entre respeito e solicitude. Sigamos a argumentação de Kant; ela consiste numa experiência intelectual na qual imaginamos o agente a raciocinar assim: "Converto [...] a exigência de amor a si em lei universal e instituo a seguinte questão: o que ocorreria se minha máxima se tornasse uma lei universal?" (*Fundamentos...*, trad. fr. Delbos [IV, 422], p. 288). Cai o cutelo: tal máxima não poderia "coadunar-se com ela mesma", mas "deveria necessariamente contradizer-se" (*ibid.*)[41]. A con-

---

41. Será difícil admitir que a não-contradição seja o único motivo da refutação, se acompanharmos Kant em seu argumento: "seria até impossibilitar o fato de prometer com o objetivo que pode ser propor desse modo, visto que ninguém acreditaria no que lhe fosse prometido, e todos ririam de semelhantes demonstrações, como fingimento inútil" (*ibid.*, p. 287). A desconfiança provocada pela promessa acaso não constitui apenas uma confirmação *exterior*, que põe em jogo as consequências da falsa promessa, em relação à contradição *interna*

tradição, como se vê, só aparecerá se o agente aceitar a experiência intelectual proposta. Uma contradição, que talvez possa ser classificada entre as contradições performativas, precede esta última prova: ela consiste na liberdade que o agente assume de estabelecer uma exceção em seu favor, portanto na recusa a querer realmente que sua máxima se torne uma lei universal (*Fundamentos...*, trad. fr. Delbos [IV, 424], p. 288). Em suma, a contradição é a de uma vontade que se subtrai à prova de universalização. Ela se insere, digamos, entre a regra e a exceção e consiste em que uma regra que admite exceções já não é regra. Mas é de observar que, em todos os exemplos tratados por Kant nos *Fundamentos* e na *Metafísica dos costumes,* a única exceção levada em consideração é aquela reivindicada em benefício do agente, com o título de amor a si. O que ocorre com a exceção feita em benefício de outrem?

Essa nova indagação só é formulada no segundo trajeto, aquele que Kant não considerou, o trajeto da aplicação a situações singulares, em que outrem se ergue em sua singularidade insubstituível. É nesse segundo trajeto que pode ganhar corpo a sugestão, feita no estudo anterior, de que a consideração das pessoas como fins em si mesmas introduz um fator novo, potencialmente discordante, em relação à ideia de humanidade, que se limita a prolongar a universalidade na pluralidade em detrimento da alteridade.

Retomemos o argumento que condena a falsa promessa: nela o outro é realmente levado em consideração? É de duvidar. Impressiona que a condenação do suicídio e a condenação da falsa promessa, embora pertencentes às duas classes dife-

---

contida na ideia de uma promessa que se está decidido a não cumprir? Além disso, é mais difícil mostrar a não-contradição nos dois "exemplos" que seguem: o dever de cultivar os talentos pessoais e o dever de socorrer o próximo; de que modo a ociosidade como regra de vida contradiz logicamente a vontade de desenvolver as faculdades pessoais, que se supõe ser comum a todos os seres racionais? Quanto ao socorro devido ao próximo às voltas com grandes dificuldades, Kant admite que a espécie humana não estará ameaçada de desaparecer se um infeliz a mais não for socorrido. Mas então, por que a máxima entra em contradição com ela mesma? A bem da verdade, a contradição só aparecerá se o agente aventar a hipótese de sua máxima tornar-se lei universal, o que, precisamente, ele não faz.

rentes dos deveres para consigo e dos deveres para com outrem, tendam a confundir-se, uma vez que a humanidade é tratada apenas como meio, da primeira vez na própria pessoa, e da segunda vez na pessoa de outrem[42]. Talvez caiba seguir adiante: não será a integridade pessoal que está em jogo nos chamados deveres para com outrem? Quem jura em falso não estará desprezando a si mesmo[43]? O dano feito a outrem na qualidade de outro em relação a mim talvez não pudesse figurar no primeiro trajeto que remonta da ação à máxima e da máxima ao critério que põe à prova o seu teor moral. Só poderia figurar no segundo trajeto complementar ao primeiro, o trajeto descendente da concretização, da aplicação no sentido forte da palavra[44].

Nesse segundo trajeto, a regra é submetida a outra espécie de prova, pelas circunstâncias e consequências. E é proposta uma espécie de exceção diferente da mencionada acima, a exceção à regra a favor de si mesmo; a exceção, neste caso, ganha outro rosto, ou melhor, torna-se um rosto, visto que a alteridade verdadeira das pessoas faz de cada uma delas uma exceção.

---

42. Em apoio a essa suspeita, pode-se observar que o caso do suicídio e o da falsa promessa são tratados duas vezes nos *Fundamentos*...: uma primeira vez sob a égide da primeira formulação secundária do imperativo categórico, em que a ideia analógica de *natureza* serve de eixo ao argumento, e uma segunda vez na esteira da segunda formulação, em que a tônica recai na *humanidade* como fim em si. Essa duplicidade não dará a entender que a consideração de outrem como fim em si não é essencial ao argumento? No fundo, a ideia de humanidade, assim como a de natureza, tende a atenuar, quando não a anular, a alteridade de outrem.

43. Essa asserção está no cerne da resposta que Kant dá a Benjamin Constant em seu breve ensaio, "Sobre um pretenso direito de mentir por humanidade" (1797) (trad. fr. de L. Guillermit, in *Théorie et Pratique. Droit de mentir*, Paris, Vrin, 1988).

44. É legítimo perguntar se Kant não foi impedido de levar em consideração essa segunda problemática pelo fato de transpor para o domínio prático uma problemática própria ao domínio teórico, a da dedução transcendental, e se o processo de depuração, que separa o *a priori* do empírico, não tende a romper o móbil da ação. Nesse sentido, a questão formulada por Hegel sobre a efetivação da liberdade respeita mais a unidade do agir humano (cf. C. Taylor, "Hegel's concept of action as unity of poiesis and praxis" in L. S. Stepelevich e D. Lamb (orgs.), *Hegel's Philosophy of Action*, Humanities Press, 1983).

A *promessa* deixa então de vincular-se apenas à preocupação com a integridade pessoal, para entrar no espaço de aplicação da regra de reciprocidade, mais precisamente da regra áurea, uma vez que esta leva em conta a dissimetria inicial entre agente e paciente, com todos os efeitos de violência decorrentes dessa dissimetria. Tratar outrem apenas como um meio é já começar a fazer-lhe violência. Nesse aspecto, a falsa promessa é uma figura do mal da violência no uso da linguagem, no plano da interlocução (ou da comunicação). Esse elo entre a promessa e a regra áurea, ou regra de reciprocidade, continuará desconhecido, caso não se tome o cuidado de fazer a distinção entre a regra segundo a qual *é preciso* cumprir as promessas e a regra *constitutiva* que distingue a promessa dos outros atos de discurso. A regra constitutiva da promessa diz apenas: "A assume a obrigação de fazer X em favor de B nas circunstâncias Y". Ao dizer isso, A sem dúvida faz alguma coisa: obriga-se; mas o cumprimento da promessa decorre apenas das condições de *satisfação* da promessa, não da condição de *sucesso*, sem o que a promessa não existiria como ato de discurso determinado. Ora, ao caracterizarmos assim a promessa como ato de discurso, ainda não formulamos o problema moral, a saber, a razão pela qual é preciso cumprir as promessas. Prometer é uma coisa. Ser obrigado a cumprir suas promessas é outra. Chamemos de princípio de fidelidade a obrigação de cumprir promessas. Cumpre mostrar a estrutura dialógica dele, na qual podem introduzir-se os conflitos de deveres de que falaremos. Essa estrutura dialógica, aliás, precisa ser decomposta em estrutura diádica, ou dual, que põe em jogo duas pessoas – a que promete e a obrigatária com a qual a primeira se compromete –, e estrutura plural, que põe em jogo eventualmente uma testemunha diante da qual se assume um compromisso e, por trás dessa testemunha, a instituição da linguagem que alguém se compromete a salvaguardar ou mesmo a referência a algum pacto social em nome do qual pode reinar entre os membros da sociedade considerada uma confiança mútua preliminar a qualquer promessa. Por essa estrutura plural, o princípio de fidelidade não se distingue da regra de justiça discutida acima⁴⁵. Por isso, aqui nos limitaremos à estrutura diádica em que duas pessoas se comprometem.

É fácil deixar de reconhecer essa estrutura diádica da promessa; não é indubitável que Kant não tenha contribuído para isso ao tratar a falsa promessa como contradição íntima a uma máxima em que uma pessoa só compromete a si mesma. Uma fenomenologia truncada do compromisso inclina para o mesmo sentido⁴⁶. Um compromisso acaso não tem todas as características de uma intenção firme? Não fomos nós mesmos que fizemos da manutenção do si através do tempo a expressão mais alta da identidade do *ipse*, oposta à do *idem*, ou seja, à simples permanência ou perseverança de uma coisa (permanência que só se encontra no plano da ipseidade na permanência do caráter)? Não há nada por renegar nessas análises. O que cabe

---

45. Sabe-se até que ponto instituições injustas podem perverter as relações interpessoais. Quando o medo e a mentira estão institucionalizados, até mesmo a confiança na palavra do amigo pode ser subvertida. Só quem passou pela experiência dessas perversões em cadeia descobre, por via da carência, como a confiança mútua no plano mais intimamente interpessoal depende daquilo que santo Tomás chamava de "tranquilidade da ordem".

46. M. H. Robins, num livro preciso – *Promising, Intending and Moral Autonomy*, Cambridge University Press, 1984 –, empenha-se em fazer a força coercitiva da obrigação de cumprir as promessas derivar da estrutura monológica da intenção. Essa estrutura atravessa três estágios que marcam o fortalecimento progressivo da intenção. No grau mais baixo, a firme *intenção* de fazer algo pode ser vista como uma promessa virtual, uma vez que estabelece a identidade entre dois "eu", o que promete e o que fará. Um embrião de obrigação está, assim, contido na manutenção de si através do tempo. Para passar ao grau seguinte basta que essa manutenção de si mesmo se torne, enquanto tal, o conteúdo visado da intenção, para que o momento de obrigação ganhe relevo. Pode-se chamar de *voto* essa intenção de manutenção que Robins chama de cláusula de exclusividade: ponho meu compromisso acima das vicissitudes exteriores e interiores. Ao fazer isso, vinculo-me, o que já é obrigar-me. Passa-se ao terceiro estágio, o da obrigação no sentido forte, quando o conteúdo da coisa por fazer rege a manutenção de si, a despeito não só das vicissitudes interiores e exteriores, mas também das mudanças eventuais de intenção. Instaura-se então uma relação dialética entre a exigência que procede da coisa por fazer e a intenção que a ela adere; de um lado, a exigência parece destacar-se da intenção e regê-la de maneira extrínseca como um *mandato*; do outro, este último só me obriga na medida em que faço disso minha questão, minha "causa". O elo que *me* vincula é também aquele por meio do qual *eu* me vinculo.

mostrar, ao contrário, é a estrutura dialógico-diádica da manutenção de si, visto que esta assume um significado moral. A obrigação de manter-se *cumprindo* suas promessas é ameaçada pelo risco de imobilizar-se na rigidez estoica da simples *constância*, se não for irrigada pelo voto de corresponder a uma expectativa ou mesmo a uma demanda provinda de outrem. Na verdade, já no primeiro estágio, o da intenção firme, o outro é implicado: um compromisso que não consistisse em fazer algo que o outro pudesse escolher ou preferir poderia não passar de estúpida aposta. E, se eu alimentar o firme propósito de pôr a constância a mim mesmo acima das intermitências de meus desejos, desprezando os obstáculos e os entraves exteriores, essa constância, de algum modo monológica, poderá ficar presa na alternativa que Gabriel Marcel descrevia em sua admirável análise da disponibilidade: "Em certo sentido – dizia ele em *Être et Avoir*[47] (pp. 56 ss.) –, só posso ser fiel a meu próprio compromisso, ao que parece, comigo mesmo." Mas nesse ponto de duas uma: "No momento em que me comprometo, ou estabeleço arbitrariamente uma invariabilidade de meu sentir que não está em meu poder de fato instituir, ou então aceito de antemão ter de cumprir em dado momento um ato que não refletirá em absoluto minhas disposições interiores quando o cumprir. No primeiro caso, minto a mim mesmo; no segundo, é a outrem que de antemão consinto em mentir" (*ibid.*, p. 70). Como escapar desse duplo nó da constância a si mesmo? Todos conhecem a resposta de Gabriel Marcel: "Todo compromisso é uma resposta" (*ibid.*, p. 63). É ao outro que quero ser fiel. A essa fidelidade Gabriel Marcel dá o belo nome de disponibilidade[48].

A rede nocional que tem a noção de disponibilidade como um dos nós é muito ramificada. Pelo seu contrário, a indisponibilidade, ela tangencia a dialética do ser e do ter. A disponibilidade é a saída que abre a manutenção de si para a estrutura dialógica instituída pela regra áurea. Esta, enquanto regra

---

47. Paris, Aubier, 1935.
48. P. Ricœur, "Entre éthique et ontologie, la disponibilité", *Actes du Colloque Gabriel Marcel* (1988), Paris, Bibliothèque nationale, 1989.

de reciprocidade proposta numa situação inicial dissimétrica, estabelece o outro na posição de um obrigatário que conta comigo e faz da manutenção de si uma resposta a essa expectativa. Em grande medida, para não frustrar essa expectativa, para não a trair, faço da manutenção de minha primeira intenção o tema de uma intenção redobrada: a intenção de não mudar de intenção. Nas formas de promessa sancionadas pelo direito – juramento, contrato etc. –, a expectativa de outrem que conta comigo torna-se, de sua parte, um direito de exigir. Entramos então no campo das normas jurídicas, em que a filiação da norma a partir da solicitude é como que obliterada, apagada. É preciso remontar dessas formas de promessas sancionadas pelos tribunais às formas em que o elo do momento normativo com a visada ética ainda é perceptível: "de ti – diz-me o outro – espero que cumpras a palavra"; a ti respondo: "podes contar comigo". Esse *contar com* liga a manutenção de si, em seu teor moral, ao princípio de reciprocidade baseado na solicitude. Assim, o princípio de fidelidade à palavra dada apenas aplica a regra de reciprocidade à classe de ações em que a própria linguagem está em jogo como instituição que rege todas as formas da comunidade. Não cumprir a promessa é trair a expectativa do outro e, ao mesmo tempo, a instituição que medeia a confiança mútua dos sujeitos falantes.

A análise sumária da promessa a que acabamos de proceder acentua a cesura tão cuidadosamente ocultada por Kant entre o respeito pela regra e o respeito pelas pessoas. Essa cesura, que se tornará fissura nos casos de conflitos que mencionaremos, sem dúvida não podia aparecer no trajeto da subsunção da ação à máxima e da máxima à regra. Em compensação, a fissura não pode deixar de chamar a atenção a partir do momento em que enveredamos pelo trajeto de retorno da máxima, sancionada pela regra, às situações concretas. A possibilidade desses conflitos, com efeito, está inscrita na estrutura de reciprocidade da promessa. Se a fidelidade consiste em corresponder à expectativa do outro que conta comigo, é essa expectativa que devo tomar como medida da aplicação da regra. Delineia-se outra espécie de exceção, que não a exceção a meu favor, a saber, a exceção a favor do outro. A sabedoria prática consiste em inventar as condutas que satisfarão ao máximo à exceção demandada pela solicitude, traindo o mínimo possível a regra. Daremos dois exemplos, um dos quais referente à "vida terminal", e o outro, à "vida inicial". O primeiro exemplo é bem conhecido com o título banalizado de verdade obrigatória para com os moribundos. De fato, parece abrir-se uma brecha entre duas atitudes extremas. Ou dizer a verdade sem levar em conta a capacidade do moribundo de recebê-la, por puro respeito à lei que supostamente não tolera nenhuma exceção; ou mentir conscientemente, por temor, calcula-se, de enfraquecer no doente as forças que lutam contra a morte e transformar em tortura a agonia de um ser amado. A sabedoria prática consiste, no caso, em inventar os comportamentos justos apropriados à singularidade dos casos. Mas nem por isso ela está à mercê da arbitrariedade. O que a sabedoria prática mais precisa nesses casos ambíguos é de uma meditação sobre a relação entre felicidade e sofrimento. "Não há ética sem ideia de vida feliz – lembra oportunamente Peter Kemp em *Éthique et Médecine*[49]. Também é preciso situar o papel da felicidade na ética" (p. 63). Ora, Kant, ao incluir, na *Crítica da razão prática* (*Teorema III*, corolário, e escólio), todas as formas de afetividade apenas sob a rubrica da faculdade inferior de desejar, fechou as portas a uma investigação diferenciada que decompusesse o equívoco termo felicidade entre gozo de bens materiais e aquilo que P. Kemp designa "prática comum de dar e receber entre pessoas livres" (p. 64). Assim considerada, a felicidade "já não entra em contradição absoluta com o sofrimento" (p. 67)[50]. Por falta de tal meditação sobre a relação entre sofrimento e felicidade, a preocupação de não "causar sofrimento", a qualquer custo, aos doentes no fim da vida acaba por transformar em regra o dever de mentir aos moribundos.

---

49. *Op. cit.*
50. Lê-se na mesma obra de P. Kemp: "felicidade, sofrimento e angústia diante da morte" (*ibid.*, pp. 63 ss.). Aprende-se que o aprendizado da velhice para si mesmo e o respeito à velhice nos outros não são estranhos a esse bom uso da solicitude, quando esta se move no estreito intervalo no qual é verdadeiro que não há ética sem felicidade, mas é falso que a felicidade exclua o sofrimento.

Nunca a sabedoria prática poderia consentir em transformar em regra a exceção à regra. Muito menos se deveria legislar numa esfera em que a responsabilidade de fazer escolhas dificílimas não poderia ser aliviada pela lei. Em tais casos, talvez seja preciso ter compaixão por seres fracos demais, moral e fisicamente, para ouvirem a verdade. Em outros casos, é preciso saber dosar a comunicação dessa verdade: uma coisa é dar nome à doença, outra é revelar o seu grau de gravidade e as poucas chances de sobrevida, uma outra ainda é impingir a verdade clínica como uma condenação à morte. Mas há também situações, mais numerosas do que se acredita, em que a comunicação da verdade pode tornar-se uma oportunidade de intercâmbio entre dar e receber sob o signo da morte aceita[51].

Num espírito semelhante pode-se abordar o problema do respeito à pessoa na "vida inicial". É verdade que esse problema apresenta um grau maior de complexidade, em razão das considerações ontológicas apresentadas pela vida que se inicia, e não eram apresentadas pela vida que acaba. Em se tratando do embrião e depois do feto humano, é difícil não se perguntar que espécie de seres são, se não são coisas nem pessoas. Em certo sentido, a posição kantiana referente à pessoa não estava desprovida de implicações ontológicas, como lembrou acima a célebre fórmula: a natureza racional *existe* como um fim em si. Por contraste, a coisa, por ser manipulável, recebia um modo de existência oposta, definido precisamente pela aptidão a ser manipulada. Além disso – e essa observação ganhará grande peso ulteriormente –, nessa oposição bipolar entre pessoa e coisa, a distinção entre modos de ser era inseparável da prática, ou seja, da maneira de tratar pessoas e coisas. A questão nova, apresentada pela vida inicial, é outra: o que o embrião e o feto humano põem em questão é o caráter dicotômico dessas considerações ético-ontológicas: para complicar as coisas, não é apenas o embrião humano no útero materno que suscita as questões mais espinhosas, mas o embrião separado, concebido em proveta, posto no congelador e dispo-

---

51. Com o mesmo espírito deveriam ser tratadas a questão da obstinação terapêutica e a da eutanásia passiva ou mesmo ativa.

nível para a pesquisa científica. Como escreve Anne Fagot[52]: "Há conflito entre o princípio do respeito devido ao ser humano e a instrumentalização desse ser nos estágios embrionário ou fetal – a menos que um embrião humano não seja uma *pessoa* humana."

É necessário ouvir os defensores das teses opostas para determinar melhor o ponto de inserção da sabedoria prática. Segundo os partidários dos critérios *biológicos* da presença ou ausência de pessoa humana, pessoa e vida são indissociáveis, uma vez que esta sustenta aquela: diz o argumento que o patrimônio genético ou genoma que marca a individualidade biológica é constituído já na concepção[53]. Na forma mais moderada da chamada tese biológica, a consequência ética é a seguinte: o "direito à vida" do embrião é um direito a uma "oportunidade de vida"; na dúvida, não se deve assumir o risco de um homicídio. Essa noção de risco, cabe admitir, faz o argumento "biológico" entrar na região da sabedoria prática, como será dito adiante. É nesse aspecto que ele merece ser ouvido, quando conclui pela proibição de qualquer prática que não sirva aos supostos fins do embrião e do feto, que são viver e desenvolver-se. Pode-se, porém, perguntar se a sabedoria prática, sem perder completamente de vista o critério biológico, não deve levar em conta os fenômenos de limiar e estágio que põem em xeque a alternativa simples entre pessoa e coisa.

---

52. Anne Fagot e Geneviève Delaisi, "Les droits de l'embryon", *Revue de métaphysique et de morale*, 1987, nº 3, pp. 361-87.

53. De fato, na discussão contemporânea, o argumento biológico serve de caução científica à concepção ontológica de tipo substancialista, por sua vez ligada a considerações teológicas sobre o estatuto de criatura do ser humano; essas considerações originam-se essencialmente do debate antiquíssimo em torno do momento de infusão da alma espiritual no ser humano. Acresce também o temor de que o domínio dos fenômenos relativos à vida e à morte institua uma relação de onipotência sobre o humano, com o que a técnica extrapolaria seu campo de legítimo domínio. O mesmo argumento – nota A. Fagot – também assume forma teológica: apenas Deus é senhor da vida. Nesse sentido, o critério biológico raramente funciona sozinho. Só o isolamos para atender às necessidades de nossa investigação: "atrás da rigidez dos princípios estabelecidos, há, pois, uma visão trágica da vida moral: o homem, quando substitui as decisões da natureza pelas suas, só pode fazer o mal" (*ibid.*, p. 370).

Só a ontologia substancialista que acompanha o argumento biológico impede que se desenvolva uma ontologia do desenvolvimento capaz de situar o juízo prudencial num campo tipicamente "intermediário". A distinção que propomos ao longo destes estudos entre a identidade-mesmidade e a identidade-ipseidade deveria autorizar-nos, se não a ignorar o argumento biológico, pelo menos a dissociá-lo da ontologia substancialista subjacente.

A tese oposta requer observações comparáveis: se a ideia de dignidade for vinculada apenas às capacidades plenamente desenvolvidas, tais como a autonomia do querer, somente são pessoas os indivíduos adultos e instruídos, "esclarecidos". Falando-se com todo o rigor, "a comunidade das pessoas pode decidir proteger os seres que estejam aquém da capacidade de autonomia 'mínima', como se protege a natureza, mas não respeitá-los como se respeita a autonomia das pessoas" (A. Fagot, *ibid.*, p. 372). Portanto, não se compreende como a tese puramente moral do respeito poderá ser entendida neste debate se não for acompanhada, também, por uma ontologia mínima de desenvolvimento, que à ideia de capacidade, pertinente a uma lógica do tudo ou nada, acrescente a de aptidão, que admite graus de atualização[54].

Tomo a liberdade de sugerir que a ontologia progressiva desejada talvez não seja mais autônoma em relação à ética do que os critérios da pessoa e da coisa em Kant. Sem dúvida, a identificação dos limiares e graus que demarcam o aparecimento das propriedades do ser pessoal é da alçada apenas da ciência. Mas o teor ontológico atribuído ao predicado "potencial",

---

54. Mencionando o ponto de vista pragmático, em especial britânico, segundo o qual a questão do modo como o embrião deve ser tratado deveria libertar-se de qualquer critério ontológico, A. Fagot observa: "Acreditamos que o que se busca atualmente sob a cobertura do pragmatismo é uma ética baseada numa ontologia *progressiva*, em consonância com a intuição simples e comum de que o ser embrionário é um ser em desenvolvimento e que, em relação a uma célula viva, depois a um feto de cinco meses e depois a uma criança de cinco anos, nossas obrigações morais não poderiam ser as mesmas" (*ibid.*, p. 377). Chegamos assim à noção de "pessoa humana *potencial*", invocada pelo comitê consultivo de ética na França e por outras comissões de estudiosos pelo mundo.

na expressão "pessoa humana potencial", talvez não seja separável da maneira de "tratar" os seres, correspondente a esses diversos estágios. Maneira de ser e maneira de tratar parecem precisar determinar-se conjuntamente na formação dos juízos prudenciais suscitados por cada avanço do poder que a técnica hoje propicia sobre a vida em seus primórdios. Mais uma vez, se a ciência é a única habilitada a descrever os limiares de desenvolvimento, a apreciação dos direitos e dos deveres relativos a cada um deles é da alçada de uma verdadeira invenção moral que escalonará direitos qualitativamente diferentes, segundo uma progressão comparável à dos limiares biológicos: direito de não sofrer, direito à proteção (noção que, por sua vez, apresenta graus de "força" ou de "insistência"), direito ao respeito, a partir do momento em que se esboça algo como uma relação, mesmo assimétrica, de troca de signos pré-verbais entre o feto e a mãe. É esse vaivém entre descrição dos limiares e apreciação dos direitos e deveres, na zona intermediária entre coisa e pessoa, que justifica a classificação da *bioética* na zona do juízo prudencial. Com efeito, a apreciação diferenciada e progressiva dos direitos do embrião e, depois, do feto, por mais informada que seja pela ciência do desenvolvimento, eventualmente enraizada numa ontologia do desenvolvimento, não pode deixar de incorporar avaliações marcadas pelo mesmo estilo de tradicionalidade das heranças culturais, arrancadas de seu sono dogmático e abertas para a inovação. Nesse jogo complexo entre ciência e sabedoria, a avaliação dos riscos incorridos em relação às gerações futuras não pode deixar de moderar as audácias que as proezas técnicas estimulam. O temor do pior, como afirma com veemência Hans Jonas em seu "princípio responsabilidade"[55], é um componente necessário de todas as formas de responsabilidade de longuíssimo prazo, demandada pela era técnica. Nesse sentido, a circunspecção, por exemplo na manipulação de embriões excedentes, não é obrigatoriamente apanágio dos defensores incondicionais do "direito à vida" dos embriões humanos, mas faz parte

---

55. Hans Jonas, *Das Prinzip Verantwortung, Versuch einer Ethik für die technologische Zivilisation*, Frankfurt, Insel Verlag, 1980.

daquela sabedoria prática exigida pelas situações conflituosas decorrentes do próprio respeito num campo em que a dicotomia entre pessoa e coisa é posta em xeque.

O parentesco entre a parcela de sabedoria prática incorporada na bioética e a que identificamos mais facilmente na esfera da promessa e nos casos de consciência apresentados pela vida terminal é marcado pela presença das mesmas três características nos diversos casos considerados. Em primeiro lugar, é prudente garantir que as posições contrárias falem em nome do mesmo princípio de respeito e só difiram em relação à amplitude de seu campo de aplicação, em especial na zona intermediária entre a coisa e a pessoa moralmente desenvolvida. Em segundo lugar, a busca do "meio-termo" – da *mesótes* aristotélica! – parece ser de bom alvitre, embora sem valor de princípio universal; assim, a determinação do período da gestação durante o qual o aborto não constitui crime demanda um tino moral muito desenvolvido. Nessa ocasião, é bom lembrar que o "meio-termo" pode ser coisa bem diferente de uma concessão covarde, que por sua vez também é um "extremo"[56]. De modo geral, as decisões morais mais graves consistem em traçar a linha divisória entre o permitido e o proibido nas zonas "médias" que resistam a dicotomias demasiado familiares. Terceira característica da sabedoria prática comum a todos os nossos exemplos: quanto mais o decididor – em posição de legislador ou não – tiver consultado homens e mulheres com grande reputação de competência e sabedoria, menor será a arbitrariedade do juízo moral em situação. A convicção que sela a decisão se beneficia então do caráter plural do debate. O *prhronimos* não é obrigatoriamente um homem só[57].

---

56. "Por isso, na ordem da substância e da definição que expressa a quididade, a virtude é uma mediania, ao passo que, na ordem da excelência e do perfeito, é um extremo" (*Ética nicomaqueia,* trad. fr. Tricot, II, 6, 1107 a 6-7). Esse texto notável de Aristóteles é lembrado por Peter Kemp no fim de sua conferência "Ética e técnica; bioética", proferida ao palácio da Europa em Estrasburgo no dia 4 de novembro de 1988.

57. Citaremos também: "Assim, pois, a virtude é uma disposição a agir de modo deliberado e constante numa mediania relativa a nós, que é racionalmente determinada e do modo como seria determinada pelo homem prudente [*phrónimos*]" (*Ét. nic.,* II, 6, 1106 b 36).

Pode-se dizer para concluir que o respeito remete à solicitude, preocupada com a alteridade das pessoas, inclusive a das "pessoas potenciais", nos casos em que o próprio respeito é fonte de conflitos, em especial nas situações inéditas criadas pelos poderes que a técnica confere ao homem sobre os fenômenos da vida. Mas não é a solicitude de algum modo "ingênua" de nosso sétimo estudo, e sim uma solicitude "crítica", que passa pelas provas das condições morais do respeito e dos conflitos provados por este último. Essa *solicitude crítica* é a forma assumida pela sabedoria prática na região das relações interpessoais.

3. Autonomia e conflito

Nosso percurso retroativo nos levou de volta ao pé do bastião da moral, no sentido kantiano do termo: a afirmação da autonomia, da autolegislação, enquanto metacritério da moralidade. Aqui encontra seu último ponto de aplicação a nossa tese de que a própria moralidade, pelos conflitos que suscita com base em suas próprias pressuposições, remete à afirmação ética mais originária; tal tese baseia-se em argumentos específicos que várias vezes tangenciamos ou até mesmo antecipamos nas duas seções anteriores, cabendo agora explicitá-los. Com diversas formas, esses argumentos convergem para um confronto entre a *pretensão universalista* vinculada às regras baseadas no princípio da moralidade e o reconhecimento dos valores positivos pertinentes aos *contextos históricos e comunitários* de efetivação dessas mesmas regras. Minha tese aqui é de que não haveria lugar para uma tragicidade da ação se a tese universalista e a tese contextualista não tivessem de ser mantidas cada uma num lugar que falta determinar, e se a mediação prática capaz de superar a antinomia não fosse confiada à sabedoria prática do juízo moral em situação.

Para conferir força total ao argumento, em minha opinião é preciso proceder a uma revisão extensa do formalismo kantiano, não com o intuito de refutá-lo, mas de desnudar a pretensão universalista que constitui seu núcleo duro e conferir, assim, força total ao antagonismo com o qual terminará nossa investigação da ipseidade moral.

Essa revisão será feita em três momentos. Num primeiro momento, é preciso questionar novamente a ordem de prioridade atribuída por Kant ao princípio de autonomia em relação ao respeito aplicado à pluralidade das pessoas e ao princípio de justiça pertinente ao plano das instituições. No estudo anterior, admitimos como hipótese de trabalho a pressuposição implícita de que o si-mesmo da autonomia pode e deve ser preservado de contaminação por qualquer tese egológica, seja ela qual for. Ora, toda a discussão que precede – talvez esteja aí a principal vantagem do procedimento retroativo deste estudo – tende a sugerir que esse estatuto não egológico, não monológico e, se é que se pode dizer, pré-dialógico do si autônomo só pode ser salvo ao cabo de um procedimento regressivo que parta da ideia de justiça, atravessando o princípio do respeito devido às pessoas em sua pluralidade e alteridade, para atingir *in fine* o princípio que diz *na qualidade de quê* a categoria dos mais favorecidos deve ser tomada como termo de referência para qualquer distribuição justa, e *na qualidade de quê* o receptor de minha ação – sua vítima potencial – deve ser respeitado em relação ao agente que sou. Não é de duvidar que essa leitura retroativa, que põe a autonomia no fim da reflexão moral, e não no começo, inverta a ordem metódica preconizada pelos *Fundamentos*...: da "forma" (unidade) à "matéria" (pluralidade) e à "determinação completa" (totalidade)[58]. Ora, o próprio sentido da autonomia é afetado por essa inversão da ordem que a coloca no fim do percurso. Uma abordagem da autonomia através da regra de justiça no plano das instituições e através da regra de reciprocidade no plano interpessoal possibilita obter frutos das aporias que ficaram em suspenso no fim de nossa apresentação do princípio kantiano da moralidade. Três "lugares" aporéticos haviam sido, assim, como que delineados indiretamente pela firme afirmação do princípio de autonomia. Em primeiro lugar, por ocasião da discussão sobre o "fato da razão",

---

58. O emprego do termo "metódico" aqui é de Kant, na segunda seção dos *Fundamentos*... (ed. Alquié [IV, 436], p. 304).

foi o reconhecimento de certa receptividade em virtude da qual a liberdade é afetada pela própria lei que ela se impõe, como se a autoafirmação não pudesse ser pensada sem autoafetação; em segundo, foi aquela outra afetação ligada ao respeito entendido como móbil, em virtude do que a razão de um ser finito, afetando sua própria sensibilidade, se faz razão afetada, segundo os modos opostos da humilhação e da exaltação; por fim, foi aquela afetação *radical,* radical como o mal radical, em consequência do qual o arbítrio está desde sempre submetido à "propensão" ao mal, que, sem destruir nossa disposição ao bem, afeta nossa *capacidade* de agir por dever.

De que modo a abordagem retroativa da autonomia, aqui praticada, possibilita conciliar a ideia de autonomia com essas marcas de receptividade, passividade e mesmo impotência? No sentido de que uma autonomia associada à regra de justiça e à regra de reciprocidade já não pode ser uma autonomia *autossuficiente.* A dependência segundo a "exterioridade", ligada à condição dialógica da autonomia, de algum modo é responsável pela dependência segundo a "interioridade" que essas três aporias revelaram.

Dessa reinterpretação do princípio de autoridade resulta a necessidade de voltar a trabalhar a oposição entre autonomia e heteronomia. A partir daí é preciso distinguir duas ideias diferentes uma da outra. A primeira, que Kant tem em vista quando fala de heteronomia, não se distingue do estado de "menoridade" denunciado pelo panfleto *O que é iluminismo?* Esse estado de minoridade consiste em deixar-se ficar sob a tutela de outrem, de tal modo que o próprio juízo depende do juízo de outrem; por contraste com esse estado, a autonomia ganha sentido forte, a saber, a responsabilidade do juízo próprio. Ora, Kant não se deu conta de que essa assunção de responsabilidade está associada à regra de reciprocidade da justiça, que a coloca no mesmo espaço de pluralidade em que atua, precisamente, o estado de minoridade (pelo que a autonomia é tanto um princípio político quanto um princípio moral; é um princípio político que Kant moralizou). A autonomia mostra-se, assim, tributária da heteronomia, mas em outro sentido de outro: o outro da liberdade, com a forma da lei que, porém, a liberdade se impõe; o outro do sentimento com a forma do respeito; o outro do mal com a forma de tendência ao mal. Por sua vez, essa tripla alteridade, íntima do si-mesmo, converge para a alteridade propriamente dialógica que torna a autonomia intimamente associada e dependente da regra de Justiça e da regra de reciprocidade. A própria ideia de outrem bifurca-se em duas direções opostas em correlação com duas figuras, de senhor e mestre: um, dominador, contraposto a escravo; o outro, mestre de justiça, em contraposição ao discípulo. É a "heteronomia" deste último que se deve integrar à autonomia, não para enfraquecê-la, mas para reforçar a exortação de Kant em *O que é iluminismo?*: *Sapere aude!* Ousa aprender, experimentar, saborear por ti mesmo!

Num segundo momento, é preciso voltar a questionar o uso *restritivo* que Kant faz do *critério de universalização*, em relação ao qual o princípio de autonomia desempenha o papel de metacritério (para retomar o vocabulário de Otfried Höffe). Esse uso é restritivo no sentido de que, na experiência de pensamento proposta por ocasião dos famosos "exemplos", uma máxima é declarada não moral se, elevada por hipótese ao nível de regra universal, demonstrar que abriga uma contradição *interna*. A máxima, segundo diz Kant, então se autodestrói.

Essa redução da prova de universalização à não contradição dá uma ideia extraordinariamente pobre da *coerência* que um sistema de moral pode pretender; a partir do momento em que se decide fazer uma pluralidade de deveres *derivar* do princípio mais elevado da moralidade – digamos, do segundo imperativo categórico –, a questão já não é saber se uma máxima considerada isoladamente se contradiz ou não, mas se a derivação exprime certa produtividade do pensamento ao mesmo tempo que preserva a coerência do conjunto das regras. A questão que destacamos aqui não nos transvia numa polêmica acadêmica, pois os conflitos mais significativos que a pretensão à universalidade da moral provoca nascem a propósito de deveres pretensamente derivados que, ao mesmo tempo, ficam presos na ganga contextual de uma cultura histórica. Portanto, é necessário ter clareza sobre o alcance e o limite da coerência dos sistemas de moral[59].

Uma concepção mais construtiva da coerência é proposta pelo *raciocínio jurídico*. Nos autores de língua inglesa, sejam eles filósofos do direito ou da moral, a flexibilidade e a inventividade permitidas pela *common law* sempre são levadas em conta[60].

Tomemos o caso no qual uma causa, por exemplo um pedido de reparação baseado num direito legal à privacidade (*privacy*), não tenha sido objeto de nenhuma decisão jurídica anterior. Nesse caso e em todos os semelhantes – chamados *hard cases* –, o juiz examinará os precedentes que, de uma maneira ou de outra, pareçam mais pertinentes; sem ver neles a

---

59. O problema apresenta-se dentro do próprio kantismo, desde que não nos limitemos à análise separada dos "exemplos", mas nos detenhamos em seu modo de derivação. Este é esboçado nos *Fundamentos...* e tratado explicitamente em *Metafísica dos costumes*. De fato, prestou-se pouca atenção ao modelo de coerência posto em jogo na *Doutrina da virtude*, destacando-se mais o seu aspecto tedioso, banal ou envelhecido. É verdade que a dupla divisão entre deveres estritos e deveres amplos, e entre deveres para consigo e deveres para com outrem, representa mais classificação que derivação, o que limita consideravelmente o interesse do tratado. Contudo, é preciso prestar atenção à autêntica derivação que resulta da conjunção entre fim e dever. Tudo, na *Doutrina da virtude*, repousa na ideia de um fim que é um dever: "Só um fim que é ao mesmo tempo um dever pode ser chamado dever de virtude" (Kant, *Metafísica dos costumes*, segunda parte, *Doutrina da virtude*, trad. fr. A. Philonenko, Paris, Vrin, 1968, p. 53; cf. ed. Alquié [VI, 383], p. 661). A pluralidade dos deveres procede assim da pluralidade dos fins passíveis de derivarem da pessoa como fim em si mesma: "Esses fins são: minha perfeição e a felicidade de outrem" (trad. fr. Philonenko, p. 56; cf. ed. Alquié [VI, 385], p. 664). Aqui o conceito moral de fim em si, aplicável apenas à pessoa, articula-se com os conceitos teleológicos, já mencionados acima, recebidos da *Crítica da faculdade de julgar*. Da pluralidade desses conceitos teleológicos resulta a pluralidade dos deveres: "Por isso, há *uma única* obrigação de virtude, ao passo que há vários deveres de virtude. Porque há muitos objetos que para nós são fins, assim como é de nosso dever propô-los a nós mesmos..." (trad. fr. Philonenko, p. 83; cf. ed. Alquié [VI, 410], p. 696). Portanto, não se pode dizer que o formalismo deixa a moral vazia. A questão é saber se a multiplicidade dos deveres constitui sistema: é daí que parte a discussão moderna sobre a coerência de um sistema moral.

60. Cf. R. Dworkin, *Taking Rights Seriously*, Harvard University Press, 1977, cap. IV, Vl e Vll.

exemplificação de intuições morais comparáveis a evidências factuais, ele os tratará como especificações de um princípio que está por ser construído e que englobará precedentes e casos insólitos, em nome da responsabilidade do juiz para com a coerência que prevaleceu até então. Percebe-se já despontar a ideia de um conflito entre as convicções razoáveis investidas, por um lado, nos precedentes e, por outro, no caso insólito. O juiz pode, por exemplo, achar que é injusto punir uma tentativa de homicídio com a mesma severidade de um homicídio efetivamente perpetrado e, apesar disso, sentir alguma dificuldade em coadunar essa posição com seu sentimento, não menos razoável, de que a culpa do réu está na intenção, e não na ação considerada como algo que apenas acontece. A pressuposição é que toda concepção de justiça requer uma coerência que não deve apenas ser preservada, mas construída. O parentesco dessa pressuposição com o critério kantiano da universalização não é duvidoso, mas o caráter "construtivo" de sua efetivação é muito diferente do uso kantiano canônico: em primeiro lugar, extrai-se um conceito jurídico de um grupo de casos aparentados, depois ele é aplicado a casos novos, até que apareça um caso refratário como fator de ruptura que exija a construção de um novo conceito[61].

Mas por acaso a coerência de um sistema moral pode ser a mesma de um sistema jurídico? As diferenças são grandes. Em primeiro lugar, a noção de precedente tem sentido bem preciso na esfera jurídica, uma vez que se trata de sentenças proferidas por tribunais de justiça que terão força de lei enquanto não forem retificadas ou revogadas; em segundo, trata-se de instâncias públicas que têm autoridade para construir a nova coerência exigida pelos casos insólitos; em terceiro e mais importante, a responsabilidade do juiz em relação à coerência exprime a convicção, comum à sociedade considerada, de que a coerência é importante para governar os homens. Dessas ca-

---

61. Alan Donagan, *The Theory of Morality*, University of Chicago Press, 1977, desenvolve um argumento próximo ao de Dworkin que, por sua vez, se baseia nos trabalhos do grande jurista Edward H. Levi, que caracteriza como *circular motion* o movimento de vaivém entre o nível do conceito construído e o nível dos precedentes e dos casos refratários (citado por Donagan, *op. cit.*, p. 68).

racterísticas próprias aos sistemas jurídicos resulta que eles sempre abrangem apenas a região das relações de interação em que os conflitos são da alçada do veredicto dos tribunais. Por isso, resta saber se um sistema moral, que não tem o suporte da instituição jurídica, é capaz de ter coerência própria. Além disso, a coerência dos sistemas jurídicos remete à coerência do sistema moral, na medida em que se pode perguntar se o "ponto de vista público", que é o ponto de vista do juiz, segundo Dworkin, tem algum fundamento moral.

Nesse aspecto, a tentativa mais notável é a de Alan Donagan em *The Theory of Morality*. Este se propôs fazer uma reconstrução da empreitada kantiana de derivação de uma pluralidade de deveres a partir do imperativo do respeito devido às pessoas na qualidade de seres racionais, levando em conta recursos construtivistas do modelo jurídico, mas subordinando a legalidade à moralidade, como Kant. Da reconstrução de Donagan considerarei aqui o papel por ele atribuído às "premissas adicionais" ou "especificantes", em razão do papel que elas desempenharão na discussão das objeções que o *contextualismo* opõe ao universalismo moral. Essas premissas têm a função de delimitar e depois corrigir ou mesmo estender a classe das ações à qual o imperativo formal se aplica. Se a derivação tiver sido feita corretamente deve ser possível dizer: "nenhuma ação da espécie [trad. do autor], tomada como tal, falta ao respeito devido a todo ser humano como ser racional" (Donagan, *op. cit.*, p. 67). A tarefa da filosofia moral, aí, é redefinir as classes de ação, de tal maneira que o conteúdo da regra seja adequado à forma do princípio. Um exemplo pouco contestável é fornecido pelo caso da legítima defesa: a regra segundo a qual é permitido matar quando se é ameaçado de morte ou quando não existe outro meio de proteger um terceiro ameaçado de morte limita o campo de aplicação da proibição de matar à classe do homicídio e do assassinato. A exceção aparente ao imperativo "Não matarás" é, assim, posto sob a regra delimitada pela premissa especificante.

Pode-se anuir a Donagan que é tarefa legítima da filosofia moral levar o mais longe possível a reconstrução do sistema moral mais digno de elevar à universalidade uma pretensão[62]. A coerência de tal sistema significa três coisas: primeira, que formalismo não implica vacuidade: pode-se fazer uma pluralidade de deveres derivar do único imperativo que manda respeitar todas as pessoas como seres racionais[63]; segunda, esses deveres, embora não deriváveis uns dos outros, não engendram situações tais que, para obedecer a um, seria preciso desobedecer ao outro, como por exemplo mentir para não matar ou matar para não mentir[64]; terceira, as regras de derivação devem ser tais que os conteúdos estejam de acordo com a regra imediatamente superior[65].

---

62. Essa foi, durante séculos, a tarefa da casuística, que no plano moral pode ser considerada paralela à jurisprudência no plano legal.

63. Como vimos, Kant fez isso apoiado na pluralidade dos fins justificados pelo juízo reflexivo, no espírito da *Crítica da faculdade de julgar*.

64. Nesse sentido preciso, é inconcebível um conflito de deveres *desde que* a regra considerada seja realmente um dever, ou seja, desde que corretamente derivada do princípio. Donagan (*The Theory of Morality, op. cit.*, pp. 143 ss.) lembra que santo Tomás negava a possibilidade da perplexidade *simpliciter* (que corresponderia ao caso em que, para escapar a uma má ação, seria preciso cometer outra igualmente má) e só admitia a perplexidade *secundum quid*, ligada às ações meritórias que tivessem como condição uma falta preliminar. Kant não disse outra coisa: "Um *conflito de deveres* seria uma relação tal entre estes que um deles suprimisse o outro (no todo ou em parte). Mas, como o dever e a obrigação em geral são conceitos que expressam a *necessidade* objetiva prática de certas ações, e como duas regras opostas não podem ser ao mesmo tempo necessárias, e, sendo um dever de agir segundo uma regra, não só não pode ser um dever de agir segundo outra regra, como também isso seria até contrário ao dever, segue-se que não é pensável uma *colisão de deveres* e obrigações [*obligationes non colliduntur*]" (*Metafísica dos costumes,* primeira parte, *Doutrina do direito,* Introdução geral, trad. fr. Philonenko, p. 98; cf. ed. Alquié [VI, 224], p. 471). Como se vê, o argumento em Kant é lógico e moral: "como duas regras opostas não podem ser ao mesmo tempo necessárias...".

65. A expressão *"unformalized analytical reasoning"* reivindicada por Donagan (*op. cit.*, p. 72) para salvaguardar o parentesco entre o raciocínio moral e o raciocínio legal, ao mesmo tempo que destaca a especificidade do primeiro, designa tanto um problema por resolver quanto uma solução absolutamente convincente. O autor concorda que não pode tratar-se de prova formal, visto que um sistema de deveres não pode atingir o rigor de um sistema axiomático. Por isso, a impossibilidade da contradição entre deveres múltiplos com exclusão da exceção não pode ser formalmente provada; pode-se apenas dizer que todos os contraexemplos são refutáveis, uma vez que o sistema moral foi construído com rigor e formulado de modo competente.

É aí que se afirma a diferença entre sistema moral e sistema jurídico. Por um lado, em vez de precedentes já dotados de estatuto jurídico, na maioria das vezes se lida, no plano moral, com "premissas especificantes" não ditas, no mais das vezes restritivas, que marcam a intervenção das relações de dominação e violência, institucionalizadas, no âmago das convicções morais consideradas mais próximas da regra áurea. Por conseguinte, além dos procedimentos de interpretação construtiva, similares ao raciocínio legal, a filosofia moral deve incorporar uma crítica aguda dos preconceitos e resíduos ideológicos em sua empreitada de reconstrução das premissas especificantes capazes de garantir a frágil coerência do sistema moral. É aí que o racionalismo encontra inesperadamente a sabedoria trágica: o estreitamento que afeta a visão das "grandezas espirituais" que os dois protagonistas de *Antígona* de Sófocles supostamente servem não terá como equivalente, no plano da teoria moral, um uso perverso das "premissas especificantes" que cabe a uma crítica das ideologias desmascarar[66]?

O fato é que a defesa da *universalidade* é que confere peso aos problemas ligados à *historicidade* da moral concreta.

Uma terceira reinterpretação da herança kantiana nos dá nova oportunidade de fazer o trágico da ação aparecer na esteira da exigência de universalidade que, em última instância, se identifica no momento da moralidade. Trata-se da reconstrução do formalismo por K.-O. Apel e J. Habermas, com base numa moral da comunicação[67]. Minha tese é de que essa em-

---

66. É aqui que ganham força as análises antigas de J. Habermas em *Conhecimento e interesse* (trad. fr. G. Clémençon, Paris, Gallimard, 1976): entre discurso, poder (no sentido de dominação) e posse, os elos são tão inextricáveis que uma terapêutica social das distorções sistemáticas da linguagem deve completar uma simples hermenêutica incapaz de curar apenas com o discurso a falta de compreensão no discurso.

67. K.-O. Apel, *Sur le problème d'une fondation rationnelle de l'éthique à l'âge de la science: l'a priori de la communauté communicationnelle et les fondements de l'éthique*, trad. fr. R. Lelouche e I. Mittmann, Presses Universitaires de Lille, 1987. J. Habermas, *Morale et Communication: conscience morale et activité communicationnelle* (1983), trad. fr. C. Bonchindhomme, Paris, Éd. du Cerf, 1986. J.-M., Ferry, *Habermas. L' éthique de la communication,* Paris, PUF, 1987, cap. X, "Éthique et communauté".

preitada terá total legitimidade se mantida no trajeto da via regressiva da *justificação,* deixando assim descoberta a zona conflitiva situada no trajeto progressivo da *efetivação*[68]. O paradoxo é que a preocupação com a justificação das normas da atividade comunicacional tende a ocultar os conflitos que reconduzem a moral em direção a uma sabedoria prática que tem por panorama o juízo moral em situação. A meu ver, é esse paradoxo que explica a vivacidade da controvérsia suscitada pela moral da comunicação: os defensores da ética contextualista e comunitariana[69] nada mais fazem que exaltar, por efeito de compensação, os conflitos de certo modo ocultados pela moral da comunicação. Em contrapartida, considero que essas situações conflitivas seriam despojadas de seu caráter dramático se não se destacassem do pano de fundo da exigência de universalidade à qual a moral da comunicação confere hoje sua expressão mais adequada.

O que constitui fundamentalmente a força da moral da comunicação é o fato de ter fundido numa única problemática os três imperativos kantianos: o princípio de autonomia segundo a categoria de unidade, o princípio do respeito segundo a categoria de pluralidade e o princípio do reino dos fins segundo a categoria de totalidade. Em outras palavras, o si-mesmo é fundamentado de uma vez em sua dimensão de universalidade e em sua dimensão dialógica, tanto interpessoal quanto institucional. Neste estudo, que não tem outro propósito senão explicar a dimensão moral da ipseidade, nós nos limitaremos aos aspectos da ética da discussão que tenham relação com essa fundamentação. Por isso iremos diretamente ao argumento central de *Moral e comunicação* na terceira seção dessa obra[70]. A ordem seguida pelo argumento comprova amplamente que ele se situa no trajeto regressivo da justificação e da fundamentação. Em primeiro lugar é evidenciado o elo entre a empreitada fundamentadora e "as exigências de validade que

---

68. Sobre a distinção entre trajeto regressivo da justificação e trajeto progressivo da efetivação, cf. acima, p. 305.

69. M. Walzer, M. Sandel, Ch. Taylor, A. MacIntyre.

70. "Nota problemática para fundamentar uma ética da discussão [*Diskursethik*]", *Morale et Communication, op. cit.,* pp. 63-130.

emitimos quando produzimos atos de fala que supõem uma norma (ou uma regra)" (*op. cit.*, p. 64). Em seguida é justificado o recurso à pragmática formal para depreender essas exigências de validade. Vem por fim a questão que Habermas considera fundamental, a saber, "Como o princípio de universalização, que é o único capaz de possibilitar o entendimento mútuo pela argumentação, pode ter fundamento em razão?" (*ibid.*, p. 65). É a esta última questão que nos ateremos. Portanto, consideraremos pacíficos, por um lado, o reconhecimento do elo entre *expectativa normativa* e atividade comunicacional[71] e, por outro, o reconhecimento do elo entre expectativa normativa e validação por *razões*. Dito isto, o importante para nós está na transformação sofrida pela exigência de coerência em vista de sua vinculação a uma teoria da *argumentação*, que não seja redutível nem ao raciocínio dedutivo nem à prova empírica. A lógica da discussão prática ocupa aqui o lugar ocupado nas páginas anteriores pela análise das condições de coerência dos sistemas morais; enquanto esta era conduzida sem consideração da dimensão dialógica do princípio da moralidade, em Apel e Habermas a teoria da argumentação se desenvolve de cabo a rabo no âmbito da atividade comunicacional[72]. Habermas não nega que são os conflitos da vida cotidiana que suscitam a expectativa normativa investida na lógica da discussão prática[73]. É até essa preocupação com argumentações realmente realizadas entre participantes diferentes que afasta Habermas da ficção rawlsiana de uma situação original e da fábula do contrato hipotético (*ibid.*, p. 87). A discussão prática é

---

71. "Chamo de comunicacionais as interações nas quais os participantes estão de acordo em coordenar em bons termos os seus planos de ação; o entendimento assim obtido é então determinado na medida do reconhecimento intersubjetivo das exigências de validade" (*ibid.*, p. 79).

72. "Relativamente aos juízos morais, essa exigência de coerência implica que quem quer que seja, antes de invocar uma norma definida para apoiar seu juízo, deve verificar se lhe é possível exigir que qualquer um, em situação comparável, recorra à mesma norma para emitir um juízo" (*ibid.*, p. 85).

73. "Entrando numa argumentação moral, os que dela participam prosseguem, com atitude reflexiva, sua atividade comunicacional a fim de restabelecer um consenso que foi perturbado. As argumentações morais servem, pois, para absorver no consenso conflitos nascidos na ação" (*ibid.*, p. 88).

uma discussão *real*[74]. Portanto, o que Habermas leva em conta não são as condições históricas de efetivação da discussão prática, mas a fundamentação do princípio de universalização subjacente à ética da discussão. O que o leva nessa direção, na esteira de Apel, são as objeções que o *cético* opõe à própria ideia de acordo moral produzido por via argumentativa. É em relação a essas objeções que ele recorre às pressuposições pragmáticas da argumentação em geral para fundamentar as regras argumentativas do discurso prático. A tentativa ocorre exatamente no ponto em que Kant se detém quando enuncia como "fato da razão" a consciência que temos do caráter autolegislativo da liberdade. Em Karl-Otto Apel, trata-se de nada menos que de uma "fundamentação última" (*letzte Begründung*). Esta se vale da ideia, inacessível a Kant, de *contradição performativa*, que possibilita salvar a autorreferencialidade, própria à argumentação transcendental, da conhecida acusação de regressão ao infinito, ou de interrupção arbitrária da cadeia de discursos, ou de circularidade na argumentação. A *pragmática transcendental* retoma assim, no campo prático, a dedução transcendental kantiana, mostrando como o princípio de universalização, exercendo a função de regra argumentativa, está implícito nas pressuposições da argumentação em geral. A pressuposição de uma "comunidade ilimitada de comunicação" não tem outro papel senão o de enunciar, no plano das pressuposições, a perfeita congruência entre a autonomia do juízo de cada um e a expectativa do consenso de todas as pessoas participantes da discussão prática.

Não entrarei na discussão aberta entre Habermas e Apel em torno dessa pretensão de fundamentação última, derradeira etapa do trajeto regressivo, ao qual em breve daremos como contrapartida o trajeto progressivo da norma à sua efetivação. Notemos apenas que a ambição de Apel é mais considerável que a de Habermas para quem a própria ideia de fundamen-

---

74. "Em tal processo, cada um fornece ao outro razões pelas quais pode desejar que uma maneira de agir se torne socialmente obrigatória. Cada pessoa interessada deve, pois, poder se convencer de que a norma proposta é 'igualmente boa' para todos. Ora, esse processo é por nós chamado de discussão prática" (*ibid.*, p. 92).

tação última põe em xeque a mudança de paradigma pela qual uma filosofia da linguagem assumiu o lugar de uma filosofia da consciência. O recurso à contradição performativa, para Habermas, nada mais significa que a confissão de que não existe princípio de substituição no âmbito da prática argumentativa, sem que essa pressuposição transcendental tenha valor de justificação última[75]. Limito-me a dizer que é precisamente a renúncia à ideia de fundamentação última (que o hermeneuta confirmará com sua insistência na finitude da compreensão) que convida a seguir o trajeto inverso ao da justificação. Com efeito, se admitirmos como o próprio Habermas que "as intuições *morais* cotidianas não têm nenhuma necessidade das luzes dos filósofos" (*ibid.*, p. 119) e que a empreitada fundacional, em última análise, tem apenas função terapêutica, no sentido de Wittgenstein, em relação aos contra-argumentos céticos alçados a "ideologia profissional" (*ibid.*), então a ética da discussão não deve apenas estar no cerne de uma tentativa de fundamentação por via regressiva da exigência de universalização, mas também no da prova por via progressiva no plano da prática efetiva[76].

As páginas anteriores não tinham outra ambição além de elevar a exigência de universalidade a seu mais alto grau de credibilidade e, corolariamente, elevar a igual nível as objeções extraídas do caráter *contextual* das realizações da ética de discussão. Como afirmamos várias vezes, os conflitos que dão

---

75. "De fato – diz Habermas –, não há nenhum prejuízo em negar à justificação pragmático-transcendental qualquer caráter de fundamentação última" (*ibid.*, p. 119). Essa restrição explica por que Habermas pode buscar uma "corroboração maiêutica" (*ibid.*, p. 118) na teoria do desenvolvimento da consciência moral e jurídica elaborada por Lawrence Kohlberg. Esse apoio numa psicossociologia do desenvolvimento não deixará de ter efeito na discussão que segue, uma vez que o modelo de desenvolvimento proposto por Kohlberg repousa na progressão do pré-convencional ao convencional e, por fim, ao pós-convencional, estágio último, correspondente à autonomia kantiana. Falaremos adiante dos inconvenientes ligados a esse método de "controle".

76. Essa inversão de perspectiva não deixa de ser incentivada pela objeção que Habermas opõe a Rawls, de substituir argumentações reais realizadas entre pessoas participantes por uma argumentação realizada numa situação original hipotética.

crédito às teses contextualistas reúnem-se no trajeto da efetivação, e não no da justificação. É importante ter clara essa diferença de local, para não confundir os argumentos que ressaltam a historicidade das escolhas por fazer nesse segundo trajeto com os argumentos céticos dirigidos à empreitada de fundamentação. Essa observação é da maior importância para a discussão da tese universalista que consideramos exemplar, a saber, a da ética da discussão de Habermas.

Não são conflitos novos, quanto ao *conteúdo*, que vamos mostrar com o título de contextualismo. São aqueles mesmos com que deparamos quando discutimos as condições de efetivação da regra de justiça e as da regra de reciprocidade. Mas, enquanto sublinhamos até aqui a equivocidade ou mesmo indecidibilidade das situações com as quais o juízo moral precisa defrontar-se, o que deveremos levar em conta agora é o caráter histórico e culturalmente determinado das avaliações entre as quais o juízo moral precisa orientar-se.

Lembro a primeira ocorrência dessa perplexidade; foi por ocasião da interpretação puramente procedimental dos princípios de justiça em Rawls – interpretação que legitimava a remissão de toda e qualquer consideração teleológica à consciência pessoal dos parceiros do pacto social. O conceito de justo podia, assim, ser inteiramente desligado do de bom. Ora, com a ideia de bens sociais primários – ideia inseparável da de distribuição –, os conceitos teleológicos voltaram a ter força, a ponto de estilhaçar a ideia unitária de justiça numa pluralidade de esferas em função da diversidade das *avaliações* que regem a significação vinculada aos bens considerados (cidadania, necessidades, mercadorias, posição de responsabilidade ou de autoridade etc.). Adiamos então até agora o problema apresentado pelo caráter histórico e comunitário dessas significações e avaliações, para nos concentrarmos no problema apresentado pela diversidade real dos bens em questão. É esse caráter histórico e comunitário que agora precisamos trazer para o primeiro plano. Ora, este não atinge apenas a significação assumida, em dada cultura, por cada um desses bens tomados separadamente, mas a ordem da prioridade instituída a cada vez entre as esferas da justiça e os bens diversos e potencialmente rivais que lhes correspondem. Nesse aspecto, toda distribuição, no sentido amplo que atribuímos a essa palavra, parece problemática: na verdade, não existe sistema de distribuição universalmente válido, e todos os sistemas conhecidos expressam escolhas aleatórias revogáveis, ligadas a lutas que pontuam a história violenta das sociedades.

Portanto, não é de espantar que a mesma historicidade afete todos os níveis da *prática política*, uma vez que o que está em jogo nela é precisamente a distribuição do poder, do que depende a prioridade atribuída a cada vez entre os bens por distribuir. De um nível ao outro da prática política – do nível do debate político institucionalizado nas democracias pluralistas ao da discussão sobre os fins do bom governo (segurança, prosperidade, igualdade, solidariedade etc.) e, por fim, ao da legitimação da própria democracia – afirmou-se uma indeterminação crescente dos fins perseguidos. É ela que nos leva agora a ressaltar a historicidade das escolhas por meio das quais as sociedades resolvem na prática essas perplexidades acumuladas[77].

Se da esfera política passamos à das relações interpessoais, aparecem novas fontes de conflitos, derivados principalmente da *cisão entre respeito à lei e respeito às pessoas*. Nesse novo quadro, o problema era a pluralidade real das pessoas, e não a dos bens, visto que a alteridade das pessoas se opunha ao aspecto unitário do conceito de humanidade. Nessa ocasião, insistiu-se em alguns casos de consciência especialmente dolorosos, os que dizem respeito à "vida terminal" e os provocados pela "vida inicial" na era da técnica. Ora, esses mesmos casos de consciência podem ser reformulados em termos de conflitos entre a exigência universal, ligada ao princípio do respeito devido às pessoas *como seres racionais*, e a procura tateante de soluções – que, nesse sentido, podem ser chamadas de históricas – para o tratamento de seres que já não, ou ainda não, satisfaçam o critério explícito de humanidade que fundamenta o respeito[78].

---

77. Lembramos, a respeito, a caracterização da democracia feita por Claude Lefort, como "sociedade histórica por excelência" (acima, p. 301, n. 35).

78. Embora toque no ponto mais sensível das relações de pessoa a pessoa, a discussão desses casos de consciência intersecciona a discussão anterior sobre

Assim, todas as discussões realizadas na primeira e na segunda seção deste estudo encontram réplica e, diríamos, ponto focal de reflexão no conflito entre universalismo e contextualismo. Essa conexão nada tem de inesperado, uma vez que a exigência de universalização, vinculada ao princípio de autonomia que define em última instância a ipseidade moral, tem seu campo privilegiado de manifestação nas relações interpessoais regidas pelo princípio do respeito devido às pessoas e nas instituições regidas pela regra de justiça.

Ao reformularmos na forma de dilema entre universalismo e contextualismo os conflitos gerados por uma concepção procedimental da justiça e por uma concepção abstrata da humanidade comum a todas as pessoas, preparamos o terreno para uma discussão centrada na ética da argumentação.

Esta pode defender que todos os problemas mencionados devem encontrar solução por meio da ética da argumentação, uma vez que esta é de um nível superior à regra de justiça e à regra de respeito cujos limites de aplicação são mostrados pelos conflitos citados acima. A adjudicação de partes – seja qual for a natureza delas – acaso não resulta, afinal, de um confronto de argumentos, e não só na situação original da fábula rawlsiana, mas nas discussões reais que tratem da distribuição justa do que quer que seja? Acrescentamos: quanto mais estritamente procedimental uma concepção de justiça pretender ser, mais recorrerá a uma ética argumentativa para resolver os conflitos por ela mesma engendrados. A situação acaso não é idêntica nos casos de consciência suscitados pelo princípio do respeito devido às pessoas como seres racionais? Por exemplo, o recurso a uma ontologia desenvolvimental para decidir se um feto é uma pessoa, uma coisa ou uma entidade intermediária acaso não equivale à procura do melhor argumento no debate referente aos direitos do feto? E essa procura por acaso

---

a prática política, uma vez que as decisões do plano interpessoal com muita frequência exigem enquadramento jurídico (referente à descriminalização ou não das práticas abortivas, por exemplo), mas também político (nem que apenas do ponto de vista da destinação de verbas públicas a instituições de pesquisa, de proteção social ou hospitalares).

conserva algum sentido fora da pressuposição dos requisitos universalistas que justificam a ética da argumentação?

Reconheço a força da tese e a adoto até certo ponto, que em breve direi qual é, em contraposição a um uso, a meu ver desastroso, das objeções contextualistas extraídas da observação da maneira como são tratados e resolvidos os conflitos em comunidades históricas diferentes. Hoje em dia vemos que essas objeções servem para creditar a tese do caráter em última análise múltiplo das "culturas", sendo o termo "cultura" entendido em sentido etnográfico bastante distanciado do sentido nascido no Iluminismo e desenvolvido por Hegel, de educação para a razão e a liberdade. Chegamos assim a uma apologia da diferença pela diferença que, em última instância, torna todas as diferenças indiferentes, uma vez que torna inútil qualquer discussão[79].

O que critico na ética da argumentação não é o convite a buscar o melhor argumento em todas as circunstâncias e em todas as discussões, mas a reconstrução, sob esse título, de uma estratégia de *depuração,* tomada de Kant, que torna impensável a mediação contextual sem a qual a ética da comunicação continua sem ascendência real sobre a realidade. Kant dirige sua estratégia de depuração contra a inclinação, a busca do prazer ou da felicidade (numa fusão de todas as modalidades afetivas). Habermas dirige a sua contra tudo o que possa ser situado sob o título de *convenção*[80]. Atribuo esse rigorismo da argumentação à interpretação da modernidade em termos quase exclusivos de ruptura com um passado supostamente petrificado em tradições submetidas ao princípio de autoridade, portanto subtraídas por princípio à discussão pública. Isso explica por que, numa ética da argumentação, a convenção acaba

---

79. Concordo aqui com as queixas expressas por Alain Finkielkraut em *Défaite de la pensée,* Paris, Gallimard, 1987.

80. Nesse aspecto, o recurso ao modelo de psicossociologia desenvolvimental de Kohlberg reforça a antinomia entre argumentação e convenção, uma vez que a escala do desenvolvimento é demarcado pelos estágios pré-convencionais, convencionais e pós-convencionais. Assim, é engraçado observar que, segundo esse modelo, a Regra de Ouro pertence ao modelo convencional, e a regra de justiça não ascende ao nível superior do estágio pós-convencional.

por ocupar o lugar que em Kant cabe à inclinação. Desse modo, a ética da argumentação contribui para o impasse da oposição estéril entre um universalismo ao menos tão procedimental quanto o de Rawls e Dworkin e um relativismo "cultural" que se põe fora do campo da discussão[81].

Gostaria de sugerir, no término deste périplo, uma reformulação da ética da argumentação que lhe possibilite integrar as objeções do contextualismo, enquanto este último levaria a sério a exigência de universalização para se concentrar nas condições de *contextualização* dessa exigência (foi por esta última razão que preferi o termo contextualismo aos termos historicismo ou comunitarismo).

O que cabe questionar é o antagonismo entre argumentação e convenção, substituindo-o por uma dialética fina entre *argumentação* e *convicção*, que não tenha resultado teórico, mas apenas o resultado prático da arbitragem do juízo moral em situação.

Para entrar nessa dialética árdua, é bom lembrar que a argumentação, considerada no trajeto da efetivação, é um jogo de linguagem, que, hipostasiada, deixa de corresponder a al-

---

81. A mesma observação vale para o uso sempre pejorativo que Habermas faz da ideia de tradição, na esteira de um longo confronto com Gadamer. Propus alhures distinguir três usos do vocábulo "tradição": o *estilo* de tradicionalidade, em que a inovação é um componente de algum modo antagonista; *as* tradições de um povo, de uma cultura, de uma comunidade, que podem estar mortas ou vivas; e *a* Tradição, como autoridade antiargumentativa. Só neste último sentido é aceitável a cruzada antitradicionalista da ética da argumentação. Assim como no referente à ideia de convenção, toca-se aí num ponto sensível da ética da argumentação, a saber, sua tendência a supervalorizar a ruptura da modernidade, a aprovar a secularização não apenas como fato, mas como valor, a ponto de excluir do campo da discussão, de modo tácito ou declarado, quem quer que não aceite como dado de partida a profissão nietzschiana da "morte de Deus". Esquece-se que, sob a égide do Iluminismo, é possível designar ora um estilo de tradicionalidade que Koselleck descreveu muito bem nos termos de suas categorias de espaço de experiência e de horizonte de expectativa (cf. *Temps et Récit, op. cit.*, t. III, pp. 301-13); ora uma tradição ou um grupo de tradições, com seus panos de fundo culturais muito bem caracterizados, como Hegel já trata no capítulo VI de *Fenomenologia do espírito;* e ora uma antitradição, aquilo em que a apologia do Iluminismo efetivamente se transformou depois de Nietzsche.

guma forma de vida, a não ser à profissionalização que o próprio Habermas desaprova nos defensores das objeções céticas no trajeto regressivo da justificação da ética da argumentação. Nas discussões reais, a argumentação em forma codificada, estilizada ou mesmo institucionalizada nada mais é que um segmento abstrato num processo linguístico que põe em prática grande número de jogos de linguagem que também têm relação com a escolha ética nos casos de perplexidade; recorre-se, por exemplo, a narrativas e histórias de vida, provocando, segundo os casos, admiração e mesmo veneração, aversão e mesmo repulsa ou, mais simplesmente, curiosidade por experiências intelectuais nas quais são explorados gêneros de vida inéditos, no modo da ficção[82]. Esses jogos de linguagem constituem práticas comunicacionais em que os humanos aprendem o que significa querer viver em comum, e isso antes de qualquer configuração argumentativa. Sem dúvida, a argumentação não é um jogo de linguagem como os outros, precisamente em virtude de sua exigência de universalização, mas essa exigência só se tornará operante se assumir a mediação dos outros jogos de linguagem que participam da formação das opções que estão em jogo no debate. O objetivo visado é então extrair das posições que estão em situação de confronto o melhor argumento que possa ser oferecido aos protagonistas da discussão. Mas essa ação corretiva da ética da argumentação pressupõe que se discuta sobre alguma coisa, sobre "as coisas da vida"[83].

E por que a argumentação deve admitir essa mediação de outros jogos de linguagem e assumir esse papel corretivo em relação à sua capacidade argumentativa potencial? Precisamente porque a argumentação não se apresenta apenas como antagonista da tradição e da convenção, mas como instância crítica atuante *no âmago* de convicções que ela não tem a tarefa de eliminar, mas de levar ao nível de "convicções sopesadas", naquilo que Rawls chama de *equilíbrio reflexivo*.

---

82. Sobre a relação entre narratividade e ética, cf. acima, sexto estudo, pp. 174 ss.

83. Cf. Rüdiger Bubner, "Moralité et *Sittlichkeit* – sobre a origem de uma oposição", *Revue internationale de philosophie*, nº 3, 1988, *Kant et la Raison pratique*, pp. 341-60.

É tal equilíbrio reflexivo entre a exigência de universalidade e o reconhecimento das limitações contextuais que a afetam que está em jogo, finalmente, no juízo em situação no contexto dos conflitos mencionados acima.

O que faz da convicção um parceiro ineliminável é o fato de ela expressar as tomadas de posição das quais resultam as significações, as interpretações, as avaliações relativas aos bens múltiplos que demarcam a escala da práxis, desde as práticas e seus bens imanentes, passando por planos de vida e histórias de vida, até a concepção que os humanos têm, sozinhos ou em comum, daquilo que seria uma vida plena. Pois, afinal, o que se discute, mesmo no plano da prática política em que os bens em questão transcendem os bens imanentes às práticas diversas – por exemplo, no debate sobre os fins do bom governo e sobre a legitimidade da democracia –, sim, o que se discute afinal, se não a melhor maneira de cada parceiro do grande debate visar, para além das mediações institucionais, a uma vida plena com e para os outros, em instituições justas? A articulação que não nos cansamos de reforçar entre deontologia e teleologia tem sua expressão mais elevada – e mais frágil – no *equilíbrio reflexivo entre ética da argumentação e convicções sopesadas*[84].

Um exemplo de tal dialética fina é dado pela atual discussão em torno dos direitos humanos. No essencial, estes, tomados no nível de textos declarativos, e não propriamente legislativos, podem ser considerados derivados bem argumentados da própria ética da argumentação. Além disso, foram ratificados quase pela unanimidade dos Estados; no entanto, permanece a suspeita de que são apenas fruto da história cultural do Ocidente, com suas guerras de religião, seu aprendizado laborioso e nunca terminado da tolerância. É como se o universalismo e o contextualismo se sobrepusessem imperfeitamente em torno de valores pouco numerosos, mas fundamentais, tais como o que se leem na Declaração Universal dos Direitos do

---

84. Gosto de lembrar que, em alemão, convicção se diz *Überzeugung*, termo aparentado, por sua raiz, com *Bezeugung*, que significa atestação. Atestação: senha de acesso para todo este livro.

Homem e do Cidadão. Mas, que dizer das legislações precisas que garantem o exercício desses direitos? Estas são realmente produto de uma história singular que é, *grosso modo*, a história das democracias ocidentais. E, na medida em que os valores produzidos nessa história não são compartilhados por outras culturas, a acusação de etnocentrismo recai sobre os próprios textos declarativos, que no entanto são ratificados por todos os governos do planeta. A meu ver, é preciso rejeitar essa deriva e assumir o seguinte paradoxo: por um lado, manter a pretensão universal vinculada a alguns valores em que o universal e o histórico se cruzam; por outro, submeter essa pretensão à discussão, não em nível formal, mas no nível das convicções presentes em formas de vida concreta. Dessa discussão nada poderá resultar, se cada uma das partes não admitir que outros universais em potência estão incrustados em culturas vistas como exóticas. O caminho para um eventual consenso só pode proceder de um reconhecimento mútuo no plano da plausibilidade, ou seja, da admissão de uma verdade possível, de propostas de sentido que de início nos são estranhas.

Essa noção de universais em contexto ou de universais potenciais ou incoativos é, a meu ver, a que explica melhor o equilíbrio reflexivo que buscamos entre universalidade e historicidade[85]. Somente uma discussão real, em que as convicções são convidadas a elevar-se acima das convenções, poderá dizer, ao cabo de longa história ainda por vir, que pretensos univer-

---

85. A expressão "valor", que não usamos até agora, corresponde, na discussão pública, a esses universais incoativos cujo verdadeiro teor moral só será confirmado pela história ulterior do diálogo entre as culturas. Nesse sentido, considero o quase-conceito de valor como um termo de conciliação, no ponto de intersecção da pretensão à universalidade com a confissão de historicidade de certos deveres derivados, aos quais corresponde um direito de exigir por parte de outrem. Nesse sentido, a noção de valor não é um conceito moral verdadeiro, mas um conceito de conciliação, justificado pelos casos em que universalidade e historicidade se fortalecem mutuamente, em vez de se dissociarem: condenação da tortura, da xenofobia, do racismo, da exploração sexual de menores ou de adultos não anuentes etc. Era já nesse sentido meio transcendental, meio empírico – meio apriorístico, meio histórico – que Jean Nabert tomava o termo valor em *Éléments pour une éthique* (Paris, Montaigne, 1962), cap. VII, "L'ascèse par les fins", pp. 121-38.

sais se tornarão universais reconhecidos por "todas as pessoas em questão" (Habermas), ou seja, pelas "pessoas representativas" (Rawls) de todas as culturas. Nesse aspecto, um dos rostos da sabedoria prática que perseguimos ao longo de todo este estudo é essa arte da conversação em que a ética da argumentação é testada no conflito das convicções.

*

Nossa última palavra, nesta "pequena ética" que abrange os estudos sétimo, oitavo e nono, será para sugerir que a sabedoria prática que buscamos visa a conciliar a *phrónesis* segundo Aristóteles, através da *Moralität* segundo Kant, com a *Sittlichkeit* segundo Hegel. Quanto à *phrónesis*, consideremos que tem por horizonte a "vida boa", por mediação a deliberação, por ator o *phrónimos* e por pontos de aplicação as situações singulares[86]. Mas, se no termo desses três estudos o ciclo parece fechado, é noutra altitude, digamos, que passamos acima de nosso ponto de partida: entre a *phrónesis* "ingênua" de nossas primeiras páginas (sétimo estudo) e a *phrónesis* "crítica" de nossas últimas páginas, estende-se, primeiramente, a região da obrigação moral, do dever (oitavo estudo), a demandar que não seja o que não deve ser, a saber, o mal, e especialmente que sejam abolidos os sofrimentos infligidos ao homem pelo homem; ao sairmos dessa região árida, encontramos a região dos conflitos relativos ao trágico da ação (nono estudo). É assim que a *phrónesis* "crítica", através dessas mediações, tende a identificar-se com a *Sittlichkeit*. Mas esta está despojada de sua pretensão a marcar a vitória do Espírito sobre as contradições que este suscita para si mesmo. Reduzida à modéstia, a *Sittlichkeit* une-se à *phrónesis* no juízo moral em situação. Ao retornar, tendo atravessado tantas mediações e tantos conflitos, a *phrónesis* do juízo moral em situação está a salvo de qualquer

---

86. Gostaríamos de lembrar os grandes textos do livro VI da *Ética nicomaqueia* (trad. fr. citada acima, pp. 190-1). No ápice de todos esses textos, colocamos aquele que identifica a *phronesis* com o juízo moral em situação, em razão de sua função singularizante comparável à da intuição sensível (*Ét. nic.*, VI, 12, 1143 a 25 – b 13).

tentação de anomia. É através do debate público, do colóquio amistoso, das convicções compartilhadas, que o juízo moral em situação se forma. Pode-se dizer que na sabedoria prática que convém a esse juízo a *Sittlichkeit* "repete" a *phrónesis*, uma vez que a *Sittlichkeit* "medeia" a *phrónesis*.

*

No fim dos estudos sétimo, oitavo e nono, importará designar as determinações novas do si-mesmo que se somam à do si que fala, age e é personagem-narrador de sua própria história. Como, além disso, esses estudos encerram o ciclo fenomenológico-hermenêutico composto dos nove estudos que se concluem aqui, pareceu apropriado tomar como guia as três problemáticas fundamentais enunciadas no início do prefácio (pp. XI-XVI): digressão da reflexão pelo *quem?* pela análise do *o quê-por quê-como?*; concordância e discordância entre a *identidade-idem* e a identidade-ipse; dialética entre o si-mesmo e o outro do si-mesmo.

Enquanto os quatro primeiros estudos dão prioridade à primeira problemática, e os dois seguintes à segunda, nossos estudos ético-morais põem a tônica principal na terceira problemática. No entanto, uma releitura desses estudos autoriza a dizer que eles fizeram as três problemáticas progredir no mesmo passo. É o que vamos mostrar agora, escolhendo para cada um deles um termo emblemático colhido na filosofia moral antiga e moderna, que nossas investigações talvez possibilitem enriquecer e tornar mais preciso.

À primeira problemática está ligada toda a digressão pelas determinações dos predicados "bom" e "obrigatório", cujas articulações pontuam o curso desses três estudos; essa digressão corresponde à digressão pelas estruturas da ação e da narrativa nos estudos anteriores; os predicados "bom" e "obrigatório" são inicialmente aplicados às *ações* realizadas ou por realizar. Começamos o movimento de retorno para si estabelecendo a correspondência entre a estimativa dos objetivos da ação e a estima de um si-mesmo capaz de hierarquizar suas preferências e de agir com conhecimento de causa. Contudo, falta um termo para marcar a correlação entre a apreciação ética e moral das ações e as formas cada vez mais complexas assumidas pela estima a si mesmo ao longo dos desenvolvimentos que se seguem à primeira seção do sétimo estudo, em que a noção de estima a si mesmo foi estabelecida. O termo clássico *imputabilidade* pareceu-me atender a essa busca, com a contrapartida de uma reatualização que nossas investigações sugerem[87]. A vantagem da escolha desse termo é que ele possibilita retomar a análise da noção de *adscrição* no ponto em que a deixamos no fim do quarto estudo, cujo cunho aporético todos lembram. A imputabilidade, diremos, é a adscrição da ação a seu agente, *sob a condição dos predicados éticos e morais* que qualificam a ação como boa, justa, em conformidade com o dever, realizada por dever e, finalmente, como a mais sensata no caso de situações conflituosas.

A imputabilidade como prolongamento da adscrição é algo que está pressuposto em definições como a do *Vocabulário técnico e crítico da filosofia,* publicado por A. Lalande: *"Imputável* significa primitivamente: que pode ser lançado à conta de uma pessoa." A imputabilidade só seria caracterizada pela "relação do ato com o agente, abstraindo-se, por um lado, o valor moral deste e, por outro, as recompensas, os castigos ou as indenizações que possam seguir-se"[88]. De fato, essa definição não acrescenta nada àquilo que chamamos adscrição, que se refere à causalidade específica do agente da ação. Sem dúvida, compreendemos a preocupação dos autores dessa definição, que era a de não confundir *imputar* com *incriminar*[89]. Assumiria risco inverso a definição de imputabilidade que se apoiasse na distinção proposta por A. Donagan[90] entre duas espécies de preceitos morais: os que ele chama de preceitos de primeira

---

87. Encontramos essa noção pela primeira vez no âmbito da discussão da terceira antinomia cosmológica, quarto estudo, pp. 97 ss.
88. A. Lalande, *Vocabulaire technique et critique de la philosophie,* Paris, PUF, 1960, p. 484.
89. Deixo de lado por enquanto a noção de *conta* na expressão "lançar à conta"; voltarei a isso no contexto da segunda problemática, a da ipseidade e da mesmidade.
90. A. Donagan, *The Theory of Morality, op. cit.,* cap. IV.

ordem, relativos às ações humanas consideradas como feitos (*deeds*), e os chamados preceitos de segunda ordem, relativos aos estados de espírito dos agentes. Enquanto os primeiros se definem em relação à oposição permitido/não permitido, os segundos o fazem em relação à oposição culpado/não culpado[91]. Mas os segundos, tanto quanto os primeiros, pretendem a universalidade. Uma definição da imputabilidade pode resultar dessa distinção entre preceitos "objetivos" e "subjetivos"; sua função seria coordenar as categorias do permitido/não permitido e a do culpado/não culpado. Imputar seria não só lançar uma ação à conta de alguém, mas também mover uma *ação*, como algo passível de incidir sob a categoria permitido/não permitido, a *alguém* passível de ser julgado culpado/não culpado. Essa maneira de inserir na definição da imputabilidade a distinção entre as duas espécies de preceito, ressaltando a subordinação dos preceitos de segunda ordem aos de primeira ordem, reflete-se nas definições mais populares de imputação que fazem referência à reprovação e ao louvor[92], expressões

---

91. A comprovação de que as duas espécies de preceito não se sobrepõem está nos casos em que o não permitido não acarreta culpa; esse caso é aquele em que justificações previamente definidas e reconhecidas contribuem para a atenuação ou a anulação do julgamento que declara o agente culpado. Inversamente, a intenção de um agente pode ser condenada como culpada, mesmo que não tenha sido cometida nenhuma transgressão efetiva a uma regra, mas um obstáculo tenha impedido que fosse executada a intenção deliberada de agir mal. Percebe-se a riqueza de análises que essa distinção entre preceitos de primeira ordem e preceitos de segunda ordem reserva. Aristóteles abrira o caminho para essa casuística legítima, ao introduzir a cláusula de *ignorância* como capaz de levar a serem consideradas involuntárias (ou cometidas contra a vontade) ações que, no entanto, foram escolhidas após deliberação (*Éth. Nic.*, III, 2; trad. fr. Tricot, pp. 122-6). Se uma casuística entra em jogo aqui, é porque se deve fazer a distinção entre ignorância acerca dos fatos (o filho não sabia que o homem por ele ferido era seu pai) e ignorância acerca do direito (ele não sabia que não se deve desonrar o pai); ora, se a ignorância do direito dificilmente constitui justificativa, a ignorância dos fatos nem sempre é aceita como tal: o agente talvez não tenha desejado saber ou tenha evitado informar-se quando podia fazê-lo etc. A ideia de culpa por negligência é de grande importância nesse tipo de debate, ao qual os trágicos acontecimentos da Segunda Guerra Mundial conferiram imensa repercussão...

92. O dicionário *Robert*, na palavra *imputation* [imputação], propõe: "1º Ação, fato de imputar, de lançar à conta de alguém (uma ação condenável, um

que combinam (e, aos olhos do analista, confundem) as duas ordens de preceito: permitido/não permitido para as ações, culpado/não culpado para os agentes.

Há alguma justiça, a meu ver, na preocupação de dissociar imputabilidade e incriminação, bem como na preocupação, aparentemente inversa, de fazer referência à reprovação e ao louvor. A distinção que faço entre o plano ético e o plano moral abre caminho para uma definição que daria razão às duas. Os preceitos de Donagan são pertinentes a uma teoria da moralidade que ignora a distinção que rege nossos três estudos ético-morais: assim, a regra áurea desde logo reinterpretada por ele nos termos do imperativo kantiano.

Admitida nossa distinção, é no plano ético mais profundo que se deve encontrar o núcleo formador do conceito do imputável. Assim, somos remetidos à estima a si mesmo, mas *mediada* esta pelo percurso inteiro das determinações do justo, do bom, do obrigatório, do justo procedimental, enfim, do juízo moral em situação. A *quem* uma ação é então imputável? Ao si-mesmo, porque capaz de percorrer o curso inteiro das determinações ético-morais da ação, curso em cujo termo a estima a si mesmo se torna convicção. Na convicção se encontram os preceitos de primeira ordem e os preceitos de segunda ordem, de acordo com Donagan, ou seja, as objetividades ético-morais da ação e a subjetividade do agente que retorna para si a partir e através dessas objetividades. É a esse preço que a imputação pode ser considerada expressão ético-moral da adscrição de uma ação a um agente, sem que a incriminação seja vista como forma canônica da imputabilidade. Basta que a ação e seu agente pareçam passíveis, em conjunto, de louvor e reprovação. Mas é de certo modo o louvor que sobrepuja a reprovação na estima a si mesmo.

Recoloquemos agora nossas considerações ético-morais na perspectiva da segunda problemática, na qual a noção de

---

erro...") (p. 448). Na palavra *imputer* [imputar], propõe: "I. *Imputar a*: lançar (alguma coisa) à conta de alguém; 1º Atribuir (a alguém) uma coisa digna de reprovação; 2º (língua clássica): Em sentido favorável: Atribuir (a alguém) alguma coisa louvável, favorável" (p. 449). Aristóteles não deixa de fazer referência à reprovação e ao louvor numa perspectiva ética em que a avaliação das ações se pauta pelas "excelências" reconhecidas na ordem do agir humano.

si-mesmo é implicada pela relação conflituosa entre ipseidade e mesmidade. O que nos servirá de referência será o conceito de *responsabilidade,* mais recente, ao que parece, que o de imputabilidade – pelo menos em filosofia moral –, conceito que também receberá enriquecimento e precisão suplementares de nossas análises. Partiremos daquilo que esteve em jogo no estudo da identidade narrativa, a saber, aquele componente da identidade que tem relação com o tempo, na forma de permanência no tempo. Vimos duas acepções dessa categoria defrontando-se no plano narrativo, segundo a manutenção de si e a persistência empírica se sobreponham ou se dissociem. O que a noção de responsabilidade retoma e leva um grau mais à frente é a mesma dialética.

Para mostrá-lo, exporemos as relações entre responsabilidade e temporalidade nas três direções que a temporalidade implica. É com a terceira que a relação entre ipseidade e mesmidade revela sua extrema complexidade.

É sob o ângulo do *futuro* que nossa reflexão se articula mais facilmente com a do senso comum. Segundo uma de suas significações usuais, a responsabilidade implica que alguém assume as *consequências* de seus atos, ou seja, considera certos acontecimentos vindouros como representantes de si mesmo, ainda que não tenham sido expressamente previstos e desejados; esses acontecimentos são *obra* sua, mesmo à sua revelia. É verdade que essa significação ganhou corpo, por um lado, no âmbito do direito civil, em relação com a obrigação de reparar danos causados por sua própria culpa (ou, em alguns outros casos determinados pela lei: responsabilidade, por exemplo, de proprietário ou guarda de animais), e, por outro, no âmbito do direito penal, em relação com a obrigação de suportar o castigo. Essas duas prioridades do direito no uso do conceito de responsabilidade não impede que se possa vincular um sentido moral, e não mais simplesmente jurídico, à ideia de aceitar ou de suportar as consequências dos próprios atos, numa medida que não se pode determinar de antemão. É com base nisso que H. Jonas tentou reconstruir "o princípio responsabilidade"[93],

---
93. H. Jonas, *Das Prinzip Verantwortung, op. cit.*

levando em conta as consequências de longo alcance das decisões do poder público e também dos cidadãos na era da técnica. Desse modo, ele acredita provocar uma revolução em nosso conceito de responsabilidade, elevando-a ao nível de novo imperativo categórico, o de agir de tal modo que uma humanidade futura continue *existindo* depois de nós, no ambiente de uma terra habitável. Trata-se de uma revolução, uma vez que, pondo a tônica nas consequências de nossos atos, o moralista orienta o olhar em sentido inverso da busca das intenções mais ocultas, como inclina a noção de imputabilidade. A consequência é paradoxal: com esta última, pode haver culpabilidade sem execução, sem efetivação; com a responsabilidade, pode haver culpabilidade sem intenção; o alcance de nossos atos, conceito que mencionamos acima, excede o de nossos projetos.

Mas a noção de responsabilidade também tem uma face voltada para o *passado,* visto implicar que assumamos um passado que nos afeta sem que seja inteiramente obra nossa, mas que assumimos como nossa. A ideia de *dívida,* que ocupou lugar importante em algumas de nossas reflexões de *Tempo e narrativa III,* é da alçada dessa dimensão retrospectiva da responsabilidade. Ela receberá desenvolvimento apropriado no décimo estudo, no contexto de uma reflexão sobre a passividade e a alteridade. Diremos por ora que reconhecer nosso próprio ser em dívida para com quem nos fez ser o que somos é considerar-nos responsáveis por isso.

Essas duas acepções (prospectiva e retrospectiva) da responsabilidade unem-se e sobrepõem-se para a responsabilidade no *presente.* Mas esse presente não é o instante-ruptura, o instante pontual do tempo cronológico. Ele tem a espessura que lhe é dada, precisamente, pela dialética entre mesmidade e ipseidade, a propósito da permanência no tempo. Considerar-se responsável agora é, de uma maneira que é preciso esclarecer, aceitar ser considerado hoje o mesmo que fez ontem e fará amanhã. Como no caso da identidade narrativa na qual a identidade moral se apoia, as duas acepções de identidade entram em concorrência: de um lado, certa continuidade física ou psicológica, portanto certa mesmidade, com a qual identificamos acima o caráter, subjaz ao reconhecimento de identidade moral, em especial nos casos de responsabilidade pertinentes ao direito civil e ao direito penal; por outro lado, há casos-limite, comparáveis aos *puzzling cases* da identidade narrativa, em que a identificação pelos critérios corporais ou psicológicos usuais se torna duvidosa, a ponto de se chegar a dizer que o acusado – em se tratando de direito penal – se tornou irreconhecível. É nesses casos-limite que a manutenção de si, sinônimo da *identidade-ipse,* é assumida apenas por um sujeito moral que requer ser considerado o mesmo que esse outro que ele parecer ter-se tornado. Mas essa responsabilidade no presente supõe que a responsabilidade pelas consequências vindouras e a responsabilidade de um passado em relação ao qual o si se reconhece em dívida sejam integradas nesse presente não pontual e, de algum modo, recapituladas nele.

Essa manutenção de si mesmo, irredutível a qualquer persistência empírica, talvez contenha a chave do fenômeno que tangenciamos acima e deixamos de lado, embora incorporado numa definição corrente da imputação, a saber, que imputar é lançar alguma coisa à *conta* de... É como se nossos atos se inscrevessem num grande livro contábil, para nele serem registrados e arquivados. Talvez essa metáfora da inscrição e do registro expresse a objetivação daquilo que acabamos de chamar de recapitulação no presente da responsabilidade pelas consequências e da responsabilidade pela dívida. A manutenção de si, assim objetivada na imagem de um encadeamento de todos os nossos atos fora de nós mesmos, assume a aparência de um destino que faz do Si o inimigo de si mesmo[94].

Serei mais breve quanto à contribuição dos três últimos estudos para a dialética entre o si-mesmo e o outro do si-mesmo. De certo modo, esta esteve explicitamente presente em todos os desenvolvimentos anteriores. Além disso, será retomada no próximo estudo com o título o Mesmo e o Outro. Contudo,

---

94. Aqui, o confronto com o pensamento oriental sobre o encadeamento dos atos no *Kharma* seria frutífero, como começou a mostrar T. Hisashige em *Phénoménologie de la conscience de culpabilité. Essai de pathologie éthique,* apresentação de P. Ricœur, Tóquio, Universidade Senshu, 1983.

se fosse preciso dar nome à categoria que, no nível da terceira problemática posta em movimento para o retorno ao si, correspondesse às categorias anteriores de imputabilidade e responsabilidade, eu escolheria o termo tão prezado por Hegel no período de Iena e em todo o período ulterior de sua obra, ou seja, o termo *reconhecimento*. Reconhecimento é uma estrutura do si que se reflete sobre o movimento que leva a estima por si mesmo em direção à solicitude e esta em direção à justiça. O reconhecimento introduz a díade e a pluralidade na própria constituição do si. A mutualidade na amizade, a igualdade proporcional na justiça, refletindo-se na consciência de si mesmo, fazem da própria estima por si uma figura do reconhecimento. O que diremos no próximo estudo sobre a consciência, no sentido do *Gewissen* alemão, tem raízes nessas conjunções do mesmo e do outro no foro íntimo.

DÉCIMO ESTUDO
RUMO A QUAL ONTOLOGIA?

Este estudo tem um caráter mais exploratório que qualquer outro. Visa trazer a lume as implicações *ontológicas* das investigações anteriores feitas sob a égide de uma hermenêutica do si-mesmo. Qual é afinal o modo de ser do si-mesmo, que espécie de ente ou entidade é ele? Para dividir a dificuldade e aplicar-lhe o método fragmentário que usamos constantemente, retomaremos o esquema das questões propostas no prefácio. Segundo esse esquema, a hermenêutica é o lugar de articulação de três problemáticas:

1) abordagem indireta da reflexão com digressão pela análise;

2) primeira determinação da ipseidade por via de seu contraste com a mesmidade;

3) segunda determinação da ipseidade por via de sua dialética com a alteridade.

Foi possível dar o nome de hermenêutica a esse encadeamento, em virtude da exata equivalência entre a *interpretação* de si e o desenvolvimento dessa tríplice mediação.

É verdade que a hierarquização dessas três problemáticas não foi o fio condutor de nossos estudos anteriores, construídos com base mais em certa polissemia da pergunta *quem?* (quem fala? quem age? quem se narra? quem é responsável?). No entanto, a ordem seguida até aqui não foi totalmente estranha ao encadeamento dessas três mediações: a articulação entre reflexão e análise mostrou-se inevitável já no primeiro estudo e assim continuou nos seguintes; a dialética entre ipseidade e mesmidade prevaleceu claramente no quinto; por fim, a dialética entre ipseidade e alteridade reinou de modo mais completo nos três últimos estudos. Essas três problemáticas e essas três mediações, na ordem que acabamos de expor, guiarão o esboço ontológico que segue. O entrecruzamento final delas trará à tona a multiplicidade dos sentidos do ser que se escondem por trás da indagação inicialmente formulada: que espécie de ser é o si-mesmo? Nesse aspecto, todo este estudo é dominado pela concepção polissêmica do ser recebida de Platão e Aristóteles.

Uma primeira questão diz respeito ao compromisso ontológico geral de todos os nossos estudos e pode ser formulada a partir da noção *de atestação* com a qual concluímos nosso prefácio. A segunda questão refere-se ao alcance ontológico da distinção entre ipseidade e mesmidade; procede da anterior, uma vez que a atestação pode ser identificada com a segurança que cada um tem de existir como um mesmo no sentido da ipseidade. A terceira, sem dúvida a mais complexa e abrangente, pois implica o próprio título desta obra, diz respeito à estrutura dialética específica da relação entre ipseidade e alteridade.

Ora, a dialética na qual estes dois últimos termos se opõem e se compõem é do âmbito de um discurso de segundo grau, que lembra o de Platão em *Teeteto, Sofista, Filebo* e *Parmênides*; esse discurso põe em cena metacategorias, "grandes gêneros", parentes do Mesmo e do Outro platônicos, que transcendem o discurso de primeiro grau ao qual pertencem também categorias ou existenciais tais como pessoas e coisas, que apareceram já em nosso primeiro estudo como particulares básicos aos quais são por fim atribuídos predicados tais como os de ação. Nesse aspecto, nossos três últimos estudos, conferindo estatuto ético, e não mais apenas analítico-descritivo, à distinção entre pessoa e coisa, não saíram do âmbito desse discurso de primeiro grau. Um tratamento cuidadoso da metacategoria de alteridade, suscitado pela terceira dialética de nossa hermenêutica do si-mesmo, nos obrigará a fazer nítida distinção entre esse discurso de segundo grau e os aspectos mais manifestamente fenomenológicos da hermenêutica do si-mesmo.

Mas é a terceira dialética que mostra melhor a dimensão especulativa de uma investigação de caráter ontológico sobre o modo de ser do si. A última razão de situar desde agora as primeiras abordagens ontológicas na perspectiva da terceira é que nem a ipseidade nem a alteridade, no sentido em que as tomamos, se deixarão simplesmente reformular na linguagem inerte de uma ontologia pronta para ser repetida, no sentido mais banal da repetição. O outro do si-mesmo não será um equivalente estrito do Outro platônico, e nossa ipseidade não repetirá o Mesmo platônico. A ontologia que esboçamos aqui é fiel à sugestão feita em nosso prefácio, a saber, que continue sendo possível uma ontologia nos dias de hoje, na medida em que as filosofias do passado continuam abertas a reinterpretações e reapropriações, graças a um potencial de sentido que ficou sem emprego ou mesmo reprimido pelo próprio processo de sistematização e escolarização ao qual devemos os grandes corpos doutrinários que costumávamos identificar por seus expoentes: Platão, Aristóteles, Descartes, Espinosa, Leibniz etc. A bem da verdade, se não pudéssemos despertar e liberar esses recursos que os grandes sistemas do passado tendem a abafar e mascarar, nenhuma inovação seria possível, e o pensamento atual só poderia optar entre repetição e divagação. Essa posição de princípio em torno das relações entre a filosofia em vias de fazer-se e a história da filosofia deve ser aproximada daquilo que dissemos alhures – em *Metáfora viva* e *Tempo e narrativa* – sobre as relações entre tradição e inovação. Mas a efetivação dessa máxima é especialmente perigosa no nível dos "grandes gêneros", como o Mesmo e o Outro, cuja história é no mínimo intimidadora; não demoraremos a perceber que o compromisso ontológico da atestação e o alcance ontológico da ipseidade enquanto tal não tornam mais fácil nossa confrontação com a tradição.

1. O compromisso ontológico da atestação

Começamos nossa investigação ontológica no ponto em que nosso prefácio parou. O elogio que fizemos então à atestação como *crédito* e *confiança* destinava-se a contrariar tanto a ambição de certeza autofundamentadora oriunda do *Cogito* cartesiano quanto a humilhação do *Cogito* reduzido a ilusão em decorrência da crítica nietzschiana. Portanto, nossa primeira abordagem da atestação situava-se em elação à polêmica do *Cogito*. Ora, os estudos que constituem o corpo desta obra desenrolaram-se num lugar que pudemos dizer ser um *atopos* em relação ao da posição do *Cogito*, portanto também em relação ao de sua deposição. Por isso, não podemos nos limitar à caracterização da atestação em termos de certeza, que fizemos no começo; ou melhor, ao caracterizarmos a atestação do ponto de vista *alético* (ou veritativo), já iniciamos, sem dizer, outro debate que não aquele que poderia ser chamado de puramente epistêmico, caso se tratasse apenas de situar a atestação numa escala do saber. Ora, a caracterização alética da atestação não se limita a tal determinação epistêmica. Admitindo-se tomar por guia a polissemia do ser, ou melhor, do ente – que Aristóteles enuncia em *Metafísica* E 2 –, o *ser-verdadeiro* e o *ser-falso* são significações originárias do ser, distintas e, ao que parece, do mesmo nível do ser segundo as categorias, do ser em potência e em ato e do ser por acidente[1]. É sob o signo do ser como verdadeiro que reunimos todas as nossas observações anteriores sobre a atestação como crédito e como fiança. Acaso isso significará que a metacategoria do ser-verdadeiro e do ser-falso pode ser repetida nos termos em que Aristóteles a formulou pela primeira vez? Esta é a primeira oportunidade de pormos à prova nossa hipótese de trabalho sobre o elo entre inovação e tradição no pensamento de hoje.

Com efeito, a atestação tem como primeira contraposição a articulação da reflexão em torno da análise, no sentido forte que a filosofia analítica deu a essa noção. Atestado em primeiro lugar é o ser-verdadeiro da *mediação* da reflexão pela análise.

---

1. Aristóteles, *Metafísica* E 2, 1026 a 22 – 1026 b 2: "O ser propriamente dito é tomado em várias acepções; vimos [D 7] que havia primeiramente o ser por acidente, em seguida o ser como verdadeiro ao qual o falso se opõe como não-ser; além disso, há os tipos de categorias, a saber, substância, qualidade, quantidade, lugar, tempo e todos os outros modos de significação análogos do ser. Por fim, afora todas essas espécies de ser, há o ser em potência e o ser em ato" (trad. fr. Tricot, p. 335).

Essa situação, em muitos aspectos, não tem precedente. Ora, o principal paradoxo consiste no fato de que a passagem pela análise, que outros autores teriam denominado objetivação, em sentido habitualmente crítico, impõe um cunho *realista* ao processo inteiro. Nesse aspecto, quero fazer justiça à filosofia analítica pelo apoio que nela não deixa de encontrar meu esboço ontológico. Toda a nossa primeira iniciativa, em companhia de Strawson, foi estimulada pela exigência *referencial* da semântica fregiana; assim, o discurso sobre os corpos e as pessoas como particulares básicos é já de saída um discurso *sobre...*: a pessoa é de início aquela *da qual* se fala; essa inclinação realista da filosofia analítica representa desde o início sério contrapeso às tendências idealista e fenomenista, oriundas, respectivamente, de Descartes e de Hume. Depois, a tônica realista dada por Davidson à noção de acontecimento, posta em pé de igualdade com as entidades objetivas ou substanciais, fortaleceu-me muito, ainda que eu não possa acompanhar Davidson no terreno do fisicalismo para o qual sua ontologia do acontecimento acaba por ser arrastada. Direi o mesmo da busca de critérios objetivos da identidade pessoal em Parfit. Por sua vez, a noção de identidade narrativa, por mais alimentada que seja de ficção, deve à sua relação – ainda que conflituosa – com a noção de identidade pessoal dos filósofos analíticos um sentido agudo do alcance ontológico das afirmações sobre o si-mesmo, fortemente mediadas pelas análises de Strawson, Davidson e Parfit, só para citar aqueles com os quais tentei confrontar mais sistematicamente a hermenêutica de origem fenomenológica.

Mas o serviço prestado é recíproco: a atestação de que é isso o que ocorre com o si-mesmo repercute sobre a própria análise e a põe a salvo da acusação de que, em virtude de sua constituição *linguística,* ela se limitaria a explicitar idiotismos desta ou daquela língua natural ou, pior, falsas evidências do senso comum. Sem dúvida, conseguimos com bastante frequência fazer a distinção, dentro da própria linguagem ordinária, entre usos contingentes ligados à constituição particular de dada língua natural e as significações que podem ser consideradas transcendentais, no sentido de serem a condição de possibilidade do uso das primeiras. Mas será difícil estabelecer e manter essa distinção totalmente kantiana entre transcendental e empírico se não puder ser afirmada a dependência das determinações linguísticas do agir em relação à constituição ontológica desse agir. Nesse sentido, o reforço que a atestação retribui à análise linguística justifica que esta possa ora prevalecer-se dos usos mais pertinentes da linguagem ordinária, como repertório das expressões que atingem com mais precisão o alvo – conforme observava Austin –, ora ter motivos para criticar a linguagem ordinária como depósito de preconceitos do senso comum ou mesmo de expressões que uma gramática enganosa inclinaria para a má ontologia, conforme o suspeitava Russell.

Não é esse o único serviço que a ontologia implícita à hermenêutica presta à análise linguística. Esta pode ser acusada de um defeito mais grave do que a dependência dos usos contingentes de dada língua natural; paradoxalmente, o *linguistic turn*, apesar do aspecto referencial da semântica filosófica, com muita frequência significou recusa a "sair" da linguagem e desconfiança, igual à do estruturalismo francês, em relação a toda a ordem extralinguística. É mesmo importante ressaltar que o axioma implícito de que "tudo é linguagem" muitas vezes conduziu a um semanticismo fechado, incapaz de dar conta do agir humano como algo que *acontece* efetivamente no mundo, como se a análise linguística condenasse a saltar de um jogo de linguagem para o outro, sem que o pensamento possa jamais alcançar um fazer *efetivo*. Nesse aspecto, uma fenomenologia como a de Husserl, segundo a qual a camada da linguagem é "ineficaz" em relação à vida da consciência intencional, tem valor de corretivo, até em virtude de seu excesso inverso[2].

---

2. Encontra-se na tese ainda inédita de Jean-Luc Petit (*op. cit.*) uma apreciação muito crítica do semanticismo fechado por ele atribuído a Wittgenstein, do qual toda a escola pós-wittgensteiniana não teria conseguido desprender-se, navegando de frase em frase sem nunca encontrar a terra firme de um agir efetivo. Segundo ele, só uma fenomenologia da consciência intencional, considerada em sua dimensão prática, em relação com um mundo *praticável*, poderia subtrair a análise linguística a esse semanticismo fechado.

Finalmente, a atestação é testemunho do *quiasma* entre reflexão e análise, no próprio plano do modo de ser do si-mesmo. Reencontro aqui a espécie de *veemência ontológica* de que fui defensor alhures, em nome da convicção de que, até nos usos aparentemente menos referenciais da linguagem, como é o caso da metáfora e da ficção narrativa, a linguagem ainda diz o ser, mesmo que essa visada ontológica esteja como que adiada, diferida pela negação prévia da referencialidade literal da linguagem ordinária.

Mas, embora, em vista de todos esses traços, a dimensão *alética* (veritativa) da atestação realmente se inscreva no prolongamento do ser-verdadeiro aristotélico, a atestação conserva algo de específico, só pelo fato de aquilo cujo ser-verdadeiro ela diz ser o si-mesmo; e ela o faz através das mediações objetivantes da linguagem, da ação, da narrativa, dos predicados éticos e morais da ação. Por isso não é possível repetir pura e simplesmente a distinção aristotélica entre ser-verdadeiro e ser-falso, pois esta está duplamente prisioneira: por um lado, da preeminência presumida do juízo assertivo, da *apophansis*, na ordem veritativa, e, por outro, de uma metafísica cuja reapropriação é, se não impossível, pelo menos extremamente difícil e arriscada. Diremos algo a respeito adiante.

Gostaria de esclarecer com uma única característica diferencial a distância que separa o ser-verdadeiro segundo a atestação do ser-verdadeiro de acordo a metafísica de Aristóteles. A atestação, como já se disse no prefácio, tem como contrário a suspeita. *Nesse* sentido, a suspeita ocupa o lugar do ser-falso no par aristotélico. Mas, embora pertença ao mesmo plano alético da atestação – portanto, a um plano ao mesmo tempo epistêmico e ontológico –, a suspeita se relaciona com a atestação de um modo totalmente original. Não é simplesmente seu contrário, em sentido puramente disjuntivo, assim como o ser-falso é o contrário de ser-verdadeiro. A suspeita é também o caminho *para* e a travessia *pela* atestação. Ela assombra a atestação, assim como o falso testemunho assombra o testemunho verdadeiro. Essa aderência, essa inerência da suspeita à atestação marcou todo o curso de nossos estudos. Assim, a suspeita se insinuou desde a primeiríssima ocorrência da aporia da adscrição; recobrou vigor com as aporias da identidade pessoal e também com as da identidade narrativa; assumiu forma mais insidiosa sob a aparência das hesitações que pontuam a convicção no juízo moral em situação, quando em confronto com os conflitos de deveres. Uma espécie preocupante de equilíbrio entre atestação e suspeita se impôs assim, todas as vezes em que a certeza do si-mesmo precisou se refugiar no reduto inexpugnável da pergunta *quem?*

Parece então difícil avançar mais na via do compromisso ontológico da atestação se não for esclarecido sem demora que o que é atestado em última instância é a ipseidade, tanto em sua diferença em relação à *mesmidade* quanto em sua relação dialética com a *alteridade*.

2. Ipseidade e ontologia

Como acabamos de sugerir, atestação é a garantia – o crédito e a fiança – de *existir* no modo da ipseidade. Expondo assim o cerne ontológico da ipseidade, acrescentamos uma dimensão nova à ontologia que nossa hermenêutica do si-mesmo atrai para seu percurso.

Há uma via que merece ser explorada, ainda que as dificuldades pareçam mais intratáveis do que as encontradas na seção anterior: essa via liga a investigação do ser do si-mesmo à reapropriação da investigação das quatro acepções primitivas do ser que Aristóteles inclui na distinção entre *ato* e *potência*.

Todas as nossas análises convidam a essa exploração, uma vez que acenam para a direção de certa unidade do agir humano – ressalvando-se o tema complementar do sofrer ao qual chegaremos na próxima seção. Essa unidade acaso não seria pertinente à metacategoria do ser como ato e como potência? E o pertencimento ontológico dessa metacategoria acaso não preserva o que chamamos várias vezes de unidade *analógica* do agir, para marcar o lugar da polissemia da ação e do homem que age, ressaltada pelo caráter fragmentário de nossos estudos? Melhor: ao longo de nossas investigações, acaso não consideramos frequentemente o termo "ato" (ato de discurso!) como sinônimo dos termos "agir" e "ação"? E acaso, nos mesmos contextos, não recorremos ao termo potência para falar quer do poder de agir do agente a quem uma ação é adscrita ou imputada, quer do poder do agente *sobre* o paciente de sua ação (poder-sobre, que é a ocasião da violência em todas as suas formas), quer do poder-em-comum de uma comunidade histórica, que consideramos mais fundamental que as relações hierárquicas de dominação entre governantes e governados? Em suma, a linguagem do ato e da potência não deixou de subjazer à nossa fenomenologia hermenêutica do homem que age. Essas antecipações acaso justificam vincularmos a unidade apenas analógica do agir humano a uma ontologia do ser e da potência?

1. Enquanto a tarefa se mostra justificada em seu princípio pela pluralidade das acepções do ser que parecem inaugurar uma carreira autônoma para as ideias de ato e de potência, sua execução esbarra em dificuldades tão consideráveis que tornam muito arriscadas tanto nossa tentativa de reatualização da ontologia aristotélica quanto as de nossos contemporâneos que mencionarei no momento propício.

É em *Metafísica* Δ 12 e Θ 1-10, em que se trata explicitamente da *dýnamis* e da *enérgeia*, que se acumulam as resistências à reapropriação em favor de uma ontologia da ipseidade. Δ 12, que trata da *dýnamis* e de noções aparentadas, no âmbito de um livro em forma de glossário filosófico, põe o leitor imediatamente diante da polissemia de um termo que esperávamos subjazer à unidade analógica do agir. Há nessa polissemia uma significação dominante (às vezes chamada simples), a saber, "o princípio do movimento ou da mudança que está em outro ser ou no mesmo ser enquanto outro" (*Met.* Δ 12, 1019 a 15 ss., trad. fr. Tricot, pp. 283-4)[3]. Mas, além de a relação

---

3. É verdade que as outras significações de *dýnamis* não induzem a desvios grandes demais no uso do termo: quer se trate da potência *ativa* de produzir mudança ou movimento, da potência *passiva* de recebê-los ou padecê-los, ou da "faculdade de levar alguma coisa a bom termo ou de realizá-la livremente". Além disso, as significações múltiplas de "potente", "capaz" (*dynatón*), correspondem muito bem às de *dýnamis*. Só o impossível (aquilo cujo contrário é

entre potência e ato não ser levada em consideração, o lugar da práxis humana em relação à mudança cria imediatamente uma dificuldade, visto que os exemplos dados – arte de construir, arte de curar – pendem para o lado da *poíesis*, ao passo que "bem fazer" (sentido nº 3 que voltará em Θ 2) se costuma dizer mais sobre a práxis.

Se passarmos desse exercício de definição ao tratamento sistemático do par *dýnamis-enérgeia* em *Met.* Θ, as perplexidades se acumularão.

Em primeiro lugar, parece que os dois termos são definidos um pelo outro, sem que seja possível apreender o sentido de um independentemente do outro, caso contrário a *polissemia* reconhecida em Δ 12 os relegaria, separadamente, à dispersão. Mas será possível *definir* noções que não são precedidas por nada[4]?

Além disso, Aristóteles é menos parcimonioso nas palavras quando se trata de mostrar o que essas noções radicais possibilitam pensar. Então prevalece outra dispersão, a dos campos de aplicação. Assim, o ser como potência (com o que se começa em Θ 1-5) possibilita inscrever no ser a mudança, mais

---

necessariamente falso) e o possível (aquilo cujo contrário não é necessariamente falso) conduzem para um terreno conexo, mas diferente, na fronteira entre o logicamente possível e o ontologicamente possível.

4. O livro Θ começa com a ideia de potência em sua relação com o movimento e só introduz o ato em Θ 6: "O ato, portanto, é o fato de uma coisa existir na realidade, e não do modo como dizemos que ela existe em potência, quando dizemos, por exemplo, que Hermes está em potência num pedaço de madeira, ou o segmento de reta está na reta porque poderia ser retirada desta, ou quando chamamos de pensador em potência aquele que não especula, ainda que tenha a faculdade de especular: pois bem, o outro modo de existir é a existência em ato" (*Met.* Θ 6, 1048 a 30; trad. fr. Tricot, p. 499). Soma-se à aparente circularidade, na falta de definição direta, o recurso à indução e à analogia: "A noção de ato que propomos pode ser elucidada pela indução, com o uso de exemplos particulares, sem que seja preciso procurar definir tudo, mas contentando-nos em perceber a analogia: o ato será então como o ser que constrói está para o ser que tem a faculdade de construir, o ser acordado para o ser que está dormindo, o ser que vê para aquele que tem os olhos fechados mas possui a faculdade da visão, o que foi separado da matéria para a matéria, o que é elaborado para o que não é elaborado. Damos o nome de ato aos primeiros membros dessas diversas relações, e o outro membro é a potência" (*ibid.*, 1048 a 35 – b 5; trad. fr. Tricot, pp. 499-500).

precisamente o movimento local, contrariando o que é vedado por Parmênides. Como a potência é um verdadeiro modo de ser, a mudança e o movimento são seres de pleno direito. Mas, se perguntarmos que espécie de ser é o movimento, seremos remetidos à perturbadora definição de movimento segundo *Física* III, 1,201 a 10-11, a saber, "a enteléquia do que é em potência enquanto tal" (*op. cit.*, trad. fr. H. Carteron, Paris, Les Belles Lettres, 1961). Percebemos bem a intenção: atribuir ao movimento um estatuto ontológico integral; mas ao preço de uma esquisitice: a entelequia da potência! É o que diremos quanto ao primeiro campo de aplicação, o do ser como potência.

Se nos voltarmos agora para o outro extremo da cadeia dos seres, espera-se que a noção de ato sem potência caracterize o estatuto ontológico do céu dos fixos, ao preço de uma audaciosa equiparação, realizada no livro Λ, entre tal ato puro e o "pensamento do pensamento", que, ainda por cima, se diz ser uma *enérgeia akinesias*[5]!

Mais grave ainda: apesar da nobreza que a ideia de potência extrai de sua função, que se pode qualificar de transcendental em relação à física, essa noção só é concebível a partir de noção de ato: nada pode ser qualificado de potencial sem referência a algo que seja qualificado de real, no sentido de efetivo, consumado; nesse sentido, o ato tem prioridade sobre a potência "tanto segundo a noção quanto segundo a essência" (Θ 8, 1049 b 10; trad. fr. Tricot, p. 508) (isto, para distinguir essa prioridade da anterioridade temporal) e até sobre a relação com a substância: o que não deixa de ter importância para nossos fins; com efeito, o entrecruzamento das duas significações primitivas do ser, a do ser segundo as categorias (*ousía*, que os latinos traduziram por *substantia* etc.) e a do ser enquanto ato e potência, parece ter como resultado atenuar a conquista tão preciosa da ideia de ato e potência[6].

---

5. *Met.* Θ une-se nesse ponto a *Fís.* III: "O termo ato que sempre apresentamos com o termo entelequia foi estendido às outras coisas, sobretudo em suas relações com o movimento: parece que o ato por excelência é o movimento" (*Met.*, Θ 3, 1047 a 32; trad. fr. Tricot, p. 493).

6. "O ato é um fim, e em vista do ato é concebida a potência [...]. Ademais, a matéria só está em potência porque pode ir para a sua forma e, quando

A teoria da substância não tenderá então a amortecer o benefício da distinção entre duas significações primitivas do ser, o ser segundo as categorias e o ser enquanto potência e ato? Sem ir tão longe, cabe admitir que seria inútil fundamentar-se na pluralidade das acepções da noção de ser para *opor* uma ontologia do ato a uma ontologia da substância, como não paramos de fazer. Sem dúvida, o que atacamos, por ocasião da oposição entre ipseidade e mesmidade, é mais o substancialismo da tradição (à qual Kant continua pertencendo por intermédio da primeira Analogia da experiência) do que a *ousia* aristotélica, que não se deixa reduzir àquela. O fato é que, seja qual for a possibilidade de libertar também a *ousía* aristotélica das cadeias da tradição escolar oriunda de sua tradução latina por *substantia*, Aristóteles parece mais preocupado em entrecruzar do que em dissociar as significações vinculadas, respectivamente, ao par *enérgeia-dýnamis* e à série de acepções inaugurada pela noção de *ousia* (e à própria *ousia*, à qual são dedicados os livros da *Metafísica* que antecedem o livro Θ)[7].

---

está em ato, então está em sua forma" (Θ 8, 1950 a 9,15-16; trad. fr. Tricot, pp. 510-11).

7. Assim, estabelecem-se trocas sutilíssimas entre a *morphé* da substância e a *enérgeia*: por um lado, a atualidade, a efetividade, só é plena na forma consumada da substância; por outro, a *ousía* é confirmada em seu dinamismo pela aplicação a ela da significação *energeia*; nesse sentido, não seria violentar o texto de Aristóteles afirmar que a substância tem "para-ser" o que ela é, segundo análise de F. Calvo em *Socrate, Platone, Aristotele. Cercare l'uomo*, Gênova, ed. Marietti, 1989, para o qual ele teve a gentileza de me pedir um prefácio. Se essa interpretação da *ousia* não for excessiva, não será de espantar que, em se tratando da alma, a *ousia* seja interpretada no homem em termos de *enérgeia-dýnamis*, tanto quanto o inverso, se não mais. Essa troca entre significações distintas do ser está patente na definição de alma no tratado *Da alma*. Diz ele: a alma é "substância [*ousía*] como forma [*eîdos*] de um corpo natural que tem a vida em potência". Rémi Brague, em *Aristote et la question du monde*, Paris, PUF, 1988, mostra de que modo Aristóteles substitui a primeira palavra de sua definição pelo termo enteléquia (Aristóteles, *Da Alma*, II, 1, 412 a 21 ss.) e pelo termo *organikos* a segunda metade da definição, de tal modo que a alma é, afinal, "a primeira enteléquia de um corpo físico orgânico" (*ibid.*, 412 b 5 ss.; Rémi Brague, *op. cit.*, p. 333). Voltarei mais demoradamente ao imenso trabalho de Rémi Brague quando examinar as tentativas de reinterpretação heideggeriana da filosofia de Aristóteles.

A essas três fontes de perplexidade – determinação circular do ato e da potência, desmembramento de seus respectivos campos de aplicação (física do movimento por um lado, cosmoteologia do repouso e do "pensamento do pensamento" por outro lado), primado do ato sobre a potência em ligação com a teoria da substância – soma-se uma perplexidade específica referente à relação dessa acepção primitiva do ser com o agir humano. É nesse ponto que toda a nossa empreitada é diretamente tocada. Em certo sentido, pode-se dizer que os exemplos extraídos de operações humanas – ver, compreender, viver bem, fabricar, agir (no sentido em que as *Éticas* entendem a práxis) – têm valor paradigmático[8].

Em outro sentido, os exemplos pertinentes à esfera humana de atividade não parecem precisar ser alçados a modelos, o que tornaria vã a empreitada metafísica de Aristóteles, nos dois aspectos mencionados acima: por um lado, conferir ao movimento a dignidade ontológica que os parmenidianos lhe recusam; por outro, basear-se na noção de ato puro para conferir dignidade ontológica às entidades da cosmoteologia[9].

No entanto, existe um fragmento de Θ 6 (1048 b 18-35) no qual, a despeito de seu caráter isolado (esse fragmento tem toda

---

8. Já em Θ 1, *entelékheia* e *ergon* formam um par (1045 b 33-34): Θ 8 conclui o argumento que estabelece a prioridade do ato sobre a potência, criando uma série com os três termos *enérgeia, entelékheia, érgon*: ora, no caso em que a ação é realmente práxis é que se pode realmente dizer: "aqui a obra é o fim, e o ato é a obra [*érgon*]. Também por esse fato, a palavra 'ato', derivada de 'obra', tende para o sentido de enteléquia" (*Met*. Θ 8, 1050 a 21). Isso autorizará Rémi Brague a traduzir *energeia* por "ser-em-obra" (op. cit., p. 335). E essa proximidade entre *energeia* e *ergon* não terá estimulado vários comentadores a atribuir um modelo artesanal à série inteira: *entelékheia, enérgeia, érgon*? Banalizando os termos, isso tornaria mais ou menos inútil toda a iniciativa de reapropriação da ontologia do ato-potência em benefício do ser do si.

9. A distinção introduzida em Θ 2 e 5 entre potências "racionais" (*metà lógou*) e "irracionais" (*alogoi*) parece circunscrever o campo em que os exemplos extraídos das operações humanas são pertinentes; a distinção é até fundamentada por traços diferenciais precisos: assim, apenas a potência "racional" é potência dos contrários, a saber, a efetivação ou sua privação (Θ 2); por outro lado, a passagem da potência ao ato na produção realiza-se sem encontrar obstáculo, ao passo que, na ordem natural, são necessários intermediários; assim, o sêmen só será homem em potência se for depositado em outro ser e, assim, sofrer uma mudança (Θ 7).

a aparência de folha avulsa, e nem todos os comentadores medievais o conheceram), a noção de ato está claramente dissociada da noção de movimento e ajustada de modo preferencial à de ação, no sentido de práxis. O que torna esse texto notável é que a disjunção entre ato e movimento é sustentada por um critério gramatical referente ao funcionamento dos tempos verbais, ou seja, a possibilidade de dizer ao mesmo tempo, "junto" (*hama*): ele viu e ele vê, ele viveu bem e ele vive bem, ele foi feliz e ele ainda é feliz[10]. Sem dúvida, é possível dar grande destaque a esse texto espantoso, mas, por si só, não poderia dirimir a massa de ambiguidades que enumeramos.

Resta então transformar em apoio o obstáculo que essas ambiguidades opõem a nosso avanço, quer se trate da definição circular de potência e ato, quer do extremo desmembramento dos respectivos campos de aplicação dessas noções, quer da incerteza referente à centralidade ou não dos exemplos extraídos do agir humano. Proponho até partir desta última equivocidade para esboçar a reapropriação que sugiro. Para um aprofundamento ontológico do agir humano, acaso não será essencial que os exemplos extraídos deste último registro apareçam ora como *centrais*, ora como *descentrados*? Explico-me:

---

10. Rémi Brague dedica uma análise brilhante a esse fragmento (*op. cit.*, pp. 454-74). O argumento baseado na gramática dos tempos verbais é o seguinte: "o critério que possibilita fazer a separação entre movimento e ato deve ser buscado no *télos* e em sua relação com a ação, relação de inerência ou de exterioridade, segundo se tenha, respectivamente, uma *enérgeia* ou um movimento" (*ibid.*, p. 467). O jogo dos tempos verbais que se articula em torno dessa diferença revela um fenômeno fundamental que diz respeito à temporalidade própria ao agir humano: "O fato de o perfeito e o presente estarem 'juntos' implica que tudo o que o perfeito contém de passado é recapitulado no presente" (*ibid.*, p. 473). Então, a ação sobrevive a seu próprio fim, e a palavra "ato", que substitui *entelékheia*, designa mais "uma liberação da atividade entregue a si mesma [...] do que sua consecução final" (*ibid.*, p. 471). R. Brague não está errado em ressaltar o lugar do *eu zen*, do bem-viver ("ele teve e tem bela vida", prefere traduzir) e sua relação com a felicidade entre os exemplos de atos que não são movimentos. O fato, porém, de Aristóteles só ter tido em vista o conteúdo da felicidade e seu vínculo com a contemplação, forma superior da visão, e de ter deixado não tematizado o ato de ser feliz enquanto ato, em sua consecução, é uma ressalva importante de Brague que está demasiado ligada à sua interpretação de conjunto da filosofia de Aristóteles para falarmos mais sobre ela aqui.

se *enérgeia-dýnamis* fosse apenas maneira de dizer práxis (ou, pior, de extrapolar de modo metafísico algum modelo artesanal de ação), a lição de ontologia não teria alcance; ao contrário, é na exata medida em que irriga outros campos de aplicação, e não só o agir humano, que a fecundidade de *enérgeia-dýnamis* se manifesta. Não tem muita importância se, no texto de Aristóteles, ora a *dýnamis* é mobilizada em benefício da física do movimento, ora o ato puro é invocado em benefício da cosmoteologia. O essencial é o próprio *descentramento* – para baixo e para cima, em Aristóteles –, graças ao qual *enérgeia-dýnamis* acena para um *fundo de ser, ao mesmo tempo potente e efetivo,* sobre o qual se *destaca* o agir humano. Em outros termos, parece também importante que o agir humano seja o lugar de *legibilidade* por excelência dessa acepção do ser distinta de todas as outras (inclusive as carreadas na esteira da substância), *e* que o ser como ato e como potência tenha outros campos de aplicação afora o agir humano. Centralidade do agir e descentramento em direção a um *fundo* de ato e de potência, essas duas características são igual e conjuntamente constitutivas de uma ontologia da ipseidade em termos de ato e de potência. Esse paradoxo aparente comprova que, se houver um ser do si, em outras palavras, se for possível uma ontologia da ipseidade, isso se dá em conjunção com um *fundo* a partir do qual o si pode ser considerado *atuante.*

2. Tomo a liberdade de elucidar o que entendo por *fundo de ser ao mesmo tempo potente e efetivo* com uma comparação entre minha tentativa de reconstrução e algumas daquelas que se baseiam em Heidegger na época de gestação de *Ser e tempo.* De início, lembrarei os temas desse grande livro nos quais minha hermenêutica da ipseidade encontra ressonância, antes de dizer algumas palavras sobre as reinterpretações de Aristóteles que esses temas inspiraram e de deixar claro, para terminar, a "pequena diferença" que subsiste entre minha tentativa de reconstrução da *enérgeia-dýnamis* e as reconstruções inspiradas por Heidegger.

Sem me restringir a seguir a ordem na qual aparecem os temas com os quais sinto maior afinidade em *Ser e tempo,* gostaria de começar pelo papel atribuído por Heidegger ao *Gewis-*

sen – palavra que se traduz com pesar por *consciência* (ou consciência moral, para distinguir da consciência, *Bewusstsein*, no sentido da fenomenologia husserliana). Vale a pena destacar a maneira como a noção é introduzida; a indagação formulada com insistência consiste em saber se as análises feitas no capítulo anterior, centradas no ser-para-a-morte (ou melhor, ser-em-direção-à -morte) são realmente originárias como alegam. A atestação da consciência, ou melhor, a consciência como atestação, é o penhor buscado da originalidade dessa análise e de todas as análises anteriores. É de grande ajuda para mim a ideia de que o *Gewissen*, antes de designar no plano moral a capacidade de distinguir o bem e o mal e de responder a essa capacidade com a distinção entre "boa" e "má" consciência, significa atestação (*Bezeugung*). Ela confirma minha hipótese de trabalho, segundo a qual a distinção entre ipseidade e mesmidade não incide apenas sobre duas constelações de significações, mas sobre dois modos de ser.

Essa equiparação entre consciência e atestação constrói uma ótima transição entre as reflexões da seção anterior de *Ser e tempo* e as referentes mais propriamente à ontologia da ipseidade. É esta última que Heidegger instaura ao estabelecer uma relação de dependência imediata entre a ipseidade – *Selbstheit* – e o modo de ser que somos a cada vez, na medida em que, para esse ser, está em causa seu ser próprio, ou seja, o *Dasein*. É em razão dessa dependência entre uma modalidade de apreensão do si e uma maneira de ser no mundo que a ipseidade pode figurar entre os existenciais. Nesse sentido, ela está para o *Dasein* assim como as categorias (no sentido rigorosamente kantiano) estão para os entes que Heidegger arrola no modo de ser da *Vorhandenheit* (termo que Martineau traduz por "ser-à-mão", e Vezin por "ser-aí-na frente"). O estatuto ontológico da ipseidade está, assim, solidamente baseado na distinção entre os dois modos de ser que são o *Dasein* e a *Vorhandenheit*. Nesse aspecto, entre a categoria de mesmidade de minhas análises e a noção de *Vorhandenheit* em Heidegger, existe o mesmo tipo de correlação que há entre a ipseidade e o modo de ser do *Dasein*[11].

---

11. Esse parentesco encontra importante confirmação na distinção que Heidegger faz entre duas maneiras de persistir no tempo, uma próxima da perma-

Por sua vez, a junção entre ipseidade e *Dasein*, em *Ser e tempo*, ocorre com a mediação da noção de *cuidado* (*Sorge*), que é o existencial mais fundamental capaz de garantir a unidade temática da obra, pelo menos até que entre em cena a temporalidade na segunda seção. Nesse aspecto, pode-se seguir o fio que, em *Ser e tempo,* corre desde a asserção do caráter cada vez *meu* do *Dasein* (§§ 5 e 9), passando pela questão existencial do *quem?* do *Dasein* (§ 25), depois pela equiparação entre o ser do *Dasein* e o cuidado (§ 41), para chegar à junção entre cuidado e ipseidade (§ 64). O *cuidado* aparece assim como fundamento da antropologia filosófica de *Ser e tempo,* antes que a ontologia seja orientada para além de qualquer antropologia filosófica pela noção de temporalidade. Ora, o *cuidado* não se deixa captar por nenhuma interpretação psicologizante ou sociologizante, nem em geral por nenhuma fenomenologia imediata, como seria o caso das noções subordinadas de *Besorgen* (preocupação ou cuidado com as coisas) e de *Fürsorge* (solicitude ou cuidado com as pessoas). Esse lugar eminente atribuído ao *cuidado* não pode deixar-nos indiferentes. Pode ser legitimamente formulada a questão de saber se o agir, em toda a nossa empreitada, não ocupa lugar comparável ao conferido à *Sorge* em *Ser e tempo:* na medida em que, também para nós, nenhuma determinação da ação, seja ela linguística, práxica, narrativa ou ético-moral, esgota o sentido do agir. Foi desse modo que, no Prefácio, nos arriscamos a falar da *unidade analógica do agir;* mas era então para nos contrapormos à ambição de fundamentação última do *Cogito*. Precisamos voltar a isso estabelecendo uma relação com as determinações múltiplas da ação que nossos estudos anteriores apresentaram de modo fragmentário. O *cuidado,* tomado em sua dimensão ontológica, acaso seria o equivalente daquilo que chamamos *unidade analógica do agir?*

---

nência substancial (que Kant vincula à primeira categoria da relação na primeira Analogia da experiência), e a outra manifestada pelo fenômeno da manutenção de si (*Selbständigkeit*), termo que Heidegger decompõe, como dissemos acima, em *Selbst-Ständigkeit*. Não estamos distantes, aqui, da oposição suscitada por nossa noção de identidade narrativa entre o caráter (nós mesmos como *idem*) e a constância moral ilustrada pela promessa (nós mesmos como *ipse*).

Não é possível responder diretamente a essa indagação sem antes situar a própria *Sorge* no contexto mais amplo ainda do *ser-no-mundo*, que é sem dúvida o englobante último da analítica do *Dasein*. Tudo está, como se sabe, no sentido da preposição "em", que não tem equivalente do lado da relação entre os entes pertinentes à metacategoria da *Vorhandenheit*. Só um ente que é um si está *no* mundo; correlativamente, o mundo no qual ele está não é a soma dos entes que compõem o universo das coisas subsistentes ou ao alcance da mão. O ser do si supõe a totalidade de um mundo que é o horizonte de seu pensar, de seu fazer, de seu sentir – em suma, de seu *cuidado*.

Qual é o lugar desse conceito de mundo ou de um conceito equivalente em nossa hermenêutica do si[12]? Embora o conceito não tenha sido tematizado como tal, essencialmente em razão de seu estatuto ontológico que, na melhor das hipóteses, ficou implícito, pode-se admitir que ele é atraído por essa hermenêutica, uma vez que a digressão pelas coisas constituiu regra constante de nossa estratégia. Uma vez que só se respondeu à pergunta *quem?* desviando-se pelas perguntas *o quê?* e *por quê?*, o ser do mundo é o correlato obrigatório do ser do si. Não há mundo sem um si que nele se encontre e nele aja, não há si sem um mundo praticável de algum modo.

O fato é que o conceito – se ainda ousamos falar assim – de ser do mundo é dito de múltiplos modos, e é juntos que o si-mesmo, o cuidado e o ser-no-mundo devem ser determinados.

Com esse esforço para articular corretamente esses três termos, certa reapropriação de Aristóteles guiada por conceitos heideggerianos pode levar de volta a uma melhor apreensão dos conceitos diretivos de *Ser e tempo*[13].

---

12. O conceito de horizonte, vindo de Husserl, ou o de mundo no sentido de Heidegger não foram estranhos à minha obra passada. Em *Metáfora viva*, defendo a ideia de verdade metafórica, que tem por horizonte o mundo no qual temos a vida, o movimento e o ser. Com espírito semelhante, *Tempo e narrativa* confronta o mundo do texto com o mundo do leitor.

13. Hoje se sabe que, na década que antecedeu a publicação de *Ser e tempo*, Heidegger defrontou-se demoradamente com Aristóteles, a ponto de Rémi Brague dizer que "a obra maior de Heidegger é um substituto de um livro sobre Aristóteles que não veio a lume" (*op. cit.*, p. 55). E acrescenta: "É como se [os

Essa reapropriação, cabe admitir, está cheia de ciladas para mim, pois se trata de interpretar ontologicamente minha própria hermenêutica do si, valendo-me da reapropriação heideggeriana de Aristóteles[14]. Esse atalho, no atual estágio de minha investigação, parece-me o mais curto, em vista da inutilidade de uma repetição escolástica da ontologia de Aristóteles em geral e mais precisamente de sua distinção entre o ser como ato/potência e o ser em termos de categorias vinculadas à substância.

A reapropriação de Aristóteles através de Heidegger não pode ocorrer sem uma importante adaptação conceitual; ela às vezes chega até a reconstruir um não-dito implícito que o texto de Aristóteles abrangeria. É verdade que podemos nos limitar a comparar um grupo limitado de conceitos aristotélicos a seus homólogos heideggerianos e a interpretá-los uns em função dos outros. Assim, a aproximação entre a *Sorge* segundo Heidegger e a práxis segundo Aristóteles pode dar lugar a um entendimento aprofundado de ambos os conceitos. Pessoalmente, dou muita atenção a isso porque foi o conceito aristotélico de práxis que me ajudou a ampliar o campo prático para além da noção estreita de ação nos termos da filosofia analítica; em contrapartida, a *Sorge* heideggeriana confere à práxis aristotélica um peso ontológico que não parece ter constituído o principal propósito de Aristóteles em suas *Éticas*. Assim, Franco Volpi atribuiu à *Sorge* um efeito global de ontologização em relação à práxis[15]. Sua tentativa nos ajuda seguramente a

---
conceitos elaborados por Heidegger em *Sein und Zeit*] tivessem sido feitos pela medida de Aristóteles – pela medida de um Aristóteles pelo avesso" (*ibid.*, p. 56).

14. Do próprio Heidegger o texto mais importante, no atual estágio de publicação da *Gesamtausgabe*, é a interpretação de *Metafísica* Θ 1-3: *Aristoteles, Metaphysik* Θ *1-3. Von Wesen und Wirklichkeit der Kraft, GA 33*, Frankfurt, Vittorio Klostermann, 1981.

15. Franco Volpi, já autor de *Heidegger e Aristotele* (Pádua, Daphni, 1984), publica num volume coletivo dos *Phaenomenologica* (Dordrecht, Boston, Londres, Kluwer Academic Publ., 1988) um artigo intitulado "*Dasein* como práxis: assimilação e radicalização heideggeriana da filosofia prática de Aristóteles". Nele primeiro se mostra que foi na perspectiva das outras significações do ente segundo Aristóteles, mais precisamente a partir do privilégio conferido ao ser--verdadeiro, que Heidegger pôde tomar a iniciativa de reconstruir a filosofia

consolidar a demarcação que estamos tentando estabelecer entre a ipseidade e o ser enquanto ato/potência. O agir é assim elevado ao nível de conceito de segundo grau em relação às sucessivas versões da ação que apresentamos nos estudos anteriores, ou também em relação a nossa tríade, mais epistemológica que ontológica: descrever, narrar, prescrever.

Caberá por isso conferir à práxis aristotélica e a nosso próprio conceito de potência de agir uma função unitária para todo o campo da experiência humana? Se Volpi tiver razão de transferir para a temporalidade o princípio unitário que faltaria finalmente à práxis aristotélica, talvez não seja preciso acrescentar a este último conceito uma função que ele não tem. Além disso, a espécie de pluralidade que Aristóteles preserva ao deixar lado a lado *theoría, práxis, poíesis,* parece-me mais de acordo com a espécie de filosofia na qual recaem minhas preferências, filosofia que não se apressa a unificar pelo alto o campo da experiência humana, como fazem precisamente as filosofias de que me afastei no Prefácio. E, ainda que se possa dizer que o agir engloba a teoria, enquanto atividade teórica, é pre-

---

prática de Aristóteles nos anos 1920. O autor não dissimula o caráter audacioso da correlação por ele estabelecida entre *Sorge* e práxis, portanto o preço seria a ontologização da práxis, elevada acima das ações de nível simplesmente ôntico. Assim, seria conferida à práxis uma função descobridora, capaz de transcender a distinção entre "teórico" e "prático" e, sobretudo, de elevar a práxis acima dos outros termos da tríade *poíesis-práxis-theoría*. Essa correlação básica entre práxis e *Sorge* regeria toda uma série de correlações conexas. Assim, à teleologia do conceito de práxis corresponderia o para-ser (*zu-sein*) do *Dasein*; à *phrónesis* de Aristóteles corresponderia o *Gewissen* de Heidegger (essa correlação é comprovada por Gadamer em suas memórias referentes a Heidegger: *Heideggers Wege,* Tübingen, Mohr, 1983, pp. 31-2, e "Erinnerungen an Heideggers Anfänge", *Itinerari,* vol. XXV, nº 1-2, 1986, p. 10); às paixões (*páthe*) corresponderia a *Befindlichkeit;* ao *noûs praktikós,* o *Verstehen;* à *orexis dianoetike,* a *Rede;* à *prohaíresis,* a *Entschlossenheit.* Onde então, segundo Volpi, se daria o desligamento decisivo de Heidegger em relação a Aristóteles? "Aristóteles não teria conseguido ver a temporalidade originária como fundamento ontológico unitário das determinações da vida humana, que, no entanto, ele apreende e descreve, porque permaneceria no horizonte de uma compreensão naturalista, cronológica e não kairológica do tempo" (art. citado, p. 33). Não podendo interligar práxis e temporalidade originária, a práxis aristotélica ficaria como uma das atitudes fundamentais ao lado da *theoría* e da *poíesis,* apesar de os indícios que sugeriam ser a práxis a determinação unitária da qual as outras duas derivam.

ciso corrigir a tendência hegemônica assim atribuída ao agir com a admissão de sua polissemia que não autoriza muito mais que a ideia de unidade analógica do agir[16].

Permitam-me terminar este apanhado geral de algumas reinterpretações ou reapropriações heideggerianas de Aristóteles com a de Rémi Brague, de quem já tomei alguns empréstimos parciais. Nesse aspecto, essa reinterpretação é muito complexa: o que é usado como tema não é o que Aristóteles disse, mas o que continua não pensado de tudo aquilo que ele disse, a saber, fundamentalmente, a interpretação da *enérgeia* aristotélica nos termos do ser-no-mundo heideggeriano. O não pensado de Aristóteles deve então ser reconstruído, uma vez que a antropologia, a cosmologia e a teologia de Aristóteles são organizadas de tal modo que esse não pensado não possa chegar à palavra. Quero esclarecer aqui até que ponto posso acompanhar Rémi Brague e onde exatamente começam minhas ressalvas.

Não me parece discutível que o si e o ser-no-mundo são correlativos básicos. O si-mesmo torna-se assim o não-dito da

---

16. É notável que J. Taminiaux, que também assume a tarefa de "reapropriação da *Ética nicomaqueia*" (in *Lectures de l'ontologie fondamentale. Essais sur Heidegger*, Grenoble, Jérôme Millon, 1989, pp. 147-89), não tenha tomado por fio condutor a *Sorge* de Heidegger, mas o par autenticidade (*Eigentlichkeit*) – inautenticidade (*Uneigentlichkeit*), que ele combina com o par grego *poíesis-práxis*. Assim, a *poiesis* torna-se o modelo da relação do homem com o mundo cotidiano e, por extensão, da *Vorhandenheit*, uma vez que mesmo as coisas não imediatamente manejáveis se referem a uma eventual manipulação. Mas não chega até o ponto de fazer da *práxis* o princípio unitário, embora afirme a superioridade ética e política da *práxis* sobre a *poíesis*. Além disso, a aproximação entre Heidegger e Aristóteles não é feita sem uma crítica bem veemente a Heidegger, reprovado, por um lado, por ter perdido o elo da *práxis* com uma *pluralidade* de atores e uma *opinião* (*dóxa*), reversível e frágil (elo, ao contrário, fortemente reafirmado por Hannah Arendt), e, por outro lado, por ter dado preeminência à *theoría* filosófica no próprio campo da política, retrocedendo assim da modéstia aristotélica à alta pretensão platônica: "na ontologia fundamental, é como se o *bíos theoretikós* devorasse e regesse a *práxis* inteira" (*op. cit.*, p. 175). Em compensação, a retomada da *enérgeia* na analítica do *Dasein* é considerada com simpatia (*ibid.*, pp. 159, 163-4, 166). Finalmente, Taminiaux admite que na época da ontologia fundamental do *Dasein* a *phýsis* aristotélica ainda não era compreendida segundo a dimensão que a subtrairia à crítica da *Vorhandenheit* e de sua inautenticidade, o que valeria a reabilitação da *poíesis*, ficando o estatuto de decadência reservado apenas à técnica moderna (*ibid.*, p. 171).

teoria aristotélica da alma e, de modo mais geral, de toda a antropologia aristotélica. Mas será aceitável dizer que o vigor do sentido do termo *autos* é embotado pela confusão entre o *si,* conceito fenomenológico, e o *homem,* conceito antropológico? O papel que atribuímos à análise implica que a digressão pela objetivação é o caminho mais curto de si a si mesmo. Nesse sentido, o conceito antropológico de homem me parece justificado. Sem dúvida, apesar da afirmação da interioridade da própria vida, o si é essencialmente abertura para o mundo, e sua relação com o mundo é, como disse Brague, uma relação de concernência total: *tudo* me concerne. E essa concernência vai do ser-em-vida ao pensamento militante, passando pela práxis e o bem-viver. Mas como seria possível fazer justiça a essa abertura, se não se percebesse na iniciativa humana uma coordenação específica com os movimentos do mundo e com todos os aspectos físicos da ação? O que está em jogo aqui é a digressão da reflexão *pela* análise. Ora, a função descobridora reconhecida no *Dasein* não me parece capaz de substituir essa digressão objetivante, mas me parece supô-la ou exigi-la.

Mas é a noção de ser-no-mundo, vista como o não pensado da *enérgeia,* que me parece mais problemática. Não que eu conteste a distinção entre o conceito fenomenológico de mundo e o conceito cosmológico de universo (distinção que também não exclui digressões maiores ainda do que as que ligam a fenomenologia do si à antropologia do homem). Minha restrição recai num único ponto, mas essencial. Caberá fazer da *presença* o nexo fundamental entre o ser-si-mesmo e ser-no--mundo? Sem dúvida, presença não deve ser separada de concernência, cuja amplitude de sentidos acabo de mencionar. Mas, se a "concernência" não abranger a presença, de que forma a presença poderá ser vista como o não pensado mais plausível da *energeia* aristotélica[17]? A presença do ser-no-mundo é final-

---

17. É de ler o notável capítulo que encerra a obra de Rémi Brague, "O ser em ato" (*op. cit.,* pp. 463-509). Eu disse acima quanto devo à exegese do fragmento de *Metafísica* Θ 6, 1048 b 18-35, apresentado como um "aerólito aristotélico" (*ibid.,* pp. 454 ss.). Essa exegese ocupa posição estratégica no capítulo, uma vez que os exemplos nos quais Aristóteles baseia a preciosa distinção entre ato

mente atraída para o lado da *facticidade* heideggeriana[18]. Ora, duvido que a facticidade seja a melhor chave para reinterpretar a *enérgeia* e a *entelékheia* de Aristóteles[19]. Entendo que a *enérgeia*, traduzida pelos latinos como *actualitas*, designa de modo global aquilo em que estamos efetivamente. Mas, pondo-se a tônica principal no "sempre já" e na impossibilidade de sair do elo de presença, em suma, na facticidade, acaso não se atenua a dimensão da *enérgeia* e da *dýnamis* em virtude da qual o *agir* e o *padecer* humanos estão enraizados no ser? Foi para explicar esse enraizamento que propus a noção de *fundo ao mesmo tempo efetivo e potente*. Insisto nos dois adjetivos. Existe uma tensão entre potência e efetividade, que me parece essencial à ontologia do agir e apagado na equiparação entre *energéia* e *facticidade*. A difícil dialética entre os dois termos gregos está ameaçada de desaparecer na reabilitação aparentemente unilateral da *energéia*. No entanto, dessa diferença entre *energéia* e *dýnamis*, assim como do primado da primeira sobre a segunda, depende a possibilidade de interpretar conjuntamente o agir humano e o ser como ato e como potência.

3. A relativa decepção com a qual se encerra nossa atenta escuta das interpretações heideggerianas com vistas à reapropriação da ontologia aristotélica nos convida a buscar outra interligação entre a fenomenologia do si que age e padece e o fundo efetivo e potente sobre o qual se destaca a ipseidade.

Essa interligação, para mim, é o *conatus* de Espinosa.

---

e movimento levam, através da experiência *decisiva* da felicidade, à experiência *fundamental* da vida humana. Esta englobaria a percepção, compreendida a partir do contato, na vigília, ou melhor, no ser desperto. Daí se passaria à ideia de que a percepção está "entregue a si mesma" (*ibid.*, p. 490) ao mesmo tempo que ao mundo: "A vida, para nós, é um campo do qual não nos é possível fugir e no qual não entramos" (*ibid.*, p. 491).

18. "A presença no mundo é de tal modo que nos encontramos num interior no qual nunca entramos, num interior sem exterior. Por isso esse interior é definido pela continuidade, pela impossibilidade de atingir, a partir de dentro, qualquer limite que seja" (*ibid.*, p. 492).

19. É de notar que, a despeito da proximidade entre *enérgeia* e *érgon* e entre *entelékheia* e *télos*, é, afinal, o prefixo comum *en* (em) que mais desperta a curiosidade de Brague (*ibid.*, pp. 492-3).

Quase não escrevi sobre Espinosa, embora ele não tenha deixado de acompanhar minha meditação e minha docência. Compartilho com Sylvain Zac a convicção de que "se pode centrar todos os temas espinosistas em torno da noção de vida"[20]. Ora, quem diz vida logo diz potência, como comprova de cabo a rabo a *Ética*[21]. Potência, aqui, não quer dizer potencialidade, mas produtividade, que, portanto, não cabe opor a ato no sentido de efetividade, de cumprimento. As duas realidades são graus da potência de existir. Daí resultam, por um lado, a definição da alma como "ideia de uma coisa singular existente em ato" (*Ética*, II, prop. XI)[22] e, por outro, a afirmação de que esse poder de animação "é totalmente geral e pertence aos homens tanto quanto aos outros indivíduos" (*Ética*, II, prop. XII, escólio)[23].

É sobre esse pano de fundo, mencionado com demasiada rapidez, que se destaca a ideia de *conatus*, como esforço para perseverar no ser, que constitui a unidade do homem e de todo indivíduo. Gosto de citar aqui a proposição VI do livro III: "Cada coisa, enquanto ele está nela, esforça-se por perseverar em seu ser"[24] (no essencial, a demonstração remete diretamente ao livro I, no qual se mostra que "as coisas singulares são modos pelos quais os atributos de Deus se expressam de maneira certa e determinada. [...], ou seja, [...] coisas que expres-

---

20. Sylvain Zac, *L'idée de vie dans la philosophie de Spinoza*, Paris, PUF, 1963, pp. 15-6.

21. Não é a "teologia" de Espinosa que me importa; a acusação de panteísmo ou ateísmo não tem pertinência para a retomada da noção de *conatus*, única que importa aqui. Só uma fórmula, aparentemente teológica, basta para meus propósitos: é tão "impossível conceber Deus não atuante quanto Deus não existente" (*Ética*, II, prop. III, escólio, citado Zac, *op. cit.*, p. 18). Assim é afirmado já de saída que os "próprios" de Deus expressam sua propriedade fundamental de ser uma *essentia actuosa*. Sobre o sentido, em Espinosa, da fórmula "Deus é vida", cf. Zac, *ibid.*, pp. 24 ss. O essencial para nós é um Deus-artesão, que se esforça por realizar uma obra em conformidade com um modelo, ser substituído por uma potência infinita, uma *energia atuante*. É nesse ponto que Espinosa coincide com são Paulo, ao afirmar que em Deus temos o ser e o movimento (Carta 73 a H. Oldenburg, citada por Zac, *ibid.*, p. 86).

22. Spinoza, *Ética, op. cit.*, p. 139.

23. *Ibid.*, trad. fr. Appuhn modificada.

24. *Ibid.*, p. 261.

sam o poder de Deus, pelo qual ele é e age, de maneira certa e determinada"[25].

Não ignoro que esse dinamismo do ser vivo exclui qualquer iniciativa que rompa com o determinismo da natureza, e que perseverar no ser não é superar-se em direção a outra coisa, em conformidade com alguma intenção que se possa considerar como o fim desse esforço. Isso é excluído pela proposição VII, que segue imediatamente a definição de *conatus:* "o esforço pelo qual cada coisa se esforça por perseverar em seu ser não é nada fora da essência atual dessa coisa" (*Ética*, III, trad. fr. Appuhn, p. 261). A demonstração logo menciona a ideia de necessidade que o livro I vincula à de expressão, de modo que "a potência de uma coisa qualquer, ou o esforço [...] pelo qual [uma coisa] se esforça por perseverar em seu ser nada é fora da essência dada ou atual da coisa" (*ibid.,* trad. fr. Appuhn, p. 263). Mas não se pode esquecer que a passagem das ideias inadequadas que temos sobre nós mesmos e sobre as coisas às ideias adequadas significa a possibilidade de sermos realmente *ativos.* Nesse sentido, pode-se dizer que a potência de agir é acrescida pelo recuo da passividade ligada às ideias inadequadas (cf. *Ética*, III, proposição I, demonstração e corolário). É essa conquista da atividade sob a égide das ideias adequadas que faz da obra inteira uma *ética.* Assim, permanecem estreitamente ligados o dinamismo interno, que merece o nome de Vida, e a potência da inteligência, que regra a passagem das ideias inadequadas às ideias adequadas. Nesse sentido, somos potentes quando compreendemos adequadamente nossa dependência horizontal e externa em relação a todas as coisas e nossa dependência vertical e imanente em relação ao poder primordial que Espinosa ainda chama de Deus.

Importa-me, finalmente, mais que qualquer outra, a ideia para a qual se orientou a discussão anterior da *enérgeia* segundo Aristóteles: por um lado, que no homem o *conatus*, ou potência de ser de todas as coisas, é mais claramente legível, e, por outro, que todas as coisas expressam em graus diferentes a potência ou a vida que Espinosa chama vida de Deus. Chego assim,

---

25. *Ibid.*

no termo desta rapidíssima travessia da *Ética* de Espinosa, à ideia de que "a consciência de si, em vez de estar, como em Descartes, no ponto de partida da reflexão filosófica, supõe, ao contrário, uma longa digressão" (Zac, *op. cit.,* p. 137). É precisamente a prioridade do *conatus* em relação à consciência – chamada por Espinosa de ideia da ideia – que impõe à consciência adequada de si mesmo essa longa, longuíssima digressão, que só termina no livro V da *Ética*.

Seria bem-vindo o pensador que soubesse levar a reapropriação "espinosista" da *enérgeia* aristotélica a um nível comparável ao já atingido pelas reapropriações "heideggerianas" da ontologia aristotélica. Pois, se Heidegger soube conjugar o si e o ser-no-mundo, Espinosa – *é verdade que de origem mais judaica que grega* – foi o único que soube articular o *conatus* com esse fundo de ser ao mesmo tempo efetivo e potente que ele chama de *essentia actuosa*.

3. Ipseidade e alteridade

No início deste estudo foi dito que o elo dialético entre ipseidade e alteridade é mais fundamental que a articulação entre reflexão e análise, cuja implicação ontológica, porém, a atestação revela, e até mais fundamental que o contraste entre ipseidade e mesmidade, cuja dimensão ontológica é marcada pela noção de ser como ato e como potência. O próprio título desta obra é o lembrete permanente da primazia dessa dialética.

O fato de a alteridade não se somar à ipseidade a partir de fora, como que para prevenir sua deriva solipsista, mas de pertencer ao teor de sentido e à constituição ontológica da ipseidade, é um traço que estabelece forte distinção entre essa terceira dialética e a dialética entre ipseidade e mesmidade, cujo caráter disjuntivo permanecia dominante.

Como guia na última etapa dessa investigação ontológica, usaremos o apoio das observações que acrescentamos acima à afirmação da primazia dessa dialética. Primeiramente ressaltamos que ela pertence ao mesmo discurso de segundo grau que a dialética entre o Mesmo e o Outro, iniciada por Platão nos chamados Diálogos "metafísicos". O caráter que se pode chamar de *especulativo* da dialética entre ipseidade e alteridade foi o primeiro que se anunciou e depois se projetou retrospectivamente sobre os outros dois momentos da investigação ontológica. Aqui, portanto, surpreendemos esse caráter em seu lugar de origem. Em seguida, anunciamos por antecipação o caráter *polissêmico* da alteridade, o qual, dizíamos, implica que o Outro não se reduza à alteridade de um Outrem, como se dá por certo com excessiva facilidade. Este segundo ponto merece explicação. Ele resulta da inflexão da famosa dialética entre o Mesmo e o Outro em contato com a hermenêutica do si. De fato, foi o polo do Mesmo que primeiro perdeu univocidade, fraturando-se ao mesmo tempo que o idêntico era atravessado pela linha divisória que separa o *ipse* do *idem*. O critério temporal dessa divisão, a saber, a dupla valência da permanência no tempo, segundo ela designe a imutabilidade do *idem* ou a manutenção de si do *ipse,* merece ser lembrada pela última vez. A polissemia da ipseidade, observada em primeiro lugar, serve de algum modo de revelador em relação à polissemia do Outro, que se contrapõe ao Mesmo, no sentido de si mesmo.

Ora, como explicitar o trabalho da alteridade no cerne da ipseidade? É aí que o jogo entre os dois níveis de discurso – discurso fenomenológico e discurso ontológico – se mostra mais frutífero, em virtude da força descobridora que esse jogo suscita nos dois planos ao mesmo tempo. Para fixar o vocabulário, estabeleçamos que o correspondente *fenomenológico* da metacategoria de alteridade é a variedade das experiências de passividade, mescladas de múltiplas maneiras ao agir humano. O termo "alteridade" fica então reservado ao discurso especulativo, enquanto a passividade se torna a atestação da alteridade.

A principal virtude de tal dialética é impedir o si de ocupar o lugar de fundamento. Essa interdição convém perfeitamente à estrutura última de um si que não seria nem exaltado, como nas filosofias do *Cogito,* nem humilhado, como nas filosofias do anti-Cogito. No prefácio desta obra, falei de *Cogito* quebrado para expressar essa situação ontológica insólita. Agora é preciso acrescentar que ela é objeto de uma *atestação também quebrada,* no sentido de que a alteridade, unida à ipseidade, se atesta apenas em experiências díspares, segundo diversos focos de alteridade.

Nesse aspecto, sugiro como hipótese de trabalho aquilo que se poderia chamar de *tripé da passividade, portanto da alteridade*. Em primeiro lugar, a passividade resumida na experiência do corpo próprio, ou melhor, como se dirá adiante, da *carne*, como mediadora entre o si e um mundo tomado segundo seus graus variáveis de praticabilidade e, portanto, de estraneidade. Em segundo lugar, a passividade implicada pela relação de si com o *estranho*, no sentido preciso do outro do si, portanto a alteridade inerente à relação de intersubjetividade. Por fim, a passividade mais dissimulada, aquela da relação entre o si e si mesmo, que é a *consciência*, no sentido de *Gewissen*, e não de *Bewusstsein*. Situando assim a consciência em terceiro lugar em relação à passividade-alteridade do corpo próprio e à de outrem, ressaltamos a extraordinária complexidade e a densidade relacional da metacategoria de alteridade. Em contrapartida, a consciência projeta *a posteriori*, sobre todas as experiências de passividade situadas antes dela, a sua força de atestação, uma vez que a consciência é também integralmente atestação.

Uma última observação antes de esboçar as investigações que cada um desses três campos de gravitação atrai: não se trata de somar um, dois ou três níveis àqueles que já foram percorridos – linguístico, práxico, narrativo, ético –, mas de depreender o grau de passividade vivenciada, próprio a esses diversos níveis de experiência, e assim identificar a espécie de alteridade que lhe corresponde no plano especulativo.

a. O corpo próprio ou a carne

Com essa primeira figura de passividade-alteridade é mais fácil a remissão da fenomenologia à ontologia. O caráter enigmático do fenômeno do corpo próprio foi percebido em três ocasiões pelo menos ao longo de nossos estudos anteriores.

Primeiramente, isso ocorreu durante a análise do particular básico que é a pessoa, por parte de Strawson: como –

perguntávamos – predicados psíquicos e físicos díspares poderão ser adscritos a uma única e mesma entidade, se o corpo humano não for ao mesmo tempo um dos corpos e meu corpo? Limitamo-nos então a fazer a asserção de que as pessoas também são corpos por uma injunção de linguagem quando falamos das coisas como falamos. Não deixamos de observar que, se as pessoas também são corpos, é na medida em que cada uma é para si seu próprio corpo. Explicar essa pressuposição exige que apoiemos a organização da linguagem na constituição ontológica dessas entidades chamadas pessoas.

O pertencimento do corpo próprio tanto ao reino das coisas quanto ao do si se impôs pela segunda vez na discussão com Davidson: como a ação pode ao mesmo tempo constituir um acontecimento do mundo, sendo este a soma de tudo o que acontece, e designar seu autor de modo autorreferencial, se este não pertencer ao mundo segundo um modo em que o si é constitutivo do próprio sentido desse pertencimento? O corpo próprio é o lugar – no sentido forte do termo – desse pertencimento graças ao qual o si pode pôr sua marca nesses acontecimentos que são as ações.

A questão da identidade pessoal, levada a seu ponto extremo de refinamento por Parfit, trabalhou enfim essa mesma problemática do corpo próprio, quando foi preciso ligar os critérios corporais e psíquicos da identidade – continuidade do desenvolvimento, permanência do caráter, dos *habitus*, dos papéis e das identificações – à manutenção de um si que encontra ancoragem no corpo próprio.

Mas a fenomenologia da passividade só supera o estágio implícito em que a evocamos várias vezes quando, nesse fenômeno global de ancoragem, se ressalta um traço marcante que nossas análises anteriores não levaram muito em conta, a saber, o *sofrimento*. O suportar, o padecer, é de algum modo revelado em sua integral dimensão passiva quando se torna sofrer. Sem dúvida, ao longo de todos esses estudos, nunca deixamos de falar do homem atuante e padecente. Várias vezes chegamos às vias dessa correlação originária entre agir e sofrer. Assim, tratando da identidade narrativa, observamos que é virtude da narrativa unir agentes e pacientes no intrincado de múltiplas histórias de vida. Mas seria preciso ir adiante e levar em conta formas mais dissimuladas do sofrer: a incapacidade de narrar, a recusa a narrar, a insistência do inenarrável, fenômenos que vão bem além da peripécia, sempre recuperável em benefício do sentido pela estratégia de composição do enredo. Discutindo, num estudo anterior, o lugar da regra áurea em ética, dimensionamos a dissimetria fundamental, inerente à interação, resultante do fato de que um agente, ao exercer poder-sobre outro, trata-o como o paciente de sua ação. Mas, também aí, seria preciso ir adiante, até as formas de menosprezo de si mesmo e de ódio a outrem, em que o sofrimento excede a dor física. Com a diminuição do poder de *agir*, sentida como uma diminuição do esforço de *existir*, começa o reinado propriamente dito do sofrimento. A maioria desses sofrimentos é infligida ao homem pelo homem. Eles fazem que a parte mais importante do mal do mundo resulte da violência exercida entre os homens. Aqui, a passividade pertinente à metacategoria do corpo próprio intersecciona a passividade pertinente à metacategoria de outrem: a passividade do sofrer de um si-mesmo torna-se indiscernível da passividade de ser vítima do outro do si-mesmo. A vitimização aparece então como o avesso de passividade que enluta a "glória" da ação.

Para articular especulativamente a modalidade de *alteridade* que corresponde a essa passividade, seria preciso atribuir à metacategoria do corpo próprio uma amplitude comparável àquela que o sofrer dá ao suportar. Numa dialética acerba entre *práxis* e *páthos*, o corpo próprio torna-se o título emblemático de uma ampla investigação que, além do simples cunho de sempre-meu do corpo próprio, designe toda a esfera de passividade *íntima* e, portanto, da alteridade, cujo centro de gravidade ele constitui. Nessa perspectiva, seria preciso percorrer o trabalho conceitual feito desde os tratados clássicos das paixões, passando por Maine de Biran, até a meditação de Gabriel Marcel, Merleau-Ponty e Michel Henry sobre a encarnação, a carne, a afetividade e a autoafetação. Não o farei aqui e me limitarei a plantar alguns referenciais.

No início deste breve apanhado, gostaria de fazer justiça àquele que inaugurou esse campo de investigação em torno do corpo próprio, Maine de Biran, que realmente conferiu dimensão ontológica apropriada à sua descoberta fenomenológica, ao dissociar a noção de existência da noção de substância e ao vinculá-la à de ato. Dizer "eu sou" é dizer "eu quero, eu movo, eu faço"[26]. Ora, a apercepção, distinta da representação objetivante, engloba no orbe da mesma certeza o eu atuante e seu contrário, que é também seu complemento, a passividade corporal. Maine de Biran é, assim, o primeiro filósofo a introduzir o corpo próprio na região da certeza não representativa. Essa inclusão do corpo próprio apresenta graus crescentes de passividade. No primeiro grau, o corpo designa a resistência que cede ao esforço. Esse, para Maine de Biran, é o exemplo paradigmático, em que o esforço vem ocupar o lugar da impressão e da sensação em Hume e Condillac. A estrutura relacional do próprio eu está inteiramente contida aí, e esforço e resistência formam uma unidade indivisível. O corpo recebe a significação indelével de ser meu corpo com sua diversidade íntima, sua extensão irredutível a qualquer dimensão imaginada ou representada, sua massa e sua gravidade. Tal é a experiência

---

26. G. Romeyer-Dherbey, em *Maine de Biran ou le Penseur de l' immanence radicale* (Paris, Seghers, 1974), apresenta uma visão sintética da revolução intelectual realizada por Maine de Biran. A mudança resultante na problemática ontológica é mais considerável do que parece. A antiga identificação entre ser e substância, que Descartes não questionou em absoluto, baseava-se num privilégio exclusivo da representação quase visual que transforma as coisas em espetáculo, em imagens apreendidas à distância. A dúvida de Descartes é uma dúvida sobre o espetáculo das coisas. E, se Descartes pode duvidar de que tem um corpo, é porque tem a seu respeito uma imagem que a dúvida reduz facilmente a sonho. Não ocorrerá o mesmo se a apercepção de si for considerada como a apercepção de um ato, e não como a dedução de uma substância. Se tal apercepção é indubitável, é por não ser uma visão simplesmente voltada para dentro, uma introspecção, que, por mais próxima que se queira de seu objeto, comporta a distância mínima de um redobramento. O sentido íntimo, cabe dizer, não tem objeto. Tal oposição entre apercepção (imanente) e representação (transcendente) não deixa de ter paralelo na filosofia analítica pós-wittgensteiniana: E. Anscombe caracteriza como conhecimento sem observação o saber daquilo que podemos fazer, da posição de nosso corpo... Do mesmo modo, a noção de ação básica, em A. Danto e H. von Wright, baseia-se em tal apreensão não objetivante de si mesmo. O que Maine de Biran tem de próprio é ter percebido o forte elo que existe entre o ser como ato e tal apercepção sem distância.

princeps, aquela do "corpo ativo", ilustrada pela felicidade e pela graça do corpo que dança, dócil apenas à música. Um segundo grau de passividade é representado pelas idas e vindas dos humores caprichosos – impressões de bem-estar ou mal-estar, cujos movimentos Maine de Biran espreita com ansiedade em seu *Diário:* a passividade, aqui, mostra-se estranha e adversa[27]. Um terceiro grau de passividade é marcado pela resistência das coisas exteriores; é pelo tato ativo, no qual se prolonga nosso esforço, que as coisas atestam sua existência tão indubitável quanto a nossa; aqui, existir é resistir; assim, é o mesmo sentido que dá a maior certeza de existência própria e a maior certeza de existência exterior. Com a variedade desses graus de passividade, o corpo próprio mostra ser o mediador entre a intimidade do eu e a exterioridade do mundo[28].

O segundo e mais importante marco no caminho que conduz da filosofia do esforço de Maine de Biran às três grandes filosofias do corpo próprio que mencionei acima e às quais me limito a remeter o leitor encontra-se incontestavelmente na fenomenologia de Husserl. Em certo sentido, sua contribuição para aquilo que se deveria chamar de uma ontologia da carne é mais importante que a de Heidegger. Essa afirmação é a primeira visão paradoxal. Por duas razões. Em primeiro lugar, a distinção decisiva entre *leib* e *körper,* que é preciso traduzir por "carne" e "corpo", ocupa posição estratégica nas *Meditações cartesianas,* em virtude da qual ela deveria ser apenas uma etapa em direção à constituição de uma natureza comum, ou seja, intersubjetivamente fundada. Assim, a noção de carne não é elaborada somente para possibilitar o emparelhamento

---

27. Os comentadores notaram que, em Maine de Biran, a experiência das impressões passivas não se coaduna bem com a experiência da resistência que cede. Michel Henry, em *Philosophie et phénoménologie du corps. Essai sur l'ontologie biranienne* (Paris, PUF, 1965), procurou na teoria husserliana das "sínteses passivas" a chave da relação entre o que Maine de Biran chama de corpo ativo e corpo passivo. A teoria biraniana do hábito dá crédito a essa solução.

28. Adiante nos indagaremos se essa exterioridade das coisas materiais é completa sem o testemunho de outros que não eu, testemunho que descentra o mundo e o arranca dessa espécie de sempre-meu pelo qual o tato anexa as coisas a meu esforço.

(*Paarung*) de uma carne a outra carne, com base no qual pode constituir-se uma natureza comum: afinal, quanto à sua *visada* fundamental, essa problemática continua sendo a problemática da constituição de toda realidade na e pela consciência, constituição associada às filosofias do *Cogito* de que nos despedimos já no prefácio desta obra. Seria então possível crer que a filosofia do ser-no-mundo de *Ser e tempo* oferece um quadro mais apropriado para uma ontologia da carne, em virtude até de sua ruptura com a problemática da constituição baseada na intencionalidade da consciência. Ora – e aí está a segunda face do paradoxo –, por razões que será preciso esclarecer, *Ser e tempo* não deixou que se desenvolvesse uma ontologia da carne, e é em Husserl, na obra mais francamente dedicada à renovação do idealismo transcendental, que se encontra o esboço mais promissor da ontologia da carne que marcaria a inserção da fenomenologia hermenêutica numa ontologia da alteridade.

É precisamente à sua posição estratégica na argumentação das *Meditações cartesianas* que a polaridade carne/corpo deve a radicalidade de sua diferença[29]. Estamos numa egologia resoluta, e não numa filosofia do si. E são precisamente as dificuldades de tal egologia que conferem urgência à distinção entre carne e corpo. Cabe acrescentar que não é em relação com algum "eu posso" ou "eu movo" que o tema se impõe, embora essa dimensão não esteja ausente, mas sim no plano da *percepção*. Nisso, o tema da carne, nas *Meditações cartesianas*, continua na linha do *leibhaft selbst* (do si-mesmo dado em carne) dos escritos anteriores. Se se leva em conta o mover, é na medida em que posso mudar minha perspectiva perceptiva e assim *me* mover.

---

29. Retrocedendo para aquém das *Meditações cartesianas*, Didier Franck, em *Chair et Corps. Sur la phénoménologie de Husserl* (Paris, Éd. De Minuit, 1981), vê no tema da "doação encarnada" (*Leibhaft*), já em *Ideias... I*, o antecedente obrigatório da problemática da carne: "A doação encarnada que define a evidência em geral (antes de qualquer crítica, portanto antes de qualquer problema de apodicticidade, por exemplo) não deve ser tomada como metáfora, como maneira de dizer, característica própria do estilo de Husserl" (*op. cit.*, p. 19). O tema da encarnação teria assim precedido o da carne.

Não discuto aqui se a noção de *estranho,* aquilo que Husserl chama de *estranho em si primeiro,* a saber, o outro eu, está ou não presente desde o início na busca de um próprio que a última redução realizada na quarta *Meditação* afirma ter isolado[30]. Reencontraremos essa dificuldade quando chegarmos ao segundo polo de alteridade, precisamente o do outro como estranho. O que deve reter agora nossa atenção é a necessidade de distinguir entre carne e corpo, se é possível proceder à derivação de um gênero único de *alter ego* a partir do *ego.* Em outros termos, o que faz sentido para nós é a própria produção dessa distinção nesse momento crucial da empreitada de constituição da natureza objetiva com base na intersubjetividade. Uma coisa é uma fenomenologia da constituição malograr em explicar a fenomenologia da alteridade do estranho; outra coisa é ser preciso, para constituir uma subjetividade *estranha,* formular a ideia de um *próprio* que seja precisamente a carne em sua diferença relativamente ao corpo: e é esta última que nos interessa aqui.

O que a estratégia da constituição intersubjetiva da natureza comum exige pensar é: eu, na qualidade de carne, antes da constituição do *alter ego.* E a divina surpresa é devermos a uma impossível empreitada a formação do conceito ontológico de carne. Como se sabe, a decisão metodológica reside na redução ao próprio, do qual seriam excluídos todos os predicados objetivos devidos à intersubjetividade. A carne mostra-se assim o polo de referência de todos os corpos pertinentes a essa natureza própria[31].

Deixemos de lado a derivação do *alter ego* por emparelhamento de uma carne à outra; fiquemos no traço fenomenoló-

---

30. Cf. minha análise da quinta *Meditação cartesiana* em *À l'école de la phénoménologie,* Paris, Vrin, 1980.
31. Cito na tradução proposta por D. Franck o texto decisivo: "Entre os corpos propriamente munidos dessa *natureza,* encontro, numa distinção única em seu gênero, minha carne [*meinen Leib*], a saber, como o único corpo que não é simplesmente corpo, mas precisamente *carne,* o único objeto no interior de minha camada abstrata de mundo ao qual, em conformidade com a experiência, acrescento campos de sensações, e isso com diversos modos de pertencimento (campo das sensações táteis, campo do quente e frio etc.), o único objeto *sobre* o qual eu *reino e que eu domino* imediatamente, em especial, aquele do qual domino cada *órgão", op. cit.,* pp. 93-4.

gico da carne que a designa como paradigma de alteridade. O fato de a carne ser o que há de mais originariamente meu e a mais próxima de todas as coisas, o fato de sua aptidão a sentir revelar-se privilegiadamente no tato, como em Maine de Biran, constituem traços primordiais que possibilitam que a carne seja o órgão do querer, o suporte do livre movimento; mas não se pode dizer que são objeto de uma escolha, de um querer. Eu, na qualidade deste homem: essa é a alteridade primeira da carne em relação a qualquer iniciativa. Alteridade significa aqui primordialidade em relação a qualquer *desígnio*. A partir dessa alteridade, posso *reinar sobre*. Mas primordialidade não é reinado. A carne precede ontologicamente toda distinção entre voluntário e involuntário. Sem dúvida, é possível caracterizá-la pelo "eu posso"; mas, precisamente, "eu posso" não deriva de "eu quero", mas lhe dá raiz. A carne é o lugar de todas as sínteses passivas sobre as quais se edificam as sínteses ativas, únicas que podem ser chamadas de obras (*Leistungen*): ela é a matéria (*hýle*), em ressonância com tudo o que pode ser chamado de *hýle* em todo objeto percebido, apreendido. Em suma, ela é a origem de toda "alteração do próprio"[32]. Destas resulta que a ipseidade implica uma alteridade "própria", se é que se pode dizer, cujo suporte é a carne[33]. Nesse sentido, ainda que a alteridade do estranho pudesse – por hipótese – ser derivada da esfera do próprio, a alteridade da carne lhe seria ainda preliminar.

A partir daí a questão é saber se a grande descoberta de Husserl, sancionada pela distinção entre carne e corpo, pode ser dissociada daquilo que chamamos acima de seu papel estratégico na fenomenologia transcendental à época das *Meditações cartesianas*. Acredito que sim. Além do problema, ao qual voltaremos adiante, da derivação do estatuto de estranho a partir da esfera do próprio com base na síntese passiva sem-par constituída pelo "emparelhamento" entre *ego* e *alter ego*, pode-se

---

32. "Alteração do próprio" é o título de um dos capítulos de Didier Franck, *ibid.*, pp. 109 ss.

33. O termo ipseidade aparece ligado ao termo doação própria no § 46 de *Meditações cartesianas* (citado por D. Franck, *ibid.*, p. III).

encontrar nos Inéditos investigações e desenvolvimentos referentes à diferença (e à relação) entre carne e corpo, relativamente independentes da problemática da constituição intersubjetiva da natureza comum. O que se diz da distinção entre o *aqui* e o *lá*, como irredutíveis a qualquer localização por detecção objetiva, pertence por excelência a essa ontologia fenomenológica da carne. Encontra-se nesses textos dedicados à não-espacialidade objetiva da carne um eco inesperado das reflexões de Wittgenstein sobre o não-pertencimento do sujeito ao sistema de seus objetos e sobre as implicações do paradoxo referente à noção de *ancoragem* com que deparamos bem cedo no trajeto de nossos estudos. Dizer que a carne está aqui absolutamente, portanto é heterogênea a qualquer sistema de coordenadas geométricas, é dizer equivalentemente que ela não está em lugar nenhum em termos de espacialidade objetiva. E o acolá onde eu poderia estar se para lá me transportasse – à parte a questão de saber em que sentido o acolá para mim pode "parecer-se com o aqui para outrem" – tem o mesmo estatuto de heterogeneidade que o aqui do qual ele é correlato. Com base no modelo do problema da localização da carne, poderiam ser formulados outros problemas relativos à espacialidade originária da carne. Entre estes, considerarei aqueles que têm relação com o *mundo ambiente*, correlato do corpo-carne. O que se pode ler nos Inéditos sobre o mundo praticável felizmente completa o que acaba de ser dito sobre a espacialidade de algum modo interna da carne. Além disso, as anotações sobre o contato como forma primordial do sentir insuflam nova vida a toda a problemática biraniana da existência-resistência e convidam a deslocar a tônica para o polo mundo da espacialidade da carne. Tal como estabelece Jean-Luc Petit na obra que várias vezes citamos, é sobre essa relação pré-linguística entre minha carne localizada por si e um mundo acessível ou não ao "eu posso" que deve afinal ser edificada uma semântica da ação que não se perca nas infindáveis trocas entre jogos de linguagem.

Só quando a ontologia da carne se liberta o máximo possível da problemática da constituição que, paradoxalmente, a requisitou é que se pode enfrentar o paradoxo inverso àquele apresentado pela teoria strawsoniana dos particulares básicos, a saber, não o que significa um corpo ser meu corpo, ou seja, carne, mas o que significa a carne ser também um corpo entre os corpos. É aí que a fenomenologia topa com seu limite, pelo menos aquela que pretende derivar os aspectos objetivos do mundo de uma experiência primordial não objetivante, principalmente por intermédio da intersubjetividade. O problema que, em *Tempo e narrativa,* chamamos de problema da reinscrição do tempo fenomenológico no tempo cosmológico, encontra aí uma série de equivalentes: assim como é preciso inventar o calendário para correlacionar o agora vivenciado com um instante qualquer, e o mapa para correlacionar o aqui carnal com um lugar qualquer, e inscrever o nome próprio – o meu – nos registros civis, também é preciso, como disse o próprio Husserl, *mundanizar* a carne para que ela apareça como corpo entre corpos. É aí que a alteridade de outrem como estranho, outro que não eu, parece dever estar não só entrelaçada com a alteridade da carne que sou, mas considerada, a seu modo, como preliminar à redução ao próprio. Pois minha carne só aparece como um corpo entre corpos na medida em que eu mesmo sou outro entre todos os outros, numa apreensão da natureza comum, tecida, como disse Husserl, na rede da intersubjetividade – por sua vez, diferentemente do que Husserl concebia, instauradora, a seu modo, da ipseidade. Foi por ter apenas pensado o outro que não eu como um outro eu, e nunca o si como outro, que Husserl não teve resposta para o paradoxo resumido na indagação: como compreender que minha carne seja também um corpo?

Não será então para *Ser e tempo* que deveremos nos voltar a fim de elaborar uma ontologia da carne que leve em conta tanto a intimidade para si da carne quanto sua abertura para o mundo? Esta é a segunda face do paradoxo mencionado acima, a saber, que foi Husserl, e não Heidegger, quem abriu caminho para essa ontologia, apesar de o âmbito geral de pensamento de *Ser e tempo* parecer mais apropriado a tal empreitada; ao substituir pela estrutura abrangente do ser-no-mundo o problema da constituição de um mundo na e pela consciência, ao chamar de *Dasein,* ser-aí, o ente que não pertence ao conjunto dos entes dados e manejáveis, Heidegger acaso não liberou em princípio a problemática do corpo próprio da prova da redução ao próprio, no interior da redução geral de todo ser "óbvio"? Ao progredir retroativamente do sentido da "mundaneidade" abrangente para o sentido do "em", acaso ele não apontou o lugar filosófico da carne? Bem mais, acaso não deu lugar à disposição afetiva (*Befindlichkeit*), para além de toda e qualquer psicologia dos afetos, na constituição existencial do aí (§ 29)[34]? E acaso não percebeu, no âmago de toda disposição afetiva, a inelutável impossibilidade de sair de uma condição na qual ninguém nunca entrou, uma vez que a natalidade, da qual Hannah Arendt fala de modo tão pertinente, não é propriamente a experiência de entrar no mundo, mas de já estar nascido e de se encontrar já aí?

Dessas preliminares seria possível concluir que, se há uma categoria existencial especialmente apropriada a uma investigação do si como carne, essa categoria é a de *estar-lançado*, lançado-aí. A admitir-se que semelhante expressão não sugere nenhuma queda a partir de um alhures, do modo gnóstico, mas a *facticidade* a partir da qual o *Dasein* se encarrega de si mesmo, então o caráter de fardo da existência significa imediatamente entrega a si mesma, portanto abertura, em virtude da qual todas as tonalidades afetivas expressam ao mesmo tempo a intimidade do ser-aí consigo e as maneiras de aparecer do mundo. A noção de projeto-lançado ou mesmo decaído

---

34. Em certo sentido, a teoria heideggeriana da disposição afetiva pode ser interpretada como o coroamento da empreitada biraniana. A analítica do *Dasein* dirige-se logo de início àquilo que, para Maine de Biran, ficava na periferia da análise do esforço, a saber, o reconhecimento da existência exterior como resistência das coisas na experiência do tato ativo. Em Maine de Biran era preciso passar primeiro pelo elo do esforço à resistência, antes de propor a prova tátil da realidade, de algum modo na beira da experiência do corpo ativo, imanente ao eu que quer. Dando a toda a análise por âmbito do existencial "ser-no-mundo", Heidegger abre caminho para uma ontologia da carne, em que esta se daria a pensar não só como encarnação do "eu sou", mas também como mediação prática desse ser-no-mundo que somos cada um a cada vez. Essa conjunção entre carne e mundo possibilitaria pensar as modalidades propriamente passivas de nossos desejos e de nossos humores, como o signo, o sintoma, a indicação do caráter contingente de nossa inserção no mundo.

– ou "caído", segundo tradução proposta por Martineau para o *Verfallen* heideggeriano – leva ao conceito de estranheza da finitude humana, selada que é esta pela encarnação, portanto pelo que chamamos aqui de alteridade primeira, para distinguir da alteridade do estranho. Seria possível até dizer que a junção, no mesmo existencial da disposição afetiva, do caráter de fardo da existência com a tarefa de ter-de-ser exprime com mais proximidade o paradoxo de uma alteridade constitutiva do si e assim, pela primeira vez, confere força total à expressão "si-mesmo como outro".

No entanto, apesar da instauração de um aparato nocional que parece tão apropriado à elaboração de uma ontologia da carne, deve-se constatar que Heidegger não elaborou a noção de carne como existencial distinto. Nesse silêncio vejo várias razões. A primeira refere-se àquilo que se poderia chamar de incitação fenomenológica da ontologia do *Dasein*. Acentuando-se demais o medo (*Ser e tempo*, § 30) e, afinal, a angústia ligada ao ser-para-a-morte, por acaso não se negligenciam as instruções que uma fenomenologia do sofrer estaria mais apta a dispensar? É só em Michel Henry que encontramos esta última em ação. Em segundo lugar, se ficarmos no âmbito traçado pela ontologia do ser-no-mundo, é de perguntar se a fenomenologia da espacialidade, bem esboçada em Husserl, recebe de Heidegger a atenção que merece. Sem dúvida, o § 24 de *Ser e tempo* é especificamente dedicado à espacialidade do *Dasein* e ressalta a irredutibilidade dessa espacialidade ao espaço geométrico enquanto sistema de lugares quaisquer. Por que então Heidegger não aproveitou essa oportunidade para reinterpretar a noção husserliana de carne (*Leib*), que ele não podia ignorar, nos termos da analítica do *Dasein*? A resposta que se pode dar a essa pergunta talvez diga respeito ao essencial: tal como o sugerem os parágrafos anteriores dedicados à espacialidade do mundo – "ambiência do mundo ambiente" (Martineau) –, é principalmente às formas inautênticas do cuidado que parece dizer respeito a dimensão espacial do ser-no-mundo; a espacialidade do *Dasein* certamente não é a mesma de um ser-à-mão, nem mesmo de um ser-ao-alcance-da-mão, mas é sobre o fundo da espacialidade das coisas disponíveis e manejáveis que a espacialidade do *Dasein* se destaca a custo. Se o tema da encarnação em *Ser e tempo* parece abafado, quando não recalcado, sem dúvida é porque deve ter parecido dependente demais das formas inautênticas do cuidado, digamos da preocupação, que nos inclina a nos interpretarmos em função dos objetos de nosso cuidado[35]. Pode-se perguntar, a partir daí, se não foi o desenvolvimento da problemática da temporalidade, predominante na segunda seção de *Ser e tempo*, que impediu de se dar oportunidade a uma fenomenologia da espacialidade *autêntica*, portanto a uma ontologia da carne; como se a temporalidade fosse o tema exclusivo de uma meditação sobre a existência autêntica, e como se os caracteres autênticos da espacialidade tivessem de ser afinal derivados dos da temporalidade. Finalmente, pode-se perguntar se Heidegger percebeu os recursos que podiam estar encerrados numa filosofia do ser que pusesse o transcendental do ato no lugar do transcendental da substância, como requer uma fenomenologia do agir e do padecer. Esta última observação lança uma ponte entre as reflexões desta seção e as da seção anterior deste estudo. É todo o bloco da ontologia da ipseidade que precisa movimentar-se segundo as três dimensões da alteridade.

b. *A alteridade de outrem*

A segunda significação assumida pela metacategoria de alteridade – a alteridade de outrem – está estreitamente aderida às modalidades de *passividade* com que a hermenêutica fenomenológica do si topou ao longo dos estudos anteriores quanto à relação do si com o outro do si. Uma nova dialética entre

---

35. O que se diz sobre a reinterpretação dos *páthe* do livro II da *Retórica* de Aristóteles vai nesse sentido: "Não é por acaso que a primeira interpretação tradicional sistemática dos afetos não se desenvolveu no âmbito da 'psicologia'. Aristóteles estuda os *páthe* no livro II de sua *Retórica*. Esta, ao contrário da orientação tradicional do conceito de retórica sobre a ideia de 'disciplina escolar', deve ser vista como a primeira hermenêutica sistemática da cotidianidade do ser-um-com-o-outro" (*Ser e tempo* [139], trad. fr. Martineau, p. 116; cf. trad. fr. Vezin, p. 183).

Mesmo e Outro é suscitada por essa hermenêutica que, de vários modos, comprova não ser o Outro aqui apenas a contrapartida do Mesmo, mas pertencer à constituição íntima de seu sentido. No plano propriamente fenomenológico, as várias maneiras como o outro do si *afeta* a compreensão de si por si marcam precisamente a diferença entre o *ego* que se põe e o *si* que só se reconhece *através* desse *afetar-se*.

Não há uma única análise nossa em que não se tenha anunciado essa passividade específica do si afetado pelo outro que não o si. Já no plano linguístico, a designação do locutor por si mesmo apareceu entrelaçada – para empregar um termo familiar do vocabulário husserliano – à interlocução em virtude da qual cada locutor é afetado pela fala que lhe é dirigida. A escuta da fala recebida passa então a ser parte integrante do discurso na qualidade de discurso dirigido a...

Na segunda fase de nosso trabalho, a autodesignação do agente da ação mostrou-se inseparável da adscrição por outro, que me designa no acusativo como autor de minhas ações. Nesse intercâmbio entre adscrição na segunda pessoa e autodesignação, pode-se dizer que a retomada reflexiva desse ser--afetado pela adscrição proferida por outrem se entrelaça com a adscrição íntima da ação a si mesmo. Esse entrelaçamento se expressa no plano gramatical pelo caráter onipessoal do si que circula entre todos os pronomes. O fato de o si ser afetado pelo outro que não o si é o suporte desse intercâmbio regrado entre as pessoas gramaticais.

É também o mesmo intercâmbio entre o si afetado e o outro afetante que, no plano narrativo, rege a assunção, por parte do leitor da narrativa, dos papéis desempenhados por personagens construídas, na maioria das vezes, em terceira pessoa, que entram a fazer parte do enredo juntamente com a ação narrada. A leitura, como meio no qual se realiza a transferência do mundo da narrativa – portanto, também do mundo das personagens literárias –, para o mundo do leitor, constitui lugar e elo privilegiados para a afetação do sujeito que lê. A catarse do leitor – seria possível dizer, retomando livremente algumas categorias da estética da recepção de H. R. Jauss – só ocorrerá se proceder de uma *aísthesis* prévia, que a luta do leitor com o texto transforma em *poíesis*[36]: assim, verifica-se que a afetação do si pelo outro do si encontra na *ficção* um meio privilegiado para experiências intelectuais que não poderiam eclipsar as relações "reais" de interlocução e de interação. Muito pelo contrário, a recepção das obras de ficção contribui para a constituição imaginária e simbólica dos intercâmbios efetivos de fala e ação. O ser-afetado na modalidade fictícia incorpora-se assim no ser-afetado do si na modalidade "real".

Por fim, é no plano ético que o afetar do si pelo outro assume os traços específicos que dizem respeito tanto ao plano propriamente ético quanto ao plano moral marcado pela obrigação. A própria definição de ética que propusemos – bem viver com e para outrem em instituições justas – não é concebível sem que o projeto de bem viver seja afetado pela solicitude ao mesmo tempo exercida e recebida: a dialética entre estima a si mesmo e amizade, antes de qualquer consideração sobre a justiça dos intercâmbios, pode ser inteiramente reescrita nos termos de uma dialética entre ação e afetação. Para ser "amigo de si mesmo" – segundo a *philautia* aristotélica –, é preciso já ter entrado numa relação de amizade com outrem, como se a amizade por si mesmo fosse um autoafetar-se rigorosamente correlativo de ser afetado por e para o amigo outro. Nesse sentido, a amizade prepara o campo para a justiça, na qualidade de virtude "para outrem", segundo também palavras de Aristóteles. A passagem da ética à moral – do optativo do bem viver ao imperativo da obrigação – ocorreu, no estudo seguinte, sob o signo da regra áurea, à qual pensamos fazer plena justiça conferindo-lhe o mérito de fazer o mandamento intervir na exata junção da relação assimétrica entre o fazer e o padecer (o bem que gostarias te fosse feito, o mal que odiarias se te fizessem). O agir e o padecer parecem assim estar distribuídos entre dois protagonistas diferentes: agente e paciente, aparecendo este último como vítima potencial do primeiro. Mas, em virtude da reversibilidade dos papéis, cada agente é o paciente do outro. E, em sendo afetado pelo *poder-sobre-ele* exercido

---

36. H. R. Jauss, "La jouissance esthétique. Les experiences fondamentales de la *poiesis*, de l'*aisthesis* e de la *catharsis*", art. citado.

pelo outro, ele é investido da responsabilidade por uma ação situada de imediato sob a regra de reciprocidade, que a regra de justiça transformará em regra de igualdade. Por conseguinte, a acumulação em cada protagonista dos papéis de agente e paciente faz que o formalismo do imperativo categórico exija a "matéria" de uma *pluralidade* de atuantes, cada um dos quais afetado por uma violência reciprocamente exercida.

A questão aqui é saber que nova figura da alteridade é convocada por esse afetar do *ipse* pelo outro; e, por implicação, que dialética entre o Mesmo e o Outro atende ao requisito de uma fenomenologia do si *afetado* pelo outro que não o si.

Gostaria de mostrar, essencialmente, ser impossível construir de modo unilateral essa dialética, seja tentando, como Husserl, derivar o *alter ego* do *ego*, seja reservando ao Outro, como E. Lévinas, a iniciativa exclusiva da convocação do si à responsabilidade. Está por se conceber aqui uma concepção cruzada da alteridade, que faça justiça alternadamente ao primado da estima a si mesmo e ao da convocação pelo outro à justiça. O que está em jogo, como se verá, é uma formulação da alteridade que seja homogênea da distinção fundamental entre duas ideias do Mesmo, o Mesmo como *idem* e o Mesmo como *ipse,* distinção na qual se fundamentou toda a nossa filosofia da ipseidade.

Não retomaremos o exame da quinta *Meditação cartesiana* do ponto em que a deixamos, com a redução à esfera do próprio – redução à qual devemos o embrião de uma ontologia da carne –, sem a preocupação de saber se a redução ao próprio se deixa pensar não dialeticamente, ou seja, sem a interferência simultânea do *estranho.* Sem dúvida Husserl sabe, como todos, que não estamos sozinhos, e que negamos nossa solidão transcendental só pelo fato de a nomearmos e de direcioná-la para algum parceiro do discurso das *Meditações.* Como cada um, ele compreende, antes de qualquer filosofia, a palavra outrem como algo que significa outro que não eu. Dito isto, a quinta *Meditação* procede da audácia cometida na *Meditação* anterior, audácia em virtude da qual o *ego* meditante reduz esse saber comum ao estatuto de preconceito, considerando-o, portanto, não fundamentado[37]. O *ego* meditante começará por suspender, portanto por tornar inteiramente problemático, tudo o que a experiência ordinária deve a outrem, a fim de discernir o que, nessa experiência reduzida à esfera do próprio, requer a posição de outrem como posição tão apodíctica quanto a sua. Esse movimento do pensamento é totalmente comparável à dúvida *hiperbólica* de Descartes, exceto por não se basear na hipótese de nenhum gênio maligno; mas consiste numa operação estranha a qualquer suspeição cotidiana: é um ato filosófico da família dos atos fundadores. Ora, como se verá adiante, é com uma hipérbole comparável, mas de sentido oposto, que E. Lévinas inaugurará sua concepção de alteridade radical. Por sua vez, supõe-se que a *epokhé* praticada aqui por Husserl, no interior da *epokhé* geral que inaugura a fenomenologia, deixe um resto que nada deve a outrem, a saber, a esfera do próprio, à qual corresponde a ontologia da carne, da qual falamos acima. Cumpre insistir: essa esfera do próprio é inteiramente tributária, quanto ao sentido, da forte ação de redução na redução. A única via que continua então aberta é a de constituir o sentido outrem "no" (*in*) e "a partir do" (*aus*) sentido eu. Diremos em breve que achado fenomenológico devemos a esse ato de audácia, achado que equivale a uma verdadeira rebelião perante qualquer projeto de constituição, se é que constituição significa fundação em e por mim. Mas cumpre dizer antes que são circulares todos os argumentos que ambicionem "constituir" outrem na e a partir da esfera do pró-

---

37. A quarta *Meditação* diz sobre o *ego* que, "ativo ou passivo, [ele] vive em todos os estados vivenciados da consciência e [...] através destes, se relaciona com todos os *polos-objetos*" (Husserl, *Méditations cartesiennes*, trad. fr. E. Lévinas, Paris, Vrin, 1ª ed., 1953, p. 56). Portanto, a determinação dos pensamentos como atos e o jogo daí resultante entre passividade e atividade é que singularizam por princípio o *ego*. Ademais, o *ego* da quarta *Meditação* mostra-se como o substrato de suas disposições, de suas convicções, de suas propriedades permanentes, em suma, daquilo que, desde Aristóteles, é chamado de *héxis, habitus;* desse modo, o *ego* tem um *estilo*, a saber, o caráter de uma pessoa. Mais fundamentalmente ainda, o *ego* é aquilo a que pertencem todos os pensamentos, no sentido mais amplo da palavra, e faz de todas as transcendências modalidades de sua interioridade. O *ego* deixa-se então pensar como *mônada*, e a fenomenologia, como egologia transcendental.

prio, sem dúvida porque a constituição da coisa continua tacitamente sendo o modelo dessa constituição.

A *epokhé* com que começa a análise prova pela primeira vez que o outro é pressuposto desde o início: de uma maneira ou de outra, eu sempre soube que o outro não é um de meus objetos de pensamento, mas, tal como eu, um sujeito de pensamento; que ele me percebe como outro que não ele; que, juntos, visamos o mundo como uma natureza comum; que, juntos também, edificamos comunidades de pessoas capazes de comportar-se no palco da história como personalidades de grau superior. Esse teor de sentido precede a redução ao próprio. Depois, a pressuposição do outro está contida pela segunda vez – e mais secretamente – na formação do sentido: esfera do próprio. Na hipótese de eu estar só, essa experiência jamais seria totalizável sem o socorro do outro, que me ajuda a concentrar-me, afirmar-me, manter-me em minha identidade[38]. Na esfera do próprio, a transcendência reduzida assim à imanência mereceria muito menos ser chamada de mundo; mundo ainda não significa nada antes da constituição de uma natureza comum. Por fim – e principalmente –, meu próprio corpo, minha carne, não poderá servir de primeiro *análogon* a uma transferência analógica se ainda não for considerado um corpo entre corpos. O próprio Husserl fala aqui, como se notou antes, de "mundanização" pela qual me identifico com uma das coisas da natureza, a saber, um corpo físico. Essa mundanização consiste num autêntico entrelaçamento (*Verflechtung*) por meio do qual me percebo como coisa do mundo. Não estará tudo pronto desse modo? O fato de minha carne ser também corpo não implicará que ela aparece assim aos olhos dos outros? Somente uma carne (para mim) que é corpo (para outrem)

---

38. Uma concepção psicanalítica como a de Heinz Kohut, chamada precisamente de *self-analysis*, o confirma plenamente; sem a sustentação dos *self--objects* (no sentido psicanalítico do termo), o *self* careceria de coesão, de confiança em si, de estima por si – em suma, faltar-lhe-ia o "narcisismo" verdadeiro. Em outras palavras, a carne ameaçada de fragmentação precisa do socorro do outro para identificar-se. Disso resulta que a carne fica para sempre "incompletamente constituída" (D. Franck, *op. cit.*, p. 130).

pode desempenhar o papel de primeiro *análogon* na transferência analógica de carne a carne.

No entanto, devido a um paradoxo semelhante ao que mencionávamos na seção anterior, o fracasso da constituição do outrem, como constituição pertinente à ambição de fundação característica de uma fenomenologia transcendental de caráter eminentemente egológico, deu ensejo a uma autêntica descoberta, paralela à da diferença entre carne e corpo, aliás coordenada com esta, a saber, a descoberta do caráter paradoxal do modo de *doação* de outrem: as intencionalidades que visam outro enquanto estranho, ou seja, outro que não eu, *ultrapassam* a esfera do próprio na qual, porém, se enraízam.

Husserl deu o nome de *coapresentação* a essa doação, para dizer, por um lado, que, diferentemente da *representação* por signo ou por imagem, a doação de outrem é uma autêntica doação e, por outro, que, diferentemente da doação *originária*, imediata, da carne a ela mesma, a doação de outrem não possibilita vivenciar as vivências de outrem, e nesse sentido nunca é convertível em apresentação originária. Isso foi dito também da memória: a sequência de lembranças de outrem nunca ocupará nenhum lugar na sequência de minhas próprias lembranças. Nesse sentido, não pode ser preenchida a distância entre a apresentação de minha vivência e a coapresentação de tua vivência.

A essa dupla caracterização negativa Husserl soma o traço positivo que constitui seu verdadeiro achado. A coapresentação, diz ele, consiste numa "transferência aperceptiva oriunda de minha carne" (*Meditações cartesianas*, § 50), mais precisamente numa "captação analogizante" que tem como sede o corpo de outrem percebido acolá: captação analogizante em virtude da qual o corpo de outrem é apreendido como carne, do mesmo modo que a minha. Pode-se perguntar, com D. Franck, "em virtude de quê um corpo *acolá* que, como tal, se apresenta como transcendência imanente, pode receber o sentido de carne e, graças a esse sentido, coapresentar um outro *ego* cuja transcendência é de ordem superior" (*op. cit.*, p. 125). Na verdade, a captação do corpo acolá como carne *é* a própria coapresentação. Se aí procurarmos um argumento, só encontraremos um círculo: a coapresentação se autopressupõe, motivo pelo qual ela constitui não só um paradoxo em relação a toda constituição de coisa, mas também um enigma que só podemos girar em todos os sentidos. Será possível avançar um grau caracterizando-se como "emparelhamento" (*Paarung*) a captação do corpo acolá como carne? Sem dúvida se introduz uma ideia nova, a saber, a de formação em par de uma carne com a outra. Compreende-se perfeitamente que só um *ego* encarnado, ou seja, um *ego* que é seu próprio corpo, pode formar par com a carne de outro *ego*. Mas o que significa formar par? Caberá insistir na semelhança incluída na noção de emparelhamento? Isso é perfeitamente legítimo, mas desde que se faça a distinção entre transferência analógica e qualquer uso discursivo da comparação; nesse aspecto, a coapresentação não difere apenas da captação por signo ou por imagem e da intuição originária, mas também de qualquer inferência pela qual, por exemplo, de uma semelhança objetiva entre expressões se concluísse por uma semelhança entre vivências psíquicas[39]; seria mais das "sínteses passivas" que caberia aproximar a captação analogizante, se esta não tiver de ser uma inferência; a transferência pela qual minha carne forma par com outra carne é uma operação pré-reflexiva, antepredicativa; mas trata-se então de uma síntese passiva sem par – a mais primitiva talvez, e que encontraríamos entrelaçada a todas as outras "sínteses passivas". Além disso, a assimilação de um termo ao outro, que a captação analogizante parece implicar, deve ser corrigida pela ideia de dissimetria fundamental, ligada à distância, de que falamos acima, entre coapresentação e apresentação originária; o emparelhamento nunca possibilitará transpor a barreira que separa a coapresentação da intuição. A noção de coapresentação combina assim de modo único similitude e dissimetria.

---

39. Nesse aspecto, o papel que Husserl atribui à captação *concordante* de esboços não deve ser compreendida nos termos de um raciocínio que da concordância de apresentações conclua pela concordância das coapresentações; trata-se, na verdade, de uma relação *indiciária*, em que a interpretação ocorre de maneira imediata, como uma leitura de sintomas. O estilo de confirmação ao qual é pertinente essa leitura de índices é da alçada do mesmo discurso em nem..., nem..., característico da coapresentação: nem intuição doadora originária, nem inferência discursiva.

Então, é de perguntar: o que se ganhou introduzindo essas noções de coapresentação, captação analogizante, emparelhamento? Se elas não podem ocupar o lugar de uma constituição no e a partir do *ego*, pelo menos servem para delimitar um enigma que se pode localizar: a espécie de transgressão da esfera do próprio que a coapresentação constitui só vale nos limites de uma transferência de *sentido:* o sentido *ego* é transferido para outro corpo que, enquanto carne, *também* investe o sentido *ego*. Daí a expressão perfeitamente adequada *alter ego* no sentido de "segunda carne própria" (a expressão é de D. Franck, *op. cit.*, p. 135). Semelhança e dissimetria referem-se ao sentido *ego* e ao sentido *alter ego*. Mantida nesses limites, a descoberta de Husserl é imperecível. Veremos adiante que ela só produz todos os seus frutos quando coordenada com o movimento que vem de outrem em minha direção. Mas, enquanto esse segundo movimento tem prioridade na dimensão ética, o movimento do *ego* ao *alter ego* conserva prioridade na dimensão gnosiológica. *Nessa* dimensão, a transferência analógica que Husserl aponta é uma operação autenticamente produtiva, uma vez que extrapola o próprio programa da fenomenologia, extrapolando a experiência da carne própria. Se não cria a alteridade, sempre pressuposta, confere-lhe uma significação específica, a saber, a admissão de que o outro não está condenado a continuar como estranho, mas pode tornar-se *meu semelhante,* a saber, alguém que, *como* eu, diz "eu". A semelhança baseada no emparelhamento de carne com carne vem reduzir uma distância, preencher um intervalo, ao mesmo tempo que cria uma dissimetria. O que significa a conjunção *como:* como eu, o outro pensa, quer, goza, sofre. Se objetarem que a transferência de sentido não produz o sentido *alter* do *alter ego,* mas o sentido *ego,* será preciso responder que é isso mesmo o que ocorre na dimensão gnosiológica. O sentido *ego,* em *alter ego,* é aquele que pressupusemos em todos os nossos estudos sobre a autodesignação de qualquer outra pessoa que não eu, na linguagem, na ação, na narrativa e na imputação moral. Em última análise, essa transferência de sentido pode assumir a forma de citação, em virtude da qual "ele pensa" ou "ela pensa" significa: "ele/ela diz no íntimo: penso". Essa é a maravilha da transferência analógica.

É aqui que a transferência analógica de mim para outrem cruza o movimento inverso de outrem para mim. Cruza-o, mas não o abole, se é que não o pressupõe.

Esse movimento de outrem em minha direção é aquele que a obra de E. Lévinas desenha incansavelmente. Na origem desse movimento, uma ruptura. E essa ruptura ocorre no ponto de articulação da fenomenologia e da ontologia dos "grandes gêneros", o Mesmo e o Outro. Por isso reservamos para este estudo o encontro com a obra de Emmanuel Lévinas. Por seu ângulo crítico, essa obra é dirigida contra uma concepção da identidade do Mesmo à qual se opõe polarmente a alteridade do Outro, mas isso num plano de radicalidade em que a distinção que proponho entre duas espécies de identidade, a do *ipse* e a do *idem*, não pode ser levada em conta: não por um efeito de negligência fenomenológica ou hermenêutica, mas porque, em E. Lévinas, a identidade do Mesmo tem vínculos com uma ontologia da totalidade que minha própria investigação nunca assumiu, nem mesmo encontrou. Daí resulta que o si, não distinto do eu, não é tomado no sentido de designação por si mesmo de um sujeito de discurso, de ação, de narrativa, de compromisso ético. Habita-o uma pretensão mais radical que a que anima a ambição fichtiana e depois husserliana, de constituição universal e de autofundação radical; essa pretensão expressa uma vontade de fechamento, mais exatamente um estado de *separação*, de tal modo que a alteridade deverá igualar-se à *exterioridade* radical.

De que maneira Husserl é atingido por esse efeito de ruptura? Pelo fato de que a fenomenologia e seu tema principal, a intencionalidade, pertencem a uma filosofia da *representação* que, segundo Lévinas, só pode ser idealista e solipsista. Representar alguma coisa é assimilá-la a si, incluí-la em si, portanto negar sua alteridade. A transferência analógica, contribuição essencial da quinta *Meditação cartesiana*, não escapa a esse reino da representação. Portanto, é sob um regime de pensamento não gnosiológico que o outro se atesta. Esse regime é fundamentalmente o da *ética*. Quando o rosto de outrem se eleva diante de mim, acima de mim, não é um aparecer que eu possa incluir no círculo de minhas representações que são minhas; sem dúvida, o outro aparece, seu rosto o faz aparecer, mas o rosto não é um espetáculo, é uma voz[40]. Essa voz me diz: "Não matarás." Cada rosto é um Sinai a proibir o homicídio. E eu? É em mim que o movimento que parte do outro conclui sua trajetória: o outro me constitui responsável, ou seja, capaz de responder. Assim, a fala do outro vem colocar-se na origem da fala pela qual imputo a mim mesmo a origem de meus atos. A autoimputação, tema central de nossos três estudos anteriores, inscreve-se agora numa estrutura dialogal assimétrica cuja origem é exterior a mim.

A questão suscitada por essa concepção do Outro não se apresenta no nível das descrições, aliás admiráveis, ainda pertinentes àquilo que se poderia chamar de fenomenologia alternativa, de hermenêutica outra, que seria possível rigorosamente situar no prolongamento da ética kantiana. Em certo sentido, Lévinas rompe com a representação, assim como Kant subtrai a razão prática ao reinado da razão teórica. Mas, enquanto Kant punha o respeito à lei acima do respeito às pessoas, com Lévinas o rosto singulariza o mandamento: a cada vez é a primeira vez que o Outro, certo Outro, me diz: "Não matarás." A filosofia de Lévinas, como foi sugerido acima, procede de um efeito de ruptura que ocorre no ponto em que aquilo que acabamos de chamar de fenomenologia alternativa se articula com uma reorganização dos "grandes gêneros" do Mesmo e do Outro. Como o Mesmo significa totalização e separação, a partir daí a exterioridade do Outro já não pode ser expressa na linguagem da relação. O Outro se absolutiza da relação, com o mesmo movimento com que o Infinito se subtrai à Totalidade. Mas como pensar a irrelação implicada em tal alteridade em seu momento de ab-solutização?

Parece-me que o efeito de ruptura vinculado a esse pensamento da alteridade ab-soluta procede de um uso da *hipérbole,* digna da dúvida hiperbólica cartesiana e diametralmente

---

40. "O rosto fala" (*Totalité et Infini; essai sur l'exteriorité,* Haia, M. Nijhoff, 1961, p. 37); também: "O olho não reluz, fala" (*op. cit.*, p. 38).

oposta à hipérbole com a qual caracterizamos acima a redução ao próprio, em Husserl. Por hipérbole – ressalte-se com ênfase – não se deve entender uma figura de estilo, um tropo literário, mas a prática sistemática do *excesso* na argumentação filosófica. A hipérbole aparece assim como a estratégia apropriada à produção do efeito de ruptura vinculado à ideia de exterioridade no sentido de alteridade ab-soluta.

A hipérbole atinge de fato, simultaneamente, os polos do Mesmo e do Outro. É notável que *Totalidade e infinito* de início instaure um eu entregue à vontade de fazer círculo consigo mesmo, de se identificar. Mais ainda, que em *O tempo e o outro*, que falava do eu "abarrotado" de si (p. 37), o eu de antes do encontro do outro – melhor seria dizer do eu antes de ser arrombado pelo outro –, é um eu obstinadamente fechado, aferrolhado, separado. Esse tema da *separação*, por mais alimentado que seja de fenomenologia – de uma fenomenologia, diríamos, do egotismo –, já está marcado pelo selo da hipérbole: hipérbole que se expressa na virulência de uma declaração como esta: "na separação o eu ignora Outrem" (*Totalité et Infini*, p. 34). Para tal eu, incapaz do Outro, a *epifania* do rosto (tema ainda fenomenológico) significa uma exterioridade ab-soluta, ou seja, não relativa (tema relevante da dialética dos "grandes gêneros").

À hipérbole da separação, do lado do Mesmo, corresponde a hipérbole da epifania, do lado do Outro. Epifania diz coisa diferente de fenômeno. O "aparecer" do rosto subtrai-se à visão das formas e até à escuta sensível das vozes. Isto porque o Outro, segundo *Totalidade e infinito*, não é um interlocutor qualquer, mas uma figura paradigmática do tipo de um mestre de justiça. Hiperbólica, nesse sentido, é a asserção de que a fala é "sempre ensinadora" (*ibid.*, p. 70). A hipérbole é tanto de Altura quanto de Exterioridade. Altura: o rosto do Outro, diz-se, me interpela como se do Sinai. Exterioridade: a instrução do rosto, diferentemente da maiêutica do *Mênon* de Platão, não desperta nenhuma reminiscência. A separação tornou estéril a interioridade. Como a iniciativa cabe integralmente ao Outro, o eu é atingido pela injunção no acusativo – desinência bem nomeada – e torna-se capaz de responder também no acusativo: "Eis-*me*!"[41] A hipérbole, em *Totalidade e infinito*, culmina com a afirmação de que a instrução pelo rosto não restaura nenhum primado da relação sobre os termos. Nenhum meio--termo vem atenuar a inteira dissimetria entre o Mesmo e o Outro.

Diversamente de ser ou além da essência exagera a hipérbole a ponto de lhe conferir cunho paroxístico. Todo um trabalho preparatório de demolição consome as ruínas da "representação", do "tema", do "Dito", para abrir, além do "Dizer", a era do "Desdizer". É em nome desse "Desdizer" que a *responsabilização* se subtrai à linguagem da manifestação, a seu dito e a seu tema. É como desdizer que a *responsabilização* adota o cunho de hipérbole, num registro de excesso ainda não atingido. Assim, a responsabilização é relacionada com um passado mais velho que qualquer passado rememorável, portanto ainda passível de retomada numa consciência presente; a injunção faz parte de um aquém de qualquer começo, de qualquer *arché*: o desdito da *arché* se chama *an-archia*. Também tem caráter de hipérbole a menção do ser responsabilizado, que não seria o anverso de nenhuma atividade, portanto de uma *"responsabilidade que não se justifica por nenhum compromisso prévio"* (*ibid.*, p. 129). A partir daí, a linguagem se torna cada vez mais excessiva: "obsessão do Outro", "perseguição pelo Outro" e, sobretudo, "substituição do Outro pelo eu". Aqui é atingido o ponto paroxístico de toda a obra: *"sob* a acusação de todos, a responsabilidade para todos chega à substituição. O sujeito é refém" (*ibid.*, p. 142). E ainda: "a ipseidade, em sua passividade sem *arché* da identidade, é refém" (*ibid.*, p. 145). Essa expressão, exagerada entre todas, está lançada aí para prevenir o retorno insidioso da autoafirmação de alguma "liberdade clandestina e dissimulada" até por debaixo da passividade do si responsabilizado. O paroxismo da hipérbole parece-me decorrer da hipótese extrema – escandalosa até – de que o Outro já não é o mestre de justiça, como ocorria em *Totalidade e infinito*, mas o ofensor, que, enquanto ofensor, não requer o gesto que per-

---

41. Hipérbole: "acusativo que não é flexão de nenhum nominativo" (*ibid.*, p. 159).

doa nem o que expia. Que esse é o ponto ao qual E. Lévinas queria conduzir o leitor não é de duvidar: "Em suma, a tese desta obra é que a ênfase da abertura é a responsabilidade do outro até a substituição – o *para o outro* do desvendamento, da exibição ao outro, transforma-se em *para o outro* da responsabilidade" (*ibid.*, p. 152). Só aí o abismo aberto entre alteridade e identidade é transposto: "Aqui é preciso falar de expiação, como algo que reúne identidade e alteridade" (*ibid.*, p. 151).

Paradoxalmente, é a hipérbole da separação, do lado do Mesmo, que me parece conduzir ao impasse a hipérbole da exterioridade, do lado do outro, a menos que se cruze o movimento – ético por excelência – do outro em direção ao si com o movimento – gnosiológico, como dissemos – do si em direção ao outro. A bem da verdade, o que a hipérbole da separação torna impensável é a distinção entre si e mim, e a formação de um conceito de ipseidade definido pela abertura e pela função descobridora.

Ora, o tema da exterioridade só atinge o termo de sua trajetória – a saber, o despertar de uma resposta responsável ao chamado do outro – pressupondo uma capacidade de acolhida, discriminação e reconhecimento, que, a meu ver, faz parte de outra filosofia do Mesmo, que não aquela à qual replica a filosofia do Outro. Com efeito, se só fosse determinada pela vontade de retraimento e fechamento, como a interioridade ouviria uma fala que lhe fosse tão estranha a ponto de ser como nada para uma existência insular? É preciso conceder ao si uma capacidade de acolhida resultante de uma estrutura reflexiva, mais bem definida por seu poder de retomada de objetivações prévias do que por uma separação inicial. Mais: não caberá somar a essa capacidade de acolhida uma capacidade de discernimento e reconhecimento, levando-se em conta que a alteridade do Outro não se deixa resumir no que parece ser apenas uma das figuras do Outro, a de mestre que ensina, ao passo que se deve levar em conta a de ofensor em *Diversamente de ser*? E que dizer do Outro, quando ele é o carrasco? E quem afinal distinguirá o mestre do carrasco? O mestre (*maître*) que convoca um discípulo do senhor (*maître*) que só quer um escravo? Quanto ao mestre, não demandará ser reconhecido, em sua superioridade? Em outras palavras, não será preciso que a voz do

Outro que me diz "Não matarás" se faça minha, a ponto de tornar-se minha convicção, essa convicção que se iguala ao acusativo de "Eis-me!" com o nominativo de "Aqui estou eu"? Por fim, para intermediar a abertura do Mesmo para o Outro e a interiorização da voz do Outro no Mesmo, não será preciso que a linguagem traga seus recursos de comunicação, portanto de reciprocidade, como comprova a troca dos pronomes pessoais tantas vezes mencionada nos estudos anteriores, que reflete uma troca mais radical, a da pergunta e da resposta em que os papéis não param de inverter-se? Em suma, não será preciso que à distância pretensamente ab-soluta entre o eu separado e o Outro ensinador uma dialógica sobreponha a relação[42]?

Finalmente, é no tema da *substituição* – no qual culmina a força da hipérbole e se expressa com o mais extremo vigor a filosofia da alteridade – que percebo uma espécie de inversão da inversão operada em *Totalidade e infinito*. A responsabilização, oriunda da interpelação pelo Outro e interpretada em termos da mais total passividade[43], inverte-se num ímpeto de abnegação em que o si se atesta por meio do mesmo movimento no qual se exime. Quem é obsedado pelo Outro? Quem é o refém do Outro, se não um Mesmo que já não é definido pela separação, mas por seu contrário, a Substituição[44]? Encontro confirmação dessa interpretação do tema da substituição no papel atribuído – sob o controle, aliás, desse mesmo tema – à categoria do testemunho[45]. Percebe-se bem a *quê é prestado* tes-

---

42. Cf. Francis Jacques, *Dialogiques II*, Paris, PUF, 1984.

43. No parágrafo dedicado ao "sujeito responsável que não se absorve no ser" (*Autrement qu'être...*, pp. 172-8), nota-se o seguinte: "Na responsabilidade, o Mesmo, o Eu, é eu, designado, provocado como insubstituível e assim acusado como Único na suprema passividade daquele que não pode furtar-se sem carência" (*ibid.*, pp. 172-3).

44. A estranha inversão operada pelo tema da substituição, no plano do mesmo, encontra consagração na fórmula em que nos detivemos acima: "Aqui é preciso falar de expiação, como algo que reúne identidade e alteridade" (*ibid.*, p. 151).

45. Dedico uma análise detalhada à categoria de testemunho em E. Lévinas por meio de um confronto com Heidegger e com Jean Nabert, sendo esta última aproximação sem dúvida a menos esperada das duas em "Emmanuel Lévinas, pensador do testemunho", in *Répondre d'autrui. Emmanuel Lévinas* (coletivo), Neuchâtel, La Baconnière, 1989.

temunho: ao absoluto, sem dúvida, portanto à Altura, denominada "glória do infinito", e à Exterioridade, cujo rosto é como que vestígio daquela. Nesse sentido, "só há testemunho [...] do infinito..." (*Autrement qu'être...*, p. 186). Mas *quem* testemunha, se não o Si, agora distinguido do eu, em virtude da ideia de responsabilização? "O Si é o fato mesmo de se expor, no acusativo não assumível em que o Eu suporta os outros, inversamente à certeza do Eu a reunir-se consigo na liberdade" (*ibid.*, p. 151). O testemunho, portanto, é o modo de verdade dessa autoexposição do Si, inversa da certeza do Eu. Esse testemunho estará tão distante daquilo que constantemente denominamos atestação? Sem dúvida, Lévinas nunca fala de atestação *de si*, a tal ponto essa expressão poderia levantar a suspeita de reconduzir à "certeza do Eu". O fato é que, por intermédio do acusativo, a primeira pessoa é indiretamente atingida, e o acusativo não pode ficar "não assumível", para retomar a expressão citada acima, caso contrário se exclui toda significação do próprio tema da substituição sob cuja égide o tema do testemunho é reassumido por E. Lévinas.

Desse confronto entre E. Husserl e E. Lévinas resulta a sugestão de que não há contradição alguma em considerar dialeticamente complementares o movimento do Mesmo em direção ao Outro e o do Outro em direção ao Mesmo. Os dois movimentos não se anulam, uma vez que um se estende na dimensão gnosiológica do sentido, e o outro na dimensão ética da injunção. A responsabilização, de acordo com a segunda dimensão, remete ao poder de autodesignação, transferido, de acordo com a primeira dimensão, a toda terceira pessoa supostamente capaz de dizer "eu". Essa dialética *cruzada* do si-mesmo e do outro que não o si acaso não tinha sido antecipada na análise da promessa? Se outro não contasse comigo, eu seria capaz de cumprir minha palavra, de me manter?

c. *A consciência*

Considerar a consciência – no sentido do alemão *Gewissen* – como o lugar de uma forma original de dialética entre ipseidade e alteridade constitui uma empreitada cheia de ciladas.

Primeiro desafio: se a metáfora da voz e do chamado parece acrescentar uma dimensão inédita aos conceitos em torno dos quais se organizaram nossas investigações dos conceitos básicos da ética, acaso esse excedente de sentido não se concretiza necessariamente em noções tão *suspeitas* quanto a "má" e a "boa" consciência? Esse desafio dará ensejo a pôr à prova a tese de que a atestação da ipseidade é inseparável de um exercício de *suspeita*.

Segundo desafio: supondo-se que seja possível libertá-la do jugo dos preconceitos ligados à "boa" e à "má" consciência, a consciência designará um fenômeno distinto da atestação de nosso poder-ser? O que estará em jogo aí será, diante dessa versão não moral da consciência, esclarecer fenômenos tais como a *injunção* ou a *dívida*, que a metáfora da voz parece designar.

Terceiro desafio: e se a injunção ou a dívida constituem o último requisito da consciência, a parcela de alteridade que se deixa discernir acaso será outra que não a da alteridade de outrem, eventualmente com formas que nossa investigação anterior não poderia ter sabido levar em consideração? Em suma, o que legitima designarmos um lugar, um lugar distinto, ao fenômeno da consciência, no plano dos "grandes gêneros" do Mesmo e do Outro?

O primeiro desafio obriga-nos a entrar na problemática da consciência pela porta da suspeita. Não há por que lamentar, uma vez que o fenômeno da consciência tem parentesco indubitável com a atestação, que, conforme dissemos acima, mescla o ser-verdadeiro e o ser-falso. A consciência é na verdade o lugar por excelência em que as ilusões sobre si mesmo estão intimamente mescladas à veracidade da atestação. A suspeita incide precisamente sobre o pretenso excedente de sentido que a ideia de consciência parece sobrepor ao principal conceito da ética: votos de viver bem (com as adjunções que sabemos), obrigação e convicção. Afinal de contas, nossos três estudos dedicados à ética foram elaborados com base em noções comuns, das quais a regra áurea é o exemplo mais marcante, sem que tivéssemos de erigir a consciência em instância suplementar. Há, porém, um problema, visto que a consciência, sem nada somar ao teor de sentido dos conceitos diretores da ética, reinscreve esses conceitos na dialética entre o Mesmo e o Outro, na forma de uma modalidade específica de passividade. Dessa passividade sem par a metáfora da voz, ao mesmo tempo interior a mim e superior a mim, é sintoma ou índice.

No capítulo de *Ser e tempo* intitulado, precisamente, *Gewissen,* a cuja análise voltaremos com mais vagar quando levarmos em conta o segundo desafio mencionado há pouco, Heidegger descreveu perfeitamente esse momento de alteridade que distingue a consciência. Ora, essa alteridade, em vez de ser estranha à constituição da ipseidade, está estreitamente ligada à sua emergência, uma vez que, sob o impulso da consciência, o si se torna capaz de reagir ao anonimato do *"man"* [impessoal]. Essa implicação da consciência na oposição entre o si e o impessoal não exclui outra espécie de relação entre ser-si e ser--com, uma vez que, por um lado, o impessoal já é uma modalidade inautêntica do ser-com e, por outro lado, esse retraimento no foro íntimo oferece a outrem a contraposição que ele tem direito de esperar, a saber, precisamente o si-mesmo. Ora, como o si se desvencilha do impessoal? Aqui se anuncia o traço que especifica o fenômeno da consciência, a saber, a espécie de grito (*Ruf*), de apelo (*Anruf*), assinalada pela metáfora da voz. Nesse colóquio íntimo, o si aparece interpelado e, nesse sentido, *afetado* de modo singular. Diferentemente do diálogo da alma consigo mesma, de que Platão fala, essa afetação por uma voz outra apresenta uma dissimetria notável, que se pode dizer vertical, entre a instância que chama e o si chamado. É a verticalidade do chamado, igual à sua interioridade, que constitui o enigma do fenômeno da consciência.

Ora, a autenticidade desse fenômeno só pode ser penosamente reconquistada, não realmente às expensas da metaforicidade, enquanto tal, da expressão "voz da consciência" – não sendo a metáfora, a nosso ver, excludente de uma verdadeira capacidade descobridora[46] – , mas na contracorrente das interpretações moralizantes que dissimulam precisamente sua força descobridora.

É aí que a prova de suspeita se mostra benéfica, para recobrar a capacidade descobridora da metáfora da voz. Para tan-

---

46. Cf. *Metáfora viva*, sétimo estudo.

to, será mobilizada a força de denúncia que, antes do trovão nietzschiano, ressoa na repreensão hegeliana.

De fato, o que se pode ler nas páginas que a *Fenomenologia do espírito* dedica à "visão moral do mundo" é uma crítica virulenta da interpretação errônea da consciência[47]; o que comprova que o fenômeno autêntico da consciência não é arrastado na queda da visão moral do mundo, é a continuação do capítulo VI à qual a famosa crítica pertence: o *Gewissen* está associado a uma dialética de grau superior em que se defrontam a consciência atuante e a consciência julgadora: o "perdão", oriundo do reconhecimento mútuo dos dois antagonistas que confessam o limite de seus pontos de vista e renunciam à sua parcialidade, designa o fenômeno autêntico da consciência. É no caminho desse reconhecimento que tem lugar a crítica da visão moral do mundo.

É notável que essa crítica acerba ataca "postulados" construídos inteiramente para as necessidades da causa, nos quais é difícil reconhecer não só o que Kant chama de postulado na *Dialética da razão prática,* porém mais ainda as características do formalismo kantiano, reduzido, como fizemos acima, à instauração da prova de universalização. No entanto, não devemos lastimar o artifício da construção hegeliana dessa figura; artifício que ganha lugar entre os excessos, as transgressões e as hipérboles de todas as espécies de que se alimenta a reflexão moral e talvez a reflexão filosófica em geral. Além disso, é da maior importância que seja uma visão *de mundo* o que o moralismo mobilize. O primeiro postulado é que a moralidade, enquanto exige que o dever seja cumprido, portanto se torne real, atribui insignificância à natureza inteira, através da condenação do desejo, que é a natureza em nós; segundo postulado: por não saber produzir nenhuma harmonia entre o dever-ser e o ser, a moralidade posterga *ad infinitum* o momento da satisfação que, no entanto, o agente busca na efetividade da ação; terceiro postulado, como essa consonância entre forma e conteúdo não é dada neste mundo, esta é transferida para outra consciência, a de um santo legislador situado fora do mundo.

Tem pouca importância, mais uma vez, que Hegel tenha travestido Kant ou provavelmente Fichte na construção de seus

---

47. *Phénoménologie de l'esprit, op. cit.,* t. II, p. 144.

postulados[48]. O essencial para nós é que ela tenha suscitado uma estratégia de desmantelamento aplicada ao "deslocamento equívoco" (*die Verstellung*) à qual é dedicada a seção seguinte da fenomenologia. Com efeito, a consciência entrega-se a um jogo de esquiva, fustigada que é por uma posição insustentável para o outro, a fim de tentar escapar às contradições dissimuladas por esses postulados da visão moral do mundo; de que modo a intenção continuaria sendo séria, se a satisfação da ação for um engodo? De que modo o dever continuará sendo o dever-*ser*, se a efetividade fugir infindavelmente? De que modo a autonomia continuará sendo o princípio moral soberano, se a reconciliação com a realidade for transferida para outro mundo? É com "desprezo" que nos despediremos de uma *hipocrisia* que os deslocamentos equívocos não conseguem dissimular. Ora, toda essa crítica só tem sentido na perspectiva do momento ulterior do espírito, já presente como que em negativo ou nas entrelinhas no deslocamento equívoco. Por isso Hegel situou os três momentos da visão moral do mundo, do deslocamento equívoco, da dialética da bela alma e do herói da ação, culminando no momento da reconciliação e do perdão, sob o título de *O espírito certo de si mesmo. A moralidade*[49]. Em virtude desse encaminhamento da crítica da visão moral do mundo em direção ao ponto em que o *Gewissen* se iguala à certeza de si mesmo é que em Hegel só se ouve o tilintar de uma advertência, antes que com Nietzsche soe o troar decisivo do trovão[50].

---

48. M. Gueroult. "Les déplacements (*Verstellungen*) de la conscience morale kantienne selon Hegel", in *Hommage à Jean Hyppolite*, Paris, PUF, 1971, pp. 47-80.

49. *Phénoménologie de l'esprit*, trad. fr. Hyppolite, t. II, p. 142.

50. Uma crítica também acerba da consciência julgadora pode ser lida na segunda parte de *Princípios da filosofia do direito, op. cit.*, dedicada à moralidade (*Moralität*), cuja subordinação à vida ética (*Sittlichkeit*) conhecemos, e que culmina com a teoria do Estado. A vontade subjetiva, "abstrata, limitada e formal" (§ 108) é o tema dessa segunda parte cujo cunho crítico não se deve acentuar excessivamente. Pois a vontade subjetiva também tem seu direito, que é no mínimo o de ver o projeto da vontade reconhecido como *meu* (§ 114). A crítica da consciência articula-se no ponto exato em que a reivindicação do direito próprio da vontade subjetiva ganha autonomia em relação a qualquer visada comunitária, seja a da família, da sociedade civil ou do Estado. É notável que Hegel tenha associado a consciência à ideia de Bem na terceira seção dessa se-

Da segunda dissertação da *Genealogia da moral,* intitulada "Culpa [*Schuld*], a má consciência [*schlechtes Gewissen*] e o que

---

gunda parte. Sem dúvida, é pelo Bem que a vontade se decide nos limites de sua subjetividade, mas um Bem precisamente arrevesado pela perspectiva subjetiva, crivado pelo sentido do dever (§ 133). Voltam as antinomias do dever apenas formal, denunciadas na *Fenomenologia do espírito,* ao qual os *Princípios* remetem expressamente (§ 135). O único árbitro do cumprimento do dever formal e abstrato é então a consciência (§ 136), entregue à solidão e à arbitrariedade do foro íntimo. Lê-se num adendo ao § 136: "A consciência é [...] essa profunda solidão consigo mesmo, na qual desapareceu qualquer realidade exterior, qualquer limitação" (*op. cit.,* p. 173). O que condena a consciência a essa solidão e a essa arbitrariedade é a ausência dos conteúdos que só a vida ética dá: "Aqui, do ponto de vista formal da moralidade, falta à consciência esse conteúdo objetivo: portanto, ela é, para si, a certeza [*Gewissheit*] formal infinita de si mesma, que, exatamente por essa razão, é ao mesmo tempo a certeza deste sujeito aqui" (§ 137). Então, é abolida até a diferença entre o bem e o mal: "Tornando vãs todas as determinações em vigor e refugiando-se na pura interioridade da vontade, a consciência de si constitui a possibilidade de tomar por princípio tanto o universal em si e para si quanto a arbitrariedade ou sua própria particularidade, elevada acima do universal, e realizá-las por meio de sua atividade. No segundo caso, ela constitui a possibilidade de ser má." – Observação: "Sendo apenas subjetividade formal, a consciência sempre está, afinal, a ponto de incidir no mal. A moralidade e o mal têm raiz comum na certeza de si mesmo, que é por si, que sabe por si, que decide por si" (§ 139). Deve-se notar, porém, que, no âmbito dessa crítica incisiva, é reservado um lugar para "a consciência verdadeira" (§ 137). Mas esta nada mais é que "a disposição ética". Sem dúvida, está aí uma das diferenças mais importantes entre *Princípios da filosofia do direito* e *Fenomenologia do espírito*: nesta, a consciência se superava na religiosidade do perdão; em *Princípios...,* a consciência, deixada sem outro critério senão sua convicção própria, absorve-se na política que lhe confia as determinações objetivas de que ela é essencialmente desprovida. Mas o que acontece quando a vida ética de um povo está fundamentalmente corrompida? Não será então na consciência dos resistentes, que deixaram de ser intimidados pela mentira e pelo medo, que se refugia a integridade da vida ética? Hegel acreditou superar o tempo do recurso à consciência: "O recolhimento íntimo para buscar em si o que é justo e bom, para conhecê-lo e determiná-lo por si mesmo, aparece na história como uma figura geral (em Sócrates, nos Estoicos etc.) em épocas nas quais o que passa por justiça e Bem na realidade e nos costumes não pode satisfazer as vontades mais exigentes" (*Princípios...,* § 138). O cruel século XX nos ensinou que não é o que ocorre. Isso não impede que, relegada apenas a seu juízo, a consciência nunca esteja imune a confundir bem e mal, e que essa confusão continue sendo o destino da consciência entregue a si mesma: é o que se deve continuar ouvindo no admirável § 139 de *Princípios da filosofia do direito* em que Hegel ousa escrever: "Assim é que é má essa interioridade da vontade" (§ 139. Observação).

se lhe assemelha"[51], quero ficar com um único ponto, o paralelismo com a crítica hegeliana do "deslocamento equívoco". Sem dúvida, pode-se opor o cunho genealógico da crítica nietzschiana ao cunho teleológico da crítica hegeliana[52]. Mas o parentesco profundo entre as duas críticas é mostrado pelo próprio Nietzsche quando caracteriza como interpretação falsificadora a "má" consciência e como interpretação autêntica sua própria visão da "grande inocência". Aliás, é um problema em Nietzsche saber se a remissão garantida pelo método genealógico à Vida "forte" ou "fraca" atinge o referente último de uma decifração final, e se é verdade que, na interpretação, não há sentido literal que se possa opor ao sentido figurado.

A dissertação parece abrir espaço para um conceito de consciência que é de algum modo neutro; isso é feito por meio do elogio à *promessa,* antídoto do esquecimento, mas considerado uma faculdade de inibição ativa, "uma faculdade positiva em toda a sua força"[53].

Mas esse domínio de si – essa "mnemotécnica"! – tem por trás uma longa história de tormentos e torturas compartilhados com o ascetismo que a terceira dissertação vinculará à ma-

---

51. Trad. fr. C. Heim, I. Hildenbrand e J. Gratien, Paris, Gallimard, 1971, 1987, estabelecida sobre o texto alemão de *Oeuvres philosophiques complètes* por Colli e M. Montinari, Berlim, W. de Gruyter, 1968, t. VII.

52. O método genealógico, considerado por si mesmo, só é realmente compreendido em sua relação com o método filosófico (*Philosophenbuch*) que vimos em ação na crítica ao *Cogito* (cf. Prefácio). Sem a referência àquilo que chamei então de redução tropológica, corre-se o risco de reduzir o método genealógico a uma explicação genética, dada segundo o espírito de um biologismo bastante primitivo. Esquece-se então que o método genealógico realiza um cruzamento entre uma semiologia de origem textual e uma sintomatologia de origem médica. Por isso se pode encontrar nele algo da denúncia da transferência metafórica e da inversão metonímica que o *Philosophenbuch* punha sob o título (que lembra Hegel) de *Verstellung,* deslocamento-dissimulação.

53. "Criar um animal que *possa prometer* não será a tarefa paradoxal que a natureza assumiu a propósito do homem? Não será esse o verdadeiro problema do homem?" (*Généalogie de la morale, op. cit.,* p. 251). Uma nota preocupante, porém, turva esse elogio: esse animal responsável também é um animal previsível, portanto *calculável* (*ibid.,* p. 252). É o preço da vontade *livre,* vontade de um "indivíduo autônomo" e "supramoral", pois "autônomo" e "moral" se excluem (*ibid.,* p. 253).

leficência do padre[54]. E, se a consciência moral como tal requer vigilância, a má consciência, por sua vez, demanda um desmantelamento completo, que começa com a menção de sinônimos tão prenhes de sentido, sobretudo em alemão, quanto *Schuld* – sofrivelmente traduzido por culpa –, *Schulden* – por dívida –, *Vergeltung* – por represálias. Mundo claro, em certo sentido, do credor e do devedor; tenebroso, em outro sentido, da cólera e da vingança. Pois o modo mais arcaico de reaver um crédito é a violência contra o devedor: "A compensação [*Ausgleich*] representa, pois, um convite e um direito à crueldade" (*Généalogie de la morale*, p. 258). "Sem crueldade não há festa: é o que ensina a mais antiga e mais longa história do homem – e no castigo há também tanta festa!" (*ibid.*, pp. 259-60).

Caberá deixar-se impressionar pelo tom autoritário de Nietzsche, quando proclama ter descoberto o "foco de origem", o "início do mundo dos conceitos morais" (*ibid.*, p. 258)? O que é esse *Vorzeit*, esses antigos tempos, que se diz "existirem, aliás, o tempo todo ou sempre ser possíveis de novo" (*ibid.*, p. 263)? Estranha arqueologia proléptica, se ouso dizer, em que pré-história e futuro se intercambiam! E caberá tomar por inquestionável o elogio de um sofrimento que a crueldade do adestramento tornaria cheio de sentido[55]? O importante, ao que parece, é que o adestramento do animal responsável não seja mais lançado ao crédito da "vontade livre" e da "espontaneidade absoluta do homem no bem e no mal" (*ibid.*, p. 262) – essa "invenção tão temerária e nefasta dos filósofos" (*ibid.*). Essa é a alfinetada anticartesiana e antikantiana de toda essa tirada que mistura a complexidade tenebrosa do castigo à simplicidade aparente da relação entre credor a devedor[56]. O que

---

54. "Mas como chegou aquele outro [*diese andre*] 'assunto lúgubre', o sentimento de culpa, toda a 'má consciência'?" (*ibid.*, p. 256).

55. "Todo mal se justifica, e seu espetáculo edifica um Deus, diz a antediluviana lógica do sentimento" (*ibid.*, p. 261).

56. A mensagem mais positiva de Nietzsche, nesse ponto, é a apologia dos afetos ativos em contraposição aos afetos *reativos* como o *ressentimento*, aparentado ao senso de justiça quando vinculado à queixa das vítimas, e não ao grito de triunfo dos vencedores. A boa consciência é a consciência do justiceiro agressivo; a má consciência, a do queixoso levado a depreciar a vontade forte

conta em tudo isso é a alfinetada polêmica, todas as inversões operadas pelo método genealógico em vista de arruinar a teleologia com as armas da arqueologia. Dizer a origem é abolir o objetivo e sua alegada racionalidade. Não há objetivo inteligível para o castigo, e sim uma origem tenebrosa.

A cilada montada aqui pelo texto nietzschiano é a de um novo dogmatismo, o da vontade de poder no § 12 (*ibid.*, p. 270). No entanto, não poderíamos negligenciar a observação que acompanha, como que de passagem, a designação da vontade de poder, a saber, que a fluidez da origem, oposta à pretensa fixidez do objetivo, do fim, é a oportunidade de uma "nova interpretação" (*ein Neu-interpretieren*), de um "acomodamento" (*ein Zurechtmachen*) (*ibid.*, p. 269), que em contrapartida mostra até que ponto eram acrescentadas as significações tardias dadas ao castigo[57]. Nietzsche até se dá ao luxo de propor uma dezena de maneiras de como o castigo pode ser interpretado (*gedeutet*) e arranjado (*zurechtgemacht*) para fins totalmente diferentes. Ora, essa "sobrecarga" (*überladen*) (p. 272) de utilidades de todas as espécies – verdadeira sobredeterminação no sentido freudiano do termo – acaso não se voltaria contra o dogmatismo biologizante que Nietzsche impõe ao leitor nos §§ 16 a 25 dessa segunda dissertação da *Genealogia da moral*[58]?

---

que visa ao poder. Esse é o fio condutor da interpretação da filosofia de Nietzsche por G. Deleuze.

57. Prefiro destacar a observação que Nietzsche põe entre parênteses: "Hoje é impossível dizer com certeza *por que* se pune: todos os conceitos nos quais se resume significativamente [*semiotisch*] um longo processo escapam à definição: não se pode definir o que não tem história" (*Généalogie de la morale*, p. 271).

58. "Inimizade, crueldade, prazer de perseguir, atacar, transformar, destruir – tudo isso voltado contra os possuidores de tais instintos: *essa é* a origem da 'má consciência'" (*ibid.*, p. 276). "Com [a má consciência] apareceu a doença mais grave e preocupante, da qual a humanidade ainda não se curou, o homem a sofrer *do homem*, de *si mesmo*" (*ibid.*). Mas – diz Nietzsche – essa é sua "própria hipótese" que, por sua vez, tem sua "pressuposição" (*ibid.*, §§ 16-17). Assim, o tom autoritário de uma revelação não para, nas últimas páginas, de se alternar com o tom hipotético de uma arqueologia aventurosa, para não falar da espécie de escatologia na qual essa arqueologia redunda: "Como se o homem não fosse um objetivo, mas apenas um caminho, um episódio, uma ponte, uma grande promessa..." (*ibid.*, § 16); e também: "Não há dúvida, é uma doença a má consciência, é uma doença, assim como a gravidez o é" (*ibid.*, p. 279).

Não me pronunciarei neste estudo sobre o sentido e as chances da *segunda inocência,* proclamada no fim da dissertação, para a qual concorre a obra inteira de Nietzsche. Só me importa aqui a força de interpelação da suspeita, implícita em Hegel, explícita em Nietzsche, de que consciência é igual a "má consciência". A pior solução, para romper essa equiparação, seria recorrer da má consciência à boa consciência. Essa inversão do pró ao contra permaneceria cativo da mesma problemática viciosa, a da justificação, em que o juízo de indignidade apenas cederia lugar à autojustificação, à autoglorificação.

Então, para sair do círculo envenenado da "boa" e da "má" consciência, é tentador vincular o fenômeno da consciência, sem outra qualificação de caráter moral, ao fenômeno central da *atestação,* cuja outra face é, precisamente, a suspeita. Ocorre então saber com que traço, até agora não notado, a atestação da ipseidade, da qual partimos, contribui de modo inédito para a dialética entre o Mesmo e o Outro. É aqui que nossa investigação topa com o segundo desafio anunciado acima, que poderia ser colocado sob o signo da "des-moralização" da consciência.

Essa subtração da consciência à falsa alternativa entre "boa" e "má" consciência encontra em Heidegger – no capítulo "Consciência" (*Gewissen*) *da* segunda parte de *Ser e tempo* – sua formulação mais radical, resumida nesta única frase: "A atestação de um poder-ser autêntico o que dá é a consciência" ([234] trad. fr. Martineau, p. 175; trad. fr. Vezin, p. 287). Damos mais atenção à análise de Heidegger porque lhe devemos os primeiros passos de toda esta discussão, lançada pela metáfora da voz. Esse poder-ser que a consciência atesta não é inicialmente marcado por nenhuma competência para distinguir o bem do mal. A consciência – seria possível dizer – está, a seu modo, "para além do bem e do mal"; surpreendemos aí um dos efeitos da luta travada contra o pensar-valor dos neokantianos e, mais ainda, contra o de Max Scheler em sua *Ética material [não formal] dos valores.* É como se, ressaltando *Sein* em *Dasein,* nos abstivéssemos de reconhecer alguma força originariamente ética no chamado, na avocação (segundo tradução proposta por E. Martineau) do *Anruf.* Com efeito, quer se considere o conteúdo, quer a origem do chamado, nada do que é anunciado não foi já nomeado sob o título de poder-ser; a consciência não diz nada: nada de barulho nem de mensagem, mas um chamado silencioso. Quanto a quem chama, outro não é senão o próprio *Dasein*: "Na consciência, o *Dasein* chama a si mesmo" ([275] trad. fr. Martineau, p. 199; cf. fr. trad. Vezin, p. 332). Esse é, sem dúvida, o momento mais surpreendente da análise: é na imanência integral do *Dasein* em si mesmo que Heidegger reconhece certa dimensão de superioridade: "o chamado não vem incontestavelmente de outro que esteja no mundo comigo. O chamado vem de mim e, no entanto, me supera [*aus mir und doch über mich*]" (*ibid.*)[59].

Se nos limitarmos a essas fórmulas, não veremos o que a análise da consciência soma à do poder-ser, a não ser a marca de originariedade e autenticidade que a consciência põe na atestação. A novidade reside na explicitação do traço de estraneidade [*étrang(er)eté*, na grafia de E. Martineau] pelo qual a consciência se insere na dialética entre o Mesmo e o Outro. Sutil aproximação ocorre entre a estraneidade da voz e a condição decaída (ou caída?) do ser-lançado. Com efeito, é na existência que o *Dasein* é lançado. A confissão de passividade, de não domínio, de ser afetado em ligação com o ser convocado, orienta-se para uma meditação sobre a nadidade, ou seja, sobre a não escolha radical que afeta o ser no mundo, considerado pelo ângulo de sua inteira facticidade[60].

---

59. Não que falte inteiramente a referência a outrem: mas o outro está implicado em relação ao "*man*" e no plano inautêntico da preocupação: "O próprio impessoal [*das Man-Selbst*] do ser-com preocupado com outrem é atingido pelo chamado" ([272] trad. fr. E. Martineau, p. 198; cf. trad. fr. Vezin, p. 329). A dominante continua sendo a subtração do si ao "impessoal" [*man*]: "A consciência convoca o si-mesmo do *Dasein* para fora da perda no impessoal." Ao tratarmos do terceiro desafio, voltaremos a essa ausência, em *Ser e tempo*, de um desenvolvimento dedicado às formas autênticas do ser-com, nas quais poderia se inserir uma abordagem diferente da alteridade da consciência.

60. "E o que poderia ser mais estranho ao impessoal [*man*], perdido que está na diversidade do 'mundo' e de sua preocupação, do que o Si-mesmo isolado sobre si na estraneidade, lançado no nada?" ([277] trad. fr. E. Martineau, p. 200; cf. trad. fr. Vezin, p. 331). Por isso quem chama não é alguém, pois o chamado vem da própria estraneidade da condição lançada e decaída: "Chamado vindo da estranhe(ire)za" ([280] trad. fr. Martineau, p. 202; cf. trad. fr. Vezin, p. 337), ou seja, do "isolamento lançado" (*ibid.*).

A introdução tardia da noção de *Schuld* – "dívida", segundo a tradução de Martineau – não restitui absolutamente a essa estraneidade nenhuma conotação ética qualquer. A tônica é enfaticamente posta no *Sein* em *Schuldigsein:* "O essencial aqui é que o 'devedor' surge como predicado do *'sou'*" ([281] trad. fr. E. Martineau, p. 203; cf. trad. fr. Vezin, p. 338). Com essa insistência na ontologia da dívida, Heidegger se dissocia daquilo que o senso comum vincula precisamente à ideia de dívida, a saber, que ela se dá para com alguém, que se é responsável como devedor, enfim, que o ser um com o outro é público. É exatamente isso que Heidegger pretende reduzir ao mínimo possível. A ontologia vigia no limiar da ética. Heidegger martela sua exigência: em primeiro lugar informar-se fundamentalmente sobre "o ser em dívida do *Dasein*" ([283]; trad. fr. Martineau, p. 204; cf. trad. fr. Vezin, p. 340), portanto sobre um modo de ser. Assim são postos fora da jogada os fenômenos vulgares de dívida, endividamento, relativos ao "'ser-com' preocupado com outrem" (*ibid.*). O ser em dívida, portanto, não resulta do endividamento (*Verschuldung*) – mas o inverso. Se alguma fraqueza é aqui revelada, não é o mal – a guerra, diria Lévinas –, mas um traço ontológico preliminar a qualquer ética: "O ser-fundamento de uma nulidade" (*Grundsein einer Nichtigkeit*) ([283] trad. fr. Martineau, p. 204; cf. trad. fr. Vezin, p. 341)[61]. Não é possível dispensar mais claramente o primado da ética: "Se o ser-em-dívida originário não pode ser determinado pela moralidade, é porque esta o pressupõe já por si mesma" ([286] trad. fr. Martineau, p. 206; cf. trad. fr. Vezin, p. 344). Infelizmente, Heidegger não mostra como se poderia percorrer o caminho inverso: da ontologia para a ética. Contudo, é o que ele parece prometer no § 59, em que debate a "explicitação vulgar da consciência". Nesse sentido, a atestação engendra certa criteriologia, pelo menos na qualidade de crítica do senso comum. Daí resulta uma crítica das noções de "boa" e de "má" consciência em termos próximos aos que

---

61. E também: "O *Dasein* como tal está em dívida, admitindo-se que permaneça a determinação existencial formal da dívida como ser-fundamento de uma nulidade" ([285] trad. fr. Martineau, p. 205; cf. trad. fr. Vezin, p. 343).

empregamos. Em primeiro lugar a noção de "má" consciência recebe a marca da "vulgaridade": ela vem tarde demais, *a posteriori* (é reativa, diria Nietzsche); falta-lhe, portanto, o caráter pro-spectivo inerente ao cuidado. Nada há que extrair do re-morso, do a-re-pendimento. A "boa" consciência, por sua vez, é descartada como farisaica: pois quem pode dizer "sou bom"? Heidegger não quer sequer ouvir falar da consciência como admonição, advertência, em nome do curioso argumento de que a consciência voltaria, assim, a ser prisioneira do impessoal (*"man"*) [292]. Em tudo isso, a crítica que Heidegger faz ao senso comum deve claramente ser posta em paralelo com a *Genealogia da moral* de Nietzsche. De imediato são rejeitados em bloco o ponto de vista deontológico de Kant, a teoria scheleriana dos valores e, no mesmo movimento, a função crítica da consciência. Tudo isso fica na dimensão da preocupação, à qual falta o fenômeno central, o apelo às possibilidades mais próprias. Nisso, a atestação é realmente uma espécie de compreensão, mas irredutível a um saber alguma coisa. O sentido da atestação agora está selado: "Convocação pro-vocante ao ser-em-dívida" ([295] trad. fr. Martineau, p. 211; cf. trad. fr. Vezin, pp. 353-4).

É verdade que não foi dita a última palavra sobre a consciência. A ligação afirmada entre atestação e *resolução* parece levar a noção de consciência de volta ao campo da ética. Conhece-se, nesse aspecto, o elo entre resolução e ser-para-a-morte (ou ser-em-direção-à-morte). O que a resolução traz de próprio é a visada do ser-todo marcado pelo ser-para-a-morte. A transição de uma noção à outra é feita com a expressão: "querer ter consciência" ([295] trad. fr. Martineau, p. 211; cf. trad. fr. Vezin, p. 354). Donde a última fórmula: "o *projetar-se reticente e pronto à angústia em direção ao ser-em-dívida mais próprio* – é o que chamamos de *resolução*" ([297] trad. fr. Martineau, p. 212; cf. trad. fr. Vezin, p. 355). Observa-se a que ponto Heidegger se abstém aqui do vocabulário do agir, que lhe parece atrair uma oposição ao padecer, que o ser-lançado também recusa, ou uma oposição ao teórico, que romperia a unidade total do *Dasein* entre "comportamentos distintos". Em compensação, a consciência-atestação insere-se na problemática da *verdade*, enquanto abertura e desvendamento: "a partir daí, o que é conquistado com a resolução é a verdade mais originária, porque *autêntica*, do *Dasein*" ([297] trad. fr. Martineau, p. 212; cf. trad. fr. Vezin, p. 355). Mas, separada da demanda de outrem e de qualquer determinação propriamente moral, a resolução fica tão indeterminada quanto o chamado ao qual ela parece responder. Volta a fórmula: "deixar-se convocar fora da perda no impessoal" ([299] trad. fr. Martineau, p. 213; cf. trad. fr. Vezin, p. 357). Quanto à orientação na ação, a ontologia fundamental abstém-se de propostas: "Na resolução entra o poder--ser mais próprio do *Dasein*, que, em sendo lançado, só pode projetar-se em direção a possibilidades factícias determinadas" ([299] trad. fr. Martineau, pp. 213-4; cf. trad. fr. Vezin, p. 358). É como se o filósofo remetesse seu leitor a um situacionismo moral destinado a preencher o silêncio de um chamado indeterminado[62].

A essa des-moralização da consciência eu gostaria de opor uma concepção que associa estreitamente o fenômeno da *injunção* ao da *atestação*. O ser-injungido constituiria então o momento de alteridade própria ao fenômeno da consciência, em conformidade com a metáfora da voz. Escutar a voz da consciência significaria ser-injungido pelo Outro. Assim, seria acatada a noção de *dívida*, que Heidegger ontologizou depressa demais à custa da dimensão ética do endividamento. Mas como não recair na cilada da "má" e da "boa" consciência, da qual Hegel, Nietzsche e Heidegger nos guardam, cada um a seu modo? Uma observação feita acima a propósito da metáfora do *tribunal* nos mostra o caminho. Não será por ter sido o estágio da moralidade dissociado da tríade ética-moralidade-convicção e

---

62. É o que parecem sugerir o texto seguinte e a nota sobre Karl Jaspers aos quais ele remete: "Apresentar as possibilidades existenciárias factícias em suas características capitais e suas conexões, interpretá-las em sua estrutura existencial, essa tarefa insere-se no âmbito da antropologia existencial temática" ([301] trad. fr. Martineau, pp. 214-5; cf. trad. fr. Vezin, p. 359). E a nota: "Karl Jaspers foi quem, pela primeira vez, apreendeu expressamente e executou, no sentido dessa problemática, a tarefa de uma doutrina das visões de mundo: cf. sua *Psychologie der Weltanschauungen* [Psicologia das visões de mundo]" ([301] trad. fr. Martineau, p. 215; cf. trad. fr. Vezin, p. 359).

depois hipostasiado graças a essa dissociação, que o fenômeno da consciência foi correlativamente empobrecido e a metáfora descobridora da voz foi eclipsada pela metáfora abafadora do tribunal? De fato, é a tríade inteira estabelecida em nossos três estudos anteriores que se oferece aqui à reinterpretação em termos de alteridade. Sou chamado a viver bem com e para outrem em instituições justas: essa é a primeira injunção. Mas, segundo uma sugestão mencionada acima e extraída de *Estrela da redenção* (Segundo livro) de F. Rosenzweig, há uma forma de mandamento que ainda não é lei: esse mandamento, se é que se pode chamar assim, faz-se ouvir na tonalidade do *Cântico dos cânticos,* na súplica que o amante dirige à amada: "Tu, ama-me!" É porque a violência macula todas as relações de interação, favorecida pelo poder-sobre exercido por um agente sobre o paciente de sua ação, que o mandamento se faz lei, e a lei se faz proibição: "Não matarás." Então se produz a espécie de curto-circuito entre consciência e obrigação, para não dizer entre consciência e proibição, donde resulta a redução da voz da consciência ao veredicto de um tribunal. Não se deve então parar de subir de volta a ladeira que leva dessa injunção--proibição à injunção do bem-viver. Não é só isso: não se deve interromper a trajetória do ético ao imperativo-proibição, mas prosseguir seu percurso até a escolha moral em situação. A injunção atinge então o fenômeno da *convicção*[63], que, como vimos, Hegel restringe à esfera da moralidade subjetiva. Não está errado, se notarmos que, naquilo que chamamos de trágico da ação, é sempre sozinhos que nos decidimos. Igualando-se assim à convicção, a consciência fala de seu lado de passividade: "Aqui eu paro! *Não posso fazer outra coisa!"* Mas quem tiver acompanhado nossa argumentação sobre a ética da decisão em situação, saberá que o momento de convicção não substitui a prova da regra; ocorre no termo de um conflito, que é um conflito de deveres. Além disso, o momento de convicção marca, a meu ver, uma ida aos recursos ainda inexplorados da ética, aquém da moral, mas através dela. Por esse motivo, acredita-

---

63. Será preciso lembrar que em alemão "convicção" se diz *Ueberzeugung*, termo da mesma família de testemunha (*Zeuge*) e atestação (*Bezeugung*)?

mos poder invocar os traços mais singularizantes da *phrónesis* aristotélica para ressaltar o elo que vincula a convicção ao fundo ético, através da camada dos imperativos. Como então não fazer eco à exclamação de Heidegger, reproduzida por Gadamer, na época em que o primeiro comentava a ética de Aristóteles: "Mas *phrónesis* é *Gewissen*"[64]. Ora, se guardarmos na memória a definição da *phrónesis,* que inclui a regra correta na escolha do *phrónimos,* não poderemos mais dizer, como Heidegger em *Ser e tempo,* que a voz não diz nada e se limita a remeter o *Dasein* a seu poder-ser mais próprio. Consciência, enquanto atestação-injunção, significa que essas "possibilidades mais próprias" do *Dasein* são originariamente estruturadas pelo optativo do bem-viver, que governa secundariamente o imperativo do respeito e une-se à convicção do juízo moral em situação. Em sendo assim, a passividade do ser-injungido consiste na situação de escuta na qual o sujeito ético se situa em relação à voz que lhe é dirigida na segunda pessoa. Ser interpelado na segunda pessoa, no próprio âmago do optativo do bem-viver, da proibição de matar, da busca da escolha apropriada à situação é reconhecer-se injungido a *viver bem com e para os outros em instituições justas e a estimar-se como portador desse desejo.* A alteridade do Outro é então a contrapartida, no plano da dialética dos "grandes gêneros", dessa passividade específica do ser-injungido.

Agora, que mais dizer sobre a alteridade desse Outro? É aí que somos confrontados com o terceiro desafio formulado no início desta meditação: esse Outro não será, de alguma maneira, outrem? Enquanto Heidegger rebaixa a alteridade do chamado à estraneidade e à nulidade do ser-lançado, caído ou decaído e reduz, afinal, a alteridade da consciência à alteridade abrangente do ser-no-mundo que acima recentramos na carne, é forte a tentação de, por contraste, aproximar a alteridade da injunção à alteridade de outrem.

Em certo sentido, Hegel leva a pensar ser a consciência a voz do Outro no sentido de outrem, uma vez que o destino da consciência está ligado à reconciliação entre *duas* figuras par-

---

64. Cf. acima, p. 366, n. 10.

ciais do espírito: consciência julgadora e consciência atuante. Assim, o fenômeno da duplicação da consciência permeia toda a *Fenomenologia do espírito*, desde o momento do desejo do outro, passando pela dialética entre senhor e escravo, até a figura dupla da bela alma e do herói da ação. Mas o importante é que a última reconciliação nos deixa perplexos quanto à identidade desse outro na "confissão expressa pela visão de si mesmo no Outro" (trad. fr. Hyppolite, t. II, p. 198). O perdão acaso não marcará já a entrada na esfera da religião? Hegel deixa seu leitor em suspenso ao escrever: "A palavra da reconciliação é o espírito *estando-aí* a contemplar o puro saber de si mesmo como essência *universal* em seu contrário, no puro saber de si como *singularidade* absolutamente dentro de si – um reconhecimento recíproco que é o *espírito absoluto*" (*ibid.*)[65]. Hegel, filósofo do espírito, deixa-nos aqui na indecisão, a meio caminho entre uma leitura antropológica e uma leitura teológica.

Esta última equivocidade quanto ao estatuto do Outro no fenômeno da consciência talvez seja o que exige ser preservado em última instância. Ela é decidida num sentido clara e univocamente antropológico na *metapsicologia* freudiana: a consciência moral é outro nome do superego, que se reduz às identificações (sedimentadas, esquecidas e em grande parte recalcadas) com as figuras parentais e ancestrais. A psicanálise coincide, mas num plano de cientificidade, com várias crenças populares segundo as quais a voz dos ancestrais continua fazendo-se ouvir entre os vivos e garante assim não só a transmissão da sabedoria, como também sua recepção íntima a cada etapa. Essa dimensão, que se pode chamar de *geracional*, é um componente inegável do fenômeno da injunção e mais ainda do da dívida[66].

---

65. E também: "O *Sim* da reconciliação, no qual os dois Eus desistem de seu *ser-aí* oposto, e o *ser-aí* do Eu estendido até a dualidade, Eu que nisso permanece igual a si mesmo e em sua completa alienação e em seu contrário completo tem a certeza de si mesmo; – ele é o Deus a manifestar-se no meio deles que se sabem como puro saber" (*Phénoménologie de l'esprit*, trad. fr. Hyppolite, t. II, p. 200).

66. Tomo a liberdade de remeter às páginas de *Tempo e narrativa* dedicadas à categoria da dívida enquanto estrutura da historicidade (*Temps et Récit*, t. III, *op. cit.*, pp. 204, 227-8, 275-9).

Pode-se objetar que essa explicação *genética* – legítima em sua ordem – não esgota o fenômeno da injunção e muito menos o da dívida. Se, por um lado, o si não fosse constituído originariamente como estrutura de acolhida para as sedimentações do superego, a interiorização das vozes ancestrais seria impensável, e o ego, enquanto instância primitiva, não poderia sequer exercer a função de mediador, ou melhor, de intermediário, que Freud lhe atribui entre os três senhores que disputam entre si sua obediência, o id, o superego e a realidade exterior[67]; a aptidão a ser-afetado no modo da injunção parece realmente constituir a condição de possibilidade do fenômeno empírico de identificação que está longe de ter a transparência que lhe atribuem com demasiada facilidade. Por outro lado, o modelo geracional da consciência encerra outro enigma mais indecifrável: a figura do ancestral, para além da figura dos pais bem e mal conhecidos, dá início a um movimento de regressão sem fim, em que o Outro perde progressivamente – de geração em geração! – sua familiaridade inicial presumida. O ancestral se excetua do regime da representação, como confirma sua captura pelo mito e pelo culto[68]. Uma *pietas* de um gênero único une assim vivos e mortos. Essa *pietas* reflete o círculo no qual giramos afinal: de onde o ancestral extrai a autoridade de sua voz, se não de seu elo supostamente privilegiado com a Lei, que é imemorial como ele? Assim, a injunção se antecede a si mesma por intermédio do ancestral, figura geracional do Outro.

O que acaba de ser dito do superego freudiano, enquanto fala dos ancestrais a ressoar em minha cabeça, constitui um bom prefácio para as observações com as quais terminarei esta meditação dedicada à alteridade da consciência. Eu as reservarei à redução – que me parece resultar do conjunto da obra de Emmanuel Lévinas – da alteridade da consciência à alteridade de outrem. À redução (característica da filosofia de M. Heidegger) do ser em dívida à estraneidade ligada à facticidade do

---

67. "Le moi et le ça", in *Essais de psychanalyse*, trad. fr. J. Laplanche, Paris, Payot, 1981.

68. F. Wahl, "Les ancêtres, ça ne se représente pas", in *L'Interdit de la représentation*, colloque de Montpellier, 1981, Paris, Éd. du Seuil, 1984, pp. 31-62.

ser no mundo, E. Lévinas opõe uma redução simétrica da alteridade da consciência à exterioridade de outrem manifestada em seu rosto. Nesse sentido, não há em E. Lévinas outra modalidade de alteridade que não seja *essa* exterioridade. O modelo de toda alteridade é outrem. À alternativa entre a estraneidade segundo Heidegger e a exterioridade segundo E. Lévinas, oporei com obstinação o caráter original e originário do que me parece constituir a terceira modalidade de alteridade, a saber, *o ser-injungido enquanto estrutura da ipseidade*.

Para justificar o caráter irredutível dessa terceira modalidade de alteridade, retomarei – levando em conta a diferença dos contextos – as objeções que acabo de opor à explicação genética que Freud dá para a instância do superego. Por um lado, se não estiver intimamente associada à atestação de si, a injunção pelo outro perderá o caráter de injunção, na falta da existência de um ser-injungido que se lhe contraponha à maneira de um respondente. Se eliminarmos essa dimensão de autoafecção, em última análise tornaremos redundante a metacategoria de consciência; a de outrem basta para a tarefa. A M. Heidegger objetarei que a atestação é originariamente injunção, caso contrário a atestação perderá qualquer significação ética ou moral; a E. Lévinas objetarei que a injunção é originariamente atestação, caso contrário a injunção não será admitida, e o si não será afetado no modo do ser-injungido. A unidade profunda entre atestação de si e injunção vinda do outro justifica que seja reconhecida em sua especificidade irredutível a modalidade de *alteridade* correspondente, no plano dos "grandes gêneros", na *passividade* da consciência no plano fenomenológico.

Por outro lado, compartilhando com E. Lévinas a convicção de que outrem é o caminho obrigatório da injunção[69], tomarei a liberdade de ressaltar – mais do que gostaria, decerto – a necessidade de manter certa equivocidade no plano puramente filosófico do estatuto do Outro, sobretudo se a alteridade

---

69. Nesse aspecto, é menor do que parece a distância entre o tema do perdão no fim do capítulo "Geist" (Espírito) de *Fenomenologia do espírito* e o da substituição em *Autrement qu'être*, com a diferença, na verdade considerável, de que em Hegel a reciprocidade prevalece, enquanto em Lévinas o que prevalece é a assimetria em benefício do outro.

da consciência tiver de ser considerada irredutível à de outrem. Sem dúvida, E. Lévinas não deixa de dizer que o rosto é o *rastro* do Outro. A categoria do rastro parece, assim, corrigir tanto quanto completar a de *epifania*. Talvez o filósofo, enquanto filósofo, precise confessar que não *sabe* e não *pode* dizer se esse Outro, fonte da injunção, é um outrem que eu possa considerar ou que possa me contemplar, ou meus ancestrais dos quais não há representação, a tal ponto minha dívida para com eles é constitutiva de mim mesmo, ou Deus – Deus vivo, Deus ausente – ou um lugar vazio. Nessa aporia do Outro, o discurso filosófico se detém.

* * *

Permitam-me concluir no tom da ironia socrática. Caberá deixar em tal estado de dispersão as três grandes experiências de *passividade,* a do corpo próprio, a de outrem e a da consciência, que induzem três modalidades de *alteridade* no plano dos "grandes gêneros"? Essa dispersão me parece convir totalmente à ideia de alteridade. Só um discurso outro que não ele mesmo – direi plagiando o *Parmênides* e sem me aventurar mais na floresta da especulação – convém à metacategoria da alteridade, para que a alteridade não se suprima, tornando-se a mesma que ela mesma...

OBRAS CITADAS

ANSCOMBE (G. E. M.), *Intention*, Oxford, Basic Blackwell, 1979.
APEL (K. O.), *Sur le problême d'une fondation rationnelle de l'éthique à l'âge de la science. L'a priori de la communauté communicationnelle et les fondements de l'éthique*, trad. fr. de R. Lellouche e I. Mittmann, Presses universitaires de Lille, 1987 (último artigo de *Transformation der Philosophie*. Frankfurt, Suhrkamp, 1973).
ARENDT (H.), *La Condition de l'homme moderne*, trad. fr. de G. Fradier, pref. de P. Ricoeur, Paris, Calmann-Lévy, 1961 e 1983: reproduzido por Agora, Paris, Presses Pocket, 1988.
____ *La Crise de la culture, huit exercices de pensée politique*, trad. fr. org. P. Lévy, Paris, Gallimard, 1972 [título original: *Between past and future*].
____ *Du mensonge à la violence* trad. fr. de G. Durand, Paris, Calmann-Lévy, 1972 [título original: *Crises of the Republic*].
____ *Les Origines du totalitarisme*, trad. fr., 3 vol.: *Sur l'antisémitisme*. Paris, Calmann-Lévy, 1973: Éd. du Seuil. col. "Points", 1984; *L 'Impérialisme*, Paris, Fayard, 1982; Éd. du Seuil, col. "Points", 1984; *Le Système totalitaire*. Éd. du Seuil, col. "Points", 1972.
ARISTÓTELES, *De l'âme*. trad. fr. de J. Tricot, Paris, Vrin, 1965.
____ *Éthique à Eudême*, intr., trad. fr. e notas de V. Décarie, R. Houde-Sauvé, Paris, Vrin, Montreal, Presses de l'université de Montreal, 1978.
____ *Éthique à Nicomaque*. intr., trad. fr. e comentários de R.-A. Gauthier e J.-Y. Jolif, Lovaina, Publications universitaires de Louvain, Paris, Béatrice Nauwelaerts, 1958.
____ *Éthique à Nicomaque*, nlle trad. avec intr. et notes de J. Tricot, Paris.
____ *Métaphysique* Vrin, 6º éd., 1987.
____ *Éthique à Nicomaque*, trad., préf. et notes de J. Voilquin. Paris, Garnier, 1963, Garnier-Flammarion, 1965.

___ *Métaphysique*, trad. fr. de J. Tricot, Paris, Vrin, 1964.
___ *Physique*. trad. fr. de H. Carteron, Paris, Les Belles Lettres, 3ª ed., 1961.
___ *La Poétique*, texto, trad. fr. e notas de R. Dupont-Roc e J. Lallot, Paris, Éd. du Seuil, 1980.
___ *Rhétorique*, texto estabelecido e traduzido em francês por M. Dufour, Paris, Les Belles Lettres, 1960.
AUBENQUE (P.), *La Prudence chez Aristote*, Paris, PUF, 1963.
AGOSTINHO (santo), *Confessions*, Paris, Les Belles Lettres, 1969-1977.
AUSTIN (J. L.), *How to do things with words*, Harvard University Press, 1962.
___ *Quand dire, c'est faire*, intr. e trad. fr. de G. Lane, Paris, Éd. du Seuil, 1970.
BEAUCHAMP (P.), *L'Un et l'Autre Testament: Essai de lecture*, Paris, Éd. du Seuil, 1977.
BENJAMIN (W.), "Der Erzähler. Betrachtungen zum Werk Nicolaj Lesskows", in *Illuminationen*, Frankfurt, Suhrkamp, 1969; trad. fr. M. de Gandillac, "Le narrateur", in *Poésie et Révolution*, Paris, Denoël, 1971: reproduzido in *Rastelli raconte et autres récits*, Paris, Éd. du Seuil, 1987.
BENVENISTE (É.), *Problèmes de linguistique générale*, Paris, Gallimard, 1966.
___ "Le langage et l'expérience humaine", in *Problèmes du langage*, Paris, Gallimard, col. "Diogène", 1966; reproduzido in *Problèmes de linguistique générale II*, Paris, Gallimard, 1974.
BERLIN (I.), *Four Essays on Liberty*, Londres, 1969; trad. fr. de J. Carnaud e J. Lahana, *Éloge de la liberté*, Paris, Calmann-Lévy, 1988.
BRAGUE (R.), *Aristote et la question du monde*, Paris, PUF, 1988.
BRAUDEL (F.), *L'Identité de la France*, Paris, Arthaud, 1986.
BREMOND (C.), *Logique du récit*, Paris, Éd. du Seuil, 1973.
BUBNER (R.), "Moralité et *Sittlichkeit* – sur l'origine d'une opposition", *Revue internationale de philosophie*, nº 3, 1988, *Kant et la Raison pratique*.
BUTLER (J.), "Of Personal Identity" [excerto do apêndice 1 de J. Butler, *The Analogy of Religion*, 1736], citado *in* J. Perry (org.), *Personal identity*, Berkeley, Los Angeles, Londres, University or California Press, 1975, pp. 99-105.
CALVO (F.), *Socrate. Platone. Aristotele. Cercare l'uomo*. Gênova, Marietti, 1989.
CARNOIS (B.), *La Cohérence de la doctrine kantienne de la liberté*, Paris, Éd. du Seuil, 1973.
CHISHOLM (R.), *Person and Object, a metaphysical study*, Londres, G. Allen and Unwin, 1976.

COQUET (J.-C.), *Le Discours et son Sujet:* 1. *Essai de grammaire modale*, 2. *Pratique de la grammaire modale*, Paris. Klincksieck, 1984-1985.
DANTO (A.), *Analytical Philosophy of Action*, Cambridge University Press, 1973.
____ "Basic Actions", in *American Philosophical Quarterly*, nº 2, 1965.
DAVIDSON (D.), *Essays on Actions and Events*, Oxford, Clarendon Press, 1980.
DELAISI (G.) e FAGOT (A.), "Les droits de l'embryon", in *Revue de métaphysique et de morale*, nº 3, 1987. pp. 361-87.
DELEUZE (G.), *Nietzsche et la Philosophie*, Paris, PUF, 2ª ed., 1967.
DESCARTES (R.), *Discours de la méthode*, ed. C. Adam e P. Tannery, Paris, Vrin, t. VI, 1982.
____ *Meditationes de prima philosophia*, ed. C. Adam e P. Tannery, Paris, Vrin, t. VII, 1983; trad. fr., Paris, Vrin, t. IX^1, 1973. Ver também:
____ *Méditations de philosophie premiére dans lesquelles sont montrées l'existence de Dieu et la distinction de l'âme et du corps* ou *Méditations métaphysiques*, Paris, Garnier-Flammarion, 1979.
____ *Les Passions de l'âme*, intr. e notas G. Rodis-Lewis, Paris, Vrin, 1964.
____ *Les Passions de l'âme*, ed. Adam-Tannery, t. XI, Paris, Vrin, 1974.
DIELS (H.), *Fragmente der Vorsokratiker*, Berlim, 1903, 6ª ed. de W. Kranz, 1951; trad. fr. de J.-P. Dumont, D. Delattre e J.-L. Poirier, *Les Présocratiques*, Paris, Gallimard, col. "Bibliothèque de la Pléiade", 1988.
DONAGAN (A.), *The Theory of Morality*, University of Chicago Press, 1977.
DUPUY (J.-P.), "Les paradoxes de *Théorie de la justice* (John Rawls)", *Esprit*, nº 1, 1988, pp. 72 ss.
DWORKIN (R.), *Taking Rights Seriously*, Harvard University Press, 1977.
ELLENDT (F.), *Lexicon Sophocleum*, Berlin Bornträger, 1834-1835 e 1867-1872.
FAGOT (A.) e Delaisi (G.), "Les droits de l'embryon", in *Revue de métaphysique et de morale*, nº 3, 1987, pp. 361-7.
FAY (B.) *et al.*, *L. Mink, Historical Understanding*, Cornell University Press, 1987.
FERRY (J.-M.), *Habermas. L'éthique de la communication*, Paris, PUF, 1987.
FESSARD (G.), *Théâtre et Mystère*, pref. a G. Marcel, *La Soif*, Paris, Desclée de Brouwer, 1938.
FINKIELKRAUT (A.), *La Défaite de la pensée*, Paris, Gallimard, 1987.
FOUCAULT (M.), *Le Souci de soi*, t. III de *Histoire de la sexualité*, Paris, Gallimard, 1984.
FRAISSE (J.-C.), *Philia. La notion d'amitié dans la philosophie antique*, Paris, Vrin, 1984.
FRAISSE (S.), *Le Mythe d'Antigone*, Paris, Colin, 1973.

FRANCK (D.), *Chair et Corps. Sur la phénoménologie de Husserl*, Paris, Éd. de Minuit, 1981.

FREUD (S.), "Le moi et le ça", in *Essais de psychanalyse*, trad. fr. de J. Laplanche, Paris, Payot, 1981.

FRYE (N.), *Le Grand Code. La Bible et la littérature*, pref. de T. Todorov, trad. fr. de C. Malamoud, Paris, Éd. du Seuil, 1984.

GADAMER (H.-G.), *Vérité et Méthode. Les grandes lignes d'une herméneutique philosophique*, Paris, Éd. du Seuil, 1973.

____ *Heideggers Wege: Studien zum Spätwerk*, Tübingen. J.C.B. Mohr, 1983.

____ "Erinnerungen an Heideggers Anfänge", *Itinerari*, vol. XXV, nº 1-2, 1986.

GAGNEBIN (J.-M.), *Histoire, Mémoire et Oubli chez Walter Benjamin* (inédito).

GELLRICH (M.), *Tragedy and Theory, the Problem of Conflict since Aristotle*, Princeton University Press, 1988.

GEWIRTH (A.), *Reason and Morality*, Chicago University Press, 1978.

GOYARD-FABRE (S.), *Kant et le Problème du droit*, Paris, Vrin, 1975.

GRANGER (G. G.), *Langages et Epistémologie*. Paris, Klincksieck, 1979.

GREIMAS (A. J.), *Maupassant: la sémiotique du texte, exercices pratiques*, Paris, Éd. du Seuil, 1976.

GREISCH (J.), *L'Age herméneutique de la raison*, Éd. du Cerf, 1985.

GRICE (H. P.), "Meaning", in *The Phil. Rev.*, vol. LXVI, 1957, pp. 377-88.

____ "Utterer's Meaning and Intentions", in *The Phil. Rev.*, vol. LXXVIII, 1969, pp. 147-77.

____ "Utterer's Meaning, Sentence-Meaning, and Word-Meaning", in J. R. Searle (org.), *The Philosophy of Language*, Oxford University Press, 1977, pp. 54-70.

GUEROULT (M.), "Les 'déplacements' *(Verstellungen)* de la conscience morale kantienne selon Hegel", in *Hommage à Jean Hyppolite*, Paris, PUF, col. "Épiméthée", 1971, pp. 47-80.

____ *Descartes selon l'ordre des raisons*, 2 vol., Paris, Aubier-Montaigne, 1953.

GUILLAUME (G.), *Temps et Verbe*, Paris, Champion, 1965.

HABERMAS (J.), *Connaissance et Intérêt*, trad. fr. de G. Clémençon, Paris, Gallimard, 1976.

____ *Morale et Communication; conscience morale et activité communicationnelle*, trad. fr. de C. Bouchindhomme, Paris, Éd. du Cerf, 1986.

____ "La modernité: un projet inachevé", in *Critique*, nº 413, out. 1981.

HAMON (P.), "Statut sémiologique du personnage", *in* R. Barthes *et al.*, *Poétique du récit*, Paris, Éd. du Seuil, 1977.

HAMPSHIRE (S.), *Thought and Action*, nova ed., Notre Dame (Ind.), University of Notre Dame Press, 1983.

HARDIE (W. F. R.), *Aristotle's Ethical Theory*, Oxford University Press, 2ª ed., 1981, pp. 177-81.

HART (H. L. A.), "The Ascription of Responsability and Rights", in *Proceedings of the Aristotelian Society*, nº 49, Londres, 1948, pp. 171-94.

____ e Honoré (A. M.), *Causation in the Law*, Oxford, Clarendon Press, 1959.

HAVEL (Václav), *Essais politiques*, textos reunidos par Roger Errera e Jan Vladislav, prefácio de Jan Vladislav, Paris, Calmann-Lévy, 1989.

HEGEL (G. W. F.), *Encyclopédie des sciences philosophiques en abrégé*, trad. fr. M. de Gandillac, Paris, Gallimard, 1970.

____ *Esthétique*, trad. fr. de S. Jankélévitch, t. IV, *La Poésie*, Paris, Flammarion, col. "Champs", 1979.

____ *Phénoménologie de l'Esprit*, trad. fr. de J. Hyppolite, Paris, Aubier-Montaigne, 1947.

____ *Principes de la philosophie du droit ou Droit naturel et Science de l'Etat en abrégé*, trad. fr. de R. Derathé, Paris, Vrin, 1989.

HEIDEGGER (M.), *Sein und Zeit*, 1927, Tübingen, Max Niemeyer, 1984, 15ª ed.

____ *Être et Temps*, trad. fr. de E. Martineau, *Authentica*, ed. não comercializada, 1989.

____ *Être et Temps*, trad. fr. de F. Vezin, Paris, Gallimard, 1986.

____ *Aristoteles, Metaphysik Θ 1-3: von Wesen und Wirklichkeit der Kraft*, GA 33, Frankfurt, Vittorio Klostermann, 1981.

HENRICH (D.), "Der Begriff der sittlichen Einsicht und Kants Lehre von Faktum der Vernunft", in G. P. Prauss (org.) Kant, Colônia, Kieperheuer und Witsch, 1973.

HENRY (M.), *Philosophie et Phénoménologie du corps. Essai sur l'ontologie biranienne*, Paris, PUF, 1965.

HINTIKKA (M. B.), *Essays on Davidson Actions and Events*, org. B. Vermazen, Oxford, Clarendon Press, 1985.

HISASHIGE (T.), *Phénoménologie de la conscience de culpabilité. Essai de pathologie éthique*, apresentação de P. Ricceur, Tóquio, Universidade de Senshu, 1983.

HÖFFE (O.), *Introduction à la philosophie pratique de Kant (la morale, le droit et la religion)*, trad. fr. de F. Rüegg e S. Gillioz, Albeuve, Suíça, Ed. Castella, 1985.

HUME (D.), *Enquête sur l'entendement humain*, trad. fr. A. Leroy, Aubier-Montaigne, 1947.

____ *A Treatise of Human Nature*, 2ª ed. org. P. H. Nidditch, Oxford, Clarendon Press, 1978.

____ *Traité de la nature humaine,* trad. fr. A. Leroy, Paris, Aubier-Montaigne, 1968.

____ "Of personal Identity" [exerto de *A Treatise of Human Nature,* livro I, parte IV, seção 6 (1739), *in* J. Perry (org.), *Personal Identity,* Berkeley, Los Angeles, Londres, University of California Press, 1975, pp. 161--72.

____ "Of Skepticism with Regard to the Senses" [excerto de *A Treatise of Human Nature,* livro I, parte IV, seção 2 (1739)], citado com o título "Our Idea of Identity", *in* J. Perry (org.), *Personal Identity,* Berkeley, Los Angeles, Londres, University of Califomia Press, 1975 pp. 159--60.

____ exerto do apêndice da edição de 1740 de *A Treatise of Human Nature,* org. J. Perry com o título "Second Thoughts", in *Personal Identity,* Berkeley, Los Angeles, Londres, University of Califomia Press, 1975, pp. 173-6.

HUSSERL (E.), *Cartesianische Meditationen und pariser Vorträge,* org. S. Strasser, *Husserliana,* I, 1950; trad. fr. de G. Peiffer e E. Lévinas, *Méditations cartésiennes, introduction à la phénoménologie,* Paris, Vrin, 1953, 1966.

____ *Ideen zu einer reinen. Phaenomenologie und phaenomenologischen Philosophie, Jahrbuch für Philosophie und phänomenologische Forschung,* t. I, Halle, M. Niemeyer, 1913; org. W. Biemel, *Husserliana,* III, 1950; trad. fr. de P. Ricoeur, *Idées directrices pour une phénoménologie,* Paris, Gallimard, 1950, 1985.

JACQUES (F.), *Différence et Subjectivité,* Paris, Aubier, 1982.

____ *Dialogiques II,* Paris, PUF, 1984.

____ *L'Espace logique de l'interlocution,* Paris, PUF, 1985.

JASPERS (K.), *Von der Wahrheit,* Munique, Piper Verlag, 1947.

____ "Le mal radical chez Kant", in *Bilan et Perspectives,* trad. fr. de H. Naef et J. Hersch, Desclée de Brouwer, 1956, pp. 189-215.

JAUSS (H. R.), "La jouissance esthétique. Les expériences fondamentales de la *poièsis,* de l'*aisthèsis* et de la *catharsis*", in *Poétique,* nº 39, Paris, Éd. du Seuil, set. 1979.

JONAS (H.), *Das Prinzip Verantwortung. Versuch einer Ethik für die technologische Zivilisation,* Frankfurt, Insel Verlag, 1980.

JÜNGEL (E.), *Gott als Geheimnis der Welt,* Tübingen, Mohr, 1977. Trad. fr. Horst Hombourg, *Dieu le mystère du monde,* 2 vols., Paris, Éd. du Cerf, 1983.

KANT (E.), *Critique de la faculté de juger,* trad. fr. A. Philonenko, Paris, Vrin, 1982; e in *Oeuvres philosophiques,* t. II, org. F. Alquié, trad. fr. J.-R. Ladmiral, M.-B. de Launay e J.-M. Vaysse, Paris, Gallimard, col. "Bibliothèque de la Pléiade", 1985.

____ *Critique de la Raison pratique*, trad. fr. F. Picavet, PUF, 1949, 4ª ed. 1965; e in *Oeuvres philosophiques*, t. II, org. F. Alquié, trad. fr. L. Ferry e H. Wismann, Paris, Gallimard, col. "Bibliothèque de la Pléiade", 1985.

____ *Critique de la Raison pure*, trad. fr. A. Tremesaygues e B. Pacaud, Paris, PUF, 1963; e in *Oeuvres philosophiques*, t. I, org. F. Alquié, trad. fr. J.-L. Delamarre e F. Marty, Paris, Gallimard. col. "Bibliothèque de la Pléiade", 1980.

____ *Essai pour introduire en philosophie le concept de grandeur négative*, in *Oeuvres philosophiques*, t. I, Paris, Gallimard, col. "Bibliothèque de la Pléiade", 1986.

____ "Essai sur le mal radical", in *La Religion dans les limites de la simple raison* (1793), trad. fr. J. Gibelin, Paris, Vrin, 1968; e in *Oeuvres philosophiques*, t. III, org. F. Alquié, trad. fr. A. Philonenko, Paris, Gallimard, col. "Bibliothèque de la Pléiade", 1986.

____ *Fondements de la métaphysique des moeurs*, trad. fr. V. Delbos revista e modificada por F. Alquié; in *Oeuvres philosophiques*, t. II, Paris. Gallimard, col. "Bibliothèque de la Pléiade", 1985; e trad. fr. A. Philonenko, Paris, Vrin, 1980.

____ *La Métaphysique des moeurs*, 1ª parte, *Doctrine du droit*, trad. fr. A. Philonenko, Paris, Vrin, 1971; 2ª parte, *Doctrine de la vertu*. trad. fr. A. Philonenko, Paris, Vrin, 1968; e in *Oeuvres philosophiques*, t. III, org. F. Alquié, trad. fr. J. e O. Masson, Paris, Gallimard, col. "Bibliothèque de la Pléiade", 1986.

____ *Réponse à la question: qu'est-ce que les Lumières?* in *Oeuvres philosophiques*, t. II, org. F. Alquié, trad. fr. H. Wismann, Paris, Gallimard, col. "Bibliothèque de la Pléiade", 1985.

____ *Sur un prétendu droit de mentir par humanité* (1797), trad. fr. L. Guillermit, in *Théorie et Pratique. Droit de mentir*, Paris, Vrin, 1988; e in *Oeuvres philosophiques*, t. III, trad. fr. L. Ferry, Paris, Gallimard, col. "Bibliothèque de la Pléiade", 1986.

KAPSTEIN (M.), "Collins, Parfit and the Problem of Personal Identity in two Philosophical Traditions. A Review of Selfless Persons", in *Feature Book Review* (tiragem particular comunicada ao autor).

KEMP (P.), *Ethique et Médecine*, Paris, Tierce-Médecine, 1987.

____ "Ethics and Narrativity", in *Aquinas. Revista Internazionale di Filosofia*, Roma, Universidade de Latrão, 1987.

KENNY (A.), *Action. Emotion and Will*, Londres, Routledge and Kegan Paul, 1963.

KERMODE (F.), *The Genesis of Secrecy, On the Interpretation of Narrative*, Cambridge, Harvard University Press, 1979.

____ *The Sense of an Ending. Studies in the Theory of Fiction*, Londres, Oxford, Nova York, Oxford University Press, 1966.

KOSELLECK (R.), *Vergangene Zukunft. Zur Semantik geschichtlicher Zeiten*, Frankfurt, Suhrkamp, 1979.
LALANDE (A.), *Vocabulaire technique et critique de la philosophie*, Paris, PUF, 1960.
LEFORT (C.), *Essai sur le polttique*, Paris, Éd. du Seuil, col. "Esprit", 1986.
LEJEUNE (P.), *Le Pacte autobiographique*, Paris, Éd. du Seuil, 1975.
LÉVINAS (E.), *Le Temps et l'Autre*, Paris, Arthaud, 1947; reimpr. Montpellier, Fata Morgana, 1979; Paris, PUF, 1983-1985.
____ *Totalité et Infini. Essai sur l'extériorité*, Haia, M. Nijhotf, 1961, 1965, 1968, 1971, 1974.
____ *Autrement qu'être ou au-delà de l'essence*, La Haye, M. Nijhoff, 1974.
LEWIS (D.), "Survival and Identity", in A. O. Rorty (org.), *The Identities of Persons*, Berkeley, Los Angeles, Londres, University of California Press, 1976, pp. 17-40.
LOCKE (J.), *An Essay concerning Human Understanding* (1690), org. P. H. Nidditch, Oxford, 1975.
____ *Essai philosophique concernant l'entendement humain*, trad. fr. P. Coste, Paris, Vrin, 1972.
____ "Of Identity and Diversity" [excerto do cap. XXVII de J. Locke, *Essay concerning Human Understanding*], *in* J. Perry (org.), *Personal Identity*, Berkeley, Los Angeles, Londres, University of California Press, 1975, pp. 33-52.
MACINTYRE (A.), *After Virtue, a study in moral theory*, Notre Dame (Ind.), University of Notre Dame Press, 1981.
MAINE DE BIRAN, *Journal*, ed. int. pub. por H. Gouhier, Neuchâtel, Éd. de la Baconnière; Amsterdam, Imp. de Holland, 1954.
MAN (P. de), "Rhetoric of Tropes", in *Allegories of Reading figural language in Rousseau, Nietzsche, Rilke and Proust*, New Haven, Londres, Yale University Press, 1979.
MANSION (A.), *Introduction à la physique aristotélicienne*, Lovaina, 1946, Paris, Vrin, 1973.
MARCEL (G.), *Être et Avoir*, Paris, Aubier, 1935.
____ *Actes du colloque Gabriel Marcel (28-30 septembre* 1988), Paris, Bibliothèque nationale, 1989.
MARX (W.), *Ethos und Lebenswelt. Mitleidenkönnen als Mass*, Hamburgo, Felix Meiner Verlag, 1986.
MELDEN (A. I.), *Free Action*, Londres, Routledge and Kegan Paul, 1961.
MINK (L. O.), "History and Fiction as Modes of Comprehension", in *New Literary History I*, 1979.
MUSIL (R.), *L'Homme sans qualités*, 2 vol., trad. fr. P. Jaccottet, Paris, Éd. du Seuil, 1979.

NABERT (J.), *Éléments pour une éthique*, pref. P. Ricoeur, Paris, Montaigne, 1962, cap. VII, "L'ascèse", pp. 121-38.

____ *Essai sur le mal*, "Note sur l'idée de mal chez Kant", Paris, PUF, 1955, pp. 159-65.

NIETZSCHE (F.), *Cours de rhétorique*, professado na Basileia, trimestre de inverno 1872-1873; t. V da ed. Kröner-Musarion, trad. e apr. em fr. P. Lacoue-Labarthe e J.-L. Nancy, in *Poétique*. Nº 5, 1971; e em ing. C. Blair, in *Philosophy and Rhetoric*, 1983, pp. 94-129.

____ *Fragments posthumes*, in *Oeuvres philosophiques completes*, t. IX a XIV, éd. G. Colli et M. Montinari, Paris, Gallimard.

____ *Généalogie de la morale*, in *Oeuvres philosophiques complètes*, t. VII, textos e variantes estabelecidos por G. Colli e M. Montinari, trad. fr. C. Heim, I. Hildenbrand, J. Gratien, Paris, Gallimard, 1971, 1987.

____ *Le Livre du philosophe. Das Philosophenbuch*, ed. bilíngue, trad. fr. A. K. Marietti, Paris, Aubier-Flammarion, 1969.

____ *La Naissance de la tragédie*, in *Oeuvres philosophiques complètes*, t. I, org. G. Colli e M. Montinari, trad. fr. M. Haar, P. Lacoue-Labarthe e J.-L. Nancy, Paris, Gallimard, 1977.

____ *Vérité et Mensonge au sens extra-moral*, in *Oeuvres philosophiques complètes*, t. I, vol. 2, *Écrits posthumes 1870-1873*, org. G. Colli e M. Montinari, Paris, Gallimard, 1975.

____ *La Volonté de puissance*, trad. fr. G. Bianquis, Paris, Gallimard, 1948.

NUSSBAUM (M. C.), *The fragility of goodness, Luck and ethics in Greek tragedy and philosophy*, Cambridge University Press, 1986.

PARTIT (D.), "Personal Identity", *in* J. Perry (org.), *Personal Identity*, seção V, "Personal Identity and Survival", Berkeley, Los Angeles, Londres, University of California Press, 1975, pp. 199-223.

____ *Reasons and Persons*, Oxford University Press, 1986.

PARIENTE (J.-C.), *Le Langage et l'Individuel*, Paris, Colin, 1973.

PEIRCE (C. S.), *Collected Papers*, Harvard University Press, 5 vol., 1931-1935.

____ *Écrits sur le signe*, reunidos, traduzidos e comentados por G. Deledalle, Paris, Éd. du Seuil, 1978.

PERRY (J.), *Personal identity*, Berkeley, Los Angeles, Londres, University of California Press, 1975.

PETIT (J.-L.), *La Sémantique de l'action*, inédito, Paris I – Sorbonne,

PLATÃO, *Dialogues*, Paris, Les Belles Lettres.

PROPP (W.), *Morphologie du conte*, Paris, Éd. du Seuil, 1965, 1970.

PROUST (M.), *A la Recherche du temps perdu*, 3 vols., Paris, Gallimard, col. "Bibliothèque de la Pléiade", 1954, 1956, 1963.

RAVAISSON (F.), *De l'habitude*, Corpus des ceuvres de philosophie en langue française, Paris, Fayard, 1984.

RAWLS (J.), *A Theory of Justice*, Harvard University Press, 1971, *Théorie de la justice*, trad. fr. C. Audard, Paris, Éd. du Seuil, 1987.

____ "Un consensus par recoupement", in *Revue de métaphysique et de morale*, nº 1, 1988, pp. 3-32.

RÉCANATI (F.), *La Transparence et l'Énonciation*, Paris, Éd. du Seuil, 1979.

REVAULT D'ALLONNES (M.), "Amor Mundi: la persévérance du politique", in *Ontologie et Politique. Hannah Arendt*, Paris, Tierce, 1989.

REY (G.), "Survival", *in* A. O. Rorty (org.), *The Identities of Persons*, Berkeley, Los Angeles, Londres, University of California Press, 1976, pp. 41-66.

RICHTER (J. P.), *Vorschule der Aesthetik, nebst einigen Vorlesungen in Leipzig über die Parteien der Zeit*, Hamburgo, F. Perthes, 1804; trad. fr. A. Büchner e L. Dumont, *Poétique ou Introduction à l'esthétique*, Paris, Durand, 1862.

RICOEUR (P.), *A l'école de la phénoménologie*, Paris, Vrin, 1980.

____ *Lectures on Ideology and Utopia*, org. G. H. Taylor, Nova York, Columbia University Press, 1986.

____ "Le cercle de la démonstration dans *Théorie de la justice* (John Rawls)", in *Esprit*, nº 2, 1988, pp. 78 ss.

____ "Emmanuel Lévinas, penseur du témoignage", in *Répondre d'autrui, Emmanuel Lévinas* (coletivo), Lausanne, La Baconnière, 1989.

____ "Entre éthique et ontologie, la disponibilité", *Colloque Gabriel Marcel* (1988), Paris, Bibliothèque nationale, 1989.

____ "Le paradoxe politique", in *Esprit*, nº 5, maio 1957 reproduzido in *Histoire et Vérité*. Paris, Éd. du Seuil, 3ª ed. aumentada, 1987.

____ "Pouvoir et violence", in *Ontologie et Politique. Hannah Arendt*, Paris, Tierce, 1989, pp. 141-59.

____ "Le récit interprétatif. Exégèse et théologie dans les récits de la Passion", *Recherches de science religieuse*, 1985.

____ "Le sujet convoqué. A l'école des récits de vocation prophétique", *Revue de l'Institut catholique de Paris*, out.-dez. 1988, pp. 88-9.

RIEDEL (M.), *Für eine zweite Philosophie. Vorträge und Abhandlungen*, Frankfurt, Suhrkamp, 1988.

ROBINS (M. H.), *Promising, Intending, and Moral Autonomy*, Cambridge University Press, 1984.

ROMAINS (J.), *Les Hommes de bonne volonté*, 4 vols., Paris, Flammarion, 1973.

ROMEYER-DHERBEY (G.), *Maine de Biran ou le Penseur de l'immanence radicale*, Paris, Seghers, 1974.

RORTY (A. O.) (org.), *The Identittes of Persons*, Berkeley, Los Angeles, Londres, University Press of Califomia, 1976.

ROSENZWEIG (F.), *L'Etoile de la rédemption*, trad. fr. A. Derczanski e J.-L. Schlegel, Paris, Ed. du Seuil, 1982.
ROUSSEAU (J.-J.), *Du Contrat social*, in *Oeuvres complètes*, t. Ill, org. B. Gagnebin e M. Raymond, Paris, Gallimard, col. "Bibliothèque de la Pléiade", 1964.
RYLE (G.), *The Concept of Mind*. Londres, Nova York, Hutchinson's University Library, 1949; trad. fr. S. Stern-Gillet, *La Notion d'esprit*, Paris, Payot, 1978.
SCHAPP (W.), *In Geschichten verstrickt*, Wiesbaden, B. Heymann, 1976.
SCHELER (M.), *Der Formalismus in der Ethik und die materiale Wertethik; neue Versuch der Grundlegung eines ethischen Personalismus*, 1954; nova ed., Berna, 1966.
____ *Le Formalisme en éthique et l'Ethique matériale des valeurs, essai nouveau pour fonder un personnalisme éthique*, trad. fr. M. de Gandillac, Paris, Gallimard, 1955.
____ *Zur Phänomenologie der Sympathiegefühle und von Liebe und Hasse*, Halle, Niemeyer, 1913.
____ *Nature et Formes de la sympathie*, trad. fr. M. Lefebvre, Paris, Payot, 1928; nova ed., "Petite Bibliothèque Payot", 1971.
SEARLE (J. R.), *Les Actes de langage*, Paris, Hermann, 1972.
____ *The Philosophy of Language*, Oxford University Press, 5ª ed., 1977.
SHOEMAKER (S.), *Self-knowledge and setf-identity*, Ithaca, Cornell University Press, 1963.
SPINOZA (B.), *Ethique*, texto e trad. fr. C. Appuhn, Paris, Vrin, 1977.
____ *Traité politique*, texto e trad. fr. S. Zac, Paris, Vrin, 1968.
STEINER (G.), *Antigones*, Oxford, Clarendon Press, 1984.
____ *Les Antigones*, trad. fr. P. Blanchard, Paris, Gallimard, 1986.
STRASSER (S.), *Das Gemüt, Grundgedanken zu einer phänomenolosischen Philosophie und Theorie des menschlichen Gefühlslebens*, Utrecht, Uitgeverijet Spectrum, 1956.
STRAWSON (P. F.), *Individuals*, Londres, Methuen and Co, 1959; trad. fr. A. Shalom e P. Drong, *Les Individus*, Paris, Éd. du Seuil, 1973.
____ "Essays on Davidson *Actions and Events*", in B. Vermazen e M. Hintikka (org.), *Causation and Explanation*. Oxford, Clarendon Press, 1985.
TAMINIAUX (J.), *Lectures de l'ontologie fondamentale. Essais sur Heidegger*, Grenoble, Jérôme Millon, 1989.
TAYLOR (Ch.), *The Explanation of Behaviour*, Londres, Routledge and Kegan Paul, 1964.
____ "Hegel's Concept of Action as Unity of Poiesis and Praxis", in L. S. Stepelevitch e D. Lamb (org.), *Hegel's Philosophy of Action*, Humanities Press, 1983.

____ *Philosophical Papers*, 2 vol.: *Human Agency and Language* e *Philosophy and the Human Sciences*, Cambridge University Press, 1985.

VANDERVEKEN (D.), *Les Actes de discours*, Liège, Bruxelas, Mariaga, 1988.

VERNANT (J.-P.) e Vidal-Naquet (P.), *Mythe et Tragédie en Grèce ancienne*, t. I, Paris, La Découverte, 1986.

VOLPI (F.), *Heidegger e Aristotele*, Pádua, Daphni, 1984.

____ "*Dasein* comme *praxis:* l'assimilation et la radicalisation heideggérienne de la philosophie d'Aristote", in *Phaenomenologica*, Dordrecht, Boston, Londres, Kluwer Academic Publ., 1988.

WAHL (F.), "Les ancêtres, ça ne se représente pas", in *L'Interdit de la représentation*, colloque de Montpellier, 1981, Paris, Éd. du Seuil, 1984, pp. 31-62.

WALZER (M.), *Spheres of Justice. A Defense of Pluralism and Equality*, Nova York, Basic Books, 1983.

WEBER (M.), *Wirtschaft und Gesellschaft*. 5ª ed. revisada, Tübingen, J. B. C. Mohr e P. Siebeck, Studienausgabe, 1972; trad. fr. J. Freund *et al., Economie et Société*, Paris, Plon, 1971.

____ "Le métier et la vocation d'homme politique", in *Le Savant et le Politique*, trad. fr. J. Freund, Paris, Plon, 1959, pp. 99-185.

WEIL (E.), *Hegel et l'Etat*, Paris, Vrin, 1966.

____ *Logique de la philosophie*, Paris, Vrin, 1950.

____ *Problemes kantiens*, Paris, Vrin, 1970.

WIGGINS (D.), "Deliberation and practical reason", in A. O. Rorty (org.), *Essays on Aristotle's Ethics*. University of Califomia Press, 1980.

WILLIAMS (B.), *Problems of the Self*. Cambridge University Press, 1973.

____ "The Self and the Future", *in* J. Perry (org.), *Personal Identity*, seção V, "Personal Identity and Survival", Berkeley, Los Angeles, Londres, University of California Press, 1975, pp. 179-98.

WITTGENSTEIN (L.), *Tractatus logico-philosophicus*, trad. fr. P. Klossowski, Paris, Gallimard, 1961. *The Blue and Brown Books*, org. R. Rhees, Oxford, Basil Blackwell, 1958.

____ *Le Cahier bleu et le Cahier brun*, trad. fr. G. Durand, Paris, Gallimard, 1965, repr. em col. Tel, Paris, Gallimard, 1988.

____ *Investigations philosophiques*, trad. fr. P. Klossowski, Paris, Gallimard, 1961.

WRIGHT (G. H. von), *Explanation and Understanding*, Londres, Routledge and Kegan Paul, 1971.

ZAC (S.), *L'Idée de vie dans la philosophie de Spinoza*, Paris, PUF, 1963.

ÍNDICE ONOMÁSTICO

Anscombe, G. E. M.: 47, 53-8, 60-3, 70, 72, 98, 101, 162, 379
Apel, K. O.: 249, 326, 328-9
Arendt, H.: 42, 215-8, 296, 369, 386
Aristóteles: XXXV, XXXVI, 56, 58-9, 80-2, 84-8, 90, 93, 95-7, 106, 121, 147-9, 160-1, 167, 170, 173, 176, 185, 187-95, 199-207, 210-11, 217, 219-24, 229-30, 233, 238, 247, 261, 266, 278-9, 289-91, 296, 299, 300, 302-3, 317, 339, 242-3, 350-2, 355-6, 360-3, 366-71, 373, 388, 390, 392, 418
Aron, R.: 66, 104
Aubenque, P.: 190, 279
Agostinho (santo): 73, 81, 246
Austin J. L.: 22, 75, 354

Beauchamp, P.: 40
Benjamin, W.: 148, 173, 175, 307
Benveniste, É.: 22, 27, 30
Bergson, H.: 2
Berlin, I.: 299
Bemanos, G.: 39
Brague, R.: 206, 360-2, 366, 369-71

Braudel. F.: 123
Bremond, Cl.: 150-2
Bubner, R.: 336
Butler, J.: 128

Calvo, F.: 360
Camois, B.: 240
Castoriadis, C.: 292
Chisholm, R.: 74,130
Coleridge, S. T.: 169
Collingwood, R. G.: 96
Condillac, É. Bonnot de: 379
Constant, B.: 307
Coquet, J.-C.: 178

Danto, A.: 46, 98-9, 101, 110, 114, 16, 379
Davidson, D.: 33, 54, 61-6, 69-76, 78, 98, 134, 147, 353, 377
Delaisi, G.: 314
Deleuze, G.: 411
Descartes, R.: XVI, XVII, XIX-XXIV, XXVII, XXIX, XXX, XXXII, XXXIX, 81, 90, 211, 351, 353, 374, 379, 392
Diels, H.: 119
Dilthey, W.: 113, 146

Donagan, A.: 323-5, 341, 343
Dostoievski, F. M.: 156
Dupuy, J.-P.: 261, 268
Durkheim, É.: 222
Dworkin, R.: 324, 335

Ellendt, F.: 283

Fagot, A.: 314-5
Fay, B.: 169
Ferry, J.-M.: 326
Fessard, G.: 212
Fichte, J. G.: XVI, 23, 406
Finkielkraut, A.: 334
Foucault, M.: XII
Fraisse, J. C.: 199
Fraisse, S.: 279
Franck, D.: 381-3, 393-4, 396
Frege, G.: 4,77
Freud, S.: 51, 122, 279
Frye, N.: XXXIX, 39

Gadamer, H. G.: 167, 194, 209, 335, 368, 418
Gagnebin, J.-M.: 148
Gellrich, M.: 286
Gewirth, A.: 229
Girard, R.: 261
Goyard-Fabre, S.: 231
Granger, G. G.: 28, 31, 33-4
Greimas, A. J.: 151-3, 411, 419-21
Grice, H. P.: 24
Greisch, J.: 9, 42
Gueroult, M.: XX, 20, 407
Guillaume, G.: 12

Habermas, J.: 249, 302, 326, 328-31, 334-6, 339
Hamon, P.: 153
Hardie, W. F. R.: 87
Hart, H. L. A.: 93-4, 103
Havel Václar: 295 n.27

Hegel, G. W. F.: XV, 81, 94, 165-6, 205, 275, 277, 280, 281, 284-8, 291-7, 299, 300, 302, 307, 334, 335, 339, 347, 406-9, 412, 416-9,
Heidegger, M.: 42-3, 50, 72, 124-5, 158, 198, 206, 229, 360, 363-9, 371, 374, 380, 385-8, 402, 405, 412-6, 418, 420-1
Henrich, D.: 240
Henry, M.: 378, 380, 387
Herder, J. G.: XXV
Hillel: 247-8
Hintikka, M. B.: 65
Hisashige, T.: 346
Hobbes, T.: 263, 299
Höffe, O.: 230, 232-3, 235-6, 239, 241, 304, 321
Homero: 200
Hume, D.: 52, 126, 128-34, 142, 184, 263, 353, 379
Husserl, E.: XVI, XXIII, 30, 31, 33, 38, 54, 72, 85, 120, 158, 201, 354, 364, 366, 380-3, 385, 387, 389, 391-7, 399, 403

Jacques, F.: 402
Jaspers, K.: 246, 279, 416
Jauss, H. R.: 169, 389, 390
Jonas, H.: 316, 344
Jüngel, E.: XLI, 42

Kant, E.: XVI, XXIII, XXIV, XXIX, 6, 35, 81, 94, 97-102, 104-6, 109, 115, 117-8, 120, 124-5, 129, 131, 154, 185, 211, 218, 224, 228-47, 249-53, 255-7, 260, 262-3, 265, 270, 271, 278, 286, 288, 293-4, 299, 303-7, 309, 311-3, 315, 318-327, 329, 330, 334-5, 336, 339, 343, 354, 360, 364-5, 398, 406-7, 410, 412, 415

Kapstein, M.: 144
Kemp, P.: 176, 207, 312, 317
Kenny, A.: 75
Kermode, F.: 150, 157, 171, 173
Kohut, H.: 392
Kohlberg, L.: 330
Koselleck, R.: 172, 335
Kranz, W.: 119

Lalande, A.: 341
Landsberg, P.: 181
Lefort, Cl.: 292, 301, 332
Leibniz, G. W.: 2, 351
Lejeune, P.: 170
Leiris, M.: 157
Levi, E. H.: 323
Lévi-Strauss, Cl.: 179
Lévinas, E.:XXXVIII, 177, 181, 201, 205, 211, 224, 225, 251, 391, 392, 397, 398, 401-3, 414, 420-2
Lewis, D.: 141
Locke, J.: 126-9, 131, 132, 138, 148, 299

Maquiavel: 299
MacIntyre, A.: 167-9, 171, 172, 176, 192, 193, 195, 327
Maine de Biran: 125, 378-80, 383, 386
Malebranche, N. de: XXIII
Man, P. de: 27
Mann, T.: 171
Mansion, A.: 83
Marcel, G.: 181, 212, 310, 378
Marx, W.: 212, 299
Mateus (são): 247
Melden, A. L.: 46
Merleau-Ponty, M.: 198, 378
Mill, J. S.: 261, 299
Mink, L. O.: 169
Musil, R.: 156, 157, 178

Nabert, J.: 181, 245, 246, 338, 402
Nietzsche, F.: XXIV, XXV, XXVI, XXVII, XXVIII, XXIX, XXX, XXXVII, XXXIX, 130, 158, 335, 407, 409-12, 415, 416
Nussbaum, M. C.: 195, 211, 280-3

Parfit, D.: 33, 132-44, 146, 155, 157, 159, 179, 180, 353, 377
Pariente, J.-C: 2-5
Pascal, B.: 41
Paulo (são): 138, 247, 372
Peirce, C. S.: 31
Pelágio: 245
Perelman, Ch.: 257
Péricles: 216, 223, 296
Perry, J.: 128, 131, 140
Petit, J.-L: 53, 354, 384
Platão: XXVI, 200, 202, 206, 219, 234, 261, 299, 350, 351, 374, 399, 405
Propp, W.: 149-50, 152-3
Proust, M.: 187

Quine, W. van Orman: 3, 77

Ravaisson. F.: 146.
Rawls, J.: 218-9, 222, 224-5, 261-70, 288-93, 297, 300-1, 328, 330-1, 333, 335-6, 339
Récanati, F.: 21, 25, 28-9, 31-2
Revault d'Allonnes, M.: 296
Rey, G.: 141
Ricoeur, P.: XXXIX, 12, 42, 50, 217-8, 310, 346
Riedel, M.: 34
Robins, R. H.: 309
Romains. J.: 171
Romeyer-Dherbey, G.: 379
Rorty, A. O.: 131, 140, 189
Rosenzweig, F.: 214, 417
Rousseau, J.-J.: 236, 260, 263, 299

Russell. B.: 5, 96, 354
Ryle, G.: 67, 123

Sandel, M.: 327
Sartre, J.-P.: 172, 195
Schapp, W.: 103, 172
Scheler, M.: 211-2, 222, 412, 415
Searle, J. R.: 22, 24, 163
Shoemaker, S.: 131
Sidgwick, H.: 261
Sócrates: 3, 4, 196, 408
Sólon: 223
Sófocles: 277-8, 283, 287, 326
Espinosa, B. de: XXIII, 90, 296, 351, 371, 372-4
Steiner, R.: 279, 284
Strasser, S.: 212
Strauss, L.: 263
Strawson, P. F.: 1, 2, 6, 8, 9, 12, 14-5, 17-8, 42-3, 52, 65-6, 73-4, 77, 79, 87, 89, 90, 92, 109, 137, 353, 376, 385

Taminiaux, J.: 369
Taylor, Ch.: 67, 196, 198, 208, 307, 327

Thalberg, I.: 70
Tomás (santo): 90, 309, 325
Tucídides: 200
Tocqueville, A. de: 299
Tolstoi, L.: 156

Vanderveken, D.: 234
Vermazen, B.: 65
Vernant, J.-P.: 279
Vidal-Naquet, P.: 279
Volpi, F.: 367-8

Wahl, F.: 9, 420
Walzer, M.: 290-1, 327
Weber, M.: 65, 104, 164-5, 215, 222, 297
Weil, É.: 181, 230, 249, 292, 294
Wiggins, D.: 189
Williams, B.: 131, 140
Wittgenstein, L.: 26, 33-4, 37, 50, 53-4, 330, 354, 379, 384
Wright, G. H. von: 107-8, 162, 370

Xenófanes: 206

Zac, S.: 372, 374